OGGI IN ITALIA

OGGI IN ITALIA

A FIRST COURSE IN ITALIAN

FOURTH EDITION

FRANCA CELLI MERLONGHI

Pine Manor College

FERDINANDO MERLONGHI

JOSEPH A. TURSI

State University of New York at Stony Brook

HOUGHTON MIFFLIN COMPANY   BOSTON
Dallas   Geneva, Illinois   Palo Alto   Princeton, New Jersey

Components of OGGI IN ITALIA, Fourth Edition
Student Text (hardbound)
Instructor's Annotated Edition (hardbound)
Workbook/Lab Manual
Recordings (Parts 1 and 2, cassette format)
Tapescript and Answer Key for Workbook/Lab Manual
Instructor's Cassette
Test Bank
Overhead Transparencies

Also available:
Racconti di oggi (reader for advanced beginners and intermediate level)

Cover photograph: Copyright Fernando Bertuzzi/The Stock Market

Credits for photos, illustrations, and realia can be found following the index of this book.

Printed in the U.S.A.

Student Text ISBN: 0-395-43223-5

Instructor's Annotated Edition ISBN: 0-395-55424-1

Library of Congress Catalog Card Number: 90-83036

DEFGHIJ-D-95432

Introduction

Aims of the Fourth Edition

This fourth edition of *Oggi in Italia* aims to enable students to communicate effectively and accurately in Italian as it is spoken and written today. All four basic language skills—listening, speaking, reading, and writing—receive attention, with particular emphasis on meaningful interchange and self-expression in realistic situations. *Oggi in Italia* consistently presents new grammatical structures and points of usage as opportunities for genuine communication.

By the end of the course, students should be able to use with confidence the basic structures of the language and an active vocabulary of approximately 1,200 words, and to recognize many more words in speech and in writing. They should have mastered the basic features of the sound system and be able to communicate orally and in writing on everyday topics. In its focus on enabling students to function effectively in social situations and to use the Italian language creatively, within carefully controlled limits, *Oggi in Italia* applies the principles of the American Council of Teachers of Foreign Languages/Educational Testing Service (ACTFL/ETS) Proficiency Guidelines.

Oggi in Italia also introduces students to contemporary, non-touristic Italian life and culture. The dialogues, readings, and cultural notes have been written with the express aim of depicting what life is like in Italy today. The photographs and realia—nearly all new for this edition—help to convey an accurate and fully-rounded portrait of the Italian-speaking world.

Oggi in Italia is intended for use in both four-year and two-year universities and colleges. It is also suitable for use at the secondary school level, over a two-year or three-year time span.

Organization of the Student Text

The body of the text consists of a preliminary lesson and twenty-two regular lessons.

The preliminary lesson *(Lezione preliminare)* contains the following sections: brief dialogues introducing common greetings and courtesy titles, with *Situazioni* and cultural notes; a list of common Italian first names; the Italian alphabet; pronunciation of vowels; numbers from 1 to 20; a brief discussion of cognates; and a description of the Italian-speaking world, with three geographical and political maps.

Each of the regular lessons is built around a theme. Early topics include food, shopping, jobs, sports, and apartment-hunting. Later themes address issues such as employment, contemporary literature, politics, and ecology. A typical lesson is divided into the following sections:

1. **Testo** Core material is in the form of a dialogue, monologue, narrative, TV broadcast, interview, etc., with corresponding activities and exercises, and a vocabulary list of new words and expressions.
2. **Cultural note** Related to the theme of the core material, these sections introduce students to such traditional and beloved institutions as the neighborhood market and the neighborhood "bar." Other topics covered are soccer, the opera and *teatro tenda*, Italian cooking, and the fashion industry of Milan. Students learn about the realities of present-day Italy: the changing roles of women, Italian politics, problems of housing, employment and pollution, the educational system, traffic, and strikes. Formerly in English until *Lezione 7*, the cultural notes now appear in Italian after *Lezione 4*.
3. **Pronuncia** Sound-spelling correspondences, stress, and syllabication, with drills and proverbs provide for practice of sounds unfamiliar to speakers of English. The explanations, which appear through *Lezione 12*, have been streamlined, and several topics have been moved forward in the text or combined. Additional pronunciation practice is available for students in the recordings and accompanying Lab Manual.
4. **Ampliamento del vocabolario** Word sets are often illustrated with line drawings. Vocabulary-building sections focus on prefixes, suffixes, synonyms, antonyms, and word families, with exercises and activities.
5. **Struttura ed uso** Explanations in English of four or five grammatical concepts and structures have numerous illustrative examples, summary charts, and related exercises.
6. **Parliamo un po'** A variety of interactive pair and group activities, often based on realia and other illustrations, offer students opportunities for original expression in Italian. This section also contains brief passages on cultural topics, for practice in reading Italian.

There are six appendices at the end of the text:
    Appendix A lists spelling/sound correspondences in Italian, with examples.
    Appendices B through F provide full conjugations of *avere* and *essere*; simple and compound tenses of regular *-are*, *-ere*, and *-ire* verbs; a list of verbs conjugated with *essere*; verbs with irregular past participles; and irregular verbs.

The **Italian/English End Vocabulary** lists all the basic (active) words and expressions used in the core material, the *Situazioni*, the word sets in the *Ampliamento del vocabolario*, and in the *Struttura ed uso* sections of each lesson. It includes non-guessable words used in photo and line-art captions, grammar heads, and optional reading material. For each active word or expression, the corresponding lesson number is provided.

The **English/Italian End Vocabulary** lists words and expressions that students are likely to need for exercises and assignments.

The **Index** indicates the page number on which each grammar topic, phonological aspect, or word set is first introduced. It also includes entries that refer to certain cultural notes and maps. The index provides multiple listings for grammatical topics, to enable students to find what they need easily. For example, relative pronouns are listed as "relative pronouns;" as "pronouns, relative;" and separately as "*che*" and "*cui.*"

Contents

x   Contents

OGGI IN ITALIA

LEZIONE PRELIMINARE

IL SALUTO

A group of students talk to a professor
from the University at a bar in Milan.

Buon giorno! Lei come si chiama?

IL PROFESSORE E LO STUDENTE

Signor Pavesi	Buon giorno.	Good morning.
	Mi chiamo Giuseppe Pavesi.	My name is Giuseppe Pavesi.
	Sono il professore d'italiano.	I'm the Italian professor.
	Lei come si chiama?	What's your name?
Lorenzo	Buon giorno, professore.	Good morning, Professor (Pavesi).
	Mi chiamo Lorenzo Conti.	My name is Lorenzo Conti.

LA PROFESSORESSA E LA STUDENTESSA

Signora Bertini	Buon giorno.	Good morning.
	Mi chiamo Paola Bertini.	My name is Paola Bertini.
	Sono la professoressa d'italiano.	I'm the Italian professor.
	E lei, come si chiama?	And what's your name?
Gabriella	Buon giorno, professoressa.	Good morning, Professor (Bertini).
	Mi chiamo Gabriella Battaglia.	My name is Gabriella Battaglia.

Buona sera! Come sta?

IL SIGNOR CORTESE ED IL DOTTOR DINI

Signor Cortese	Buona sera, dottor Dini.	Good evening, Dr. Dini.
	Come sta?	How are you?
Dottor Dini	Bene, grazie, e lei?	Fine, thanks, and you?
Signor Cortese	Molto bene, grazie. . . .	Very well, thanks. . . .
	Arrivederla, dottore.	Good-by, Dr. Dini.

LA SIGNORA VALLE E LA SIGNORINA CAMPO

Signorina Campo	Buona sera, signora Valle.	Good evening, Mrs. Valle.
	Come sta?	How are you?
Signora Valle	Abbastanza bene, e lei?	Quite well, and you?
Signorina Campo	Bene, grazie. . . . A più tardi, signora.	Fine, thanks. . . . See you later, Mrs. Valle.

Levels of formality

In Italian, as in English, speakers use different levels of formality, depending on the situation and to whom they are speaking. For example, in Italy, you might use *ciao* as a greeting, and *ciao* or *arrivederci* as a farewell for a friend or a member of the family. In a more formal situation, speaking to a stranger or an acquaintance, you might use *buon giorno* as a greeting and *arrivederla* as a farewell.

In English, speakers always use the pronoun *you* when addressing another person. In Italian, there are two ways of expressing *you*. *Tu* is used with someone you know on a first-name basis, such as a child, a friend, a classmate, or a member of your family. *Lei* is used with a stranger, an acquaintance, an older person, or someone in a position of authority.

Two friends stop to chat on a street in Lucca.

SITUAZIONI

Have students replace *buon giorno* with *buona sera,* and, with books closed, role-play a combination of *Situazioni* 1 and 3 with another student (or with you).

Introduce *buona notte* and explain that it is used only as a late-night leave-taking.

1. Greet your teacher as you enter the classroom.

   — Buon giorno, professore (professoressa)!
   — Buon giorno, signorina (signor Brown, signora).

2. Ask the student next to you what his/her name is.

   — Lei come si chiama?
   — Mi chiamo (Leonardo).

3. Ask your teacher how he/she is.

   — Come sta?
   — Abbastanza bene (Bene/Non c'è male), grazie.

Ciao! Come ti chiami?

ANNA MELANI E PAOLO SALVATORI

Paolo	Ciao! Come ti chiami?	Hi! What's your name?
Anna	Io? Mi chiamo Anna. E tu, come ti chiami?	Me? My name is Anna. And you, what's your name?
Paolo	Paolo, . . . Paolo Salvatori.	Paolo, . . . Paolo Salvatori.

3

SILVIA BELLINI ED ENRICO GENOVESI

Silvia	Tu ti chiami Paolo Salvatori?	Is your name Paolo Salvatori?
Enrico	No, mi chiamo Enrico Genovesi.	No, my name is Enrico Genovesi.
Silvia	Ciao, Enrico. Io mi chiamo Silvia, . . . Silvia Bellini.	Hello, Enrico. My name is Silvia, . . . Silvia Bellini.

Come stai?

PATRIZIA MORO E ROSANNA PERONI

Rosanna	Come stai, Patrizia?	How are you, Patrizia?
Patrizia	Non c'è male, e tu?	Not too bad, and you?
Rosanna	Benissimo! . . . Arrivederci, a più tardi.	Just great! . . . Good-by, see you later.
Patrizia	A domani, Rosanna.	See you tomorrow, Rosanna.

LUIGI RINALDI E MARCELLO BOTTINO

Luigi	Ciao, Marcello. Come stai?	Hi, Marcello. How are you?
Marcello	Bene, grazie. E tu, come stai?	Fine, thanks. And how are you?
Luigi	Mah, così così. . . . A presto, Marcello.	Oh, so-so. . . . See you soon, Marcello.
Marcello	Ciao!	Bye!

Two students exchange greetings between classes at the University of Milan.

Use of courtesy and professional titles

The use of first names among adults is less frequent in Italy than in the United States. Often the courtesy titles *signore*, *signorina*, and *signora* are used in place of a name. In contrast to English usage, professional titles such as *dottore*, *avvocato* (lawyer), and *ingegnere* (engineer) are commonly used with, or as substitutes for, names. Notice that the titles ending in -*re* (*signore*, *dottore*, *professore*, and *ingegnere*) drop the final *e* when they precede a name:

Buon giorno,   Buon giorno,
professore.   *professor* Dini.
Buon giorno,   Buon giorno,
dottore.   *dottor* Paolini.

Signore, *signora*, and *signorina* are usually not capitalized in Italian, except in their abbreviated forms (Sig., Sig.ra, and Sig.na), which are used mainly in letter writing.

Two professional men discuss business during their midday break in Perugia.

SITUAZIONI

1. With a partner, pretend that you are good friends who meet on the way to school. Greet your friend and ask how he/she is. Then exchange roles.

   — Ciao (Renata), come stai?
   — Molto bene (Benissimo/Non c'è male/Così così/Male), grazie.

2. Ask a classmate his/her name.

   — Come ti chiami?
   — Mi chiamo (Susanna/Mario).

3. At the end of class, say good-by to the student seated next to you.

   — Ciao (Luigi), arrivederci.
   — A domani (A presto/Ci vediamo domani), (Vittoria).

Che peccato!

Giulia Campo is walking through piazza San Marco on her way to class when she meets her friend Giacomo Mancini. They shake hands and chat for a minute.

Giulia	Ciao, Giacomo, come stai?	Hi, Giacomo, how are you?
Giacomo	Non c'è male, grazie, e tu?	Not bad, thanks, and you?
Giulia	Bene, grazie. . . . Ah, ecco il professor Renzi. Buon giorno, professor Renzi.	Fine, thanks. . . . Ah, there's Professor Renzi. Hello, Professor Renzi.
Professor Renzi	Buon giorno, signorina Campo. Buon giorno, signor Mancini.	Good morning, Miss Campo. Good morning, Mr. Mancini.
Giacomo e Giulia	Buon giorno, professore.	Hello, professor.

The professor continues on his way.

Giulia	Scusa, Giacomo, ma sono già in ritardo.	Excuse me, Giacomo, but I'm already late.
Giacomo	Hai lezione d'italiano con il professor Renzi?	Do you have an Italian class with Professor Renzi?
Giulia	Sì, fra cinque minuti.	Yes, in five minutes.
Giacomo	Che peccato! Arrivederci, Giulia.	What a shame! Good-by, Giulia.
Giulia	Ciao, Giacomo, a presto.	Bye, Giacomo, see you soon.

SITUAZIONI

1. Ask a classmate if he/she is late for an appointment. Then switch roles.

   — Sei in ritardo?
   — No, non sono in ritardo (sono in anticipo/sono puntuale).

2. Ask a classmate if he/she has a class soon. Then switch roles.

   — Hai lezione fra poco?
   — Sì, ho lezione d'italiano (d'inglese/di matematica/di storia) fra cinque minuti.

3. Ask a classmate if he/she has a class with a specific teacher. Then switch roles.

   — Hai lezione con (il professor Montini/la professoressa Chieri)?
   — No, ho lezione con il professor . . . (la professoressa . . .).

Customary greetings

In Italy, it is customary to shake hands when greeting good friends as well as acquaintances, regardless of age. Italians (and many other Europeans) shake hands with only one or two short up-and-down motions, not a series of them as Americans do. Close friends tend to greet each other with a light kiss on both cheeks or a hug, especially if they have not seen each other for a long time.

A young woman greets a friend with a kiss in Venice. How do you customarily greet your friends?

I nomi italiani (maschili e femminili)

Some Italian first names are similar to English first names, with slight spelling changes, while others have no English equivalents. Note that many masculine first names ending in **-o** have an equivalent feminine first name ending in **-a**.

Listen and repeat each name after your instructor. Look for the Italian equivalent of your name and the names of family members, friends and acquaintances. If there is no Italian equivalent of your name, choose an Italian name for yourself (and perhaps a personality to go with it!) for use during class.

Nomi Maschili			*Nomi Femminili*		
Antonio	Giovanni	Paolo	Angela	Elisabetta	Maria
Alberto	Giuseppe	Piero	Anna	Franca	Marisa
Carlo	Lorenzo	Roberto	Antonella	Francesca	Paola
Emilio	Luigi	Romano	Bettina	Gina	Patrizia
Enrico	Marcello	Stefano	Carla	Giovanna	Rosanna
Franco	Mario	Tommaso	Caterina	Giulia	Silvia
Giacomo	Massimo	Valerio	Daniela	Lisa	Teresa
Giorgio	Michele	Vittorio	Elena	Luisa	Valeria

PRONUNCIA

L'alfabeto italiano

The Italian alphabet consists of 21 letters and five additional letters that appear only in foreign words. Accent marks (` and ´) occur on the vowels **a, e, i, o,** and **u** under certain circumstances. Listen and repeat each letter of the alphabet after your instructor.

Italian Alphabet			Foreign Letters	Capital and Lower-case Letters	Accents and Punctuation
a = a	**h** = acca	**q** = cu	**j** = i lunga	**C** = ci maiuscola	` = accento grave
b = bi	**i** = i	**r** = erre	**k** = cappa	**c** = ci minuscola	´ = accento acuto
c = ci	**l** = elle	**s** = esse	**x** = ics		. = punto
d = di	**m** = emme	**t** = ti	**y** = ipsilon		, = virgola
e = e	**n** = enne	**u** = u	**w** = vu doppia		? = punto interrogativo
f = effe	**o** = o	**v** = vu			! = punto esclamativo
g = gi	**p** = pi	**z** = zeta			

A. You are making a reservation at a hotel in Venice, by transatlantic telephone. Spell your name for the receptionist who answers the phone.

Lina De Paolis   Lina: *elle maiuscola, i, enne, a*
De Paolis: *di maiuscola, e, pi maiuscola, a, o, elle, i, esse*

B. You are sending a telegram to a friend in Italy announcing your arrival in a few days. Spell out the recipient's name, city, and country. (See page 14 for a list of names of Italian cities.)

Marco Giuliani   Marco: *emme maiuscola, a, erre, ci, o*
Forlì, Italia   Giuliani: *gi maiuscola, i, u, elle, i, a, enne, i*
Forlì: *effe maiuscola, o, erre, elle, i con l'accento grave*
Italia: *i maiuscola, ti, a, elle, i, a*

I suoni delle vocali

Because English and Italian have their own sets of sound-spelling correspondences, the pronunciation sections of this text use a few of the special symbols developed by the International Phonetic Association to represent sounds. Each symbol, given between slash lines (for example, /**a**/), represents a specific sound. A complete list of symbols, together with the Italian spelling correspondences, appears in Appendix A.

There are five basic vowel sounds in Italian. The sounds /a/ (spelled **a**, as in **Anna**), /i/ (spelled **i**, as in **Milano**), and /u/ (spelled **u**, as in **studente**) are stable; they are always pronounced the same. The sounds /e/ (spelled **e**, as in **bene**) and /o/ (spelled **o**, as in **sono**) may vary slightly.

C. Listen and repeat the following words after your instructor.

americana	bene	medicina	sono	Ugo
Anna	come	italiano	Torino	studente
pratica	lezione	signore	Roberto	università

D. **Proverbio.** Repeat the following Italian proverb to practice the pronunciation of vowel sounds.

Un bel gioco dura poco.
   Fun doesn't last long.

I numeri da 0 a 20

Listen to your instructor pronounce the numbers from 0 to 20 (**da zero a venti**) and repeat them after him/her.

0 = **zero**			
1 = **uno**	6 = **sei**	11 = **undici**	16 = **sedici**
2 = **due**	7 = **sette**	12 = **dodici**	17 = **diciassette**
3 = **tre**	8 = **otto**	13 = **tredici**	18 = **diciotto**
4 = **quattro**	9 = **nove**	14 = **quattordici**	19 = **diciannove**
5 = **cinque**	10 = **dieci**	15 = **quindici**	20 = **venti**

E. Take a poll in class on some of your reasons for learning Italian. On a scale from 0 to 10 (*da zero a dieci*), rate how important it is to you to:

▣ speak Italian when you visit Italy   *10*

1. read Italian newspapers or magazines
2. understand printed signs when you are in Italy
3. order food in an Italian restaurant in this country
4. learn more about Italian culture
5. cook lasagna from an Italian recipe
6. understand what the characters in Italian movies are saying
7. read literary classics in Italian
8. sing Puccini's *Madame Butterfly* in Italian

F. You and your classmates are on your way to Italy to study for a year in different cities. On the plane, you exchange addresses. Say your street number and zip code as in the model.

▣ via del Corso, 18   18: *diciotto*
34121 Trieste   34121: *tre, quattro, uno, due, uno*

1. via Manzoni, 11   4. piazza Italia, 13
   30122 Venezia   06082 Assisi
2. viale della Vittoria, 16   5. corso Mazzini, 19
   35100 Padova   16124 Genova
3. corso Dante, 17   6. via de' Medici, 12
   80100 Napoli   00197 Roma

Parole analoghe

Italian is a Romance language. This means that it derives from Latin, the language of the ancient Romans. Other Romance languages are French, Portuguese, Spanish, Rumanian, Catalan, and Provencal. English is a Germanic language, but it contains thousands of words derived from Latin that resemble their Italian equivalents. These words are called *cognates* (**parole analoghe**). Most cognates are easily recognizable in print, though their pronunciation may be different. For example:

studente student	**possibile** possible	**studiare** to study
professore professor	**famoso** famous	**arrivare** to arrive
lezione lesson	**interessante** interesting	**entrare** to enter

Other cognates form groups of words with easily recognizable patterns. For example:

-tà -ty	**-ale** -al	**-zione** -tion
città city	**nazionale** national	**informazione** information
difficoltà difficulty	**originale** original	**modificazione** modification
università university	**speciale** special	**tradizione** tradition

Luckily, there are relatively few false cognates in Italian. False cognates resemble English words, but their meanings are different. An example of a false cognate is **collegio,** which generally means *boarding school*, not *college*. Context will usually help you recognize false cognates.

G. Complete the following sentences with Italian cognates of *city*, *interesting*, *lesson*, *possible*, and *student*.

1. Giacomo studia la _____ due.   4. Lo _____ arriva all'università.
2. La _____ di Venezia è bella.   5. Non è _____ entrare.
3. La lingua italiana è _____.

Il mondo italiano

Italy, located in southern Europe, is a peninsula stretching into the Mediterranean Sea. Rome is its capital, and Italian is the language spoken by more than 56 million people living in Italy.

Italian is also spoken by residents of the Canton Ticino in Switzerland, and by Italians around the world. In the United States and Canada, for example, there are thousands of American and Canadian citizens who speak Italian as a first or second language and who retain close ties with their relatives in Italy.

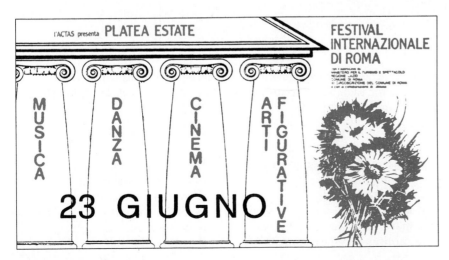

Carta fisica d'Italia

H. Many geographic expressions are cognates. Pronounce after your instructor each of the terms listed below. Note that **il, la, l', lo, gli,** and **le** all mean *the*.

le Alpi the Alps
gli Appennini the Appenines
la catena di montagne the mountain chain
l'isola the island
il lago the lake
il mare the sea
la montagna the mountain

il paese the country; the small town
la penisola the peninsula
la capitale the capital
il centro the center
la città the city
il fiume the river
il golfo the gulf

il Po   the Po (river)
il porto   the port
la provincia   the province

la regione   the region
lo stretto   the strait

I.   Learn the eight points of the compass shown below. Note how closely
they resemble their English cognates. Listen to your instructor
pronounce each one, paying particular attention to the difference
between *est* and *ovest*.

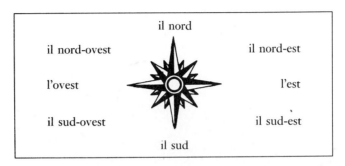

il nord

il nord-ovest   il nord-est

l'ovest   l'est

il sud-ovest   il sud-est

il sud

J.   Complete the following statements in Italian, using the points of the
compass and the map of Europe on page 11. Note that **al** means *to the*.

1. La Svizzera è al _____ dell'Italia.
2. La Grecia è al _____ dell'Italia.
3. La Germania è al _____ dell'Italia.
4. L'Inghilterra è al _____ dell'Italia.
5. La Francia è al _____ dell'Italia.

**Identify as many geograph-
ical terms as you can in this
coastal scene and in the
photo on the following page.**

Bay of Naples.

K. Repeat after your instructor the names of the Italian regions listed below. Locate each one on the map on page 15.

gli Abruzzi (l'Abruzzo)   il Molise
la Basilicata   il Piemonte
la Calabria   la Puglia
la Campania   la Sardegna
l'Emilia-Romagna   la Sicilia
il Friuli-Venezia Giulia   la Toscana
il Lazio   il Trentino-Alto Adige
la Liguria   l'Umbria
la Lombardia   la Valle d'Aosta
le Marche   il Veneto

L. Repeat after your instructor the names of the capital cities of some Italian regions. Try to match the cities with the regions in which they are located.

▣ Venezia   *Venezia: Veneto*

1. Genova   5. Napoli   9. Torino
2. Firenze   6. Perugia   10. Palermo
3. L'Aquila   7. Bari   11. Potenza
4. Cagliari   8. Ancona   12. Bologna

Carta politica d'Italia

VOCABOLARIO

Be sure you know the meaning and use of the following words and expressions before you proceed to *Lezione 1*.

Greetings

buon giorno   hello, good morning
buona sera   good evening
ciao   hi (*informal*)

Farewells

arrivederci   good-by
arrivederla   good-by (*formal*)
a più tardi   'til later
a domani   'til tomorrow
a presto   see you soon
buona notte   good night
ci vediamo domani   see you
   tomorrow
ciao   bye (*informal*)

Asking someone's name

come si chiama?   what's your
   name? (*formal*)
come ti chiami?   what's your
   name? (*informal*)
nome e cognome?   first name and
   last name?

Expressions involving time

fra cinque minuti   in five minutes
fra poco   soon
già   already
sono in ritardo   I'm late
sono puntuale   I'm on time
sono in anticipo   I'm early

Names of courses

l'inglese   English
l'italiano   Italian
la matematica   mathematics
la storia   history

Asking how someone is

come sta?   how are you? (*formal*)
come stai?   how are you? (*informal*)
bene, grazie   fine, thanks
benissimo!   just great!
così così   so-so
male   bad
non c'è male   not too bad
abbastanza bene   quite well
molto bene   very well

Persons

il professore   (male) professor
la professoressa   (female) professor
lo studente   (male) student
la studentessa   (female) student

Courtesy titles

signore   sir; **signor** + *last
   name*   Mr.
signora   Ma'am; **signora** + *last
   name*   Mrs.
signorina   Miss

Other words and expressions

con   with
di (**d'** *before vowels*)   of, from
e   and
ecco   there is, there are
hai lezione?   do you have a class?
io   I, me
lei   you (*formal*)
ma   but
mah   oh
no   no
scusa   excuse me (*informal*)
sì   yes
tu   you (*informal*)

LEZIONE
1
LEI COME SI CHIAMA?

Two University of Bologna
students introduce them-
selves to a newcomer.

Two Italian students are participating in an international student conference. A journalist covering the event on the radio asks the participants to introduce themselves.

Mi chiamo Emilio Valle.
Sono italiano ed ho venti anni.
Sono di Pisa e sono studente.
Frequento l'università di Bologna.
Studio medicina.

Mi chiamo Giulia Campo.
Anch'io sono italiana.
Sono una studentessa liceale.
Frequento il liceo scientifico.
Sono di Bari ed ho diciotto anni.

DOMANDE GENERALI

1. Emilio Valle è italiano? (Sì, Emilio è . . .)
2. Emilio Valle è professore? (No, Emilio non è . . .)
3. Emilio frequenta l'università di Napoli? (No, Emilio non frequenta . . .)
4. Emilio studia medicina o legge? (Emilio studia . . .)
5. Emilio ha venti anni? (Sì, Emilio ha . . .)
6. Emilio è di Pisa o di Bologna? (Emilio è di . . .)
7. Giulia Campo è italiana o americana? (Giulia è . . .)
8. Giulia frequenta il liceo o l'università? (Giulia frequenta . . .)
9. Quanti anni ha Giulia? (Ha . . .)

DOMANDE
PERSONALI

1. Lei come si chiama, signore/signora/signorina? (Mi chiamo . . .)
2. Lei è studentessa, signora/signorina? (Sì, sono . . .)
3. Lei è una professoressa italiana, signora/signorina? (No, non sono . . .)
4. Lei è uno studente americano, signor [Brown]? (Sì, sono . . .)
5. Lei frequenta il liceo o l'università? (Frequento . . .)
6. Lei studia medicina? (Sì, studio . . ./No, non studio . . .)
7. Quanti anni ha lei? (Ho . . .)
8. Di dov'è lei? (Sono di . . .)

SITUAZIONI

1. Answer your instructor who asks you how old you are.

   — Quanti anni ha lei?
   — Ho (diciotto/diciannove/quindici/sedici/diciassette) anni.

2. Ask a classmate where he/she is from.

   — Di dov'è lei?
   — Sono di (Bologna/Napoli/Boston).

3. Answer your teacher who asks you where you are from.

   — Di dov'è lei?
   — Sono di (Houston/New York/Chicago).

VOCABOLARIO

You will find the rest of the lesson easier if you learn the *vocabolario* before proceeding further.

Parole analoghe

la medicina	**scientifico/a**	**l'università**

Nomi

l'anno   the year
la legge   the law
il liceo   the high school (*see cultural note on page 21*)

Verbi

essere   to be
frequentare   to attend
studiare   to study

Aggettivi

americano/a American
italiano/a Italian
liceale high school

Altre parole ed espressioni

a (*frequently* **ad** *before a vowel*) at, to·
anche also, too; **anch'io** I too; me
  too
e (*frequently* **ed** *before a vowel*) and
o or

avere + . . . anni to be . . . years
  old; **ho venti anni** I'm twenty
  years old; **ha diciotto anni** he/
  she is eighteen years old; you
  (*formal*) are eighteen years old
di dov'è? where is he/she from?
  where are you (*formal*) from?
quanti anni ha? how old is he/she?
  how old are you (*formal*)?

PRATICA

A. Introduce yourself in Italian to another student, and say where you are
   from. Then ask him/her for the same information.

— *Ciao, mi chiamo _____. Sono di Bologna. E tu, come ti chiami?*
— *Mi chiamo _____ e sono di _____.*

B. With a partner, pretend you are at a party and have just met. Shake
   hands, then ask what his/her name is, if he/she attends the university or
   the *liceo*, whether he/she is Italian or American, and where he/she is
   from. Then trade roles.

Two guests get acquainted at
their friend's wedding in
Venice.

L'istruzione in Italia

Italian children spend five years in elementary school (*la scuola elementare*) and three years in junior high school (*la scuola media*). Then they may choose to continue their education for five years in a *liceo* or an *istituto*.

A *liceo* is equivalent to the last three years of an American high school and the first two years of an American college. The *liceo classico* offers courses in the classics while the *liceo scientifico* stresses scientific courses. One can specialize in the fine arts at a *liceo artistico* or in foreign languages at a *liceo linguistico*. An *istituto* prepares students for technical, commercial, and industrial careers.

Students must pass special government exams (*gli esami di maturità*) to graduate from a *liceo* or *istituto*. Upon receiving the *diploma di maturità*, they may be admitted to a university. They choose their major when they register, and enroll in a specific department (*facoltà*) in which they take all their courses. Upon graduating from the university, they receive *la laurea*, a university degree. The highest degree attainable is the recently established *dottorato di ricerca*, which corresponds to an American Ph.D.

A professor critiques a student's work in a drawing class in Venice. Have you ever studied art abroad?

PRONUNCIA I suoni /t/ e /d/

Il suono /t/

In English, the sound /t/ is aspirated; that is, it is pronounced with a little puff of air, which you can feel on the back of your hand as you say /t/. In Italian, /t/ is never aspirated. The tip of the tongue is pressed against the back of the upper front teeth. Compare the /t/ in the English and Italian words *too* and **tu**, *telephone* and **telefono**. The sound /t/ is represented in writing by **t** or **tt**.

A. Listen and repeat the following words after your instructor.

teatro	venti	sette
telefono	italiano	otto
televisione	università	dottore

B. **Proverbio.** Repeat the following Italian proverb after your instructor. Then dictate it to another student, letter by letter.

Chi trova un amico, trova un tesoro.
> He/she who finds a friend finds a treasure.

Il suono /d/

The sound of the letter **d** in Italian, /d/, is pronounced more delicately than in English. The tip of the tongue touches the edge of the gum ridge just behind the upper front teeth, instead of being pressed against the back of the upper front teeth. The sound /**d**/ is spelled **d** or **dd**.

C. Listen and repeat the following words.

di	stu**di**are	a**dd**io
dieci	me**di**cina	a**dd**izione
domani	stu**d**ente	ane**dd**oto

D. **Proverbio.** Read aloud the following proverb. Then dictate it to another student, letter by letter.

Detto, fatto.
> No sooner said than done.
> (Literally: Said, done.)

AMPLIAMENTO DEL VOCABOLARIO

I numeri da 21 a 100

21 = **ventuno**	31 = **trentuno**	50 = **cinquanta**
22 = **ventidue**	32 = **trentadue**	60 = **sessanta**
23 = **ventitré**	33 = **trentatré**	70 = **settanta**
24 = **ventiquattro**	34 = **trentaquattro**	80 = **ottanta**
25 = **venticinque**	35 = **trentacinque**	90 = **novanta**
26 = **ventisei**	36 = **trentasei**	100 = **cento**
27 = **ventisette**	37 = **trentasette**	
28 = **ventotto**	38 = **trentotto**	
29 = **ventinove**	39 = **trentanove**	
30 = **trenta**	40 = **quaranta**	

The numbers **venti, trenta, quaranta,** etc. drop the final vowel (**-i** or **-a**) when combined with **uno** and **otto: ventuno, ventotto, trentuno, trentotto, quarantuno, quarantotto,** etc.

A. Read aloud the following groups of numbers.

    2 / 20 / 22   *due / venti / ventidue*

1. 3 / 30 / 33	4. 6 / 60 / 66	7. 9 / 90 / 99
2. 4 / 40 / 44	5. 7 / 70 / 77	8. 1 / 10 / 100
3. 5 / 50 / 55	6. 8 / 80 / 88	

B. Give the numbers that precede and follow the ones listed below.

1. 47	4. 72	7. 98
2. 53	5. 29	8. 81
3. 34	6. 66	9. 77

C. Enrico and Luigi are talking about how old their friends and acquaintances are. Each time Enrico guesses someone's age, Luigi insists he or she is five years older. With a classmate, take turns playing Enrico and Luigi.

    Enrico: Raffaele ha trentadue anni.   Luigi: *No, Raffaele ha trentasette anni.*

1. Laura ha quarantatré anni.
2. La sorella di Giorgio ha cinquantadue anni.
3. L'amico di Vittorio ha sessantotto anni.
4. Il professore ha trentanove anni.
5. La signora Cosimi ha settantacinque anni.
6. Daniele ha trentasei anni.
7. Il signor Mele ha ottantanove anni.

D. You are in Rome with a friend. Repeat to your friend the useful telephone numbers the hotel concierge gave you.

    dell'aeroporto Leonardo da Vinci / 60.12.1   *Il numero di telefono dell'aeroporto Leonardo da Vinci è 60.12.1.*

1. dei Musei Capitolini / 67.82.86
2. del Museo Keats-Shelley / 67.84.23
3. del Teatro dell'Opera / 46.17.55
4. della Stazione Termini / 47.75
5. dell'Alitalia / 46.88
6. dell'Università di Roma / 49.91
7. dello Stadio Olimpico / 39.94.50
8. dell'Ambasciata degli Stati Uniti / 46.74

Cose utili

un libro   un quaderno   un disco   un calendario   un foglio di carta

un giornale   un televisore   un dizionario   una penna   una matita

una macchina da scrivere   una rivista   un registratore ed una cassetta   una calcolatrice   una radio

un orologio   una sedia   un tavolo   una porta   una finestra

un computer   uno stereo   un telefono   uno zaino   una bicicletta

E. Ask another student if he/she has these objects in his/her room.

🔁 giornale   — *Hai* (Do you have) *un giornale?*
                     — *Sì, ho un giornale.*
                        No, non ho un giornale.

1. calcolatrice   5. dizionario
2. zaino   6. penna
3. foglio di carta   7. radio
4. registratore   8. telefono

F. Name the objects you associate with the following.

🔁 Basic, Cobol   *un computer*

1. 18 marzo 1991   5. 1-800-785-3799
2. vocabolario   6. musica
3. 20 + 50; 79 − 33; 18 × 3   7. NBC, CBS, ABC
4. *Oggi in Italia*   8. 9:45 AM

STRUTTURA ED USO

Pronomi personali

— **Lei** è di Firenze, signorina?
— Chi, **io**?
— Sì, **lei**.
— No, sono di Cagliari.

003865

A personal pronoun (**un pronome personale**) is a pronoun that is used as the subject of a sentence. The following chart shows the forms of the Italian subject pronouns most commonly used in conversation. You are already familiar with the subject pronouns **tu** and **lei** (meaning *you*, formal).

	Singular			Plural	
io	I		**noi**	we	
tu	you (*familiar*)		**voi**	you (*familiar*)	
lui	he			they (*m.* or *f.*)	
lei	she		**loro**		
	you (*formal*)			you (*formal*)	

1. The subject pronoun **lei** means either *she* or *you* (*singular formal*); the subject pronoun **loro** means either *they* or *you* (*plural formal*). Context makes the meaning clear.

2. There are four ways to express *you:* **tu, voi, lei,** and **loro. Tu** is used to address a member of one's family, a close friend, a relative, or a child. The plural of **tu** is **voi.**
   Lei is used to address a person whom one does not know very well, or to whom one wishes to show respect. The plural of **lei** is **loro.**

Note: In written Italian, you will occasionally encounter the subject pronouns **egli** (*he*), **ella** (*she*), **esso** (*he, it*), **essa** (*she, it*), **essi** (*they, m.*), and **esse** (*they, f.*). Although you will not be expected to use these forms, you may see them in supplementary readings in this text.

A. Which pronoun—*tu, voi, lei,* or *loro*—would you be likely to use in addressing the following people?

▣ your friend Mario   *tu*

1. two strangers
2. your uncle and aunt
3. a police officer
4. the President of Italy
5. your parents

6. a group of friends
7. your younger cousin
8. three friends
9. a professor
10. your best friend

B. Which subject pronoun would you use to talk about the following people?

▣ Laura e Caterina   *loro*

1. Luigi
2. io e Carlo
3. il signor Monti
4. Maria

5. il signor Carelli e la signorina Landini
6. la signora Nardoni
7. Giovanni e Carla
8. tu e Paola

Presente di *essere*

— **Siete** di Milano?
— Paolo **è** di Milano, ma io **sono** di Siena.

1. The verb **essere** (*to be*) is one of the most commonly used verbs in Italian. The present-tense forms are shown in the chart below.

	Singular			Plural	
io	**sono**	I am	noi	**siamo**	we are
tu	**sei**	you (*fam.*) are	voi	**siete**	you (*fam.*) are
lui/lei }	**è**	{ he/she is	loro	**sono**	{ they are
lei }		{ you (*formal*) are			{ you (*formal*) are

2. **Essere** is an infinitive. The infinitive is the basic form of the verb listed in dictionaries and vocabulary lists. English infinitives consist of two words: *to + verb form*. Italian infinitives consist of a single word and end in **-are, -ere,** or **-ire.**

   frequentare   to attend
   avere   to have
   finire   to finish

3. In Italian, the verb changes according to the subject of the sentence. Because the verb ending indicates the subject, pronouns are usually omitted unless necessary for emphasis or to avoid ambiguity.

Sono Franco Bruni.	I'm Franco Bruni.
But: **Io sono** studente e **loro sono** professori.	I'm a student and they are teachers.
Siamo di Bologna.	We're from Bologna.
But: **Lui è** di Bologna e **lei è** di Milano.	He's from Bologna and she is from Milano.

4. Negative statements are formed by adding **non** before the verb.

Non sono di Torino.   I'm not from Torino.
Emilio **non è** di Roma.   Emilio is not from Rome.

As in English, the word **no** is often used in reply to a question to
reinforce a negative statement.

— Lei è studente?   — Are you a student?
— **No, non sono** studente.   — No, I'm not a student.

C. You and some friends are studying in different Italian cities. Say where
each of you is. In your responses, use the preposition *a*.

▣ Luigi / Napoli   *Luigi è a Napoli.*

1. Marcella e Luisa / Firenze
2. Francesca / Perugia
3. noi / Bari
4. tu / Palermo
5. io / Milano
6. tu e Massimo / Pisa

D. Say that the following people are from the cities indicated. In your
responses, use the preposition *di*.

▣ loro / Salerno   *Sono di Salerno.*

1. tu / Ancona
2. lei / Genova
3. loro / Venezia
4. tu e Giorgio / Pescara
5. noi / Verona
6. Marta e Laura / Brescia
7. il signor Campo e la signora Campo / Napoli
8. io / Avellino

E. Ask a classmate if he/she or the other people mentioned are late.

▣ tu   — *Sei in ritardo?*
       — *Sì, sono in ritardo.*
         No, non sono in ritardo. (Sono puntuale.)

1. Maria   4. io, Tina e Carlo
2. il professore 5. loro
3. tu e Gianna   6. Luigi

F. Answer the following personal questions in Italian.

1. Lei è italiano/italiana?
2. È di Milano?
3. È studente/studentessa?
4. È professore/professoressa?
5. È all'università o al liceo?

Nomi: singolare e plurale

un uomo e un **piccione**

un uomo e cinquanta **piccioni**

1. Italian nouns are either masculine or feminine. Generally, nouns ending in **-o** or **-io** are masculine and nouns ending in **-a** are feminine. Nouns ending in **-e** can be either masculine or feminine, and should be memorized.

amico (*m.*)	**registratore** (*m.*)
orologio (*m.*)	**lezione** (*f.*)
amica (*f.*)	

2. Nouns ending in an accented vowel may be either masculine or feminine.

città (*f.*)	**caffè** (*m.*)

3. Nouns ending in a consonant are usually masculine.

film (*m.*)	**computer** (*m.*)

4. Italian noun endings commonly change in the plural as shown in the chart below.

If the Singular Ends in:	The Plural Ends in:	Examples
-o	-i	libro → libri
-io	-i	orologio → orologi
-a	-e	porta → porte
-e	-i	studente → studenti
-(consonant)	no change	film → film
-(accented vowel)	no change	città → città

Exceptions: disco → dis**chi**   amica → ami**che**

5. Nouns ending in **-io** usually drop the **-o** in the plural.

   calendario → calendari   **ufficio → uffici**

G. Identify the following nouns as masculine or feminine.

   giornale   *masculine*

1. calendario	4. computer	7. studentessa
2. caffè	5. tavolo	8. rivista
3. sedia	6. università	9. bicicletta

H. Ask a student near you to furnish the plurals of the following nouns.

   penna: *penne*

1. disco	6. orologio
2. rivista	7. libro
3. finestra	8. sedia
4. giornale	9. matita
5. computer	10. dizionario

I. Ask another student to give the singular of each noun.

1. città	4. porte	7. studentesse
2. finestre	5. studenti	8. zaini
3. orologi	6. quaderni	9. università

J. Show a friend two of each of the following items. Begin each response with **ecco** (*here is/here are/there is/there are*).

   foglio di carta   *Ecco due fogli di carta.*

1. televisore	4. rivista	7. tavolo
2. calcolatrice	5. telefono	8. computer
3. matita	6. orologio	

Articolo indeterminativo

un'idea   **un** capolavoro

The indefinite article in Italian corresponds to the English *a/an* or the number *one*.

The indefinite article in Italian has four forms: **un, uno, una, un'.**

	Masculine	Feminine
un { libro orologio		**una** porta **un'**università
uno { studente zero		

1. **Un** is used with a masculine noun beginning with most consonants or with a vowel.

2. **Uno** is used with a masculine noun beginning with *s* + a consonant, *z* or *ps*.

3. **Una** is used with a feminine noun beginning with a consonant.

4. **Un'** is used with a feminine noun beginning with a vowel.

Note: The indefinite article is usually omitted after forms of the verb *to be* when stating someone's profession, occupation, or nationality, unless the noun is modified by an adjective.

Il signor Paoli è professore.	Mr. Paoli is a professor.
Giulia è italiana.	Giulia is (an) Italian.
But: **Sei *un* dottore intelligente.**	You're an intelligent doctor.

K. Luigi has a friend from Firenze staying at his house. He is pointing out on a map the prominent places to see.

▣ teatro   *Ecco un teatro.*

Ecco _____ stadio, _____ museo, _____ stazione, _____ università, _____ aeroporto, _____ piazza, _____ liceo, _____ scuola ed _____ albergo.

L. At a store, you ask the clerk to show you each of the items indicated. Be polite and add *per favore* (please) after each item.

▣ libro   *Un libro, per favore.*

1. giornale	4. penna	7. calcolatrice
2. quaderno	5. dizionario	8. computer
3. macchina da scrivere	6. matita	

M. A classmate asks you if you have certain things. Repeat the name of the object, then explain that you have something else instead.

▣ libro / quaderno   — *Hai un libro?*
                          — *Un libro? No, ho un quaderno.*

1. radio / televisore	4. computer / calcolatrice
2. rivista / giornale	5. penna / matita
3. dizionario / foglio di carta	6. stereo / registratore

N. Name at least ten items in the drawing of Antonio's bedroom (*camera*). Use the appropriate indefinite article with each item. Then give the English equivalent.

▣ una sedia   *a chair*

La camera di Antonio

LA VITA DI OGNI GIORNO

(Right) La domenica mattina il mercato di Porta Portese a Roma offre qualcosa per ognuno. Una donna vende decorativi pettini per capelli per giovani donne. **(Below)** A Venezia in una mattina di autunno la gente va in giro per i negozi a fare le spese.

(Top) In un villaggio vicino Bergamo, un contadino ritorna la sera a casa dopo una lunga giornata di lavoro nei campi. **(Bottom)** Una tipica vendemmia *(grape harvest)* nel paese di Salina nelle isole Eolie.

L'ARCHITETTURA I

(Above) L'arco della porta è richiamato dall'arco della finestra in questo primo piano di una casa di campagna situata in una zona rurale italiana. **(Right)** Due delle strutture architettoniche più straordinarie del mondo italiano—la cupola del Brunelleschi e il campanile di Giotto a Firenze. **(Below)** Il Duomo di Santa Maria del Fiore con la sua bella cupola ed il suo caratteristico campanile arricchisce *(enriches)* questo panorama di Firenze.

I trulli sono un tipo antichissimo di abitazione mediterranea che si trovano nella Puglia. Nella foto vediamo un particolare del paese Alberobello.

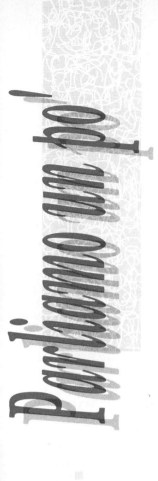
Parliamo un po'!

A. **Presentazioni.** Introduce yourself to three classmates you haven't yet met. Ask each of them the following questions.

1. his/her name
2. how he/she is
3. how old he/she is
4. where he/she is from

B. **Luogo di origine.** Find out where four of your classmates are from and record the information.

— Di dove sei?
— Sono di (Dallas).

	1	2	3	4
Student's name	____	____	____	____
City of origin	____	____	____	____

Then report the information to the class: *(Giacomo) è di (Dallas). (Pietro) è di . . . , ecc.*

C. **Hai queste cose?** For each item listed below, find two classmates who own one. (You can only ask each person two questions.)

zaino
— *Hai (Do you have) uno zaino?*
— *No, non ho uno zaino.*
   Sì, ho uno zaino.

	1	2
1. bicicletta	____	____
2. orologio	____	____
3. macchina da scrivere	____	____
4. televisore	____	____
5. stereo	____	____
6. dizionario italiano-inglese	____	____
7. computer	____	____

D. **Cosa è?** With a partner, look at the map of Italy on pp. 12 and 15 and complete the following sentences, referring to the geography vocabulary on pp. 12–13.

Venezia è . . .   *Venezia è una città.*

1. La Sicilia è . . .
2. Le Alpi sono . . .
3. L'Italia è . . .
4. Il Po è . . .
5. La Toscana è . . .
6. L'Adriatico è . . .

E. **Lettura.** Refer to the map on page 12 and the list of geographical terms on pages 12–13 as you read the following paragraphs.

L'Italia è una penisola circondata dal mar Mediterraneo, e Roma, la città più grande, è la capitale del paese. Le regioni d'Italia sono venti, e due di queste regioni, la Sicilia e la Sardegna, sono isole.

Lo stretto di Messina è al sud e divide la Sicilia dalla Calabria. Il Po è al nord ed è il fiume più lungo d'Italia. Le Alpi e gli Appennini sono le catene di montagne più importanti. Al nord, l'Italia confina con i seguenti paesi: la Francia, la Svizzera, l'Austria e la Jugoslavia.

F. **Vero o falso?** Ask another student to listen to the following statements with his/her book closed. When he/she thinks any of the statements is false, ask for the correct answer. If your partner makes a mistake, provide the right answer yourself.

1. La capitale d'Italia è Firenze.
2. In Italia ci sono dieci regioni.
3. L'Italia è circondata dal mar Mediterraneo.
4. Il Po è un lago nel sud d'Italia.
5. Gli Appennini sono una catena di montagne.

Two examples of the varied Italian landscape. (Left) A typical Tuscan scene includes a cluster of farmhouses surrounded by cultivated fields and cypress trees. (Below) The fishing boats and closely-built houses of Sciacca characterize small towns on the Sicilian coast.

G. **Lettura.** Read the following paragraph.

Mario Corsetti e Gabriella Armani sono due studenti italiani. Mario ha ventidue anni ed abita a Salerno, in via Mazzini 12. Frequenta l'università di Napoli e studia legge. Gabriella è di Napoli ed abita in via Caracciolo 34. Ha diciassette anni e frequenta il liceo scientifico.

H. **Un titolo appropriato.** Choose an appropriate title for the above paragraph from the following list.

1. Napoli e Salerno
2. Due studenti italiani
3. Due città italiane

I. **Parole analoghe.** Find at least five cognates in the paragraph you just read.

J. **Lettura.** Read the following paragraph and do the exercise that follows.

■ Le regioni italiane

Per ragioni geografiche ed amministrative, l'Italia è divisa[1] in regioni, ed ogni regione in varie province. Il capoluogo[2] della regione è la città più importante dal punto di vista[3] amministrativo. Ad esempio, Roma, oltre[4] ad essere la capitale d'Italia, è il capoluogo della regione Lazio. Milano è il capoluogo della Lombardia e Firenze della Toscana.

Le regioni più industrializzate, la Lombardia ed il Piemonte, sono nel nord dell'Italia. Per motivi[5] di carattere geografico ed etnico, alcune regioni italiane hanno uno statuto[6] speciale ed hanno ampi poteri autonomi[7]: esse[8] sono il Trentino-Alto Adige, la Valle d'Aosta, il Friuli-Venezia Giulia, la Sicilia e la Sardegna.

1. divided   2. capital (of a region)   3. point of view   4. in addition   5. For reasons
6. constitution   7. broad autonomous powers   8. they

K. **Definizioni.** Choose an appropriate word or expression from the right to define those on the left. There are two extra items on the right.

1. il capoluogo della Toscana
2. due regioni del nord d'Italia
3. Milano
4. È divisa in province.
5. È divisa in regioni.
6. una regione a statuto speciale
7. Lombardia e Piemonte

a. la regione
b. Lazio
c. Trentino-Alto Adige
d. Firenze
e. capitale d'Italia
f. capoluogo della Lombardia
g. l'Italia
h. hanno molte industrie
i. Valle d'Aosta e Lombardia

E LEI CHI È?

Two colleagues take a break
from work in Milan.

Two participants in the TV show *Una sfida in famiglia* (A family contest) introduce themselves.

Sono Raffaele Renzi.
Ho trentasette anni.
Sono sposato ed ho un figlio.
Ho una laurea in matematica.
Insegno informatica all'università di Roma.
Abito con mia moglie e mio figlio in una piccola villa fuori Roma.
Abbiamo anche un cane e un gatto.

Io mi chiamo Lisa Renzi Melani.
Sono la sorella di Raffaele.
Ho trentatré anni.
Anch'io sono sposata, ma non ho figli.
Sono architetto e lavoro con mio marito.
Abito in un appartamento al centro di Roma.

DOMANDE GENERALI

1. Quanti anni ha Raffaele? È sposato o non è sposato?
2. Quanti figli ha?
3. Raffaele ha una laurea in medicina o in matematica? Che cosa insegna? Dove?
4. Con chi abita Raffaele? Dove abita?
5. Come si chiama la sorella di Raffaele? Quanti anni ha?
6. Quanti figli ha Lisa?
7. Lisa è architetto o dottoressa? Con chi lavora?
8. Dove abita Lisa?

DOMANDE PERSONALI

1. Quanti anni ha lei?
2. Lei è sposato/a?
3. Lavora o studia?
4. Abita in una villa o in una casa? È grande o piccola?
5. Ha un appartamento? È grande o piccolo?
6. Abita con la famiglia o abita da solo/a?
7. Ha un cane? Come si chiama?
8. Ha un gatto? Come si chiama?

SITUAZIONI

1. You go to a party with someone else. One of the other guests asks you who you are.

   — E lei, chi è?　　　　— Sono la sorella (l'amica/l'amico/lo zio/il fratello) di (Luca).

2. Someone asks you if you live alone.

   — Lei abita da solo/a?　　　　— No, abito con mia madre (mia zia/mio padre/un amico/un'amica).

3. Someone asks how old you are.

   — Quanti anni ha?　　　　— Ho . . . anni.

VOCABOLARIO

Parole analoghe

l'appartamento　　**l'architetto**　　**la matematica**

Nomi

l'amica　(female) friend
l'amico　(male) friend
il cane　dog
la casa　house
il centro　downtown
la famiglia　family
la figlia　daughter
i figli　children
il figlio　son
il fratello　brother
il gatto　cat
l'informatica　computer science
la laurea　university degree
la madre　mother

il marito　husband
la moglie　wife
il padre　father
la sorella　sister
la villa　country house
la zia　aunt
lo zio　uncle

Aggettivi

grande　big
mio/a　my
piccolo/a　small
sposato/a　married

I cognomi italiani

Last names came into use in Italy in the ninth century, and by the time of the Renaissance they were fully established. Originally, many last names were descriptive. A number of these old names remain in use. For instance:

— names based on a family's place of origin: Genovesi (*from Genoa*), Lombardi (*from Lombardy*), Siciliani (*from Sicily*).
— names drawn from an ancestor's trade or occupation: Ferrari (*ironmonger*), Pastore (*shepherd*), Vaccaro (*cowherd*), Sarti (*tailor*), Marinaro (*sailor*).
— names based on a father's first name, common before last names came into use: Di Giovanni, Di Giacomo, Di Pasquale.
— names that describe physical features or characteristics: Biondi (*blond*), Calvino (*bald*), Grasso (*plump*), Mancini (*left-handed*).

In the past, Italian women had to take their husband's last name when they got married. However, since 1975, through reforms in Italian family law, married women have the right to keep their family's last name to which they add the husband's last name.

An intercom at the entrance to an apartment building in Bologna displays the last names of the tenants. Using a dictionary, look up the meaning of these last names.

Verbi

abitare   to live
avere   to have; **abbiamo**   we have
insegnare   to teach
lavorare   to work

Altre parole ed espressioni

che cosa?   what?
chi?   who?
con chi?   with whom?
da solo/a   alone
dove?   where?
fuori   outside
in   in
all'università   at the university

PRATICA

A. Pretend you have just met Raffaele Renzi at a party in Rome. Introduce yourself and ask him if he is a professor and what he teaches. Also ask him if he is married, how many children he has, and where he lives.

B. Pretend you are conversing with Lisa Renzi Melani at the same party. She asks you how old you are, whether you work or study, and where and with whom you are living. Respond appropriately.

39

PRONUNCIA I suoni /l/ e /p/

Il suono /l/

In Italian, the sound of the letter **l**, /l/, is pronounced nearer to the front of the mouth than it is in English. Italian /l/ is formed with the tip of the tongue pressed against the gum ridge behind the upper front teeth. The back of the tongue is lowered somewhat. The sound /l/ is spelled **l** or **ll**.

A. Listen and repeat the following words after your instructor.

liceo	puntuale	villa
legge	male	fratello
lezione	molto	sorella

B. **Proverbio.** Repeat the following Italian proverb. Then dictate it to another student, letter by letter.

L'abito non fa il monaco.
    Clothes don't make the man.
    (Literally: The habit doesn't make the monk.)

Il suono /p/

Italian /p/ is not aspirated (that is, not accompanied by a puff of air), in contrast to English /p/. The sound /p/ is represented in writing by **p** or **pp**.

C. Listen and repeat the following words after your instructor.

porta	Al**p**i	A**pp**ennini
padre	ca**p**itale	a**pp**artamento
penna	Na**p**oli	ca**pp**uccino

D. **Proverbio.** Repeat the following Italian proverb. Then dictate it to another student, letter by letter.

Chi va piano va sano e va lontano.
    Slowly but surely.
    (Literally: He/she who goes slowly goes safe and goes far.)

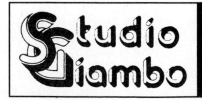

AMPLIAMENTO DEL VOCABOLARIO

Materie d'insegnamento

Here is a list of some courses of study at the *liceo* or *università*. As you can see, they are mostly cognates, and thus easy to remember, though their pronunciation differs from English.

l'antropologia anthropology
l'architettura architecture
l'arte *(f.)* art
la biologia biology
la chimica chemistry
l'economia economics
la filosofia philosophy
la fisica physics
la geologia geology
l'informatica computer science
la letteratura literature
le lingue straniere foreign
  languages
  il cinese Chinese
  il francese French

il giapponese Japanese
l'inglese *(m.)* English
l'italiano Italian
il russo Russian
lo spagnolo Spanish
il tedesco German
la matematica mathematics
la musica music
la psicologia psychology
le scienze politiche political
  science
le scienze naturali natural science
la sociologia sociology
la storia history

A number of Italian nouns ending in **-ia** have English equivalents ending in *-y*, as in **biologia** = *biology*. Note that the letters *ph* found in some English words become the letter **f** in their Italian counterparts, as in *philosophy* = **filosofia**.

A. Judging from the content of their courses, what subjects does each professor teach?

La professoressa Giuliani: le poesie di Petrarca e la   *Insegna letteratura.*
Divina Commedia di Dante

1. il professor Franceschi: le sculture di Michelangelo ed i dipinti (*paintings*) di Raffaello
2. la signora Papini: numeri, divisioni, addizioni, ed equazioni
3. il professor Gaetani: le teorie di Freud e di Jung
4. la professoressa Sansoni: Platone, Aristotele, San Tommaso d'Aquino, Kant e l'esistenzialismo
5. il dottor Manna: prodotti, mercato e capitalismo
6. il signor Scaliari: vocabolario (nomi, verbi ed aggettivi) e grammatica

B. Guess what subjects each person is studying to prepare for the following professions.

▣ Laura / psichiatra   *Studia biologia e psicologia.*

1. Alessandra/dottore in medicina
2. Roberto/interprete alle Nazioni Unite
3. Rita/ingegnere civile
4. Ottavio/programmatore di computer
5. Davide/direttore d'orchestra
6. Raffaele/professore d'inglese
7. Luciana/farmacista

C. Give the English equivalent of the following Italian nouns.

1. astronomia	4. anatomia	7. fotografia
2. cardiologia	5. cortesia	8. criminologia
3. ecologia	6. antropologia	9. astrologia

Che ora è? Che ore sono?

È l'una.

Sono le tre.

Sono le dieci.

È l'una e un quarto.
È l'una e quindici.

Sono le quattro
e venti.

Sono le undici e mezzo.
Sono le undici e trenta.

Sono le sei meno
un quarto.

Sono le otto meno
cinque.

È mezzogiorno.
È mezzanotte.
Sono le dodici.

The *Torre dell'Orologio* or *dei Mori* (*Moors*), located in St. Mark's Square in Venice, dates back to the fifteenth century. The statue of the lion symbolizes St. Mark and the figures at the top strike the hour. What time is it according to this clock?

1. **Che ora è?** and **Che ore sono?** both mean *What time is it?* They are used interchangeably. The answer is **Sono le** + *the number of hours*.

Sono le due.	It's two o'clock.
Sono le dieci.	It's ten o'clock.

The singular **è** is used only for *it's one o'clock*, *it's noon*, and *it's midnight*.

È l'una.	It's one o'clock.
È mezzogiorno.	It's noon.
È mezzanotte.	It's midnight.

2. For fractions of an hour, Italian uses **e** + *minutes*.

Sono le due e venti.   It's twenty after two.

Times after the half hour can also be expressed by subtracting minutes from the next full hour, using **meno** (*minus*).

Sono le cinque meno dieci.   It's ten to five.

Un quarto (*a quarter*) and **mezzo** (*a half*) often replace **quindici** and **trenta**.

Sono le nove e mezzo.	It's half past nine.
È l'una meno un quarto.	It's a quarter to one.

3. Italians often use the twenty-four-hour clock for official times, such as schedules and appointments.

**Le banche sono aperte dalle   Banks are open from 8:30 A.M. to
   8,30 alle 13,30.   1:30 P.M.**

The expressions **di mattina** (*in the morning*), **del pomeriggio** (*in the afternoon*), and **di sera** (*in the evening*) are sometimes used for clarity when not using the twenty-four-hour clock.

Sono le quattro di mattina.   It's four A.M.
Sono le quattro del pomeriggio.   It's four P.M.
Sono le dieci di sera.   It's ten P.M.

4. To ask *At what time?* Italians use the expression **A che ora?** The answer is expressed as **alle due, alle otto,** etc. The only exceptions are **a mezzogiorno, a mezzanotte,** and **all'una.**

— **A che ora arriva Enrico?**   — At what time does Enrico arrive?
— **Arriva alle dieci e mezzo.**   — He arrives at 10:30.
— **A che ora mangi?**   — At what time do you eat?
— **Mangio a mezzogiorno.**   — I eat at noon.

D. Tell what time it is on the following digital clocks, using the 24-hour clock.

1.

2.

3.

4.

5.

6.

7.

8.

9.

10.

E. Ask another student at what time he/she does the following things. Then reverse roles.

⌨ hai lezione d'italiano   — *A che ora hai lezione d'italiano?*
                                    — *Alle dieci.*

1. mangi la sera
2. sei all'università domani

3. studi con Filippo
4. hai lezione d'inglese
5. sei a casa oggi pomeriggio

F. You and some friends agree to meet at your apartment at 1 P.M. to study together. Say what time each person arrives (*arriva*) and whether he/she is early (*in anticipo*), on time (*puntuale*), or late (*in ritardo*).

Marina / 1 P.M.   *Marina è all'appartamento all'una. È puntuale.*

1. Anna / 12:55 P.M.   4. Giorgio / 12:40 P.M.
2. Michele / 1:20 P.M.   5. Paolo / noon
3. Lisa / 1:35 P.M.

STRUTTURA ED USO

Presente di *avere*

Ho freddo.

Ho caldo.

1. You are already familiar with the verbs **ho**, **hai**, **ha**, and **abbiamo**. The other forms of **avere** are as follows:

Singular			Plural		
io	**ho**	I have	noi	**abbiamo**	we have
tu	**hai**	you (*fam.*) have	voi	**avete**	you (*fam.*) have
lui, lei lei	**ha**	{ he/she has { you (*formal*) have	loro	**hanno**	{ they have { you (*formal*) have

Abbiamo un cane grande.   We have a big dog.
Avete una bicicletta?   Do you have a bicycle?
I signori Betrini hanno un gatto nero.   The Betrinis have a black cat.

2. **Avere** is used in many common idiomatic expressions. For example:

avere . . . anni to be . . . years old	**avere fretta** to be in a hurry
avere bisogno di (+ *noun or infinitive*) to need, have need of	**avere paura di** (+ *noun or infinitive*) to be afraid of
avere caldo to be warm	**avere ragione** to be right
avere freddo to be cold	**avere torto** to be wrong
avere fame to be hungry	**avere sonno** to be sleepy
avere sete to be thirsty	**avere fortuna** to be lucky
avere pazienza to be patient	**avere voglia di** (+ *infinitive*) to feel like (doing something)

Giuseppe ha sempre fame.	Giuseppe is always hungry.
Ho fretta oggi.	I'm in a hurry today.
Avete molto sonno?	Are you very sleepy?
Di che cosa hai bisogno?	What do you need?

A. Antonio's little sister Claudia is fascinated by differences between her family and her friends' families. Take the part of Claudia and complete her observations with the correct form of *avere*.

1. Noi _____ un gatto, loro _____ un cane.
2. Io _____ un fratello, Carlo _____ una sorella.
3. Tu _____ uno stereo, Gina _____ un registratore.
4. Mio fratello _____ una bicicletta ma tuo (*your*) fratello _____ una macchina.
5. Voi _____ una casa e noi _____ un appartamento.

B. Eight-year-old Carlo tells his friend Susanna what everyone in his family has. Complete his account with the appropriate forms of *avere* and the indefinite article.

📵 Io _____ bicicletta.   *Io ho una bicicletta.*

1. Giacomo _____ stereo.
2. Maria e Cristina _____ gatto.
3. Fernando ed io _____ radio.
4. Lo zio Paolo _____ computer.
5. Laura _____ zaino.
6. Mia madre _____ orologio.

C. Say that the following people have a degree in the field indicated.

📵 Franco: filosofia   *Franco ha una laurea in filosofia.*

1. il signor Renzi: scienze politiche
2. Marco e Gilda: lingue straniere
3. noi: biologia
4. la signora Renzi Melani: architettura
5. le signorine: medicina
6. voi: informatica
7. tu e Marta: musica
8. io ed Alberto: sociologia

D. Ask the following persons whether they have one of the following items: *un computer*, *uno stereo*, or *una radio*.

🗐 your classmate Emilio   *Emilio, hai (un computer)?*

1. your friends Raffaele and Lisa
2. your neighbor Mr. Valle
3. your uncle Vittorio
4. your cousin Gino
5. your economics teacher
6. Mr. and Mrs. Campini

E. Tell how old the following persons are.

🗐 loro / 15   *Hanno quindici anni.*

1. Claudia / 19
2. io / 23
3. Lisa ed Antonio / 33
4. tu / 41
5. il marito di Laura / 56
6. voi / 29
7. il padre di Giorgio / 70
8. la sorella di Ugo / 48

F. Your family is driving from Torino to Napoli to visit your aunt and uncle. You have been on the road for five hours. You stop at a pay phone to call ahead, and your aunt asks how the drive is going. You answer:

"Mamma _____ (*is cold*), Giulia _____ (*is hot*), Antonio _____ (*is thirsty*), io ed Antonio _____ (*are sleepy*), papà e mamma _____ (*are in a hurry*), papà _____ (*is hungry*), e il cane _____ (*is scared*)."
  "Buona fortuna" (*good luck*), says your aunt.

G. Ask the questions below, using expressions with *avere*.

🗐 Ask your sister if she is afraid.   *Hai paura?*

1. Ask your cousins if they are thirsty.
2. Ask Professor Salvucci if she is in a hurry.
3. Ask Mr. and Mrs. Sarti if they are hungry.
4. Ask your little brother if he is sleepy.
5. Ask your grandmother how old she is.
6. Ask your friends if they feel like studying.
7. Ask your roommate if he needs a bicycle.
8. Ask your father if you are right or wrong.

H. What remark would you make in the following circumstances? Use an expression with *avere* in your responses.

▣ Your friend Carlo says that students are patient.   *Carlo ha torto.*

1. It's −7° C (20° F) outside and you don't have a coat.
2. It's 30° C (90° F) outside and you are wearing a sweater.
3. You haven't slept for twenty-four hours.
4. You didn't have time to eat breakfast this morning and it's almost lunchtime.
5. You have a doctor's appointment across town in ten minutes.
6. Your sister Giulia finds a ten-dollar bill on the street.

I. With a partner, perform the following short dialogues in Italian.

1. — I'm always (*sempre*) thirsty.
   — Yes, and you're always hungry.
2. — I don't feel like working.
   — And I don't feel like studying.
3. — Is Maria cold?
   — No, she's warm.
4. — I'm right!
   — No, you're wrong!
5. — Do you need a typewriter?
   — Yes, and I also need a piece of paper.
6. — Are you in a hurry?
   — Yes, and I need a bicycle!

Articolo determinativo: singolare e plurale

Le cassette, **il** registratore . . . **la** musica!

1. In Italian, the definite article (*the*) changes to agree in number and gender with the noun it modifies. The singular forms of the definite article are **il**, **lo**, **la**, and **l'**.

Singular			
Masculine		**Feminine**	
before most consonants	**il** liceo	before consonants	**la** sedia
before **s** + consonant, and **z**	**lo** studente **lo** zaino		
before vowels	**l'**anno	before vowels	**l'**amica

2. The plural forms of the definite article are: **i**, **gli**, and **le**.

Plural			
Masculine		**Feminine**	
before most consonants	**i** libri	before all feminine nouns	**le** amiche **le** sorelle
before vowels, **s** + consonant, and **z**	**gli** anni **gli** studenti **gli** zaini		

3. The definite article is used to refer to known persons, places, or things. In a series, it is used before each noun.

Ecco **gli studenti**!	Here are the students!
Dove sono **i libri** e **le riviste**?	Where are the books and the magazines?

4. Nouns used in a general sense also take the definite article.

I libri sono necessari.	Books (in general) are necessary.
La musica è bella.	Music (in general) is beautiful.

5. The definite article is generally used with the names of languages, except after **parlare**.

Studio **il francese** ed **il giapponese**.	I study French and Japanese.
But: **Parlo** italiano.	I speak Italian.

GLI AMICI DEL MONDIALE

6. The definite article is used with the courtesy titles **signore**, **signora**, **signorina**, and with professional titles such as **dottore**, **dottoressa**, **professore**, **professoressa** when talking *about* an individual. It is not used when talking directly *to* the individual.

Il signor Valle è meccanico.	Mr. Valle is a mechanic.
La dottoressa Gardini ha fretta.	Dr. Gardini is in a hurry.
But: Buon giorno, **professor Renzi**.	Good morning, Professor Renzi.
Arrivederla, **signora Melani**.	Good-by, Mrs. Melani.

J. Maria is showing her cousin the snapshots she took during the family's summer vacation. She identifies each picture as she hands it to him. Take Maria's part.

▣ fiume / lago   *Ecco il fiume ed il lago.*

1. città / università
2. mare / isola
3. signore / signorina
4. amico di papà / amica di mamma
5. liceo / villa
6. montagne / case
7. centro / scuola
8. zia / zio

K. Romano makes two lists of university courses, those he wants to take and those he doesn't. Add the correct form of the definite article.

1. _____ informatica   _____ matematica
2. _____ musica   _____ scienze naturali
3. _____ scienze politiche   _____ russo
4. _____ storia   _____ fisica
5. _____ arte   _____ economia
6. _____ italiano   _____ antropologia

L. Signora Bertelli makes a list of the guests she will invite to a birthday party. Complete her list with the appropriate singular or plural forms of the definite article.

1. _____ figlio di Anna
2. _____ sorelle di Gina
3. _____ dottor Russo
4. _____ famiglia Tedeschi
5. _____ fratelli di Marco
6. _____ avvocato Tetrazzini
7. _____ amici di Lucio

8. _____ professore d'italiano
9. _____ padre e _____ madre di Michele
10. _____ moglie di Pietro
11. _____ studenti della classe di Anna
12. _____ zio Tommaso e _____ zia Agnese
13. _____ signori Amabili

M. Working with a partner, take turns pointing out the following objects and people in the classroom. Use *ecco* and the correct form of the definite article, singular and plural.

▣ libro   *Ecco il libro.*

1. fogli di carta   6. tavolo
2. studenti   7. finestre
3. quaderni   8. studentessa
4. lavagna   9. dizionario
5. sedia   10. penne

N. As you are walking with a friend, you see several people whom you know. Greet the people you meet.

▣ il professor Rodini   *Buon giorno, professor Rodini.*

1. la signorina Lanza   4. la dottoressa Veronese
2. il dottor Tommasi   5. la professoressa Scarfone
3. la signora Facchetti   6. il signor Fedeli

Di + *nome* per esprimere possesso

— **Di chi** è questo zaino?

1. The preposition **di** + *a proper name* is used to express possession or relationship.

Dov'è la radio **di Gabriele**?	Where is Gabriele's radio?
La capitale **d'Italia** è Roma.	The capital of Italy is Rome.
Sono il padre **di Gino**.	I'm Gino's father.
È la sorella **di Giacomo**.	She's Giacomo's sister.

2. The interrogative **di chi?** means *whose?*

Di chi è l'appartamento?	Whose apartment is it?
Di chi sono le riviste?	Whose magazines are they?

3. The preposition **di** is also used to express place of origin (see pp. 27–28).

Siamo **di** Napoli.	We're from Naples.
Gina è **di** Boston.	Gina is from Boston.

O. Paolo asks Gino to whom the following objects belong. Gino responds that each one belongs to the person named last. With a partner, take the roles of Paolo and Gino.

Il televisore è di Marco o di Carlo?   *È di Carlo.*

1. Il computer è di Laura o di Silvia?
2. La penna e la matita sono di Valerio o di Pino?
3. Lo stereo è di Michele o di Pietro?
4. Il libro e il quaderno sono di Franco o di Vittorio?
5. La macchina da scrivere è di Giacomo o di Marcello?

P. La signorina Beati, Franco's teacher, asks him who owns the following objects left behind in the classroom. With a partner, recreate their dialogue using the cues given below.

matita: Paola   — *Di chi è la matita?*
                     — *È di Paola.*

1. dizionario: Enrico   4. penne: Matilde
2. giornali: Giuseppe   5. libri: Carla
3. quaderno: Piero   6. calcolatrice: Alessandro

Q. Say that the people mentioned first have the objects owned by the people mentioned last.

Marcello / penne / Luisa   *Marcello ha le penne di Luisa.*

1. Patrizia e Giacomo / rivista / Enrico
2. noi / stereo / Paola
3. io / dizionario / Mario
4. tu e Laura / macchina da scrivere / Luca
5. Antonella / zaino / Clara
6. tu / quaderni / Emilio
7. io e Claudio / orologio / Antonio

A. **L'orario.** Ask another student what classes he/she has today and what time each class meets. Take notes, then report his/her schedule to the class.

S1: Che lezioni hai oggi?
S2: Ho lezione di . . .
S1: A che ora hai lezione di (filosofia)?
S2: Alle (due del pomeriggio).

Lezione: _____   *Ora:* _____

S1: Oggi (Alessio) ha lezioni di . . . Ha lezione di filosofia alle due, lezione di . . .

B. **All'aeroporto.** Working with two other students, pretend one of you works for Alitalia and the others are passengers seeking the departure and arrival times of the following flights. Refer to the flight schedule that follows.

DA/FROM ROMA

Validità/Validity dal/from	al/to	Frequenza Days	Partenza Departure	Arrivo Arrival	Volo Flight
A/TO BOLOGNA - BLQ - GMT+1 ⊕ G. MARCONI KM. 6,4 Δ 25'					
		1234567	09.00	09.55	AZ 0232
		1234567	11.30	12.25	AZ 0242
		1234567	13.15	14.10	AZ 0234
		1234567	15.00	15.55	AZ 0230
		1234567	18.20	19.15	AZ 0238
		1234567	21.05	22.00	AZ 0236
A/TO BOMBAY - BOM - GMT+5,30 ⊕ SAHAR KM. 35 Δ 75'					
		3	01.00	12.50	AZ 1766
		6	18.00	09.30G1	AI 0130
		3	18.00	09.35G1	AI 0164
		7	20.55	12.30G1	AI 0152
		4 7	22.55	10.45G1	AZ 1760
A/TO BOSTON - BOS - GMT-5 ⊕ LOGAN ITL. KM. 5 Δ 60'					
		1 34 6	10.10	15.35	TW 0807
A/TO BRAZZAVILLE - BZV - GMT+1 ⊕ MAYA MAYA KM. 4 Δ 45'					
11FEB		3	22.50	06.45G1	RKAZ0055
	10FEB	3	22.50	07.45G1	RKAZ0055
A/TO BRINDISI - BDS - +1 ⊕ PAPOLA C. KM. 6 Δ 25' NAZ.30' INT.					
		1234567	11.05	12.10	BM 0402
		1234567	16.55	18.00	BM 0064
		1234567	21.10	22.15	BM 0310
A/TO BRUXELLES - BRU - GMT+1 ⊕ BRUSSELS NATIONAL KM. 12 Δ 30'					
		4	07.30	09.30	QC 0004
		5	07.50	09.50	SQ 0034
		1234567	09.10	11.15	AZ 0274
		7	10.40	12.55	SN 0816
		12 456	11.35	13.50	SN 0812
		3	11.35	13.50	SN 0812
		1234567	16.00	18.05	AZ 1274
		12345 7	19.00	21.15	SN 0814

S1: A che ora parte il volo per Bologna?
S2: Parte alle nove.
S1: E a che ora arriva?
S2: Arriva alle dieci meno cinque.
S3: A che ora parte il volo per Boston?

1. il primo volo per Bruxelles
2. il volo della mattina per Brindisi
3. il volo della notte per Bologna
4. il volo per Bombay
5. il volo del pomeriggio per Brindisi
6. il volo per Brazzaville

C. **Avere voglia.** Ask four of your classmates if they feel like studying now (*adesso*). Some will say yes but others may say they don't feel like it because they are hungry, thirsty, sleepy, etc. Then report your findings to the class.

— Hai voglia di studiare adesso?
— Sì, ho voglia di studiare.
  No, non ho voglia di studiare perché ho fame.

Student	*1*	*2*	*3*	*4*
	____	____	____	____

— (Patrizia) ha (non ha) voglia di . . .

D. **Avere bisogno.** You volunteer to go to the campus shop to purchase a few things for yourself and three of your classmates. Ask what each one needs.

— Di che cosa hai bisogno?   — Ho bisogno di (due quaderni).

Student	*1*	*2*	*3*
	_____	_____	_____

E. **Di chi è?** Working with four other classmates, borrow two objects whose Italian names you know (*libro, quaderno, penna, orologio,* etc.) from someone else in the group. Then take turns asking one another who owns each object.

penna   — *Di chi è la penna?*
             — *È di Luisa.*

1. riviste di sport
2. registratore
3. macchina da scrivere
4. dizionario d'italiano
5. dischi di Pavarotti
6. calcolatrice

F. **Lettura.** Read the following paragraph and do the exercise that follows.

■ Le lingue parlate in Italia

L'italiano è la lingua ufficiale d'Italia, ma in alcune[1] regioni si parlano[2] anche altre lingue. In Valle d'Aosta, oltre[3] l'italiano, si parla[4] francese; nel Trentino-Alto Adige, il tedesco. Gruppi etnici che mantengono ancora vive[5] lingua, cultura e tradizioni diverse sono presenti in varie regioni. Ci sono[6] greci in Sicilia ed albanesi nel Molise, nella Calabria e nella Sicilia. In molte regioni italiane esiste ancora il dialetto; la gente[7] lo[8] parla specialmente in casa con persone della propria[9] famiglia e con gli abitanti dello stesso[10] paese.

1. some   2. are spoken   3. besides   4. is spoken   5. still keep alive   6. There are
7. people   8. it   9. one's own   10. same

G. **Vero o falso?** Ask another student whether the following statements are true or false, based on the paragraph above.

1. Il dialetto è la lingua ufficiale delle regioni.
2. In Italia si parla solo l'italiano.
3. Gli abitanti della Valle d'Aosta parlano italiano e francese.
4. In alcune regioni d'Italia ci sono gruppi di albanesi che parlano la loro lingua.
5. In Italia non esistono diversi gruppi etnici.
6. Il dialetto è usato per parlare con la gente del proprio (*one's own*) paese.

Trentino-Alto Adige is a bilingual region of Italy. Notice the signs in Italian and German posted outside this café in Malcesine.

LEZIONE
3
CHE COSA FAI DI BELLO?

A café outside the Pantheon
in Rome.

Piero Salvatori desidera telefonare a Gina Bellini. Entra nel bar° Savoia dove c'è un telefono pubblico e compra un gettone°. Poi va al telefono e fa il numero°. Fulvia, la sorellina di Gina, risponde.

See cultural note, p. 60
telephone token / dials

Fulvia	Pronto?	
Piero	Ciao, Fulvia. Sono Piero. C'è Gina°?	Is Gina there?
Fulvia	Sì, ma è occupata.	
Gina	Fulvia, è per me la telefonata?	
5 **Fulvia**	Sì, è quel noioso di Piero°.	that boring Piero
Gina	Non fare la spiritosa°. Dammi° il telefono!	Don't be fresh / Give me
	* * *	
Gina	Pronto, Piero, come stai?	
Piero	Così così. Senti°, che cosa fai di bello oggi?	Listen
Gina	Niente di speciale. Perché?	
10 **Piero**	Hai voglia di prendere° un gelato? C'è una buona gelateria in via Dante, vicino al parco.	Do you feel like having
Gina	Un gelato adesso? Che ore sono?	
Piero	Sono le quattro e venti.	
Gina	L'idea mi piace°, ma devo studiare fino alle sei. Domani ho gli esami di storia.	I like the idea
15		
Piero	Allora passo a prenderti° verso le sei e mezzo, va bene?	I'll pick you up
Gina	D'accordo. A più tardi!	

DOMANDE GENERALI

1. A chi desidera telefonare Piero?
2. Dove entra e che cosa compra?
3. Chi risponde al telefono?
4. Secondo Fulvia, com'è Piero, noioso o simpatico?
5. Che cosa fa di bello Gina oggi?
6. Che ore sono?
7. Secondo Piero, dov'è una buona gelateria?
8. Che cosa deve fare Gina fino alle sei? Perché?
9. A che ora Piero passa a prendere Gina?

DOMANDE PERSONALI

1. Quando lei telefona ad un amico o ad un'amica, usa il telefono pubblico?
2. Di solito a casa sua (*your house*) chi risponde al telefono?
3. Lei ha una sorellina o un fratellino? È noioso/a o simpatico/a? Fa lo spiritoso/la spiritosa quando risponde al telefono?
4. Lei dove studia quando ha gli esami, a casa o in biblioteca?
5. Che fa di bello oggi? Ha voglia di prendere un gelato?

SITUAZIONI

1. You are at the bar Savoia. Answer the waiter who asks you what you wish to order.

   — Desidera, signorina (signora/signore)?
   — Un'aranciata (Un cappuccino/Un espresso/Un gelato), grazie.

2. Your friends decide to meet at the bar Berardo tomorrow. Find out where the bar Berardo is.

   — Dov'è il bar Berardo?
   — Vicino al parco (all'università/alla stazione/allo stadio/alla biblioteca).

3. You answer the phone, but the call is for your mother. Respond when she asks you who is calling.

   — Chi è al telefono?
   — La sorellina di Lucia (Il fratellino di Paola/Il nonno/La nonna).

VOCABOLARIO

Parole analoghe

l'idea   **la stazione**

Nomi

l'aranciata orange soda
il bar *see cultural note, p. 60*
la biblioteca library
il cappuccino coffee with steamed milk
l'esame (*m.*) exam
l'espresso strong coffee without milk
il fratellino little brother

la gelateria ice cream shop
il gelato ice cream
il gettone token
il nonno grandfather; **la nonna** grandmother
la sorellina little sister
lo stadio stadium
la telefonata phone call

Aggettivi

buono/a good
noioso/a boring
occupato/a busy, occupied
simpatico/a nice, attractive

Verbi

andare (*irreg.*) to go; **va** he/she
  goes, you (*formal*) go
comprare to buy
desiderare to wish, want
dovere to have to, must
entrare to enter
fare (*irreg.*) to do; to make
prendere to take; to have (*in the
  sense of* to eat, to drink)
rispondere to answer, respond
sentire to listen; **senti** listen
telefonare to telephone
usare to use

Altre parole ed espressioni

adesso now
allora well, then
d'accordo agreed, O.K.
per for; **per me** for me

oggi today
perché? why?; **perché** because
poi then, after that
pronto? hello (*response on the phone*)
quando? when?; **quando**
  when(ever)
secondo according to
stasera this evening
verso toward, around (time)

a casa sua at your (his/her) house
c'è there is; **c'è Gina?** is Gina
  there?
che cosa fai di bello oggi? what
  are you up to today?
a chi? to whom?
com'è . . . ? what is . . . like?
cosa? what?
di solito usually
fino alle sei until 6:00
l'idea mi piace I like the idea
niente di speciale nothing special
**non fare lo spiritoso/la
  spiritosa!** don't be fresh
passo a prenderti I'll pick you
  (*fam.*) up
va bene? O.K.? is that all right?
vicino a near

PRATICA

A. With a classmate, prepare a dialogue dramatizing the following situation: Laura phones Renato and asks him what he is doing. He says nothing special, that he has an English exam the next day and has to study until six o'clock. She asks if he wants to have a *cappuccino* at the bar Giuliani on Via Napoleone. He says yes, and agrees to pick her up around six o'clock.

B. Prepare a second dialogue: While walking with your little brother, you pass an ice-cream shop. He says he's hungry and feels like having an ice cream. You say you're hungry too, and agree to pay for (*pagare*) the ice cream.

Il bar italiano

An Italian *bar* is a place where one can buy a cup of *espresso*, a *cappuccino*, a sandwich, candy, ice cream, or mineral water, as well as beer and other alcoholic beverages. Customers typically stand at the counter to drink or eat, since doing so is less expensive than sitting at a table. When ordering at the counter, customers are expected to go first to the cashier (*il cassiere/la cassiera*), pay for what they want, and bring the receipt (*lo scontrino*) to the counter. It is customary to leave a small tip (*la mancia*) with the *scontrino* on the counter. Customers who sit at tables order from a waiter (*il cameriere*), who serves and receives the payment. In good weather, chairs and tables are placed outside. It is a favorite pastime of many Italians and tourists to watch the passers-by while enjoying a *cappuccino*, *aperitivo*, or *digestivo*.

Customers at a bar in Modena.

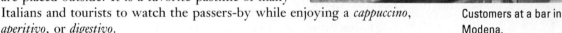

PRONUNCIA   La lettera **h** ed il suono /**kw**/

La lettera h

The letter **h** is silent in Italian. It is used in some forms of the verb **avere** (**ho, hai, ha, hanno**) and in some interjections (for example, **ah**, **oh**, and **eh**). It is also present, though never pronounced, in some foreign words currently used in Italian (for example, **hobby**, **habitat**, and **hotel**).

In **ch** and **gh**, the letter **h** helps to form the hard sound of **c** and **g** before the vowels **e** and **i** (**chi, che, analoghe, laghi**).

A. Read the following sentences. Do not pronounce the letter *h*.

1. Quanti anni hai?
2. Oh, che peccato!
3. Dov'è l'hotel Barberini?
4. Non ho un hobby.

Il suono /kw/

The sound /**kw**/, as in **quando**, is usually spelled **qu**.

B. Repeat the following words after your instructor.

quaderno	**qu**indici
quando	li**qu**ido
quattro	cin**qu**e
quattordici	fre**qu**entare

C. **Proverbio.** Read aloud the following proverb. Then dictate it to another student, letter by letter.

Quando a Roma vai, fa' come vedrai.
> When in Rome, do as the Romans do.
> (Literally: When you go to Rome, do as you see.)

Bars remain popular with both the older and the younger generation as the place to go for a light snack or a quick *capuccino.* What would be the equivalent of an Italian bar in your city or town?

AMPLIAMENTO DEL VOCABOLARIO

La città

1. la stazione	6. la chiesa	11. il negozio	16. il mercato
2. il museo	7. il teatro	12. l'albergo	17. la gelateria
3. la biblioteca	8. lo stadio	13. il ristorante	18. il supermercato
4. l'ospedale	9. il cinema	14. il bar	19. la farmacia
5. la libreria	10. la banca	15. l'ufficio postale	20. il parco

A. With a partner, take turns giving directions to the following places in the city on page 62. Use *tra* (between) to pinpoint their locations.

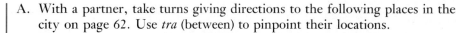 ristorante — *Dov'è il ristorante?*
— *È in Via Nazionale. È tra il bar e l'albergo.*

1. ospedale
2. banca
3. gelateria
4. biblioteca
5. supermercato

B. With a partner, imagine you are at the park shown in the drawing on p. 62. One of you is a tourist who wants to know if the following places are nearby (*qui vicino*).

farmacia — *C'è una farmacia qui vicino?*
— *Sì, c'è una farmacia in Via Nazionale.*

1. ufficio postale
2. libreria
3. stadio
4. mercato
5. bar
6. ristorante

C. Ask another student to name the place (*luogo*) he/she associates with the following things.

gelato — *Con quale luogo associ il gelato?*
— *Con la gelateria.*

1. cappuccino
2. libri
3. dottore
4. medicina
5. banane e patate
6. spaghetti alla marinara
7. dollari e lire
8. Marcello Mastroianni e Sophia Loren
9. sport

Preposizioni semplici

A preposition is a word used before a noun or pronoun to express its relation to another word. Here are some simple (one-word) Italian prepositions, some of which you have already learned. Later in this lesson, you will learn how some of the prepositions contract with definite articles.

di of, from	**in** in, at	**per** for
a to, at	**con** with	**tra** (or **fra**) between, among
da from, by	**su** on	

Note that **di** frequently becomes **d'** before a vowel.

D. Complete the following sentences with appropriate prepositions.

🔲 Io sono _____ Padova.   *Io sono di Padova* or *Io sono a Padova.*

1. Il libro è _____ Luciano.
2. Abito _____ via Trieste.
3. Gina va a prendere un gelato _____ Piero.
4. Sono la sorella _____ Giorgio.
5. La signora Marchi abita _____ Firenze.
6. Il computer è _____ il televisore e la radio.
7. Fulvia, è _____ me la telefonata?
8. Ecco il professore _____ italiano.

STRUTTURA ED USO

L'infinito

1. Italian infinitives are made up of a stem and an ending. You learned in
   Lezione 1 that some infinitives end in **-are**, some in **-ere**, and some in
   -ire. Infinitives in **-are** are the most numerous.

Infinitive	Stem + Ending	English Equivalent
comprare	compr + **are**	*to buy*
rispondere	rispond + **ere**	*to answer*
finire	fin + **ire**	*to finish*

2. Infinitives are often used as commands in Italian, especially in public
   signs indicating or forbidding some activity.

Spingere	*Push*
Tirare	*Pull*
Non entrare	*Do not enter*
Non fumare	*No smoking*

Si prega di non fumare

Presente dei verbi regolari in *-are*

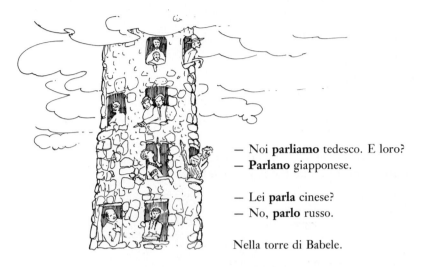

— Noi **parliamo** tedesco. E loro?
— **Parlano** giapponese.

— Lei **parla** cinese?
— No, **parlo** russo.

Nella torre di Babele.

1. The present tense of regular **-are** verbs is formed by adding the endings **-o, -i, -a, -iamo, -ate,** and **-ano** to the infinitive stem (the infinitive minus the **-are** ending).

comprare to buy			
Singular		**Plural**	
io comp**ro**	I buy	noi comp**riamo**	we buy
tu comp**ri**	you (*fam.*) buy	voi comp**rate**	you (*fam.*) buy
lui comp**ra**	he buys	loro comp**rano**	they buy / you (*formal*) buy
lei comp**ra**	she buys / you (*formal*) buy		

2. The present tense in Italian is equivalent to the present indicative and present progressive in English.

Paola **compra** una rivista.	Paola buys (is buying) a magazine.
Il signor Martinelli **lavora** in un ospedale.	Mr. Martinelli works (is working) in a hospital.
Fulvia **non parla** inglese.	Fulvia doesn't speak English.
Romano **non arriva** oggi.	Romano isn't arriving today.

3. Remember that subject pronouns are often omitted in Italian because the verb endings indicate person and number (p. 27).

— Roberto abita a Pisa?	— Does Roberto live in Pisa?
— No, **abita** a Siena.	— No, he lives in Siena.

4. The present tense may be used in Italian to express actions intended or planned for the near future.

Lavori domani?	Are you working/Will you work tomorrow?
Arriva più tardi.	He's/she's arriving/He'll/She'll arrive later.

5. In "double-verb constructions," the first verb is conjugated (that is, it changes endings), and the second is a dependent infinitive.

Desidero andare a teatro.	I want to go to the theater.
Gianni **desidera comprare** uno stereo.	Gianni wants to buy a stereo.

6. Verbs ending in **-care** and **-gare**, like **cercare** (*to look for*) and **pagare** (*to pay for*), add an **h** in the **tu** and **noi** forms to retain the hard sound of the **c** and **g**.

cercare to look for		**pagare** to pay for	
cerco	cer**chi**amo	pago	pa**ghi**amo
cer**chi**	cercate	pa**ghi**	pagate
cerca	cercano	paga	pagano

7. Here is a list of common **-are** verbs. You already know some of the verbs listed, and many of the others are cognates.

abitare to live	**giocare** to play (a game)	**pensare (di)** to think (of)
arrivare to arrive	**guardare** to watch; to look (at)	**portare** to bring; to wear
ascoltare to listen (to)	**guidare** to drive	**ricordare** to remember
aspettare to wait (for)	**imparare** to learn	**rimandare** to send back; to postpone
cantare to sing	**incontrare** to meet	**telefonare** to telephone
cercare to look (for)	**insegnare** to teach	
chiamare to call	**lavorare** to work	**tornare** to return
comprare to buy	**mandare** to send	**trovare** to find
desiderare to want, wish	**mangiare** to eat	**usare** to use
entrare to enter	**pagare** to pay	**visitare** to visit
frequentare to attend	**parlare** to speak	
	passare to spend (time)	

The verbs **ascoltare**, **aspettare**, **cercare**, **guardare**, and **pagare** do not require a preposition after the verb, as their English equivalents often do.

A. Roberto likes to chat in the morning with his roommate Luca. Roberto keeps asking Luca questions; answer as if you were Luca.

▣ Desideri un espresso? (No, cappuccino)   *No, desidero un cappuccino.*

1. A che ora torni stasera? (alle sei)
2. Compri un dizionario oggi? (No, riviste)
3. Desideri un computer per Natale (*Christmas*)? (No, macchina da scrivere)
4. Lavori stasera? (No, domani)
5. Telefoni a Paola oggi? (No, Maria)
6. Mangi al bar più tardi? (No, ristorante)
7. Che cosa cerchi? (il giornale)
8. Parlo troppo? (Sì)
9. Aspetti Andrea ora? (No, Alba)
10. Giochi a tennis con Giovanni oggi? (Sì)

B. Roberto is surprised to run into his classmates Franca and Laura outside a department store. He asks them several questions. As Franca, answer his questions using the following cues.

▣ Chi aspettate? (un amico)   *Aspettiamo un amico.*

1. Cercate un ristorante? (no, un bar)
2. Cosa comprate oggi? (una calcolatrice ed un orologio)
3. Studiate insieme più tardi? (no, domani)
4. Tornate a casa adesso? (più tardi)
5. Cosa guardate alla televisione stasera? (un film)
6. Guidate la macchina oggi? (sì)
7. Entrate in biblioteca più tardi? (no, una libreria)
8. Fumate ancora? (no)
9. Comprate uno stereo? (no, una radio)
10. Tornate qui domani? (sì)

C. Imagine that you meet Luisa, an Italian university student, on a subway in Rome. Answer her questions with plausible responses.

1. Abiti a Roma?
2. Parli italiano a casa?
3. Frequenti il liceo o l'università?
4. Studi molto?
5. Giochi a tennis?
6. Visiti molti musei a Roma?
7. Guidi la macchina?
8. Quando torni in America?
9. Desideri visitare un museo con me domani?
10. Che cosa pensi di Roma?

D. Deny that the following people are doing the things listed.

▣ Vincenzo / telefonare *Vincenzo non telefona oggi.*

1. Mauro e Laura / lavorare fino alle cinque
2. io / tornare a Pisa
3. la madre di Marisa / arrivare in ritardo
4. io e Gianni / giocare con Nicola
5. tu ed Enrico / ascoltare la radio
6. tu / rimandare il registratore ad Elio
7. Elena ed Antonio / usare il computer
8. Claudio / usare la calcolatrice

E. Report what the following people wish to do, using the following cues and the appropriate form of *desiderare*.

▣ voi / chiamare / fratello / Giovanni *Desiderate chiamare il fratello di Giovanni.*

1. lui / incontrare / sorella / Paola
2. io / parlare / con / amico / Giuseppe
3. lei / ascoltare / padre / Margherita
4. noi / aspettare / fratello / Giorgio
5. voi / frequentare / liceo a Bologna
6. tu / pagare / dottore
7. loro / comprare / macchina da scrivere
8. noi / cercare / ristorante

F. Carlo habitually makes comparisons. Complete each comparison with the appropriate form of the verb in parentheses.

1. (lavorare) Io _____ in un ospedale, ma Paolo _____ in una banca.
2. (abitare) Noi _____ fuori Roma; loro _____ al centro.
3. (usare) Tu _____ una matita e lei _____ una penna.
4. (aspettare) Tu e Maria _____ Giovanni; noi _____ il professore.
5. (comprare) Io _____ una rivista; tu _____ un giornale.
6. (frequentare) Gino e Paola _____ l'università; io e Carlo _____ il liceo.
7. (cantare) Maria _____ bene; io _____ male.
8. (guidare) Tu _____ una Fiat; Michele _____ una Ferrari.

G. Tell what the following people are looking at, looking for, or waiting for, using the appropriate form of *guardare*, *cercare*, or *aspettare*.

1. Paolo / la televisione
2. io e Susanna / il museo
3. mia madre / una telefonata
4. noi / lo scontrino
5. voi / un bar
6. loro / un film
7. tu e il tuo amico / Giovanna
8. i turisti / la stazione

Preposizioni articolate

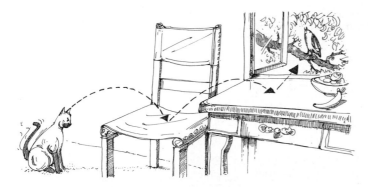

Dalla sedia . . . **al** tavolo . . . **alla** finestra . . .

1. Five of the most commonly used Italian prepositions contract with
   definite articles to form single words. These prepositions are: **a** (*to, at*); **da**
   (*from, by*); **di** (*of, about, from*); **in** (*in, into*); and **su** (*on*).

Daniele va **al** bar.	a + il = **al**
Tornano **dallo** stadio.	da + lo = **dallo**
Ecco i libri **degli** studenti.	di + gli = **degli**
I ragazzi giocano **nel** parco.	in + il = **nel**
Il giornale è **sul** televisore.	su + il = **sul**

Università degli Studi,
Venezia.

2. This chart shows the most common prepositional contractions.

				Article				
	Masculine					**Feminine**		
	Singular			**Plural**		**Singular**		**Plural**
Preposition	**+il**	**+lo**	**+l'**	**+i**	**+gli**	**+la**	**+l'**	**+le**
a	al	allo	all'	ai	agli	alla	all'	alle
da	dal	dallo	dall'	dai	dagli	dalla	dall'	dalle
di	del	dello	dell'	dei	degli	della	dell'	delle
in	nel	nello	nell'	nei	negli	nella	nell'	nelle
su	sul	sullo	sull'	sui	sugli	sulla	sull'	sulle

3. The preposition **con** sometimes contracts with the masculine definite articles **il** and **i**.

Giovanni parla $\begin{Bmatrix} \textbf{con il} \\ \textbf{col} \end{Bmatrix}$ fratello.

Marisa parla $\begin{Bmatrix} \textbf{con i} \\ \textbf{coi} \end{Bmatrix}$ ragazzi.

4. The article is usually omitted with **in** before nouns like **biblioteca, chiesa, città, cucina** (*kitchen*), and **banca**, unless the noun is modified with another word or expression.

Francesca è **in chiesa**.	Francesca is in church.
Studiamo **in biblioteca**.	We study in the library.
Sono **in banca**.	I'm in the bank.
But: Sono **nella Banca d'Italia**.	I'm in the Bank of Italy.

Note also the omission of the definite article in the expression **a casa** or **in casa**.

Piero è **a casa** (**in casa**).   Piero is at home.

5. In compound prepositions (prepositions consisting of more than one word), only the final element (**a, da, di,** etc.) contracts with the definite article.

davanti a	Passano **davanti al** museo.	They pass in front of the museum.
vicino a	Lo stadio è **vicino all'**università.	The stadium is near the university.
lontano da	L'ospedale è **lontano dal** centro.	The hospital is far from downtown.

H. Form new sentences by substituting the words in parentheses for the words in italics. Make the necessary contractions.

1. Sono al *museo* (ufficio postale/università/libreria/albergo/ristorante).
2. Il giornale è sulla *sedia* (televisore/radio/macchina da scrivere/tavolo/quaderno).
3. Torno dalla *farmacia* (stadio/mercato/cinema/libreria/ospedale).
4. I gettoni sono del *signore* (signorine/studenti/dottore/sorelle di Marco/figlio di Gino).

I. Annamaria telephones several friends but finds no one at home. Finally, Sandra tells her where everyone is. Take the part of Sandra, supplying the appropriate contractions of the prepositions as necessary.

▣ (a) Carlo è _____ supermercato.   *Carlo è al supermercato.*

1. (in) Gianni è _____ Bar Savoia.
2. (con) Orlando e Claudia sono _____ professore di filosofia.
3. (a) (con) Tonio è _____ stadio _____ amici.
4. (da) Rosalba torna _____ università fra poco.
5. (a) Isabella è _____ stazione.
6. (a) Giancarlo è _____ casa.
7. (con) (di) Giulio è _____ amico _____ fratello.

J. Complete the following paragraph by supplying appropriate contractions, where necessary.

Sono le quattro (di) _____ pomeriggio e Tommaso torna (da) _____ liceo scientifico. Entra (in) _____ casa, mette lo zaino (su) _____ tavolo e telefona subito (a) _____ amico Tonio. Parla anche (con) _____ sorella di Tonio, e dopo mezz'ora ha voglia di ascoltare i dischi (di) _____ fratello Roberto. Mentre ascolta la musica, cerca la penna ed un foglio di carta (in) _____ zaino e scrive una lettera (a) _____ nonna di Torino. Poi si mette davanti (a) _____ televisore e guarda una trasmissione (*program*) musicale.

K. Piero is taking his niece and nephew to a performance of a concert for children. On the way to the theater, they ask him many questions. Answer their questions with the words in parentheses.

▣ Andiamo al cinema? (stadio)   *No, andiamo allo stadio.*

1. Il teatro è vicino al museo? (ufficio postale)
2. Andiamo a teatro con il nonno? (zia Maria)
3. Entriamo nel negozio dopo? (libreria)
4. Aspettiamo la zia Maria davanti al teatro? (farmacia)
5. Di chi è questa macchina? (l'amico di Teresa)
6. Prendiamo un gelato al teatro? (gelateria)

C'è, ci sono, ecco

C'è qualcosa . . .
Ecco un pesce . . .

1. **C'è** (*there is*) and **ci sono** (*there are*) are used to state that objects or people are located or present in a particular place.

C'è un ospedale nel centro della città.	There is a hospital downtown.
Ci sono tre studenti in classe.	There are three students in class.

2. **Ecco** (*here is*, *here are*, *there is*, *there are*) is used when drawing attention to objects, people, or remarks. It is often used in exclamatory sentences.

Ecco un giornale.	Here is (There is) a newspaper.
Ecco Mario e Carlo!	Here are (There are) Mario and Carlo!
Ecco una buon'idea!	Here's a good idea!

L. While searching in her knapsack for a pen, Agnese takes everything out. As she does, she is surprised at what she finds. Restate the sentences, using *ecco* in place of *c'è* and *ci sono*.

C'è un libro.   *Ecco un libro!*

1. Ci sono quattro matite.
2. Ci sono tre gettoni.
3. C'è un giornale.
4. Ci sono due riviste.
5. C'è un quaderno.
6. C'è un dizionario d'inglese.
7. Ci sono quattro fotografie.
8. C'è una calcolatrice.

M. Say whether or not there are the following things or people in your classroom.

◰ due finestre   *Sì, ci sono due finestre.*
No, non ci sono due finestre.

1. un quaderno
2. tre riviste
3. un orologio
4. sei sedie
5. cinque fogli di carta

6. una porta
7. quattro studenti
8. un professore
9. un registratore
10. due calcolatrici

N. Say whether or not there are the following things in your purse, knapsack, or pockets.

◰ un dizionario   *Sì, c'è un dizionario. (No, non c'è un dizionario.)*

1. una lettera
2. due fogli di carta
3. un quaderno
4. una cassetta

5. il giornale di oggi
6. un gettone
7. una calcolatrice
8. una penna ed una matita

Ecco una prospettiva diversa (*different perspective*) del Palazzo Ducale a Venezia.

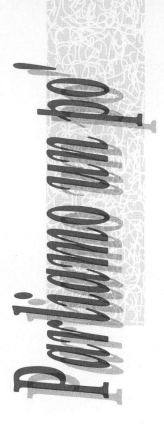

A. **Andiamo al ristorante?** A friend asks you if you'd like to eat at the restaurant Nuova Cantina. Working with another student, create a dialogue in which you ask him/her:

1. where the restaurant is located.
2. if it is possible to have pizza there.
3. if the prices (*prezzi*) are moderate.

Use the information given in the ad that follows.

 S1: Hai voglia di mangiare qualcosa?
S2: Sì, l'idea mi piace, ma dove?
S1: . . .

Pizza A Pranzo!!!

La gestione del Ristorante "Nuova Cantina"

in Via Gallia, 150

Vi permette di gustare oltre a specialità

Marinare, dell'ottima Pizza, Crostini e
Calzoni sfornati da un favoloso forno a legna

Prezzi modici - Lunedì riposo settimanale
Telefono: 3837579

B. **Intervista.** Working with a classmate, interview each other to find out five things each of you wants to do someday. Then report what you find out to the class.

1. Quale città desideri visitare?
2. Dove desideri abitare?
3. Quale persona famosa desideri incontrare?
4. Quale automobile desideri comprare?
5. Quale lingua desideri imparare?

C. **Una telefonata.** Imagine you have just arrived in Italy. You telephone an Italian friend who, after greeting you, wants to know the following things. Work with another student who plays the role of your Italian friend.

1. il nome dell'albergo dove lei sta e l'indirizzo dell'albergo
2. il numero di telefono dell'albergo e della sua camera (*your room*)
3. a che ora torna in albergo stasera

L'Albergo del Giardino

Via Della Colonna, 29
50121 Firenze

Tel (055) 214.053

D. **Definizioni.** This exercise will help you review some of the vocabulary found in the dialogues that follow. Match the words on the right with the following definitions.

1. è necessario per telefonare	buon giorno
2. espressione usata per rispondere al telefono	cameriere
3. telefonare	chiamare
4. un saluto	stasera
5. il contrario di *stamattina*	rispondere
6. ricevuta (*receipt*) che dà la cassiera	gettone
7. il contrario di *chiamare*	pronto
8. lavora al bar	scontrino

E. **Conversazioni telefoniche.** Telephone conversations are especially difficult to carry on in a foreign language. The following conversations in Italian will help you with the telephone in Italy. The footnotes explain some non-guessable new words and expressions. Read the conversations and then answer the questions that follow.

1. Giampiero è a Livorno e desidera telefonare ad un amico di Roma. Entra in un bar e parla con la cassiera[1].

Giampiero	Buon giorno, signorina. Dieci gettoni, per favore.
Cassiera	Ecco a lei[2].
Giampiero	Grazie. Scusi, dov'è il telefono?
Cassiera	Lì, a destra[3], vicino alla porta, ma il telefono non funziona. È guasto[4].
Giampiero	Che peccato! Un'altra domanda, per cortesia.
Cassiera	Prego[5].
Giampiero	Qual è il prefisso[6] per Roma?
Cassiera	Zero sei.
Giampiero	Molte grazie.

Il telefono non funziona.
È guasto.

2. Pino Collodi chiama l'Albergo Medici perché desidera parlare con la signorina Giannini.

Centralinista[7]	Albergo Medici, buon giorno.
Pino	Buon giorno, signorina. Stanza[8] 35, per favore.
Centralinista	Un attimo[9], le passo la linea[10].
Pino	Grazie.

3. Il signor Motta telefona al Teatro dell'Opera. Un uomo[11] risponde al telefono.

L'uomo	Pronto?
Signor Motta	Buon giorno. A che ora comincia[12] lo spettacolo[13] di stasera?
L'uomo	Che spettacolo?
Signor Motta	Non parlo con il Teatro dell'Opera?
L'uomo	No. È la Clinica Rastelli.
Signor Motta	Mi scusi[14], ho sbagliato numero[15]. Buon giorno.

1. cashier 2. Here you are 3. There, to the right 4. It's out of order 5. Please (go ahead) 6. area code 7. operator 8. Room 9. Just a moment 10. I'll connect you 11. man 12. begins 13. show 14. Excuse me 15. I've dialed the wrong number

---

F. **Domande.** Answer the following questions, drawing on the content of the three telephone conversations you just read.

1. Di quale città è il prefisso zero sei?
2. In quale stanza è la signorina Giannini?
3. A chi telefona il signor Motta?
4. Cosa succede (*what happens*) quando il signor Motta telefona al Teatro dell'Opera?
5. In quale città è Giampiero e a chi desidera telefonare?
6. Perché non funziona il telefono del bar?
7. Quanti gettoni compra Giampiero?

G. **Telefono pubblico.** You are in Pisa and need to make a phone call. Improvise a dialogue with another student in which you ask a passer-by where to find a public telephone, and he/she tells you there is one near the supermarket on Manzoni street.

H. **I gettoni.** You enter a bar in Naples to make a phone call. Buy ten tokens and ask the cashier what the Rome area code is and where to find a phone. Improvise a dialogue with another student.

I. **Numero sbagliato.** In Venice, you phone the La Fenice theater to ask if Puccini's opera "Madame Butterfly" will be performed this evening. However, you dial the wrong number and the police station (*la questura*) answers. Improvise a dialogue with another student.

LEZIONE
4
COSA PRENDONO I SIGNORI?

Un gruppo di persone è
seduto ai tavolini di un bar
all'aperto vicino al ponte
Rialto di Venezia.

È martedì pomeriggio. Enzo Genovesi e Bettina Lombardi sono ad un caffè all'aperto. Desiderano ordinare qualcosa da bere e da mangiare, ma il cameriere non arriva subito. Dopo una lunga attesa°, Enzo perde la pazienza e chiama il cameriere.

<table>
<tr><td>Enzo</td><td>Cameriere, siamo qui da molto tempo°. Ci vuole servire° o no?</td></tr>
<tr><td>Cameriere</td><td>Sì, un po' di pazienza, signori. È impossibile servire tutti allo stesso tempo. . . . Cosa prendono?</td></tr>
<tr><td>5 Bettina</td><td>Un tè freddo ed un tramezzino al tonno, per favore.</td></tr>
<tr><td>Cameriere</td><td>E lei, signore?</td></tr>
<tr><td>Enzo</td><td>Una Coca-Cola ed un panino al prosciutto, grazie.</td></tr>
<tr><td>Cameriere</td><td>Va bene, subito.</td></tr>
<tr><td></td><td>* * *</td></tr>
<tr><td>Enzo</td><td>Allora, Bettina, che cosa fai giovedì sera? Sei libera?</td></tr>
<tr><td>10 Bettina</td><td>Credo di sì. Perché?</td></tr>
<tr><td>Enzo</td><td>Ho due biglietti per il teatro tenda°. Vuoi venire con me?</td></tr>
<tr><td>Bettina</td><td>Volentieri! Cosa c'è in programma?</td></tr>
<tr><td>Enzo</td><td>Musica e danze folcloristiche della Sardegna.</td></tr>
<tr><td>Bettina</td><td>Bene, mi piace molto la musica della Sardegna!</td></tr>
<tr><td>15 Enzo</td><td>Ah, finalmente arriva il cameriere.</td></tr>
<tr><td>Cameriere</td><td>Signori, ecco i cappuccini.</td></tr>
<tr><td>Enzo</td><td>Ma quali cappuccini°! Volevamo° un tè freddo, una Coca-Cola, un panino al prosciutto ed un tramezzino al tonno.</td></tr>
<tr><td>Cameriere</td><td>Mi scusino°, signori. C'è un po' di confusione. Torno subito.</td></tr>
<tr><td>20 Enzo</td><td>Speriamo bene°.</td></tr>
</table>

Glosses (right margin):
- a long wait
- we've been here for a long time / Do you want to serve us
- *See cultural note on p. 81*
- (But) what cappuccinos / We wanted
- Excuse me
- Let's hope so.

DOMANDE GENERALI

1. Dove sono Enzo e Bettina?
2. Che cosa decide di fare Enzo dopo una lunga attesa?
3. Che cosa ordina Bettina?
4. Cosa ordina Enzo?
5. Perché Enzo domanda a Bettina se è libera giovedì sera?
6. Cosa c'è in programma al teatro tenda?
7. Cosa porta il cameriere quando arriva?
8. Cosa risponde Enzo?
9. Che scusa dà il cameriere?

DOMANDE
PERSONALI

1. Lei va spesso ad un caffè? Con chi va? Quando va, la mattina, il pomeriggio o la sera?
2. Cosa prende di solito ad un caffè?
3. Cosa fa lei quando il cameriere non arriva subito?
4. Quale musica americana ascolta lei? Quale musica italiana?
5. Preferisce le danze moderne o le danze folcloristiche?
6. Preferisce il caffè espresso o il caffè americano?

SITUAZIONI

1. Lei è seduto/a ad un caffè all'aperto con gli amici. Risponda al cameriere che domanda cosa prendono. *(You are seated at an outside café with friends. Respond to the waiter who asks what you are having.)*

— Cosa prendono i signori (le signore/le signorine)?
— Un caffè (un bicchiere di latte/un bicchiere d'acqua/un tramezzino al tonno), per favore.

2. Al bar il cameriere domanda se lei prende un caffè come il suo amico/la sua amica. Risponda che prende un'altra cosa. *(At the bar the waiter asks if you will have coffee like your friend. Answer that you will have something else.)*

— Un caffè anche per lei?
— No, per me un'aranciata (una limonata/acqua minerale/una spremuta d'arancia).

3. Risponda ad un amico/un'amica che domanda se è libero/a giovedì sera. *(Answer a friend who asks if you are free Thursday night.)*

— Sei libero/a giovedì sera?
— Sì, perché? (No, mi dispiace./Credo di no./No, sono impegnato/a.)

||||||||||||||||||| VOCABOLARIO |||||||||||||||||||

Parole analoghe

la confusione   **folcloristico/a**   **la pazienza**
la danza   **impossibile**

Nomi

l'acqua (minerale) (mineral) water
il bicchiere (drinking) glass
il biglietto ticket
il caffè café; coffee

il cameriere waiter
il/la cliente customer
il latte milk
la limonata lemon soda, lemonade

il panino al prosciutto ham
  sandwich
la Sardegna (the island of) Sardinia
la spremuta d'arancia freshly
  squeezed orange juice
il tè tea; **il tè freddo** iced tea
il tramezzino al tonno tuna
  sandwich (on triangular-shaped
  crustless bread)

Aggettivi

impegnato/a busy, engaged
libero/a free
lungo/a long
prossimo/a next
questo/a this

Verbi

credere to believe, to think
decidere (di + inf.) to decide
ordinare to order (food)
perdere to lose
servire to serve
venire (irreg.) to come

Altre parole ed espressioni

dopo after
finalmente at last

preferisce do you prefer?
se if
subito right away, immediately
tutti everybody, everyone
volentieri gladly, willingly
vuoi do you want?

all'aperto outdoors, in the open air
con me with me
cosa c'è in programma? what's
  playing?
credo di no I don't think so; **credo
  di sì** I think so
giovedì sera Thursday evening
una lunga attesa a long wait
mi dispiace I'm sorry
mi piace I like; **non mi piace**
  I don't like
mi scusino (formal pl.
  command) excuse me
per favore please
un po' di confusione a little
  mix-up
un po' di pazienza (have) a little
  patience
**qualcosa da bere e da
  mangiare** something to drink
  and eat
allo stesso tempo at the same time

PRATICA

A. You meet a friend at a bar in Siena. You shake hands and greet one
another, and then you suggest having something to eat or drink. When
the waiter asks what you want, you order iced tea for your friend and
orange juice for yourself.

B. You meet a friend at a bar in the Piazza del Popolo in Naples. You both
decide what you want, and while waiting to order your friend asks
whether you are free next Saturday. You say yes and ask why. Your
friend replies that he/she has two tickets for the theater under a tent and
asks if you want to go with him/her. You accept gladly. You ask what's
playing and your friend tells you the name of the play is *Una lunga
attesa.*

Il teatro italiano

Italians love going to the theater. Today most Italian cities have one or more theaters where operas, dances, traditional and contemporary plays, and experimental works are performed. During the summer months there are also performances in the open air, especially in cities and towns that have ancient Roman amphitheaters. And there is also the "theater under a tent" (*teatro tenda*).

   Teatro tenda has become very popular in Italy in recent years. To reduce production costs and to lower ticket prices, many theater companies now present their shows (*spettacoli*) under huge tents in *piazze* and other open areas rather than in traditional theaters or amphitheaters. By presenting a wide range of cultural, musical, and folkloristic events, these companies hope to attract a large number of people, especially the young. *Teatro tenda* is enthusiastically supported by city governments, particularly during the summertime.

Il Teatro alla Scala di Milano è uno dei più importanti teatri lirici (*opera houses*) del mondo.

PRONUNCIA

Consonanti doppie

When a consonant is doubled in Italian, the sound is lengthened slightly or pronounced more forcefully.

A. Ascolti l'insegnante e ripeta le seguenti coppie di parole. (*Listen to your instructor and repeat the following pairs of words.*)

contesa/contessa	copia/coppia	caro/carro
tufo/tuffo	fato/fatto	soma/somma
sono/sonno	sera/serra	pala/palla

B. Legga ad alta voce le seguenti parole. Faccia attenzione alla pronuncia delle consonanti doppie. (*Read aloud the following words. Pay attention to the way you pronounce the double consonants.*)

caffè	Bettina	Vittorio	ecco	bicchiere
penna	interessante	oggi	allora	quattro

Sillabazione e accento tonico

1. Most Italian syllables end in a vowel sound. A syllable usually contains one or more consonants plus a vowel sound.

   Ca·ro·li·na   stu·dia   ma·te·ma·ti·ca
   Ro·ber·to   a·bi·ta   Mi·la·no

2. Italian words are usually stressed on the second-to-last syllable. Most of the exceptions to this rule are stressed on the third-to-last syllable. (The Italian equivalent of *stress* is **accento tonico**.)

   stu·den·*tes*·sa   *a*·bi·to
   a·me·ri·*ca*·no   *dia*·lo·go
   cul·tu·*ra*·le   *pren*·de·re

3. When Italian words are stressed on the last syllable, an accent mark appears on the final vowel.

   u·ni·ver·si·*tà*   fa·col·*tà*   ma·tu·ri·*tà*   cit·*tà*

4. A few words (mostly verb forms) are stressed on the fourth-from-last syllable.

   te·*le*·fo·na·no   *a*·bi·ta·no   de·*si*·de·ra·no

C. Ascolti l'insegnante e ripeta le seguenti parole. Faccia attenzione a pronunciare l'accento sulla sillaba giusta. (*Listen and repeat after your instructor. Be sure you stress the correct syllable.*)

   cor·so   pe·*ni*·so·la   co·*sì*   te·*le*·fo·na·no
   gior·*na*·le   be·*nis*·si·mo   ven·ti·*tré*   *a*·bi·ta·no
   fi·*ne*·stra   mo·*no*·lo·go   cit·*tà*   de·*si*·de·ra·no
   stu·*den*·te   te·*le*·fo·no   per·*ché*   *ca*·pi·ta·no

Dittonghi e trittonghi

1. A *diphthong* is a combination of two vowels, pronounced as a single syllable.

   abb**ia**   fig**lio**   **pie**de   q**ua**le   **cuo**re   g**ue**rra

2. A *triphthong* is a group of three vowels pronounced as a single syllable.

   m**iei**   t**uoi**   g**uai**   v**uoi**   b**uoi**

D. Ascolti l'insegnante e ripeta le seguenti parole. (*Listen and repeat the following words after your instructor.*)

   graz**ie**   p**ie**no   m**iei**   v**uoi**
   b**uo**no   stad**io**   t**uoi**   p**uoi**
   v**uo**le   p**ia**no   s**uoi**   a**iuo**la

E. **Proverbi.** Legga ad alta voce i seguenti proverbi. Poi li detti sillaba per sillaba ad un altro studente/un'altra studentessa. *(Read aloud the following proverbs. Then dictate them to another student, syllable by syllable.)*

Tutte le strade portano a Roma.
All roads lead to Rome.

Natale con i tuoi e Pasqua con chi vuoi.
Spend Christmas with your family and Easter with whomever you wish.
(Literally: Christmas with yours and Easter with whom you wish.)

AMPLIAMENTO DEL VOCABOLARIO

I giorni della settimana

The days of the week in Italian are **lunedì**, **martedì**, **mercoledì**, **giovedì**, **venerdì**, **sabato**, and **domenica**.

1. The days of the week are not capitalized in Italian.

2. All the days of the week except **domenica** are masculine.

3. The definite article is used with days of the week to describe repeated occurrences (*on Mondays*, *on Tuesdays*). The definite article is omitted when referring to only one specific day. Contrast:

Il **lunedì** vado al cinema.   On Mondays I go to the movies.
Lunedì vado al cinema.   On (this) Monday I'm going to the movies.

The invariable adjective **ogni** is frequently used with the days of the week in the sense of *every single*.

Ogni martedì vado al caffè.   Every single Tuesday I go to the café.

4. **Lunedì** (not **domenica**) is the first day of the week on Italian calendars.

A. Risponda ad uno studente/una studentessa che le domanda cosa fa in un particolare pomeriggio della settimana. Usi nella risposta la forma *io* dei verbi in -*are* a pagina 66. (*Answer a student who asks you what you are doing on a particular afternoon this week. In your answer, use the* **io** *form of* **-are** *verbs on p. 66.*)

— Che cosa fai (lunedì/mercoledì/sabato) pomeriggio?
— Lunedì pomeriggio (studio in biblioteca).

B. Risponda ad un altro studente/un'altra studentessa che le domanda in quali giorni e in quali ore lavora. (*Answer another student who asks which days and hours of the week you work.*)

S1: In quali giorni della settimana lavori?
S2: Lavoro (il lunedì e il mercoledì).
S1: In quali ore?
S2: Il lunedì lavoro dalle (due) alle (sei del pomeriggio), il mercoledì dalle (quattro) alle (dieci di sera).

C. Risponda ad un altro studente/un'altra studentessa che domanda se lei fa certe cose in questa settimana. Dica che di solito lei fa altre cose in questi giorni. (*Answer another student who asks if you are doing certain things this week. Say that you usually do other things on those days.*)

sabato: essere libero/a   — Sei libero/a sabato?
                            — No, di solito il sabato lavoro.

1. lunedì: desiderare andare al museo
2. domenica: desiderare venire al ristorante con noi
3. martedì: usare la macchina di Giorgio
4. giovedì: avere lezione all'università
5. mercoledì: incontrare gli amici al bar
6. venerdì: prendere un caffè con noi

Alcune espressioni di tempo

Here is a list of some useful time expressions that you can use to refer to events
that occur today, tomorrow, and in the near future.

oggi today	**domani** tomorrow
stamattina this morning	**domani mattina (domattina)** tomorrow morning
oggi pomeriggio this afternoon	**domani pomeriggio** tomorrow afternoon
stasera this evening	**domani sera** tomorrow night
stanotte tonight	**dopodomani** the day after tomorrow
la mattina (in) the morning	**lunedì mattina** Monday morning
il pomeriggio (in) the afternoon	**martedì pomeriggio** Tuesday afternoon
la sera (in) the evening	**mercoledì sera** Wednesday evening
la notte at night	**giovedì notte** Thursday night

D. Spieghi ad un amico/un'amica quello che lei deve fare da oggi a
dopodomani. (*Explain to a friend all the things you have to do from today until
the day after tomorrow.*)

— Oggi sono molto impegnato/a.
  Stamattina . . .
  Oggi pomeriggio . . .
  Stasera . . .
  Domani mattina . . . ecc.

E. Domandi ad un amico/un'amica cosa fa di solito il sabato. (*Ask a friend
what he/she usually does on Saturdays.*)

— Cosa fai di bello il sabato?
— Di solito la mattina . . .

F. Risponda alle seguenti domande personali. (*Answer the following personal
questions.*)

1. A che ora ha lezione domani mattina?
2. Che cosa fa domani? E dopodomani?
3. Che lezione ha lunedì mattina?
4. Come sta oggi?
5. Che cosa fa di bello domani mattina? domani pomeriggio?
6. Che cosa mangia stasera?
7. Frequenta un concerto oggi pomeriggio?
8. Compra il giornale la mattina?

STRUTTURA ED USO

Presente dei verbi regolari in -*ere*

Luigi **legge** la guida e non **vede** il Colosseo.

1. The present tense of regular **-ere** verbs is formed by adding the present-tense endings **-o, -i, -e, -iamo, -ete**, and **-ono** to the infinitive stem.

vendere　to sell	
vend**o**	vend**iamo**
vend**i**	vend**ete**
vend**e**	vend**ono**

2. The following **-ere** verbs are regular in the present tense.

chiedere　to ask (for)	**perdere**　to lose
chiudere　to close	**prendere**　to take; to have
decidere di (+ infinitive)	(to eat/drink)
to decide to do something	**ricevere**　to receive
discutere di (+ noun)　to	**rispondere**　to answer
discuss something	**scrivere**　to write
leggere　to read	**spendere**　to spend (time/money)
mettere　to put, place	**vedere**　to see
	vendere　to sell

Ricevo una telefonata.   I receive a telephone call.
Non rispondono alle domande.   They don't answer the questions.
A chi **scrivi**, Bettina?   To whom are you writing,
                                               Bettina?
Enzo **decide di chiamare** il   Enzo decides to call the waiter.
    cameriere.
Discutiamo di politica.   We discuss politics.

A. Dica che le prime persone prendono un caffè mentre gli altri discutono di sport. (*Say that the first people named are having coffee while the others discuss sports.*)

▣ Carlo / lei   *Carlo prende un caffè mentre lei discute di sport.*

1. tu / loro
2. lui / lei
3. noi / i signori Cortese
4. voi / Gina e Lisa
5. Carlo e Giacomo / tu ed io
6. tu / i ragazzi
7. gli amici di Giacomo / tu e Marco
8. Antonia / i genitori

B. Completi le seguenti frasi con la forma appropriata del verbo. (*Complete the following sentences with the appropriate form of the verb.*)

▣ io / chiudere / le finestre   *Chiudo le finestre.*

1. Maria / mettere / i libri sul tavolo
2. Tonio ed Alberto / prendere / le matite
3. tu / leggere / sempre
4. Alba ed io / scrivere / male
5. il professore / rispondere / alle domande
6. voi / discutere / la lezione
7. loro / decidere di / non parlare in classe
8. io / chiedere / qualcosa al professore

C. Dica che le seguenti persone leggono molto ma scrivono poco. (*Say that the following people read a lot but write little.*)

▣ Maria   *Maria legge molto ma scrive poco.*

1. tu ed Orazio
2. gli studenti in questa classe
3. io
4. tu
5. la signora Bettini
6. noi

D. La famiglia Giuliani è a casa martedì sera. Dica quello che fa ognuno.
(The Giuliani family is at home Tuesday evening. Say what each person does.)

Marilena e Patrizia / leggere un
romanzo

*Marilena e Patrizia leggono un
romanzo.*

1. io / vedere una trasmissione alla televisione
2. la nonna / decidere di / preparare il caffè
3. i genitori / prendere / un caffè
4. tu e Gianni / leggere / il giornale
5. tu / scrivere / una lettera
6. i figli / discutere / d'informatica
7. il nonno / chiedere / sempre molte cose
8. Carolina ed io / rispondere / alle domande del nonno

E. Formuli una frase di senso compiuto per ogni soggetto della colonna A,
usando le parole nelle colonne B e C. *(Create a coherent sentence about each
subject in column A, using words from columns B and C.)*

Tu leggi molti libri.

A	B	C
io	chiedere	molto in quel negozio
i ragazzi	ricevere	la matita ogni giorno
i fratelli di Gino	perdere	bene in classe
la studentessa	leggere	informazioni al vigile
tu	vendere	molti libri
io ed Alfredo	scrivere	la macchina da scrivere
tu e Tonino	rispondere	due lettere al giorno
	spendere	spesso a tutti gli amici
		il giornale
		al telefono

Formulare le domande

Che cosa mangiamo stasera?

1. Questions that may be answered *yes* or *no* often use the same phrasing and word order as declarative sentences.

   Giorgio ha molti amici.
   Giorgio ha molti amici?

   There are three possible ways to signal that such sentences are questions:
   a. by using rising intonation at the end of the question.

   I signori prendono qualcosa?

   Preferisci un caffè?

   b. by adding a tag phrase like **non è vero?**

   Paola prende una spremuta d'arancia, **non è vero?**

   c. If the subject (noun or pronoun) is used, it generally occurs at the beginning of the sentence, as in the above examples. However, it is not unusual for many Italians to place the subject at the end of a question.

   È italiano **lei?**
   Ha una macchina **Carlo?**

2. Questions that ask for specific information are introduced by interrogative words such as **come** (*how*), **quando** (*when*), **quanto** (*how much*), **quante volte** (*how many times*), **dove** (*where*), **che** or **che cosa** (*what*), **chi** (*who*), and **perché** (*why*). The subject, if specifically named, usually comes after the verb.

Come sta Maria?	**Che cosa** prendono i signori?
Quando leggi?	**Chi** ha una penna?
Dove abita Pietro?	**Quanto** costa questo bicchiere?

   Prepositions such as **a**, **di**, **con**, and **per** precede the interrogative word **chi**.

Con **chi** parli?	With *whom* are you talking?
A **chi** telefoni?	*Whom* are you calling?

   F. Trasformi ciascuna delle seguenti frasi in domande generali, usando gli schemi indicati. (*Transform each of the following statements into questions, using the patterns indicated.*)

   ▣ Maria lavora oggi.   *Maria lavora oggi?*
   Maria lavora oggi, non è vero?
   Lavora oggi Maria?

1. Franca parla con lo zio.	5. Tina è libera oggi.
2. Paolo è a Roma.	6. La nonna non sta bene.
3. Andrea e Nicola cercano i libri.	7. Andiamo in piazza alle tre.
4. Marco frequenta l'università.	8. Prendiamo una limonata al bar.

G. Formuli delle domande per le seguenti risposte, usando le espressioni interrogative indicate. *(Ask the questions whose answers appear below, using the interrogative expressions given.)*

Marco va al cinema. (dove)   *Dove va Marco?*

1. Gli studenti scrivono bene. (come)
2. Gino e Mario sono al museo. (dove)
3. Loro studiano il pomeriggio. (quando)
4. Vendiamo la macchina domani. (che cosa)
5. Lidia compra un libro. (che cosa)
6. Alfredo arriva stasera. (chi)
7. Chiamano Luisa per avere informazioni. (perché)
8. Discuto di musica con Arturo. (con chi)
9. Leggo il libro di francese. (che)
10. Parlo di Annamaria. (di chi)

H. Faccia una domanda logica sulle attività delle seguenti persone, usando una parola interrogativa appropriata. *(Ask a logical question about the activities of the following people, using an appropriate interrogative word.)*

Laura / prendere / un caffè con Gianna   *Con chi prende un caffè Laura?*

1. loro / pensare di / uscire alle tre
2. la signorina Marchesi / perdere / spesso la pazienza
3. Luisa e Sandra / ordinare / un'aranciata
4. Giorgio / arrivare / allo stadio alle cinque
5. i signori Pratico / sperare di / partire presto
6. Antonella / decidere di / tornare subito a casa

I. Faccia ad un altro studente/un'altra studentessa il maggior numero di domande possibili sul dialogo introduttivo di questa lezione per vedere quello che ricorda. Usi *chi*, *dove*, *quando*, *che* o *che cosa*, *come* e *perché*. *(Ask another student as many questions as possible about the dialogue on p. 78 to see how much he/she remembers.)*

BENVENUTI nelle AUTOSTRADE ITALIANE

Mi fa il pieno per favore?
Può servirmi per favore?
Non c'è un errore nel resto?
Può controllare il livello dell'acqua e dell'olio?
Può controllare la pressione dei pneumatici?
In inverno: Avete catene?
In inverno: Avete l'antigelo?
Perché non ho pagato lo stesso importo dell'andata?
Quali autostrade devo prendere per andare al sud?
Qual è il pedaggio del percorso da... a...?

Verbi irregolari: *dare, fare, stare*

— Mi **dai** una mano, per favore?
— Sì. Eccola.

1. **Dare**, **fare**, and **stare** are irregular in some forms of the present.

dare to give		**fare** to do		**stare** to be; to stay	
do	diamo	**faccio**	**facciamo**	sto	stiamo
dai	date	**fai**	fate	**stai**	state
dà	**danno**	fa	**fanno**	sta	**stanno**

— **Dai** il libro a Carlo o a Pietro?
— **Do** il libro a Pietro.

— Che cosa **fate** stasera?
— Non **facciamo** niente di speciale.

— Clara e Mariella **stanno** bene?
— Clara **sta** bene, ma Mariella **sta** male.

2. **Fare** is used in many common idiomatic expressions.

fare bel tempo to be nice (*weather*)	Oggi **fa bel tempo**?
fare caldo to be hot (*weather*)	**Fa caldo** stamattina.
fare colazione to have breakfast or lunch	**Faccio colazione** alle otto.
fare una domanda to ask a question	**Facciamo una domanda** a Luigi.
fare fotografie to take pictures	Mi piace **fare fotografie**.
fare freddo to be cold (*weather*)	Non **fa freddo** stasera, non è vero?
fare una gita to go on an excursion	**Fai una gita** con Emilio?
fare una passeggiata to take a walk	Mio padre **fa una passeggiata** nel parco.

3. **Stare** in the sense of *to be* is used primarily with expressions of health.

— Come **stai**?	How are you?
— **Sto** bene, grazie.	Fine, thanks.

Many Italians use **stare** to mean *to be in a place* or *to stay*.

— Dove **stai** adesso?	Where are you now?
— **Stai** a casa quando piove?	Do you stay home when it rains?

J.   Sostituisca il soggetto delle seguenti frasi con quelli indicati, coniugando il verbo nella forma appropriata. (*In the following sentences, substitute the subjects given in parentheses, changing the verb accordingly.*)

1. Che cosa fate domani? (tu/loro/la professoressa/noi)
2. Sto abbastanza bene. (il professor Massi/tu e Sergio/gli studenti/io e tu)
3. Diamo il dizionario allo studente francese. (lui/lui e lei/tu/io)

K.   Domandi alle seguenti persone come stanno e cosa fanno stasera. (*Ask the following people how they are and what they are doing this evening.*)

🔁 Paolo   *Come stai? Che cosa fai stasera?*

1. Susanna e Filippo	4. i signori Cristini
2. Anna	5. il professore d'italiano
3. il signor Dini	6. voi e Caterina

L. Lei ed un gruppo di amici sono ad un bar e ordinano qualcosa da bere. Quando il cameriere arriva con le ordinazioni, tutti aiutano a distribuirle agli altri. Dica chi distribuisce le ordinazioni e a chi le dà. *(You and a group of friends order drinks in a bar. When the waiter arrives with the orders everyone helps to distribute them. Say who distributes what to whom.)*

io / aranciata / Giulia   *Do l'aranciata a Giulia.*

1. noi / cappuccini / Pina e Teresa
2. loro / tè / Tina e Carla
3. tu / caffè / Enrico
4. tu ed Enrico / espresso / i fratelli di Alberto
5. Tina / limonata / Gino
6. Angela / spremuta d'arancia / Franco

M. Risponda alle seguenti domande con frasi complete. *(Answer the following questions with complete sentences.)*

1. Fa spesso fotografie? Di che cosa?
2. Cosa fa giovedì sera?
3. Sta a casa quando fa bel tempo?
4. Cosa dà ad un amico/un'amica a Natale *(Christmas)*?
5. Fa freddo o caldo oggi?
6. Fa una gita questo fine-settimana *(weekend)*? Con chi?
7. Come sta sua nonna (suo nonno)?
8. A che ora fa colazione la mattina?

Un gruppo di turisti stranieri comincia a fare il giro di Venezia da Piazza San Marco.

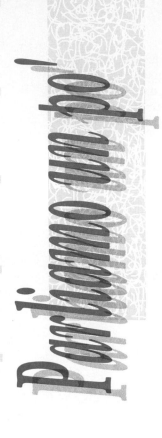

A. **Una telefonata.** Telefoni al bar vicino alla biblioteca dove lei lavora e ordini qualcosa da bere e da mangiare per se stesso/a e per altre quattro persone che lavorano con lei. Collabori con un altro studente/un'altra studentessa (il proprietario del bar) che risponde alla sua telefonata. *(Phone a bar near the library where you work and order something to drink and to eat for yourself and four other people who work with you. Work with another student, who answers the phone.)*

Lei

1. Saluta, dice chi è e dove lavora.
3. Ordina qualcosa.

Il proprietario del bar

2. Risponde al saluto e le domanda cosa desidera.
4. Ripete l'ordine e dice quanto costa e che il cameriere porta tutto in biblioteca fra quindici minuti.

5. Dice che lei paga il cameriere.
7. Ringrazia e saluta il proprietario.

6. Ringrazia e saluta.

B. **Al concerto.** A lei piace molto la musica rock e vuole andare ad uno degli spettacoli che seguono. Decida con un suo amico/una sua amica quale spettacolo volete andare a vedere. Collabori con un altro studente/un'altra studentessa. *(You like rock music a lot and you want to see one of the shows in the advertisement that follows. Decide with a friend which show to see. Work with another student.)*

SABATO	DOMENICA	LUNEDÌ	MARTEDÌ	MERCOLEDÌ	GIOVEDÌ	VENERDÌ
Chaka Khan *(Teatro Tenda Pianeta, ore 21)*	**Patsy Kensit & Eight Wonder** *(Tenda Pianeta, ore 18,30)*	**Ivano Fossati** *(Teatro Olimpico ore 21)*	**Pino Daniele** *(Tenda Pianeta, ore 21)*	**I Per Trio** *(Blue Lab, ore 22)*	**Roberto Gatto** *(Big Mama, ore 22)*	**Frank Christian** *(Folkstudio, ore 21,30)*
Joe Pass *(Saint Louis Music City, ore 22)*	**Bryan Ferry** *(Palaeur, ore 21)*	**Pino Daniele** *(Teatro Tenda Pianeta, ore 21)*	**Paul Motian, Bill Frisell** *(Big Mama, ore 22)*	**Zaire Choc** *(Life 85, ore 22)*	**Invasione Rock** *(Uonna Lamiera, ore 22)*	**Litfiba** *(Teatro Tenda a Strisce, ore 21,30)*

Lei

1. A lei piace Pino Daniele.
3. Lei è impegnato/a giovedì.

L'amico/a

2. A lui/lei piace Roberto Gatto.
4. Deve studiare per un esame lunedì sera.

5. Suggerisce (*You suggest*) un altro spettacolo.

6. È d'accordo o dice che non può venire.

C. **Fine-settimana.** Chieda ai suoi amici cosa fanno di solito il sabato e la domenica. Collabori con quattro o cinque studenti/studentesse, prenda appunti, e poi riferisca i risultati ad un altro gruppo. *(Ask your friends what they usually do on Saturdays and Sundays. Work with four or five students. Take notes and report your findings to another group.)*

Parte 1
S1: (Antonella), che cosa fai di solito il sabato?
S2: (Dormo molto).
S1: E la domenica?
S2: . . .

Parte 2
A (Antonella) di solito piace (dormire molto) il sabato. Ma la domenica . . .

D. **Indicazioni.** Lei è a Palermo e cerca un ufficio postale. Chieda
indicazioni ad un vigile. Guardi la cartina e collabori con un altro
studente/un'altra studentessa. *(You are visiting Palermo and are looking for a
post office. Ask a policeman for information. Work with another student and use
the map below.)*

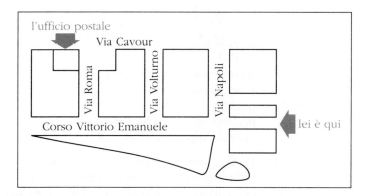

Lei	*Il vigile*
1. Saluta e chiede scusa.	2. Risponde al saluto.
3. Desidera sapere dov'è l'ufficio postale.	4. Dice che c'è un ufficio postale qui vicino. Dice dov'è, guarda la cartina e suggerisce quali strade *(streets)* prendere.
5. Ringrazia e saluta.	

E. **Domande personali.** Risponda alle seguenti domande personali. *(Answer
the following personal questions.)*

1. Quante lettere scrive lei ogni settimana? Quante lettere riceve?
2. Quante telefonate riceve ogni settimana?
3. Fa colazione ogni giorno? Che cosa mangia?
4. Prende il latte *(milk)* ogni mattina? Prende la Coca-Cola?
5. Quante ore alla settimana guarda la televisione?
6. Quante penne perde ogni settimana?
7. Quanto spende per dischi e cassette ogni settimana?
8. Quanti film vede ogni settimana?

F. **Un'intervista.** Scelga cinque delle domande precedenti e faccia un'intervista ad un amico/un'amica. Riferisca le risposte alla classe. *(Choose five of the preceding questions and interview a classmate. Report the answers to the class.)*

G. **Un sondaggio.** Faccia un sondaggio per sapere se i suoi compagni di scuola leggono giornali e riviste. Collabori con cinque o sei studenti/ studentesse e prenda appunti. Poi riferisca i risultati alla classe e li confronti con i risultati degli altri gruppi. Ecco alcuni suggerimenti per iniziare il sondaggio. *(Conduct a survey to find out if your schoolmates read newspapers and magazines. Work with five or six students and take notes. Then report the results to the class and compare them with other groups' results. Here are some suggestions to begin your survey.)*

	Studente					
	1	*2*	*3*	*4*	*5*	*6*
nome						
legge il giornale?						
quale?						
quante volte alla settimana?						
legge riviste?						
quali?						
per sapere quello che succede nel mondo o per divertimento?						

H. **Definizioni.** Per ripassare alcune parole usate nel brano che segue, abbini le definizioni con le parole a destra. Cerchi di indovinare alcune parole che non sono familiari. *(To review some vocabulary used in the passage in Exercise I, match the definitions with the words on the right. Some of the terms may be unfamiliar; try to figure out what they mean.)*

1. il contrario di *stamattina*	parco
2. sono necessari per andare a teatro o al cinema	appartamento
3. dove mangiamo quando non siamo in casa	concerto
4. uno spettacolo di musica	soldi
5. un sinonimo di *casa*	biglietti
6. il contrario di *libero*	ristorante
7. il contrario di *vicino a*	lontano da
8. dove facciamo passeggiate	stasera
9. un sinonimo di *sufficiente*	impegnato
10. necessari per pagare	abbastanza

I. **Lettura.** Legga il brano alla pagina seguente e faccia gli esercizi che seguono. *(Read the paragraph on the following page and do the exercises that follow.)*

IL TEMPO LIBERO

In Italia ci sono molte belle spiagge che nei mesi estivi
attraggono turisti italiani e stranieri. Questi coloriti ombrel-
loni e sedie a sdraio *(deck chairs)* sono allineati sulla spiaggia di Positano, vicino a Napoli.

(Above) Dopo una corsa in bicicletta, due ragazzi si riposano su una panchina *(park bench)* a Campo Santa Margherita a Venezia.

(Left) Ponte Vecchio, a Firenze, è una delle mete *(meeting places)* preferite dai fiorentini e dai turisti. In questo luogo, specialmente di sera, i giovani amano riunirsi. **(Below)** Prendere un caffè o un aperitivo al tavolino di un bar all'aperto è uno dei modi preferiti dagli italiani per passare il tempo libero.

(Above) Gente e mezzi di trasporto pubblici e privati riempiono *(fill)* di movimento questa via di Bologna. **(Left)** In Italia il treno è un mezzo di trasporto molto comune e conveniente. Una grande rete ferroviaria collega *(links)* quasi tutte le città italiane grandi e piccole.

I MEZZI DI TRASPORTO

(Left) Accanto ai moderni mezzi di trasporto come l'autobus e la metropolitana, si usa ancora il tram in alcune città italiane come Milano. (Below) Invece dell'automobile, a Venezia bisogna usare differenti mezzi di trasporto. Battelli *(boats)*, motoscafi *(motorboats)* e gondole trasportano la gente da un canale all'altro della città.

Due giovani studenti scendono (*descend*) per un'antica via di Perugia. Vanno a teatro. Dove va lei con gli amici?

■ **Le attività di Tommaso Genovesi**

Oggi pomeriggio e domani mattina studio perché dopodomani ho gli esami di storia e sociologia. Stasera non faccio niente di speciale, ma verso le sette penso di fare una passeggiata con il mio amico Francesco. Andiamo al parco di Santa Lucia, non molto lontano dal mio appartamento.

Domani sera sono impegnato. Io e la mia amica Antonella andiamo a teatro ad ascoltare un concerto di musica classica. Mi piace la musica classica ed ho due biglietti per un concerto molto interessante.

Il teatro è vicino al ristorante Il buongustaio, dove Antonella generalmente suggerisce di andare a mangiare qualcosa dopo il concerto. Domani sera, però, voglio andare al Caffè Filippini, perché non ho abbastanza soldi.

J. Con riferimento alla lettura, risponda alle domande con frasi complete. (*Answer the following questions with complete sentences, according to the reading.*)

1. Cosa fa Tommaso oggi pomeriggio e domani mattina? Perché?
2. Dove va stasera e con chi?
3. Perché va a teatro domani sera?
4. Dove pensa di andare dopo il concerto? Perché?

K. Trovi nella lettura le seguenti espressioni e le trascriva così come sono nel testo. (*Locate the following expressions in the reading and write them as they appear in the text.*)

1. history and sociology
2. a music concert
3. classical music
4. however
5. not very far
6. to eat something
7. to walk in the park
8. to the restaurant
9. enough money
10. tomorrow evening

L. Senza guardare la lettura, completi il brano seguente con parole italiane appropriate. (*Without referring to the reading, complete the following paragraph with appropriate Italian words.*)

Dopodomani ho gli _____ di storia e _____. Domani sera però, la mia amica ed io _____ a teatro ad _____ un concerto di musica _____. Dopo il concerto penso di _____ qualcosa al Caffè Filippini perché non ho _____ soldi.

M. Prepari un buon titolo per il brano dell'esercizio L. (*Create a good title for the paragraph in exercise L.*)

LEZIONE 5

CHE PREZZI!

Gente di ogni età e turisti
vanno al mercato di Porta
Portese a Roma in cerca di
oggetti antichi e moderni.

È la settimana di Carnevale e c'è un'atmosfera d'allegria per le strade di Roma. Giulietta Arbore e Teresa Brancati passeggiano in una via del centro e guardano le vetrine di negozi eleganti.

SCENA 1

Teresa	Quante belle cose!	
Giulietta	Sì, ma che prezzi pazzeschi!	
Teresa	Non esagerare. Non sono tutti cari i negozi del centro.	
Giulietta	Senti, ho un'idea brillante. Perché non andiamo a Porta	
5	Portese° domenica mattina?	*See cultural note, p. 103*
Teresa	Ma scherzi°? Sai bene che mi piace dormire la domenica mattina.	Are you kidding?
Giulietta	Ma dai°! Chi dorme non piglia pesci°. Vengo da te verso le nove.	Come on! / The early bird catches the worm.
10 **Teresa**	Quanta fretta°! Che cosa devi comprare?	Such a rush!
Giulietta	Un vecchio costume. Fra due giorni vado ad un ballo in maschera di Carnevale e penso di vestirmi da Giulietta°.	I'm thinking of dressing as Juliet.
Teresa	(*con ironia*) Che idea originale! Bene, faccio un piccolo sforzo e vengo con te.	

SCENA 2

È domenica mattina e Teresa e Giulietta sono al mercato di Porta Portese, dove desiderano fare acquisti a buon mercato.

15 **Teresa**	Giulietta, ecco un costume carino e costa pochi soldi. Solo ventimila lire.	
Giulietta	Sì, è vero, ma forse è per una Giulietta piuttosto grassa. . . . E guarda un po', c'è anche un buco°.	hole
Rivenditore	Signorina, due punti° ed il costume è perfetto.	stitches
20 **Giulietta**	Non è mica facile°. Senti, Teresa, tu che sai cucire così bene. . . .	It's not that easy.
Teresa	Mi dispiace, ma non ho molto tempo libero.	
Rivenditore	Signorina, se vuole, faccio un piccolo sconto.	
Giulietta	Facciamo diciassettemila lire e lo prendo°.	I'll take it
25 **Rivenditore**	Va bene, ma lei mi vuole rovinare°!	you want to bankrupt me

DOMANDE GENERALI

1. Perché c'è un'atmosfera d'allegria per le strade di Roma?
2. Dove sono Giulietta e Teresa?
3. Che cosa fanno le due ragazze?
4. Dove desidera andare Giulietta domenica mattina?
5. Cosa fa Teresa la domenica mattina?
6. Che cosa deve comprare Giulietta? Perché?
7. Com'è il costume che trova Teresa?
8. Quanto paga Giulietta per il costume?

DOMANDE PERSONALI

1. Lei passeggia la domenica? Con chi? Dove?
2. Che cosa le piace fare il sabato mattina? E il sabato sera?
3. Dove fa acquisti a buon mercato? Cosa compra?
4. Sa cucire? Sa cucire bene o male? Le piace cucire?
5. C'è un mercato all'aperto nel suo paese o nella sua città? Cosa vendono i rivenditori?
6. I rivenditori nel suo paese o nella sua città fanno gli sconti o vendono a prezzi fissi?

SITUAZIONI

1. Lei vuole sapere come sono i prezzi nei negozi di Via Frattina a Roma. Chieda informazioni al portiere (*doorman*) dell'albergo.

   — Come sono i prezzi nei negozi di Via Frattina?
   — Sono pazzeschi (alti/esagerati/esorbitanti).

2. Risponda a un amico/un'amica che vuole andare al centro domenica mattina.

   — Perche non andiamo al centro domenica mattina?
   — Mi dispiace, ma non ho molto tempo libero (devo studiare/ho un appuntamento/sono impegnato/a).

VOCABOLARIO

Parole analoghe

l'atmosfera	elegante	originale
brillante	esagerato/a	perfetto/a
il costume	esorbitante	la scena
difficile	l'ironia	

Nomi

l'allegria   joy
il ballo in maschera   masked ball
il Carnevale   Mardi Gras
la lira   lira (Italian currency)
il prezzo   price
la ragazza   girl
il ragazzo   boy
il rivenditore   vendor
lo sconto   discount
lo sforzo   effort
la settimana   week
i soldi   money
la strada   street
il tempo   time
la vetrina   store window
la via   street

Aggettivi

alto/a   high, tall
carino/a   pretty
caro/a   expensive
facile   easy
grasso/a   fat
pazzesco/a   wild, crazy
tutto/a   all
vecchio/a   old

Verbi

costare   to cost
cucire   to sew
esagerare   to exaggerate
passeggiare   to take a walk

sapere (*irreg.*)   to know (how)
venire (*irreg.*)   to come

Altre parole ed espressioni

che   that; who
diciassettemila   seventeen thousand
forse   perhaps
piuttosto   rather
solo   only
ventimila   twenty thousand

a buon mercato   inexpensive,
   cheap
a prezzi fissi   at fixed prices
che prezzi!   what prices!; **che
   prezzi pazzeschi!**   what crazy
   prices!
è vero   it's (that's) true
faccio un piccolo sforzo   I'll make
   a small effort
fare acquisti   to make purchases
fare uno sconto   to give a discount
non esagerare!   don't exaggerate!
quante belle cose!   So many
   beautiful things!
sai cucire   you know how to sew
vengo da te   I'm coming to your
   house; **vado da Laura**   I'm going
   to Laura's house

PRATICA

A. Immagini di andare da solo/a a Porta Portese a comprare un quadro (*painting*) per la sua stanza (*room*). Lei chiede al rivenditore di farle (*to give you*) uno sconto di seimila lire. Il rivenditore esita un po', ma poi offre uno sconto di quattromila lire. Lei compra il quadro. Con un compagno/una compagna di studi, crei (*create*) un dialogo appropriato.

B. Scriva un dialogo fra Gabriele e Stefano. I due ragazzi desiderano comprare uno stereo ed un registratore. Vanno prima in un negozio molto caro, e poi in un altro dove tutto è a buon mercato.

Dove fare
gli acquisti

Di solito i negozi più eleganti e costosi[1] delle città italiane sono situati nella zona del centro. Le belle vetrine dei negozi attraggono facilmente l'attenzione dei passanti[2]. Generalmente però la gente fa gli acquisti nei negozi di quartiere[3] che sono meno pretenziosi e meno cari. Oltre[4] ai negozi, quasi tutte le città hanno anche i mercati all'aperto dove tutti i giorni o più volte alla settimana è possibile fare la spesa[5]. È in questi mercati che la gente acquista di solito i generi alimentari[6] ed i prodotti per la casa.

Una caratteristica particolare di alcune città sono invece i mercati dell'usato[7], come quello di Porta Portese a Roma. Situato in una zona lungo[8] il fiume Tevere e davanti al quartiere Testaccio, il mercato di Porta Portese prende il nome dalla Porta Portese, una delle porte esistenti[9] lungo le mura che circondavano[10] la Roma antica. Questo mercato ha luogo ogni domenica. È un'attrazione non solo per i romani, ma anche per i turisti italiani e stranieri, sempre pronti ad acquistare a buon mercato prodotti di ogni genere e oggetti d'arte e di antiquariato[11].

Questa è la porta che dà il nome al mercato di Porta Portese. A lei interessano questi mercati? Cosa va a comprare?

1. expensive   2. passers-by   3. neighborhood   4. In addition   5. shop for groceries
6. grocery   7. second-hand markets   8. along   9. existing   10. surrounded   11. antiques

PRONUNCIA   I suoni /k/ e /č/

The sounds of the letters **c** and **ch** in Italian are sometimes troublesome for English-speakers because they are different from English. **Ch** is always pronounced /**k**/, as in *chemistry*. When the letters **c** and **cc** appear before *a*, *o*, or *u*, they are also always pronounced /**k**/, as in *cold*. Before *e* and *i*, however, **c** and **cc** are pronounced /**č**/, as in *ancient*.

A. Ascolti l'insegnante e ripeta le seguenti parole.

per**ch**é	**c**aro	ri**c**evere	die**c**i
Mi**ch**ele	pi**cc**olo	pia**c**ere	fa**c**ile
chi	Franco	li**c**eo	vi**c**ino
chiama	**c**ostume	**c**entro	arriveder**c**i
pa**cch**i	su**cc**o	Le**cc**e	fa**cc**ia

B. **Proverbio.** Legga ad alta voce il seguente proverbio. Poi lo detti (*dictate it*) ad un altro studente/un'altra studentessa.

Patti chiari, amici cari.
  Clear agreements make good friends.

Descriva questi studenti di Perugia. Usi le caratteristiche che sono nella pagina che segue.

AMPLIAMENTO DEL VOCABOLARIO

Caratteristiche personali

Note that an adjective that ends in **-o** usually refers to a male, and one that
ends in **-a** to a female. An adjective that ends in **-e** may refer to either a male
or a female.

Luigi è **basso**.   Paolo è **alto**.

Enrico è **grande**.   Carlo è **piccolo**.

Gina è **intelligente**.   Marisa è **stupida**.

Elena è **grassa**.   Iole è **magra**.

La signora Dini è **ricca**.   La signorina Donato è **povera**.

Luisa è **allegra**.   Giulietta è **triste**.

Il diavolo è **cattivo**.   L'angelo è **buono**.

Pietro è **giovane**.   Il signor Montilio è **vecchio**.

Giorgio è **bello**.   Alberto è **brutto**.

Altre caratteristiche personali

calmo/a calm, tranquil
nervoso/a nervous

dinamico/a dynamic, energetic
pigro/a lazy

disinvolto/a carefree, self-possessed
timido/a shy, timid

cortese kind
scortese unkind, rude

ingenuo/a naive
furbo/a shrewd

simpatico/a nice, pleasant
antipatico/a unpleasant

gentile kind, courteous
sgarbato/a rude

onesto/a honest
disonesto/a dishonest

generoso/a generous
egoista selfish

sincero/a sincere
falso/a insincere

divertente amusing
noioso/a boring

prudente careful, cautious
audace bold, daring

A. Descriva una delle persone rappresentate nel disegno (*drawing*). Usi almeno (*at least*) quattro aggettivi nella descrizione.

La signora Montesi è vecchia; ha ottanta anni. Abita a Milano . . .

Stefano Pastore   Maria Montesi   Antonio Calvino   Valentino De Santis

B. Come sono le persone indicate nelle seguenti frasi? Completi ogni frase con un aggettivo appropriato.

1. La signora Fantini ha molti soldi e compra oggetti molto cari. È _____.
2. Il dottor Valenti ha ottantadue anni e non lavora. È _____.
3. Mi piace la musica, mi piacciono le canzoni (*songs*) e mi piace anche la danza. Sono _____.

4. Mio fratello ha sedici anni e frequenta il liceo. È _____.

5. A mia sorella non piace studiare e non piace lavorare. È _____.

6. Quella donna ha una laurea in medicina e una laurea in legge.
È _____.

7. Non devo mangiare il gelato e la pizza. Sono piuttosto _____.

8. Sandro non ha paura di parlare in classe. Parla italiano senza esitare (*without hesitating*). È _____.

C. Lei cerca lavoro come animatore (*team leader*) in un campeggio per ragazzi. Dica al direttore del campeggio di dov'è, quale scuola frequenta e la sua nazionalità; poi descriva la sua personalità.

🔲 *Mi chiamo Giorgio Donati, sono giovane, ho venti anni, . . .*

D. Domandi ad un altro studente/un'altra studentessa quali caratteristiche deve avere una persona che vuole fare il/la maestro/a d'asilo (*kindergarten teacher*). Poi dica quali di quelle (*those*) caratteristiche lei possiede (*you possess*).

🔲 — Secondo te, come deve essere un/a maestro/a d'asilo?
— Per me, un/a maestro/a d'asilo . . .

Nomi che finiscono in -*tà*

Italian nouns ending in the suffix **-tà** are feminine. A good number of them have English cognates ending in -*ty*; for example, **l'unità** = *unity*, **la nazionalità** = *nationality*.

E. Dia (*Give*) l'equivalente inglese delle seguenti parole.

1. l'università	7. la responsabilità
2. la facoltà	8. la curiosità
3. la sincerità	9. l'umanità
4. la realtà	10. la personalità
5. la facilità	11. l'abilità
6. la difficoltà	12. la possibilità

F. Completi le seguenti frasi con l'equivalente italiano di *difficulty, faculty, curiosity, university,* or *sincerity.*

1. L' _____ di Bologna è molto famosa.
2. In un amico la _____ è molto importante.
3. La _____ di fisica ha quattro professori.
4. La _____ di Fulvia annoia (*annoys*) Gina.
5. Parlo italiano con _____.

STRUTTURA ED USO

Concordanza degli aggettivi qualificativi

Paolo è bass**o**, ma Mauro e Nicola sono alt**i**.

In Italian, unlike English, descriptive adjectives (**aggettivi qualificativi**) agree in number and gender with the nouns they modify. There are two main classes of descriptive adjectives: those whose masculine singular ends in **-o**, and those whose masculine singular ends in **-e**.

1. Adjectives whose singular ends in **-o** have four forms.

Quell'uomo tedesco è **alto**.	That German man is tall.
Quella donna spagnola è **alta**.	That Spanish woman is tall.
Gli uomini americani sono **alti**.	American men are tall.
Le donne svedesi sono **alte**.	Swedish women are tall.

Adjectives whose masculine singular ends in **-io** also have four forms.

Il museo è **vecchio**.	The museum is old.
I due musei sono **vecchi**.	The two museums are old.
Questa chiesa è **vecchia**.	This church is old.
Quelle chiese sono **vecchie**.	Those churches are old.

2. Adjectives whose masculine singular ends in **-e** have only two forms:

Il giovane è
La giovane è } **triste**.

The young man is
The young lady is } sad.

I giovani sono
Le giovani sono } **tristi**.

The young men are
The young ladies are } sad.

3. With two or more nouns of different genders, or a plural noun that refers to both genders, the masculine plural form of the adjective is always used.

Il bambino e la bambina sono **allegri**.	The little boy and little girl are happy.
Questi anziani sono **generosi**.	These elderly people are generous.

4. The following chart summarizes the agreement of many common descriptive adjectives.

	Singular	Plural	Examples
masculine	**-o**	**-i**	alto, alti
feminine	**-a**	**-e**	alta, alte
masculine and feminine	**-e**	**-i**	triste, tristi

5. Adjectives of nationality may have four forms or two forms, as shown below.

americano, -a, -i, -e	spagnolo, -a, -i, -e	francese, -i
italiano, -a, -i, -e	tedesco, -a, -chi, -che	giapponese, -i
messicano, -a, -i, -e	canadese, -i	inglese, -i
russo, -a, -i, -e	cinese, -i	

A. Lei fa da guida (*guide*) ad alcuni amici italiani. Dica come sono le seguenti cose, usando la forma appropriata dell'aggettivo.

　　musei di questa città / vecchio　　*I musei di questa città sono vecchi.*

1. stazione / nuovo
2. teatro Orfeo / moderno
3. biblioteca dell'università / grande
4. chiese / grande
5. ufficio postale / moderno
6. alberghi del centro / nuovo
7. ospedali della regione / vecchio
8. librerie / vecchio

B. Cambi le seguenti frasi dal singolare al plurale.

　　Il costume di Giulietta è bello.　　*I costumi di Giulietta sono belli.*

1. La canzone (*song*) italiana è divertente.
2. Il ballo francese è difficile.
3. La sorella di Carlo è simpatica.
4. L'amica di Tina è intelligente.
5. La maschera di Pinocchio è vecchia.
6. La zia di Roberto è antipatica.

C. A Roberto piace paragonare (*compare*) le persone. Completi la seconda frase con un aggettivo di significato opposto a quello della prima frase.

▣ Antonella è allegra. Luigi e Filippo _____.   *Luigi e Filippo sono tristi.*

    1. Alberto è povero. Anna e Nino _____.
    2. Laura è buona. Le figlie di Gina _____.
    3. Teresa è intelligente. Claudio _____.
    4. Gianni è giovane. Alfredo _____.
    5. Le figlie di Paolo sono piccole. I figli di Ennio _____.
    6. Luisa è grassa. Angelo ed io _____.
    7. La madre di Elena è bella. Le zie di Aldo _____.
    8. Io sono alto. Tu e Riccardo _____.

D. Dia la nazionalità delle seguenti persone.

▣ Mary (canadese)   *Mary è canadese.*

    1. Charles e Diana (inglese)
    2. Pablo e Maria (spagnolo)
    3. Anne e Sylvie (francese)
    4. Helga (tedesco)
    5. Bill e Bob (americano)
    6. Dimitri e Ivan (russo)
    7. Laura e Giuseppe (italiano)
    8. Toshiro (giapponese)

Posizione degli aggettivi con i nomi

— È una **bella donna**, non è vero?
— Sì, è vero. È proprio una **donna bella**!

1. In Italian, unlike English, most descriptive adjectives follow the noun they modify.

Ho un'**idea brillante**.	I have a brilliant idea.
Non ho molto **tempo libero**.	I don't have much free time.
Ecco un **costume carino**!	There's a pretty costume!
Che **prezzi pazzeschi**!	What crazy prices!

2. Certain common descriptive adjectives, such as **bello**, **cattivo**, and **buono**, ordinarily precede the noun they modify. When they follow the noun, it is usually for emphasis or contrast.

— Lisa è una **bella ragazza**.	— Lisa is a beautiful girl.
— Sì, è vero. È proprio una **ragazza bella**!	— Yes, it's true. She's really a beautiful girl!
— Carlo è un **cattivo ragazzo**?	— Is Carlo a bad boy?
— No, è un **ragazzo buono**.	— No, he's a good boy.

Here is a list of common descriptive adjectives that generally precede the noun.

bello/a	beautiful; nice	**grande**	large, great
bravo/a	capable, good	**lungo/a**	long
brutto/a	ugly	**nuovo/a**	new
buono/a	good	**piccolo/a**	small, little
caro/a	dear	**stesso/a**	same
cattivo/a	bad	**vecchio/a**	old
giovane	young	**vero/a**	true, real

When **buono** precedes a singular noun, it conforms to the same pattern as the indefinite article **un/uno/una/un'**.

Tonio è un **buon** ragazzo.	Tonio is a good boy.
È un **buono** studente.	He's a good student.
Maria è una **buona** ragazza.	Maria is a good girl.
È anche una **buon**'amica.	She's also a good friend.

3. The adjective **bello** is a regular four-form adjective when it follows a noun and when it follows the verb **essere**. When it precedes a noun, it has the following forms:

Masculine		Feminine	
Singular	Plural	Singular	Plural
il **bel** museo	i **bei** musei	la **bella** donna	le **belle** donne
il **bello** stadio	i **begli** stadi	la **bell**'amica	le **belle** amiche
il **bell**'orologio	i **begli** orologi		

ALLA SCOPERTA DEL PAESE PIÙ BELLO DEL MONDO   NUMERO 1   MAGGIO 1986 - LIRE 5.000

4. Limiting adjectives—adjectives that specify rather than describe, including demonstrative, possessive, and numerical adjectives—always precede the noun.

Questa sera Teresa va a teatro.	This evening Teresa is going to the theater.
La domenica **mia sorella** dorme fino a tardi.	My sister sleeps late on Sundays.
Ho **due fratelli**.	I have two brothers.

5. The adjective **molto (molta, molti, molte)** means *much* or *many* and always precedes the noun it modifies.

Non ho **molto lavoro** oggi.	I don't have much (a lot of) work today.
Ho **molti dischi** americani.	I have many American records.

Note: **molto** can also be an adverb, with the meaning *very* or *a lot*. When used as an adverb, **molto** has only one form. It can modify an adjective, another adverb, or a verb.

I negozi italiani sono **molto eleganti**.	The Italian stores are very elegant.
La signora Bellini è **molto alta**.	Mrs. Bellini is very tall.
Pino guida **molto lentamente**.	Pino drives very slowly.
Mio fratello **spende molto**.	My brother spends a lot.

E. Dica ad un amico/un'amica che i seguenti luoghi ed oggetti sono belli.

◪ il parco   *Il parco è bello.*

1. lo stadio moderno
2. la vecchia chiesa
3. la via centrale
4. i nuovi alberghi
5. il teatro Eliseo
6. i negozi eleganti
7. le biblioteche inglesi
8. il museo di Firenze

F. Secondo Luigi, Pietro ed Anna sono totalmente diversi. Scelga dai
    seguenti aggettivi per esprimere quello che Luigi dice dei suoi amici.

magro	sgarbato	audace	triste	onesto
prudente	nervoso	calmo	noioso	pigro
grasso	allegro	disinvolto	falso	
timido	dinamico	simpatico	gentile	

Pietro è un ragazzo pigro ed Anna è una ragazza dinamica.

G. Michele descrive le persone nella sua classe.

(allegro) Luca è un ragazzo _____.   *Luca è un ragazzo allegro.*

1. (alto) Marco e Gianna sono due studenti _____.
2. (inglese) Terry e Barbara sono due signorine _____.
3. (americano) James è uno studente _____.
4. (italiano) La signorina Clarici è una professoressa _____.
5. (nuovo) Ci sono due _____ studenti.
6. (intelligente) Abbiamo molte amiche _____.
7. (magro) Dario è un ragazzo molto _____.

H. Dica che le cose che Milena ha, compra, ecc., sono belle, mettendo
    l'aggettivo prima del nome.

Compra molti dischi.   *Compra molti bei dischi.*

1. Ha un'automobile italiana.
2. Abita in un appartamento in via Nazionale.
3. Compra un libro per la madre.
4. Ha uno stereo nuovo.
5. Lavora in un albergo del centro.
6. Va sempre a vedere film americani.
7. Legge molti libri d'arte.
8. Guarda una trasmissione alla televisione.
9. Compra due pizze.

I. Susanna e Gabriella discutono varie cose mentre sono al centro. Completi
    le seguenti frasi con l'uso corretto di *molto*.

Rita ha _____ pazienza quando è a   *Rita ha molta pazienza quando è a*
Porta Portese.   *Porta Portese.*

1. Ci sono _____ belle cose nei negozi del centro.
2. I prezzi sono _____ bassi.
3. Non è _____ difficile trovare vecchi costumi.
4. In via Dante ci sono _____ vetrine eleganti.
5. I negozi di quartiere non sono _____ cari.
6. Non ho _____ soldi ma ho _____ fame!
7. C'è _____ gente in questo mercato oggi.
8. I rivenditori sono _____ cortesi, non è vero?

Presente dei verbi regolari in *-ire*

— Ti **offro** un passaggio?
— No, grazie. **Preferisco** fare due passi.

1. Regular verbs ending in **-ire** follow two patterns: that of **servire** (*to serve*) and that of **preferire** (*to prefer*). The endings are the same for both groups, but verbs like **preferire** insert **-isc** between the stem and the ending in all singular forms and in the third-person plural.

servire to serve		**preferire** to prefer	
serv**o**	serv**iamo**	prefer**isco**	prefer**iamo**
serv**i**	serv**ite**	prefer**isci**	prefer**ite**
serv**e**	serv**ono**	prefer**isce**	prefer**iscono**

2. The following **-ire** verbs are regular in the present tense.

*Verbs like **servire***	*Verbs like **preferire***
aprire to open	**capire** to understand
dormire to sleep	**finire** to finish
offrire to offer	**obbedire** to obey
partire to leave, depart	**pulire** to clean
seguire to take (courses); to follow	**restituire** to return, give back
	riferire to report, relate
sentire to hear; to feel	**spedire** to mail; to send
soffrire to suffer; to bear	**suggerire** to suggest

Aprite i libri in classe?	Do you open your books in class?
Partiamo per l'Italia domani.	We're leaving for Italy tomorrow.
Non **restituiscono** le penne al professore.	They don't return the pens to the professor.
Obbedisci a tuo padre?	Do you obey your father?

Note: The verbs **finire** and **suggerire** require the preposition **di** before an infinitive. English uses the *-ing* form to express the same thing.

A che ora **finisce di studiare**?	What time do you finish studying?
Suggerisco di prendere un gelato.	I suggest having an ice cream.

3. Remember that in a double-verb construction, the first verb is conjugated and the second verb is an infinitive.

Preferiamo prendere un caffè.	We prefer to drink a cup of coffee.

J. Dica che le prime persone dormono mentre (*while*) gli altri puliscono la casa.

▣ tu / noi   *Tu dormi mentre noi puliamo la casa.*

1. Antonella / io
2. tu e Franca / Carla e Teresa
3. io / Lisa e Piero
4. loro / la madre di Teresa
5. tu / lei
6. le ragazze / le sorelle di Dante
7. Nicola ed io / tu e Rosa
8. i signori Manueli / tu

K. Dica che le seguenti persone parlano molto ma capiscono poco.

▣ tu   *Parli molto ma capisci poco!*

1. io   4. gli amici di Mario
2. loro   5. tu ed Alberto
3. Loredana   6. noi

L. Indichi cosa preferiscono le seguenti persone mentre sono al bar.

▣ tu: caffè / lui: tè freddo   *Tu preferisci un caffè mentre lui preferisce un tè freddo.*

1. lui: panino al prosciutto / io: tramezzino al tonno
2. il professore: spremuta d'arancia / la signora Pacini: limonata
3. noi: aranciata / voi: acqua minerale
4. tu: Coca-Cola / Laura ed io: bicchiere di latte
5. io e Gabriella: cappuccino / tu e Michele: gelato

M. Risponda ad ogni domanda in maniera logica.

🔲 Il signore parte per Napoli. E le signorine?   *Le signorine partono per Pisa.*

1. Tu suggerisci di prendere un caffè. E loro?
2. Io obbedisco a mia madre. E tu?
3. Lei segue un corso d'informatica. E loro?
4. La ragazza capisce il francese. E i ragazzi?
5. Lui preferisce un cappuccino. E gli amici?
6. Tu dormi molto. E Augusto e Antonella?
7. Io spedisco una cartolina allo zio. E voi?
8. Lui pulisce l'appartamento. E loro?

N. Risponda alle seguenti domande personali.

1. Lei capisce l'italiano? E il francese? E il tedesco?
2. Preferisce andare a teatro o al cinema?
3. Di solito suggerisce agli amici di ascoltare la musica o di guardare la tv?
4. A che ora finisce di studiare la sera?
5. Preferisce seguire un corso di matematica o di lingue?
6. Fino a che ora (*Until what time*) dorme la domenica mattina?
7. Chi pulisce la sua (*your*) camera?
8. Apre le finestre la mattina?

O. Scelga (*Choose*) cinque delle domande precedenti e faccia un'intervista ad un amico o ad un'amica. Riferisca le risposte alla classe.

P. Aldo descrive una sua giornata di scuola (*school day*). Completi ogni frase in maniera appropriata con la forma corretta di uno dei verbi indicati. Nella lista c'è un verbo in più (*one extra verb*).

restituire	seguire	offrire	partire
aprire	spedire	pulire	prendere
preferire	dormire		

Di solito, la mattina non _____ fino a tardi perché _____ andare a scuola presto. _____ alle otto da casa. Incontro Giuseppe al bar e lui mi _____ un caffè. _____ il caffè e poi andiamo a lezione di storia. Non _____ il libro quando il professore decide di parlare per tutta l'ora. Alla fine della lezione _____ la penna a Giuseppe e poi ho altre due lezioni perché _____ il latino e la matematica. Torno a casa all'una e poi _____ una lettera ad un'amica di Pisa.

Verbi irregolari: *andare* e *venire*

1. The verbs **andare** and **venire** are irregular in some forms of the present tense.

andare to go		venire to come	
vado	andiamo	**vengo**	veniamo
vai	andate	**vieni**	venite
va	**vanno**	**viene**	**vengono**

2. **Andare** and **venire** require **a** before an infinitive.

I ragazzi **vanno a mangiare** al ristorante.	The boys are going to the restaurant to eat.
Vengo a fare colazione con te domani.	I'm coming to have breakfast with you tomorrow.

Q. Un gruppo di studenti arriva alla stazione di Firenze da varie città italiane. Dica da quale città viene ognuno (*each person*) e a quale città va.

▣ Marco: Assisi / Pisa   *Marco viene da Assisi e va a Pisa.*

1. Aldo: Perugia / Roma
2. io: Orvieto / Napoli
3. noi: Palermo / Venezia
4. Anna e Bettina: Milano / Ravenna
5. Paola: Bologna / Torino
6. voi: Bari / Siena

R. Domandi se le seguenti persone vengono dai luoghi indicati.

▣ Paola ed Andrea: banca / mercato   *Vengono dalla banca o dal mercato?*

1. la signorina Lorenzi: stadio / concerto
2. tu: museo / biblioteca
3. i signori Colonna: albergo / stazione
4. la sorella di Fabio: cinema / teatro
5. gli amici di Silvia: liceo / università
6. voi: bar / ristorante

S. Dica che queste persone vanno al luogo indicato.

▣ Maurizio: ospedale   *Maurizio va all'ospedale.*

1. mia nonna: chiesa di San Giacomo
2. noi: biblioteca nazionale
3. tu: ristorante
4. i cugini: teatro Sistina
5. io: negozio di dischi
6. tu e Riccardo: mercato

T. Formi frasi complete con le parole indicate nelle colonne A, B e C.

A	B	C
io		lavorare con te
tu	andare	sentire il concerto rock
lui	venire	studiare in biblioteca
loro		comprare il prosciutto al mercato
noi		vedere il tuo nuovo costume
voi		fare acquisti al centro

▣   *Loro vanno a studiare in biblioteca.*

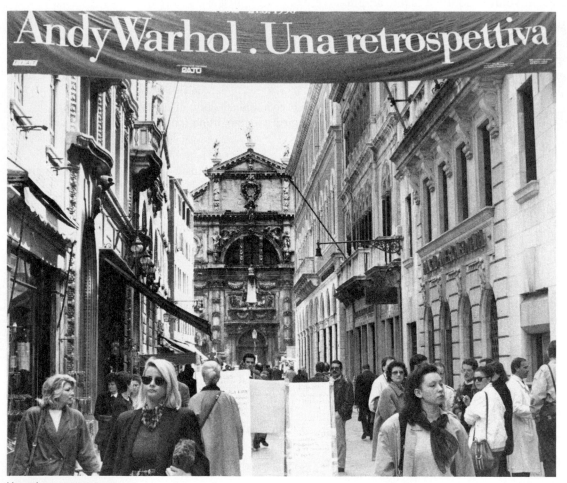

Venezia sempre attrae
moltissimi turisti italiani e
stranieri. È una città dove c'è
molto da vedere e da
ammirare.

A. **Una descrizione.** Insieme ad un amico/un'amica descriva una delle persone nella foto in basso. Usando la fantasia, dica come si chiama la persona, dove abita, se studia o lavora, dove studia o lavora, e che caratteristiche personali ha.

B. **A Porta Portese.** È domenica. Lei è al mercato di Porta Portese a Roma e cerca dischi originali. Domandi ad un rivenditore se ha i dischi che lei cerca e quanto costano. Collabori con un altro studente o un'altra studentessa.

Lei
1. Chiede un disco.
3. Desidera sapere quanto costa.
5. Chiede uno sconto.

7. Lei decide di comprare il disco.
9. Paga e saluta.

Il rivenditore
2. Dice che ha il disco.
4. Dice il prezzo.
6. Dice che fa sconti (o vende solo a prezzi fissi).
8. Ringrazia.

C. **Intervista.** Intervisti tre o quattro studenti per sapere quali sono le loro preferenze. Prenda appunti e riferisca le informazioni alla classe.

1. Ti piace andare a vedere i negozi della tua città?
2. Preferisci fare acquisti nei negozi eleganti o nei negozi a buon mercato?
3. Quando compri qualcosa in un mercato all'aperto, chiedi lo sconto o paghi il prezzo richiesto?
4. Ti piace dormire la domenica mattina?
5. Ti piacciono i balli in maschera?
6. Se vai ad un ballo in maschera, che costume preferisci portare?
7. Ti piace andare in discoteca o preferisci le feste in casa di amici?

D. **Un gioco.** Faccia un gioco (*game*) di associazioni. Prepari gruppi di aggettivi (per esempio, alto/a, brutto/a e cattivo/a) e chieda a tre o quattro studenti di associare un personaggio celebre (per esempio, Frankenstein) con quelle caratteristiche. Prenda appunti e confronti i risultati con quelli di altri gruppi nella classe.

E. **Lettura.** Legga il seguente brano e poi dia in italiano le informazioni indicate.

■ Il Carnevale

Il Carnevale è il periodo precedente la Quaresima[1] quando la gente fa festa[2] e partecipa a divertimenti[3] pubblici. Nel passato il Carnevale di Venezia aveva un grande prestigio per i suoi fuochi artificiali[4], i giochi, le sfilate[5] ed i combattimenti simbolici. La gente generalmente portava le maschere popolari della commedia dell'arte, come Arlecchino, Pulcinella, Colombina e Pantalone.

Oggi c'è una rinascita[6] del Carnevale in Italia e Venezia ha ripreso[7] il suo ruolo tradizionale con stupende feste in costume e balli in maschera. Secondo a quello di Venezia è il Carnevale di Viareggio con le sue sfilate di carri ricoperti di fiori[8].

Il Carnevale è la festa dei bambini, dai più piccoli ai più grandi. Tutti partecipano con gioia a feste e sfilate portando[9] allegre maschere e costumi fantasiosi. A Roma ed in molte altre città, nelle vie del centro, durante l'ultima settimana di Carnevale si incontra una folla[10] di bambini in maschera che ingaggiano[11] allegre battaglie[12] con i coriandoli[13].

Time of year of the festival: _____

Four favorite costumes of the festival: _____

City traditionally famous for its festival: _____

Four special events of the festival: _____

Distinctive feature of the Carnevale di Viareggio: _____

---

1. Lent   2. celebrates   3. amusements   4. fireworks   5. parades   6. rebirth   7. regained
8. covered with flowers   9. wearing   10. one meets a crowd   11. engage in   12. play battles
13. confetti

Ogni anno, durante il mese di febbraio in occasione del carnevale, i veneziani portano maschere e costumi. Lei celebra il carnevale o qualcosa simile al carnevale? Quando mette lei una maschera e un costume?

F. **Definizioni.** Per ripassare alcune parole usate nel brano che segue, abbini le definizioni con le parole a destra. Cerchi di indovinare il significato delle parole che non sono familiari.

1. abitante di una città	internazionale
2. persone che visitano paesi stranieri	Medioevo
3. un sinonimo di *ricco*	prospero
4. il contrario di *nazionale*	marinaro
5. lo mettiamo in un ballo in maschera	domenica
6. un giorno della settimana	repubblica
7. aggettivo derivato da *mare*	settembre
8. una forma di governo	cittadino
9. un periodo della storia	il costume
10. un mese dell'anno	turisti

G. **Lettura.** Legga il seguente brano e faccia gli esercizi che seguono.

Venezia è costruita sull'acqua. Barche[1], motoscafi[2] ed eleganti gondole trasportano i cittadini ed i turisti da un luogo all'altro della città. Chiamata la "Serenissima" o la città di San Marco e del Leone alato[3], Venezia fu[4] una delle più prospere repubbliche marinare del Medioevo. Centro storico monumentale è la splendida Piazza San Marco con la basilica di San Marco e il Palazzo Ducale.

Venezia è oggi centro di numerose attività culturali come la Mostra internazionale d'arte cinematografica, l'Esposizione internazionale, la Biennale d'Arte ed il Carnevale in costume. Di grande attrazione turistica è la rievocazione[5] della Regata storica, fatta nella prima domenica di settembre. La Regata si svolge[6] sul Canal Grande ogni anno dal 1300 con la partecipazione di 300 personaggi in vivaci e bellissimi costumi folcloristici.

1. Boats   2. motorboats   3. winged   4. was   5. reenactment   6. takes place

---

H. **Un titolo appropriato.** Scelga un titolo appropriato per il brano precedente fra quelli indicati in basso.

1. I monumenti veneziani
2. Una delle repubbliche marinare
3. Una città monumentale
4. Le attività culturali veneziane

I. **Vero o falso?** Indichi se le seguenti frasi sono vere o false secondo il brano precedente. Corregga le frasi false.

1. Le città italiane sono costruite sull'acqua.
2. Un nome di Venezia è "La Serenissima".
3. Ci sono molte macchine a Venezia.
4. A Venezia hanno luogo molte attività culturali.
5. Di solito pochi turisti visitano la città di San Marco.
6. Un'attività famosa di Venezia è il Carnevale in costume.
7. La Regata è ripetuta ogni anno dal 1300.

LEZIONE
6
DOVE HA PRESO I SOLDI?

La moto o il motorino è uno
dei primi acquisti dei giovani
italiani. Lei preferisce la moto
o la macchina?

Edoardo Filipponi e Valerio Marotta, due giovani napoletani, sono nella pizzeria "Il Marinaio". Mentre mangiano una pizza, parlano fra di loro°.

among themselves

Edoardo Sabato scorso sono andato dal meccanico per fare aggiustare i freni della mia macchina°, e lì, sai chi ho incontrato? Sergio.

to have the brakes of my car fixed

Valerio Ma non è andato in vacanza in Inghilterra il quindici giugno?

Edoardo No, ha rimandato la partenza° al venti luglio. Comunque ho veduto il suo ultimo acquisto.

he postponed his departure

Valerio Che acquisto ha fatto?

Edoardo Ha comprato una nuova moto rossa di marca giapponese.

Valerio Davvero!° Ma dove ha preso i soldi?°

Really! / But where did he get the money?

Edoardo Aspetta un attimo. Ordiniamo prima un po' di vino?

Valerio Perché no! Questa pizza è molto buona, ma mette molta sete°. Signorina, del vino°, per piacere.

it makes one very thirsty
some wine

Signorina Rosso o bianco?

Valerio Rosso, grazie.

Signorina Va bene.

Valerio Dunque, questi soldi da dove sono venuti?

Edoardo È molto semplice: ha vinto al totocalcio°.

a lottery based on the results of soccer matches

Valerio Sergio è sempre fortunato. Io gioco ogni settimana ma non vinco mai. Quindi niente moto° per me.

no motorcycle

Edoardo Poverino! Ah, ecco il vino. Prova com'è buono° e dimentica la tua sfortuna.

Taste how good it is

Domande generali

1. Dove sono Edoardo e Valerio?
2. Che cosa fanno?
3. Dov'è andato Edoardo sabato scorso?
4. Chi ha incontrato?
5. Quando parte Sergio per l'Inghilterra?
6. Che cosa ha comprato Sergio?
7. Dove ha preso i soldi?
8. Secondo Valerio, com'è Sergio?
9. Cosa fa Valerio ogni settimana?
10. È fortunato Valerio? Perché o perché no?

Domande personali

1. Dove va lei quando vuole mangiare una pizza?
2. Che cosa preferisce bere quando mangia una pizza?
3. Lei ha la moto, la macchina o la bicicletta? Di che marca è? Quale marca preferisce?
4. Lei ha una moto o una macchina? Come guida? Lentamente o velocemente?

5. Preferisce le macchine americane, giapponesi o italiane?
6. Gioca alla lotteria? Vince qualche volta? Di solito, lei è fortunato o sfortunato?

SITUAZIONI

1. Domandi ad un amico/un'amica dov'è andato/a il mese o l'anno scorso.

   — Dove sei andato/a il mese (l'anno) scorso?
   — Sono andato/a in Italia (a Roma/negli Stati Uniti/a Londra).

2. Risponda ad un compagno/una compagna di scuola che vuole sapere quando la professoressa è partita per l'Italia.

   — Quando è partita per l'Italia la professoressa?
   — È partita il venti (il primo/il quattordici) luglio.

3. Lei è in una pizzeria con un amico/un'amica. Risponda alla sua domanda.

   — Ordiniamo un po' di vino (una birra/un po' d'acqua minerale)?
   — Buona idea! (No, basta così./Sì, volentieri./Perché no?)

VOCABOLARIO

Parole analoghe

fortunato/a   **il meccanico**   **la pizzeria**
la lotteria   **la pizza**

Nomi

l'acquisto   purchase
la birra   beer
il freno   brake
giugno   June
l'Inghilterra   England
luglio   July
la macchina   car
la marca   brand name
il mese   month
la moto(cicletta)   motorcycle
la partenza   departure
la sfortuna   bad luck, misfortune
gli Stati Uniti   the United States
il totocalcio   lottery based on soccer games
il vino   wine

Aggettivi

bianco/a   white
napoletano/a   Neapolitan, from Naples
niente   no, none
rosso/a   red
scorso/a   last
semplice   simple
sfortunato/a   unlucky, unfortunate
ultimo/a   latest, last (*in a series*)

Verbi

aggiustare to fix
dimenticare to forget
fatto *past participle of* **fare**
preso *past participle of* **prendere**
venuto *past participle of* **venire**
vincere to win
vinto *past participle of* **vincere**
veduto *past participle of* **vedere**

Altre parole ed espressioni

comunque however, in any case
davvero! really!
dunque then, so
lentamente slowly
lì there

mentre while
poverino/a! poor thing!
prima first
qual/e? (*plural* **quali**) which?
quindi therefore
sempre always
velocemente fast

aspetta un attimo wait a moment
basta così that's enough
in vacanza on vacation
non ... mai never, not ... ever
per piacere please
perché no? why not?
il quindici giugno June 15
il venti luglio July 20

PRATICA

A. Immagini di dovere andare a riprendere la sua moto dal meccanico. Lei telefona al suo amico Marco per ottenere un passaggio. Marco risponde che non può accompagnarlo/la, perché deve andare al centro con suo fratello. Prepari un dialogo con un compagno/una compagna di scuola.

B. Immagini di avere vinto al totocalcio l'equivalente di $10.000. Usando la fantasia ed alcune di queste espressioni, prepari un brano sulle cose che pensa di fare con i soldi.

— comprare una moto
— mettere i soldi in banca
— fare una festa agli amici

— dare un po' di soldi ai genitori
— comprare vestiti nuovi
— comprare un biglietto per andare in Italia

I giovani italiani

I giovani italiani non sono molto diversi dai loro coetanei[1] americani. La maggior parte frequenta la scuola secondaria superiore e dopo aver ottenuto la maturità[2], molti incominciano a lavorare mentre altri si iscrivono[3] all'università o ad istituti di studi superiori come l'accademia delle belle arti o il conservatorio di musica. Durante le vacanze estive, molti giovani vanno all'estero[4] in vacanza o per imparare una lingua straniera.

Di solito[5] i giovani italiani, anche quando studiano all'università, vivono a casa con i loro genitori. Questo è dovuto[6] al fatto che le università sono presenti nelle maggiori città italiane e quindi non è necessario spostarsi[7] da una parte all'altra del paese. Poi anche per ragioni economiche e per la mancanza[8] di adeguati appartamenti a buon mercato, è più conveniente vivere in famiglia.

I giovani passano il tempo libero in modi diversi. Praticare lo sport, ascoltare la musica, andare a ballare nelle discoteche, partecipare a feste e fare viaggi[9] sono le attività preferite. Inoltre[10], fanno passeggiate, vanno al cinema o si ritrovano a chiacchierare[11] nei caffè all'aperto e nelle paninerie[12] che costituiscono il loro luogo d'incontro preferito.

Amici a Firenze. Lei fa spesso gite con gli amici? Dove?

1. people of the same age   2. after receiving their high-school diplomas   3. enroll   4. abroad
5. Usually   6. this is due to   7. move   8. lack   9. having parties and taking trips
10. In addition   11. meet and chat   12. sandwich shops

PRONUNCIA I suoni /r/ e /rr/

Italian /r/ (spelled **r**) and /rr/ (spelled **rr**) are different from English /r/ as pronounced in the United States. Italian /r/ is "trilled" once—that is, pronounced with a single flap of the tip of the tongue against the gum ridge behind the upper front teeth. This produces a sound similar to the *tt* in the English words *bitter, better, butter* when they are pronounced rapidly. The sound /rr/ is produced with a multiple flap of the tip of the tongue.

A. Ascolti l'insegnante e ripeta le seguenti parole.

radio	desidera	Franco	Inghilterra	carriera
ragazza	trova	frequento	birra	terra
andare	grazie	arrivederci	arrivare	Corrado

B. **Proverbio.** Legga ad alta voce il seguente proverbio e poi lo detti *(dictate it)* ad un altro studente/un'altra studentessa.

Rosso di sera, bel tempo si spera.
>Red sky at night, sailor's delight.
>(Literally: Red in the evening, good weather is expected.)

AMPLIAMENTO DEL VOCABOLARIO

Le stagioni ed i mesi dell'anno

la primavera	**l'estate** *(f.)*	**l'autunno**	**l'inverno**
aprile	luglio	ottobre	gennaio
maggio	agosto	novembre	febbraio
giugno	settembre	dicembre	marzo

1. The months of the year are not capitalized in Italian.

   aprile April   **luglio** July

2. The preposition **a** is usually used with names of the months to express **in**.

   A febbraio vado in Italia.   In February I go to Italy.

   The prepositions **in** and **di (d')** are used with the names of the seasons to express **in**.

   in primavera in spring   **d'estate** in summer
   in autunno in fall   **d'inverno** in winter

3. In English, days of the month are usually expressed in ordinal numbers (the first, the nineteenth). In Italian, only the first day of the month is expressed with an ordinal number. The other days are expressed with cardinal numbers.

È il **primo (di)** novembre.   It's the first of November. (It's
                                     November 1.)

È il **due (cinque, diciassette,** It's the second (fifth, seventeenth,
ecc.) **(di)** dicembre.   etc.) of December.

Note: The definite article **il** is always used in front of the number in
expressing dates. The preposition **di** between the day and the month is
optional.

4. The adjectives pertaining to the four seasons are: **primaverile, estivo/a,
    autunnale,** and **invernale.**

È una bella giornata **primaverile**.   It's a beautiful spring day.
Ho un bel vestito **estivo**.   I have a beautiful summer dress.

A. Immagini di avere abbastanza tempo e soldi per fare quattro vacanze
    all'anno. Dica ad un amico/un'amica dove va quest'anno, quando parte e
    quando torna.

    📓 *In primavera vado in vacanza in Italia. Parto il 20 aprile e torno il 28
    maggio. . . .*

B. Faccia alcune domande ad un altro studente/un'altra studentessa per avere
    le seguenti informazioni. Formuli domande complete e prenda appunti
    per poi riferire i risultati alla classe.

    📓 cosa fa durante i mesi estivi   — *Che cosa fai durante i mesi estivi?*
                                                — *A luglio vado...*

    1. la stagione dell'anno che preferisce e perché
    2. il mese che preferisce di più *(the most)* e perché
    3. il mese che preferisce di meno *(the least)* e perché
    4. se preferisce gli sport invernali o estivi
    5. il mese in cui *(in which)* preferisce visitare l'Italia
    6. il mese in cui studia di più

C. Dica la data o per lo meno *(at least)* il mese di questi giorni importanti.

    📓 il giorno di San Valentino   *il 14 febbraio*

    1. la giornata *(day)* della mamma
    2. il compleanno di Washington
    3. la giornata di Cristoforo Colombo
    4. la festa del Lavoro *(Labor)*
    5. il giorno del Ringraziamento *(Thanksgiving)*
    6. il giorno delle elezioni politiche
    7. il giorno dell'Anno Nuovo *(New Year)*
    8. il giorno dell'Indipendenza

D. Impari *(Learn)* i seguenti versi rimati sui mesi:

Trenta giorni ha novembre,	Thirty days has November,
con aprile, giugno e settembre,	April, June, and September.
di ventotto ce n'è uno,	Of twenty-eight there's only one.
tutti gli altri ne han trentuno.	All the rest have thirty-one.

Alcune espressioni di tempo al passato

Here is a list of some common expressions used to refer to events both in the recent and more distant past.

*Espressioni con **ieri***	*Espressioni con **fa***
ieri yesterday	**un'ora fa** one hour ago
ieri mattina yesterday morning	**due giorni fa** two days ago
ieri pomeriggio yesterday afternoon	**tre settimane fa** three weeks ago
	quattro mesi fa four months ago
ieri sera last night	**cinque anni fa** five years ago
l'altro ieri the day before yesterday	**molto tempo fa** a long time ago
	poco tempo fa not long ago, a little while ago
*Espressioni con **scorso***	**qualche tempo fa** some time ago
sabato scorso last Saturday	**quanto tempo fa?** how long ago?
la settimana scorsa last week	
il mese scorso last month	*Altre espressioni*
l'anno scorso last year	**già** already
	mai ever (never)

E. Dica quanto tempo fa lei ha fatto le seguenti cose, usando un'espressione di tempo appropriata.

▣   Ha finito la scuola elementare.   *Ho finito la scuola elementare molto tempo fa.*

1. È arrivato/a all'università.
2. Ha comprato una macchina.
3. Ha telefonato alla madre.
4. Ha avuto un esame difficile.
5. È andato/a al cinema con un amico.
6. Ha mangiato una pizza da solo/a.
7. Ha ascoltato un disco di musica classica.
8. Ha guardato una videocassetta di musica rock.

F. Domandi ad un amico/un'amica quando è stata l'ultima volta che ha fatto
le seguenti cose.

—Quando hai comprato il gelato?   —*Ieri mattina.*

1. Quando hai aggiustato i freni della macchina (bicicletta)?
2. Quando hai dormito in albergo?
3. Quando sei andato/a in banca?
4. Quando sei tornato/a dal supermercato?
5. Quando sei andato/a dal dentista?
6. Quando hai comprato i biglietti per il teatro?

STRUTTURA ED USO

Passato prossimo con *avere*

Ma non **hai** mai **giocato** a tennis?

1. The **passato prossimo** is used to describe actions and events that have
occurred in the past, particularly the recent past. It is often accompanied
by an expression of past time, such as **ieri, domenica scorsa**, or **un'ora
fa**.

— Che cosa **hai comprato** ieri?　　— What did you buy yesterday?
— **Ho comprato** un motorino.　　— I bought a moped.
— Quando **ha telefonato** Anna?　　— When did Anna call?
— **Ha telefonato** un'ora fa.　　— She called an hour ago.

2. The **passato prossimo** consists of two words: a present-tense form of **avere** or **essere**, and the past participle of the verb. Most Italian verbs form the **passato prossimo** with the verb **avere**. These verbs are mostly transitive; that is, they take a direct object that answers the question *what* or *whom*.

Ho comprato	(che cosa?)	una macchina nuova.
Ho venduto	(che cosa?)	la moto.
Ho finito	(che cosa?)	la lezione.
Ho veduto	(chi?)	Paolo.
Ho chiamato	(chi?)	Maria.

3. The past participle of regular verbs is formed by adding:

-ato to the stem of **-are** verbs: (comprare) **compr** + **-ato** = comprato
-uto to the stem of **-ere** verbs: (vendere) **vend** + **-uto** = venduto
-ito to the stem of **-ire** verbs: (finire) **fin** + **-ito** = finito

4. Here is the **passato prossimo** of the regular verbs **comprare, vendere,** and **finire**.

comprare	vendere	finire
ho comprato	ho venduto	ho finito
hai comprato	hai venduto	hai finito
ha comprato	ha venduto	ha finito
abbiamo comprato	abbiamo venduto	abbiamo finito
avete comprato	avete venduto	avete finito
hanno comprato	hanno venduto	hanno finito

5. The **passato prossimo** has three English equivalents, depending on the context.

Quando **hai visitato** Firenze?

Ho visitato Firenze molte volte.

When did you visit Florence?
I have visited Florence many times.
I visited Florence many times.

6. In negative sentences, **non** immediately precedes the conjugated verb.

Non ho dormito bene ieri notte.   I didn't sleep well last night.

In the construction **non . . . mai** *(never)*, **mai** comes between the conjugated verb and the past participle.

Non ho mai giocato a tennis.   I have never played tennis.

7. Many short adverbs of time such as **già, sempre**, and **mai** come between the conjugated verb and the past participle.

Ho già mangiato, grazie.	I have already eaten, thank you.
Hai sempre pagato il conto.	You have always paid the bill.
Hai mai visitato l'Europa?	Have you ever visited Europe?

A. Descriva quello che ognuno ha fatto la settimana scorsa, cambiando le frasi dal presente al passato prossimo.

☐ Giulia dimentica il compito *(homework)* a casa.   *Giulia ha dimenticato il compito a casa.*

1. Rimando la partenza per Roma.
2. Aspettiamo Luigi al bar.
3. Tommaso accompagna Laura al cinema.
4. Marco e Giovanni guidano da Roma a Napoli.
5. Ricevo una telefonata dalla nonna.
6. Tu e Piero guardate due trasmissioni francesi.
7. Io e Lucio parliamo italiano a casa.
8. Mio zio dorme poche ore.

B. Riferisca *(Report)* quello che hanno fatto le seguenti persone domenica scorsa, usando i suggerimenti elencati a destra.

☐ Io / accompagnare un'amica alla stazione   *Ho accompagnato un'amica alla stazione.*

1. mio fratello	aggiustare i freni
2. Giacomo ed io	comprare una macchina
3. il meccanico	vendere il motorino
4. mia madre	ricevere una telefonata importante
5. Maria e Gloria	dormire fino a tardi
6. voi	mangiare la pizza in pizzeria
7. io	cercare un computer
8. tu	incontrare alcuni amici
9. la professoressa	finire il lavoro
10. i signori Acuti	restituire i libri a Michele
	perdere i biglietti del concerto

C. La sua amica Ada dice che ieri ha fatto un pranzo eccellente. Quali domande farebbe lei *(would you ask)* ad Ada sul pranzo, usando il passato prossimo di *visitare, ordinare, mangiare, pagare, accompagnare, finire, portare* e *incontrare?*

☐ Che cosa hai ordinato al ristorante?

D. Risponda alle seguenti domande personali.

  — Lei ha mai guidato una Ferrari?   — *Sì, ho guidato una Ferrari due anni*
                                             fa.
                                             No, non ho mai guidato una Ferrari.

  1. Ha mai visitato l'Europa?
  2. Ha mai parlato fra sè *(to yourself)* in pubblico?
  3. Ha mai portato una pelliccia *(fur coat)*?
  4. Ha mai trovato cinque dollari per strada?
  5. Ha mai mangiato trippa *(tripe)*?
  6. Ha mai desiderato vivere da solo/a?
  7. Ha mai ballato in una discoteca?
  8. Ha mai veduto (visto) un film francese?

E. Risponda alle seguenti domande indicando che ha già fatto queste cose.

  Mangia con gli amici stasera?   *Ho già mangiato con loro ieri.*

  1. Finisce il compito d'italiano oggi?
  2. Parla con Carla per telefono stasera?
  3. Compra un computer giapponese domani?
  4. Vende la moto ad un amico o ad un'amica?
  5. Incontra la mamma più tardi?
  6. Riceve una lettera da un'amica?

Passato prossimo con *essere*

Sei uscita senza ombrello?

1. The **passato prossimo** of some verbs is formed with the auxiliary verb **essere**. The past participle of these verbs agrees in gender and number with the subject.

andare		
io	sono andato/andata	noi siamo andati/andate
tu	sei andato/andata	voi siete andati/andate
lui/lei	è andato/andata	loro sono andati/andate

Mario **è andato** a Siena.	Mario went (has gone) to Siena.
Luisa **è andata** a Perugia.	Luisa went (has gone) to Perugia.
Anna ed Alessandra **sono andate** a Padova.	Anna and Alessandra went (have gone) to Padova.

2. Verbs conjugated with **essere** are intransitive; that is, they do not take a direct object or answer the question *what*. Many of them involve movement.

Siamo partiti lunedì.	We left on Monday.
Paolo è entrato nel ristorante.	Paolo entered the restaurant.

3. Here is a list of regular verbs that form the **passato prossimo** with the auxiliary **essere**.

andare	*to go*	Siete andati in Italia?
arrivare	*to arrive*	Il treno è arrivato alle otto.
costare	*to cost*	Quanto è costato il libro?
diventare	*to become*	Mario è diventato noioso.
entrare	*to enter*	Io sono entrato in un bar.
partire	*to depart, leave*	Siamo partiti alle nove.
restare	*to stay, remain*	La nonna è restata a casa.
tornare	*to return*	Mia sorella è tornata ieri.
uscire	*to go out*	Con chi è uscita Lidia?

F. Dica dove sono andate le seguenti persone l'anno scorso.

📖 io (Giorgio) / Torino   *Sono andato a Torino.*

1. Laura / in Basilicata
2. noi (Carlo e Iole) / a Disneyland
3. tu (Lisa) e Franca / in Cina
4. tu (Silvia) / in Antartica
5. Giorgio e Sandro / in Egitto
6. io (Enrico) e Maria / nel Nevada
7. voi (Caterina e Daniele) / in Olanda
8. lei (Antonio) / in Brasile

G. Lei incontra un amico/un'amica alla mensa *(cafeteria)* e gli/le domanda che cosa ha fatto durante le vacanze primaverili *(spring vacation)*. L'amico/a risponde ad ogni domanda con la più logica delle seguenti risposte. Collabori con un altro studente/un'altra studentessa, usando il passato prossimo.

1. Dove sei andato/a durante le vacanze primaverili?

   tornare a casa a visitare la famiglia
   restare nell'appartamento in città
   andare a New York in aereo

2. Che cosa hai fatto lì?

   dormire e studiare
   visitare musei e andare a teatro
   andare al matrimonio di un cugino

3. Con chi sei andato/a?

   accompagnare due amici
   andare da solo/a in autobus
   anche il mio compagno/la mia compagna di camera restare qui

4. Quando e come sei tornato/a?

   non partire
   tornare ieri sera in aereo
   tornare in autobus due giorni fa

5. Chi ti ha dato i soldi?

   mia madre mandare i soldi del biglietto
   mia zia pagare tutto
   non costare niente

H. Metta in contrasto *(contrast)* quello che le seguenti persone fanno di solito *(usually)* con quello che hanno fatto due giorni fa (l'anno scorso, la settimana scorsa, ecc.).

Di solito arrivo in ritardo alla lezione d'inglese ma due giorni fa . . .   *Di solito arrivo in ritardo alla lezione d'inglese ma due giorni fa sono arrivato/a in anticipo.*

1. Di solito parto per l'Europa in febbraio, ma l'anno scorso . . .
2. Di solito torniamo a casa alle dieci, ma tre settimane fa . . .
3. Di solito non beviamo vino, ma sabato scorso . . .
4. Di solito loro giocano a carte *(cards)*, ma ieri sera . . .
5. Di solito Luisa va al cinema con Orazio, ma domenica scorsa . . .
6. Di solito preferiscono pesce *(fish)*, ma venerdì scorso . . .
7. Di solito finiamo il compito in anticipo, ma la settimana scorsa . . .
8. Di solito puliamo l'appartamento il sabato, ma questa settimana . . .

I. Descriva quello che Caterina ha fatto ieri, usando i verbi indicati. Alcuni verbi sono coniugati con *avere* ed altri con *essere*.

uscire di casa molto presto   *È uscita di casa molto presto.*

1. andare alla stazione
2. aspettare il treno delle nove
3. arrivare in centro alle dieci
4. visitare il museo
5. restare due ore a studiare "La Primavera" di Botticelli
6. dimenticare il quaderno
7. ritornare a casa
8. cercare il quaderno
9. telefonare al museo per chiedere informazioni sul quaderno
10. ritornare alla stazione alle quattro

J. Risponda alle seguenti domande personali.

1. Lei è mai andato/a ad una festa con un giorno in anticipo o il giorno dopo? Quando e dove?
2. È mai andato/a all'ospedale di notte? Quando e perché?
3. Quando è stata l'ultima volta che ha visitato i nonni?
4. È mai andato/a a ballare in discoteca? Quando e dove?

Imperativo dei verbi regolari
(*tu, noi, voi*)

— **Tornate** presto! **Non tardate**!
— Tu, intanto, **sii** buono! **Non guardare** la televisione!

1. The imperative is used for commands, pleas, and appeals. The **tu, noi,** and **voi** commands of regular verbs are exactly the same as the corresponding present-tense forms, except that the final **-i** of the **tu** form of **-are** verbs changes to **-a**.

<table>
<tr><td colspan="3" align="center">**Affirmative Commands**</td></tr>
<tr><td>**tu** commands</td><td>**guarda!**</td><td>look!</td></tr>
<tr><td></td><td>**leggi!**</td><td>read!</td></tr>
<tr><td></td><td>**finisci!**</td><td>finish!</td></tr>
<tr><td>**noi** commands</td><td>**guardiamo!**</td><td>let's look!</td></tr>
<tr><td></td><td>**leggiamo!**</td><td>let's read!</td></tr>
<tr><td></td><td>**finiamo!**</td><td>let's finish!</td></tr>
<tr><td>**voi** commands</td><td>**guardate!**</td><td>look!</td></tr>
<tr><td></td><td>**leggete!**</td><td>read!</td></tr>
<tr><td></td><td>**finite!**</td><td>finish!</td></tr>
</table>

Note that **noi** commands are expressed in English with *let's + verb.*

2. Negative **tu** commands are formed with **non** + *infinitive.* Negative **noi** and **voi** commands are formed with **non** + *the corresponding command forms.*

<table>
<tr><td colspan="3" align="center">**Negative Commands**</td></tr>
<tr><td>**tu** commands</td><td>**non guardare!**</td><td>don't look!</td></tr>
<tr><td></td><td>**non leggere!**</td><td>don't read!</td></tr>
<tr><td></td><td>**non finire!**</td><td>don't finish!</td></tr>
<tr><td>**noi** commands</td><td>**non guardiamo!**</td><td>let's not look!</td></tr>
<tr><td></td><td>**non leggiamo!**</td><td>let's not read!</td></tr>
<tr><td></td><td>**non finiamo!**</td><td>let's not finish!</td></tr>
<tr><td>**voi** commands</td><td>**non guardate!**</td><td>don't look!</td></tr>
<tr><td></td><td>**non leggete!**</td><td>don't read!</td></tr>
<tr><td></td><td>**non finite!**</td><td>don't finish!</td></tr>
</table>

K. Ordini agli amici di fare queste attività.

Gianna: telefonare al nonno   *Gianna, telefona al nonno!*

1. Francesca: invitare Paolo al ballo in maschera
2. Mirella e Giorgio: scrivere a Filippo
3. Luigi: prendere una spremuta d'arancia
4. Paolo: restituire la calcolatrice a Luisa
5. Franca: studiare la lezione d'inglese
6. Giorgio ed Enrico: venire da me stasera
7. Marta: rispondere al telefono
8. Luisa, Tina e Caterina: partire immediatamente

Una madre parla con il figlio che va all'asilo infantile (*kindergarten*) a Milano. Che comanda la signora al figlio?

L. La madre di Maria cambia idea (*changes her mind*) spesso. Prima ordina a Maria di fare qualcosa e poi di non farla. Assuma il ruolo della madre quando cambia idea.

🔲 Telefona alla zia!   *No, non telefonare alla zia!*

1. Chiama tua sorella!
2. Guarda questo programma!
3. Ascolta la radio!
4. Finisci di studiare!
5. Bevi l'acqua minerale!
6. Leggi il giornale!
7. Aspetta Michele!
8. Cerca il dizionario!

M. Programmi con gli amici di fare o di non fare le seguenti cose questo fine-settimana (*weekend*). Usi la forma *noi* dell'imperativo dei verbi.

🔲 visitare il Museo di scienze naturali

— *Visitiamo il Museo di scienze naturali!*
— *No, non visitiamo il Museo di scienze naturali!*

1. vedere un film italiano
2. partire per Venezia
3. mangiare in un buon ristorante
4. fare una gita al mare
5. scrivere al professore
6. andare in montagna

N. Usando i verbi indicati, dica ad uno o due amici di fare qualcosa.

guardare	discutere	cantare	partire	parlare
andare	ascoltare	cercare	vedere	uscire

🔲 *Luca e Daniele, ascoltate questo disco!*
Tina, non vedere la televisione!
Antonio, andiamo al cinema!

Imperativo di sette verbi irregolari

Essere and **avere** are irregular in the **tu** and **voi** forms of the imperative. Five other verbs—**andare, dare, dire, fare,** and **stare**—have irregular **tu** imperatives. The other imperative forms of these verbs are regular.

	Affirmative	Negative		Affirmative	Negative
andare	**va'** (vai)	non andare	dire	**di'**	non dire
	andiamo	non andiamo		diciamo	non diciamo
	andate	non andate		dite	non dite
avere	**abbi**	non avere	essere	**sii**	non essere
	abbiamo	non abbiamo		siamo	non siamo
	abbiate	non abbiate		**siate**	non siate
dare	**da'** (dai)	non dare	fare	**fa'** (fai)	non fare
	diamo	non diamo		facciamo	non facciamo
	date	non date		fate	non fate
			stare	**sta'** (stai)	non stare
				stiamo	non stiamo
				state	non state

Note: **Vai, dai, fai,** and **stai** may also be used as *tu* commands of **andare, dare, fare,** and **stare.**

O. La signora Alberti ordina al figlio Antonio di fare diverse cose. Dica quello che comanda la signora, usando la forma *tu* dell'imperativo dei verbi indicati.

🔲 fare presto   *Fa' presto!*

1. essere qui alle dieci
2. andare in biblioteca
3. stare zitto *(quiet)*
4. dare i biglietti al signore
5. avere pazienza
6. andare a giocare
7. fare colazione
8. dire qualcosa alla signora

P. Lucia bada *(babysits)* ai due fratelli più piccoli. Dica quello che Lucia comanda ai fratelli, usando la forma *voi* dell'imperativo.

▣ non avere fretta   *Non abbiate fretta!*

1. fare attenzione alla trasmissione
2. dare la carta a Mirella
3. dire la verità *(truth)*
4. andare a letto
5. essere pronti per le due
6. non dire parole cattive
7. fare colazione adesso
8. non andare fuori

Q. Dica alle seguenti persone di fare le cose indicate, usando le forme appropriate dell'imperativo di *tu*, *noi* o *voi*.

▣ finire di parlare (Nina)   *Finisci di parlare!*

1. fare presto (Teresa e Marta)
2. non andare in motorino (Graziella)
3. stare a scuola fino alle tre (tu, Giorgio ed io)
4. avere pazienza con i bambini (Marco)
5. essere qui alle nove (Marianna)
6. andare avanti *(ahead)* (loro ed io)
7. stare calma (Gianna)

VIVI UN' EMOZIONE GRANDE

VOLA AL CINEMA

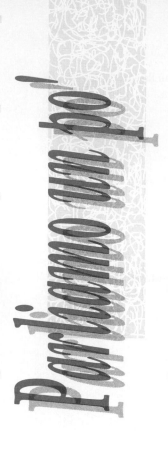

A. **Domande personali.** Risponda ad un amico/un'amica che domanda se lui/lei ha fatto queste cose nei periodi indicati. Lui/Lei dice che ha fatto altre cose.

▣ ieri sera: guardare la televisione — *Hai guardato la televisione ieri sera?*
— *No, non ho guardato la televisione. Sono uscito/a con mio fratello.*

1. ieri mattina: arrivare a scuola in ritardo
2. ieri sera: mangiare la pizza
3. ieri: usare la macchina dello zio
4. ieri pomeriggio: telefonare a (Francesca)
5. un'ora fa: vedere la professoressa d'italiano
6. l'altro ieri: andare al cinema

B. **Narrativa.** Dica ad un suo compagno/una sua compagna come ha passato l'estate: se ha lavorato, dove, che cosa ha fatto e se ha guadagnato *(earned)* molto o poco; se ha frequentato corsi estivi, dove e cosa ha studiato; se ha viaggiato, dove è andato/a, con chi e per quanto tempo è restato/a lì.

▣ *Quest'estate . . .*

C. **Comandi.** Prepari quattro o cinque oggetti, per esempio, un libro, un quaderno, un giornale, due o tre matite, uno zaino, ecc. Collabori con tre studenti/studentesse e dica ad uno o più di loro di fare le seguenti cose. Gli studenti devono fare esattamente quello che lei dice, anche se lei cambia idea *(you change your mind)*.

▣ aprire il libro a pagina 49 (59) — *(Alfredo) apri il libro a pagina 49. No, scusa, non aprire il libro a pagina 49. Apri il libro a pagina 59.*
— *(Maria e Gianni), aprite il libro a pagina 49. No, scusate, non aprite il libro a pagina 49. Aprite il libro a pagina 59.*

1. mettere le matite sulla sedia (sul tavolo)
2. prendere la penna e un foglio di carta (un dizionario)
3. andare alla porta (alla lavagna)
4. scrivere il nome (la data di oggi)
5. dare il quaderno al professore (a Cristina)
6. mettere lo zaino fuori la porta (vicino alla porta)
7. leggere il giornale (questa lettera)
8. portare questa sedia vicino alla finestra (alla porta)
9. dire al professore che siamo stanchi (andiamo a casa)

D. **Comandi.** Lei dirige un gruppo di quattro studenti e dice loro di fare questo esercizio. I quattro studenti sono in piedi *(standing)* davanti a lei e devono fare esattamente quello che dice lei.

▣ fare attenzione, per favore — *Fate attenzione, per favore!*

1. alzare *(raise)* la mano destra *(right hand)*
2. alzare la mano sinistra *(left hand)*
3. fare due passi *(steps)* avanti
4. fare tre passi indietro *(backward)*
5. mettere giù la mano sinistra
6. toccare il pavimento *(touch the floor)* con le mani
7. tornare alla posizione di prima
8. dare la mano destra allo studente/alla studentessa a sinistra
9. dire "bravo/a" allo studente/alla studentessa
10. tornare al vostro posto, grazie

E. **Dare consigli.** Un compagno/una compagna le dice quattro cose che ha intenzione di fare. Reagisca *(React)* ad ognuna di esse, consigliando al compagno/alla compagna di farla o no. Usi la forma *tu* dell'imperativo.

— Desidero comprare un gatto.
— Sì, è una buona idea. Compra un gatto!
   No, non comprare un gatto! Compra un cane!

F. **Le presentazioni.** Legga le informazioni ed i dialoghi che seguono. Poi faccia gli esercizi.

When you meet Italian-speaking people in this country and abroad, you may have occasion to perform introductions, both formal *(formale)* and informal *(confidenziale)*. See how much you can understand without referring to the footnotes.

▪ Presentazioni formali

1. Alberto Marini desidera presentare suo padre al professore d'italiano.

Alberto	Professor Battisti, le presento mio padre.
Professore	Lieto di conoscerla[1], signor Marini.
Signor Marini	Il piacere[2] è mio, professore.

2. Paola presenta il suo amico Silvano Rossi alla madre.

Paola	Mamma, ti presento il mio amico Silvano Rossi.
La mamma	Ciao, Silvano, mi fa molto piacere[3] conoscerti.
Silvano	Buon giorno, signora. Sono molto lieto di conoscerla.

▪ Presentazioni confidenziali

3. Claudio presenta la sua ragazza al suo amico Giovanni.

Claudio	Giovanni, posso presentarti la mia amica Vanna?
Giovanni	Con piacere. Ciao, Vanna. Posso darti del tu[4]?
Vanna	Naturalmente. Ciao, Giovanni.

Uno studente presenta la sua ragazza ai suoi amici a Milano.

4. Renzo Santosuosso è a lezione di filosofia e si presenta alla studentessa seduta[5] vicino a lui.

Renzo	Ciao. Posso presentarmi? Mi chiamo Renzo Santosuosso.
La studentessa	Renzo che?
Renzo	Santosuosso.
La studentessa	Piacere. Io mi chiamo Tiziana Giusti.
Renzo	Un bel nome, Tiziana!

1. I'm pleased to meet you   2. The pleasure   3. I'm very pleased
4. May I use *tu* with you?   5. seated

G. **Assumere il ruolo.** Lei ed altri due o tre studenti assumono il ruolo dei personaggi dei dialoghi appena presentati, e con l'aiuto dell'insegnante presentano le scenette alla classe.

H. **Presentare i genitori.** Immagini di essere in Italia e di abitare presso *(at the house of)* una famiglia italiana. I suoi genitori arrivano dagli Stati Uniti e lei li presenta ai signori Martelli con cui lei abita. Collabori con altri quattro studenti e presentate la scenetta alla classe.

I. **Presentarsi.** Lei è in un bar di Perugia con il suo amico Stefano quando vede la sua amica Daniela Frattini. Lei chiama Daniela, la saluta e la presenta a Stefano. Collabori con altri tre studenti e presentate questa scenetta alla classe.

J. **Presentare un'amica.** Immagini di andare a pranzo a casa di un amico/ un'amica italiano/a a Siena. Quando lei bussa *(knock)*, la madre dell'amico/a viene ad aprire la porta. Lei si presenta alla signora Bresciani. Collabori con un'altra studentessa e presenti la scenetta alla classe.

LEZIONE 7

IL MERCATO ALL'APERTO

A Campo de' Fiori a Roma è possibile trovare frutta e verdura fresche ogni giorno.

È sabato mattina. Sono le dieci e Gabriella Marcantonio, una giovane segretaria milanese, si sveglia. Si alza dal letto, si lava e si veste lentamente. Poi, mentre beve una tazzina di caffè, pensa a quello che deve fare. Tra le altre cose deve anche fare la spesa. Siccome° Gabriella lavora a tempo pieno, *Since*
5 durante la settimana non ha molto tempo libero. Quando può, va a fare la spesa ad un supermercato vicino all'ufficio dove lavora. Questa mattina, però, ha deciso di andare al mercato all'aperto non molto lontano dal suo appartamento. A Gabriella danno fastidio il rumore e la confusione del mercato all'aperto, ma ogni tanto ci va perché c'è una migliore scelta di frutta e
10 verdura.

Verso le undici Gabriella esce di casa, arriva al mercato e si ferma alla bancarella di un fruttivendolo.

Fruttivendolo	(*ad alta voce*) Comprate queste belle arance. Guardate che bell'uva; è una delizia°. (*Si rivolge a°* Gabriella) Buon giorno, signorina, mi dica°.

a delight (delicious) / He turns to / may I help you

15
Gabriella	Quanto costano quelle arance?
Fruttivendolo	Duemila lire al chilo.
Gabriella	Un chilo, per favore.
Fruttivendolo	Subito.
20 **Gabriella**	E quell'uva, quanto costa?
Fruttivendolo	Tremila. È dolce come il miele°. Vuole assaggiarla°?

honey / taste it

Gabriella	Sì, grazie. . . . Veramente buona, ma mi sembra un po' cara.
Fruttivendolo	Ma signorina, anche se gira° tutto il mercato, meglio di

even if you circulate around

25
	questa non la trova°.

you won't find any better

Gabriella	Se lo dice lei°. . . . Allora faccia° anche un chilo d'uva.

If you say so / give me

Fruttivendolo	Certo, signorina. Vuole altro°?

Do you want anything else?

Gabriella	No, grazie. Per oggi basta.
Fruttivendolo	Cinquemila lire.
30 **Gabriella**	Ecco a lei°, grazie. Buon giorno.

Here you are

DOMANDE
GENERALI

1. A che ora si sveglia Gabriella Marcantonio?
2. Che cosa fa dopo che si è svegliata?
3. Perché Gabriella non ha molto tempo libero?
4. Dove fa la spesa durante la settimana? e oggi?
5. Cosa dà fastidio a Gabriella del mercato all'aperto?
6. Quando arriva al mercato, dove si ferma?
7. Secondo il fruttivendolo, com'è l'uva?
8. Cosa compra Gabriella? Quanto costano le arance? Quanto costa l'uva?

DOMANDE
PERSONALI

1. Lei a che ora si sveglia la mattina? A che ora
   si alza?
2. Si alza presto o tardi? e il sabato? e la
   domenica?
3. Che cosa beve la mattina? latte? caffè? tè?
   spremuta d'arancia?
4. Lei quando va a fare la spesa? ogni giorno?
   una volta alla settimana? due o tre volte alla
   settimana?
5. C'è un mercato all'aperto o un supermercato
   vicino a casa sua?
6. Lei esce a fare acquisti il sabato? Quali acquisti fa? Dove?

SITUAZIONI

1. Risponda al professore/alla professoressa che le domanda a che ora lei si
   alza il sabato.

   — Lei a che ora si alza il sabato?
   — Mi alzo alle dieci (presto/molto tardi/a mezzogiorno).

2. Domandi al suo compagno/alla sua compagna di camera (*roommate*) con chi
   esce stasera.

   — Con chi esci stasera?
   — Esco con Paola (gli amici/la mia ragazza/il mio ragazzo).

VOCABOLARIO

Nomi

l'arancia   orange
la bancarella   stall
la frutta   fruit
il fruttivendolo   fruit vendor
il letto   bed
il rumore   noise
la scelta   choice
la segretaria   secretary
la tazzina   small cup, demitasse
l'ufficio   office
l'uva   grape(s)
la verdura   green vegetables

Aggettivi

altro/a   other, another
dolce   sweet

duemila   two thousand
fresco/a   fresh
lontano/a da   far from
migliore   better
milanese   from Milan
tremila   three thousand

Verbi

alzarsi   to get up
assaggiare   to taste
fermarsi   to stop
lavarsi   to wash (oneself)
svegliarsi   to wake up
uscire (*irreg.*)   to go out (**esco, esci,
   esce, usciamo, uscite, escono**)
vestirsi   to get dressed

Altre parole ed espressioni

ancora still
basta it's enough
certo certainly, of course
ci there
durante during
però however
quello that one; **quello che** that
   which, the one that
tra among, between
veramente really

al chilo per kilo (metric weight)
dare fastidio to bother
fare la spesa to shop (for food)
mi sembra it seems to me, I think
il mio ragazzo/la mia ragazza my
   boyfriend/my girlfriend
ogni tanto every once in a while
quante volte? how many times?
   una volta one time
quanto costa? how much is it?
a tempo pieno full-time
vicino all'ufficio near the office

PRATICA

A. Dica cosa fa suo padre o sua madre da quando si sveglia la mattina fino a
   quando va al lavoro. A che ora si sveglia? È di buon umore o di cattivo
   umore? Cosa beve? Come si veste, lentamente o in fretta? Legge il
   giornale? Ascolta il giornale radio (*radio news*)?

B. Immagini di essere in un mercato all'aperto di Roma. Lei deve comprare
   un chilo di patate, mezzo chilo d'uva e due chili di arance. Prepari un
   dialogo appropriato fra lei ed il fruttivendolo.

Situati di solito in una piazza o in una strada secondaria, i mercati rionali danno la possibilità alla gente di fare la spesa sei giorni alla settimana. C'è un mercato rionale vicino a casa sua?

Il mercato rionale[1]

Opportunamente[2] distribuiti in varie zone della città, i mercati rionali all'aperto o coperti hanno una funzione importante nella compravendita[3] di ortaggi[4], frutta, carne e pesce[5]. Alcuni di questi mercati si sono poi specializzati nella vendita di prodotti particolari che danno il nome al mercato stesso[6]. Un esempio è Campo de' Fiori a Roma, dove, molti anni fa, ogni martedì, le donne arrivavano[7] dalla campagna per vendere fiori.

Con la nascita[8] e lo sviluppo[9] del supermercato, l'importanza del mercato rionale è in qualche città diminuita. La donna moderna, entrata nel settore di lavoro, non ha più tempo per andare al mercato ogni giorno ed ha trovato più conveniente fare la spesa ogni settimana al supermercato. Comunque per molti il mercato rionale, oltre ad esercitare un certo fascino folcloristico, rimane[10] il luogo dov'è ancora possibile comprare alimentari freschi ed a buon mercato.

Ecco un negozio di Bologna che vende solamente formaggi. Ci sono mercati specializzati nella sua città?

1. local, neighborhood 2. Conveniently 3. buying and selling 4. vegetables 5. meat and fish 6. itself 7. used to arrive 8. birth, origin 9. development 10. remains

PRONUNCIA I suoni /s/ e /z/

The letter **s** has two sounds in Italian, /s/ as in *sing* and /z/ as in *rose*. The sound /s/ is represented by the letters **s** and **ss**. The sound /z/ is represented by the letter **s**. In standard Italian, s is pronounced /z/ when it appears between two vowels and also before **b**, **d**, **g**, **l**, **m**, **n**, **r**, and **v**. Eventually this will come naturally to you.

A. Ascolti l'insegnante e ripeta le seguenti parole.

sei	adesso	spesa	sbagliare
pasta	benissimo	casa	sdoppiare
settimana	classe	usato	slitta
disco	studentessa	risultato	sveglia

B. **Proverbio.** Legga ad alta voce il seguente proverbio e poi lo detti ad un altro studente/un'altra studentessa.

Sbagliando s'impara.
   One learns by making mistakes.
   (Literally: Making mistakes, one learns.)

149

AMPLIAMENTO DEL VOCABOLARIO

I numeri da 100 in poi

100 = **cento**	1.000 = **mille**
101 = **centouno**	1.100 = **millecento**
120 = **centoventi**	1.420 = **millequattrocentoventi**
150 = **centocinquanta**	2.000 = **duemila**
200 = **duecento**	3.000 = **tremila**
300 = **trecento**	4.000 = **quattromila**
400 = **quattrocento**	5.000 = **cinquemila**
500 = **cinquecento**	10.000 = **diecimila**
600 = **seicento**	15.000 = **quindicimila**
700 = **settecento**	100.000 = **centomila**
800 = **ottocento**	200.000 = **duecentomila**
900 = **novecento**	1.000.000 = **un milione**

1. A period is used instead of a comma in numbers in the thousands.

   English: 10,500   *Italian:* 10.500

2. A comma is used instead of a decimal point to express fractional amounts.

   English: 1.5   *Italian:* 1,5

3. The plural of **mille** is **mila**. It is attached to the preceding number.

   duemila   two thousand
   tremila   three thousand

4. **Milione (milioni)** requires **di** plus a noun when no other number follows **milione (milioni)**.

   un milione **di lire**   a million lire
   due milioni **di persone**   two million people
   But: un milione duecentomila   one million two hundred
           dollari   thousand dollars

A. Legga ad alta voce.

 150 biglietti   *centocinquanta biglietti*

1. 365 giorni   5. 950 negozi
2. 1.000 dollari   6. 1.000.000 di lire
3. 400 questionari   7. 2.000 anni
4. 15.000 persone   8. 1.420 studenti

B. Risponda ad un altro studente/un'altra studentessa che le domanda quanto costano queste cose (Lit. = lire italiane)

📺 questo motorino / Lit. 800.000   — *Quanto costa questo motorino?*
                                         — *Costa ottocentomila lire.*

1. la macchina di Luigi / Lit. 15.000.000
2. la moto di Mauro / Lit. 7.000.000
3. il televisore della zia / Lit. 1.500.000
4. una bottiglia d'acqua minerale / Lit. 1.100
5. un biglietto per il teatro / Lit. 18.500
6. un litro di vino / Lit. 2.700
7. un gelato / Lit. 1.800
8. un caffè / Lit. 900
9. una spremuta d'arancia / Lit. 2.500

Gli alimentari, la verdura e la frutta

Gli alimentari *(Food products)*

l'aceto vinegar
il burro butter
la carne meat
il formaggio cheese
il latte milk
l'olio d'oliva olive oil
il pane bread
la pasta pasta
il pepe pepper
il pesce fish
il prosciutto cured ham
il riso rice
il salame salami
il sale salt
l'uovo *(m.)*, **le uova** *(f. pl.)* egg
lo zucchero sugar

La verdura *(Vegetables)*

gli asparagi asparagus
i broccoli broccoli
il carciofo artichoke
la carota carrot
la cipolla onion
i fagiolini string beans
i funghi mushrooms
la lattuga lettuce
la melanzana eggplant
la patata potato
il peperone pepper
i piselli peas
il pomodoro tomato
gli spinaci spinach
gli zucchini zucchini squash

La frutta *(Fruit)*

l'albicocca apricot
l'ananas *(m.)* pineapple
l'arancia orange
la banana banana
la ciliegia cherry
la fragola strawberry
il limone lemon
la mela apple

la pera pear
la pesca peach
il pompelmo grapefruit
l'uva grape(s)

C. Risponda ad un altro studente/un'altra studentessa che vuole sapere cosa lei mangia di solito a colazione, a pranzo e a cena (*breakfast, lunch, and dinner*). Poi faccia le stesse domande a lui/lei.

> S1: Cosa mangi di solito a colazione?
> S2: Di solito mangio . . .
> S1: E a pranzo?

D. Immagini di dover preparare una cena a due giovani che lei ha conosciuto in Italia. Risponda ad un amico/un'amica che le chiede (1) cosa lei pensa di preparare e (2) che cosa deve comprare per la cena.

E. Risponda alle seguenti domande personali.

1. Preferisce la carne o il pesce?
2. Mangia la verdura? Che verdura preferisce?
3. Che frutta le piace? Mangia la frutta ogni giorno?
4. Preferisce la spremuta d'arancia o di pompelmo?
5. Se sta a dieta un giorno, cosa mangia?
6. Usa il burro, la margarina o l'olio d'oliva?
7. Quale tipo di formaggio compra? Compra formaggi italiani?
8. Quale tipo di pasta compra?
9. Preferisce il pane italiano o il pane americano?
10. Quante uova mangia alla settimana?
11. Usa molto sale sui cibi (*food*)?

STRUTTURA ED USO

Aggettivi e pronomi dimostrativi
questo e *quello*

Questi funghi sono squisiti—ma non toccare **quelli**!

1. Demonstrative adjectives and pronouns point out or distinguish people, things, or ideas. **Questo** and **quello** function as adjectives when they modify nouns (*this man, those buildings*), and as pronouns when used alone (*this one, those*). In both cases, they agree in number and gender with the nouns they modify or replace.

2. The adjective **questo** has the four regular forms of an adjective ending in **-o**. It can be shortened to **quest'** before singular nouns beginning with a vowel.

Questo pompelmo è squisito.	This grapefruit is delicious.
Questa banana non è matura.	This banana is not ripe.
Questi esami sono difficili.	These exams are hard.
Queste interviste sono inutili.	These interviews are useless.
Quest'orologio è di Giorgio.	This watch belongs to Giorgio.
Quest'acqua è fredda.	This water is cold.

3. The adjective **quello** follows the same pattern as prepositions that contract with the definite article (see page 69).

The Demonstrative Adjective *Quello*

Singular	Plural
quel prezzo **quello** stadio **quella** donna **quell'**albicocca	**quei** fratelli **quegli** stati **quelle** storie

Il questionario è su **quel** tavolo.	The questionnaire is on that table.
Quello studente non parla inglese.	That student doesn't speak English.
Entrano in **quella** banca.	They are entering that bank.
Quei giornali sono di Franco.	Those newspapers belong to Franco.
Quegli studenti studiano sempre.	Those students always study.
Quell'albergo è caro.	That hotel is expensive.

4. As pronouns, **questo** and **quello** each have four forms.

The Demonstrative Pronouns *Questo* and *Quello*

Singular		Plural	
questo	quello	questi	quelli
questa	quella	queste	quelle

Quale frutta preferisci, **questa** o **quella**?	Which fruit do you prefer, this one or that one?
Preferisco **quella** lì.	I prefer that one there.
Usi questo bicchiere o **quello**?	Are you using this glass or that one?
Queste fragole non mi piacciono. Prendo **quelle**.	I don't like these strawberries. I'll take those.

A. Lei è in un negozio di alimentari e chiede al proprietario il prezzo di alcune cose. Usi l'aggettivo **questo** dai numeri 1 a 4, e l'aggettivo **quello** da 5 a 8.

▣ cipolle (1.000 lire al chilo)   — *Quanto costano queste cipolle?*
— *Queste cipolle costano mille lire al chilo.*

1. pane (1.525)
2. limoni (875)
3. uova (250 l'una)
4. zucchini (2.300)
5. pomodori (2.500)
6. asparagi (3.050)
7. riso (2.850)
8. uva (3.500)

B. Claudio e Gino sono da un loro amico. Claudio chiede di chi sono alcune cose che vede nell'appartamento. Assuma il ruolo di Gino che risponde alle domande di Claudio, usando i pronomi dimostrativi.

▣ Di chi sono quei libri? (Tina)   *Quelli sono di Tina.*

1. Di chi è questa macchina da scrivere? (Betta)
2. Di chi sono quegli orologi sul tavolo? (Tonino)
3. Di chi è quell'acqua minerale? (Giorgio)
4. Di chi sono quei biglietti? (Ada e Marta)
5. Di chi è quella spremuta d'arancia? (la madre di Anna)
6. Di chi sono quelle tazzine? (la zia di Rosa)

C. Risponda ad un amico/un'amica che le domanda quali cose compra.

▣ pesce   — *Compri questo pesce?*
— *No, compro quello.*

1. prosciutto di montagna
2. olio d'oliva
3. fagiolini
4. mele rosse
5. lattuga
6. pepe
7. patate
8. peperoni rossi

D. Lei ed un amico/un'amica fanno delle spese. Domandi all'amico/amica quale delle due scelte (*choices*) preferisce.

▣ albicocche: quello / questo   — *Preferisci quelle albicocche?*
                                       — *No, preferisco queste.*

1. dischi: questo / quello
2. rivista: questo / quello
3. giornali: questo / quello
4. calcolatrici: quello / questo
5. motociclette: questo / quello
6. radio: quello / questo
7. tazzine: questo / quello
8. televisore: questo / quello

E. Carlo e Ruggero sono in piazza e paragonano (*compare*) le persone e le cose che vedono. Completi le seguenti frasi in maniera logica, usando un pronome dimostrativo appropriato.

▣ Questo negozio è nuovo e . . .   *Questo negozio è nuovo e quello è*
                                        vecchio.

1. Quegli studenti sono americani e . . .
2. Quel negozio è piccolo e . . .
3. Quell'uomo è alto e . . .
4. Quei ragazzi sono allegri e . . .
5. Questa libreria è moderna e . . .
6. Quel ristorante è caro e . . .
7. Queste vetrine sono eleganti e . . .
8. Quella signora è snella e . . .

Verbi riflessivi

La mamma veste il suo bambino.   Il bambino **si veste** da solo.

1. A reflexive verb is a verb whose action refers back to the subject, such as *I hurt myself* or *They enjoyed themselves*.

Mi lavo ogni mattina.	I wash (myself) every morning.
Ti vesti sempre elegantemente.	You always dress (yourself) elegantly.
Franco **si sveglia** alle sette.	Franco wakes (himself) up at seven o'clock.

Note: These verbs are always accompanied by a reflexive pronoun: **mi, ti, si, ci, vi, si.**

2. Reflexive verbs are more common in Italian than in English. Many Italian reflexives express ideas that are not normally expressed reflexively in English. For example:

Luigi **si diverte**.	Luigi has a good time (amuses himself).
Giovanni **si siede**.	Giovanni sits down (seats himself).
Mi alzo alle otto.	I get up (raise myself) at eight o'clock.
Vi sentite male.	You're not feeling well.
I ragazzi **si mettono a** studiare.	The boys begin to study.

Nella campagna vicino a Napoli questa coppia si diverte a ballare sotto lo sguardo di un contadino. Lei come si diverte di solito? A lei piace ballare?

3. The following chart shows the present tense of the reflexive verb **lavarsi**.

Lavarsi to wash (oneself)	
io **mi lavo**	noi **ci laviamo**
tu **ti lavi**	voi **vi lavate**
lui/lei **si lava**	loro **si lavano**

In vocabulary lists and dictionaries, reflexive verbs are identified by the reflexive pronoun **si** attached to the infinitive minus the final **e**: **lavare** to wash; **lavarsi** to wash oneself.

annoiarsi	*to be bored*	Mi annoio subito.
fermarsi	*to stop*	Ci siamo fermati da Anna.
preoccuparsi	*to worry*	Si preoccupa di tutto.

4. Here is a list of some common reflexive verbs in Italian.

addormentarsi	*to fall asleep*	Mi addormento presto.
alzarsi	*to get up*	Mario si alza sempre tardi.
annoiarsi	*to be bored*	Mi annoio in classe.
chiamarsi	*to be called, named*	Mi chiamo Giuseppe.
divertirsi a (+ infinitive)	*to have a good time, enjoy oneself*	Ti diverti a giocare con gli amici?
fermarsi	*to stop*	Ci siamo fermati a casa di Luca.
lavarsi	*to wash (oneself)*	Mi lavo le mani.
mettersi	*to put on (clothing)*	Ti metti un cappello.
mettersi a (+ infinitive)	*to begin to, start to*	Mi metto a studiare.
preoccuparsi	*to worry*	Si preoccupa spesso.
prepararsi per (+ infinitive)	*to get ready to*	Luisa si prepara per uscire.
sentirsi	*to feel*	Valeria non si sente bene.
svegliarsi	*to wake up*	Mi sveglio sempre alle sei.
vestirsi	*to get dressed*	Ci vestiamo adesso.

5. In all tenses, the reflexive pronoun comes immediately before the conjugated verb. In the infinitive form, it is usually attached to the end of the infinitive, which drops the final **e**.

Mi vesto adesso.	I get dressed now.
Ora vado a **vestirmi**.	Now I'm going to get dressed.
Ti lavi adesso?	Are you washing (yourself) now?
Ora vai a **lavarti**?	Now are you going to wash (yourself)?

6. In the **passato prossimo**, reflexive verbs always take the auxiliary **essere**. Thus the past participle agrees with the subject.

Paola **si è svegliata** alle sei.	Paola woke up at six o'clock.
I ragazzi non **si sono lavati**.	The boys didn't wash.
Luisa, **ti sei lavata** stamattina?	Luisa, did you wash this morning?

7. Many Italian verbs have both a non-reflexive and a reflexive use.

I ragazzi **alzano le mani**.	The boys raise their hands.
I ragazzi **si alzano**.	The boys get (themselves) up.

F. Immagini di avere un fratello gemello (*twin*) di nome Luigi, che fa esattamente le stesse cose che fa lei.

▣ Mi sveglio alle sei.   *Anche lui si sveglia alle sei.*

1. Mi alzo alle sette.
2. Mi lavo ogni mattina.
3. Mi vesto da solo/a.
4. Mi preparo per uscire.
5. Mi metto a studiare alle quattro.
6. Mi diverto a giocare con Paolo.
7. Mi addormento alle undici.

G. È domenica pomeriggio e tutti sono a casa. Dica che cosa si mette a fare ciascuna delle seguenti persone.

▣ Daniela / studiare   *Daniela si mette a studiare.*
▣ io / ascoltare la radio   *Mi metto ad ascoltare la radio.*

1. Piero / leggere il giornale
2. noi / guardare la televisione
3. tu / scrivere una lettera
4. loro / dormire
5. Franca e Luciana / lavorare
6. Giampaolo / parlare di sport
7. io / giocare con i bambini
8. voi / discutere di politica

H. Lei è con un gruppo di amici ad un campeggio estivo (*summer camp*). Riferisca quello che ognuno ha fatto ieri, cambiando le frasi dal presente al passato prossimo.

▣ Mi lavo in fretta.   *Mi sono lavato/a in fretta.*

1. Il direttore si dimentica di fare colazione.
2. Le ragazze si svegliano presto.
3. Roberto e Gilberto si alzano tardi.
4. Ci vestiamo lentamente.
5. Rosanna si diverte molto a giocare a tennis.
6. Paola si annoia a guardare la TV.
7. Alberto si prepara per andare a ballare.
8. Ti addormenti nel cinema.

I.   Domandi ad un altro studente/un'altra studentessa se fa le seguenti cose. Poi riferisca le risposte alla classe.

svegliarsi presto la mattina

— *Ti svegli presto la mattina?*
— *Sì, mi sveglio presto la mattina.*
   No, non mi sveglio presto la mattina.

1. addormentarsi presto la sera
2. alzarsi tardi la domenica
3. mettersi a lavorare subito
4. prepararsi adesso per uscire
5. mettersi il costume per il ballo in maschera
6. divertirsi sempre al cinema
7. annoiarsi in classe
8. vestirsi elegantemente per andare ad una festa

J.   Formuli frasi originali nel passato prossimo con le parole ed espressioni delle colonne A, B e C.

Mio padre si annoia prima degli altri.

A	B	C
mio padre	svegliarsi	prima degli altri
Giancarlo ed io	vestirsi	tardi
tu	annoiarsi	di telefonare
tu e Barbara	addormentarsi	per un viaggio
io	dimenticarsi	un libro di Italo Calvino
gli amici	prepararsi	subito dopo cena
	mettersi (messo)	velocemente
	a leggere	elegantemente
		a casa

Participi passati irregolari

— Pinocchio, fa' attenzione al fuoco!
— Che **hai detto**?

Many Italian verbs, particularly **-ere** verbs, have irregular past participles. Here is a list of common verbs with irregular past participles. A more complete list appears in Appendix E. Asterisks indicate that the **passato prossimo** is formed with **essere**.

aprire: **aperto**	*to open*	Chi ha aperto la porta?
bere: **bevuto**	*to drink*	Ho bevuto una limonata.
chiedere: **chiesto**	*to ask (for)*	Che cosa hai chiesto a Maria?
chiudere: **chiuso**	*to close*	I ragazzi hanno chiuso la finestra.
dire: **detto**	*to say, to tell*	Che cosa hai detto?
discutere: **discusso**	*to discuss*	Hanno discusso di politica.
*essere: **stato**	*to be*	Ieri sono stato dal medico.
fare: **fatto**	*to do, to make*	Avete fatto colazione?
leggere: **letto**	*to read*	Signorina, ha letto molto bene.
mettere: **messo**	*to place, to put*	Non ho messo la rivista sul tavolo.
*morire: **morto**	*to die*	Mio zio è morto l'anno scorso.
*nascere: **nato**	*to be born*	Quando è nato tuo fratello?
offrire: **offerto**	*to offer*	Il signore ha offerto un caffè a mia zia.
perdere: **perso (perduto)**	*to lose*	Mario ha perso la calcolatrice.
prendere: **preso**	*to take*	Chi ha preso la mia penna?
*rimanere: **rimasto**	*to stay, to remain*	Voi siete rimasti a Palermo?
rispondere: **risposto**	*to answer*	Non ho risposto bene alla domanda.
*scendere: **sceso**	*to get off, to descend*	Noi siamo scesi alla stazione centrale.
scrivere: **scritto**	*to write*	Hai scritto una bella lettera.
soffrire: **sofferto**	*to suffer*	Mio nonno ha sofferto molto.
spendere: **speso**	*to spend*	I miei genitori hanno speso poco.
vedere: **visto (veduto)**	*to see*	Abbiamo visto i bambini nel parco.
*venire: **venuto**	*to come*	Sono venuti a prendere i libri.
vincere: **vinto**	*to win*	Sergio ha vinto al totocalcio.

Notes: **Perdere** and **vedere** have both regular and irregular past participles. **Perduto** and **veduto** can be used interchangeably with **perso** and **visto**.

Hai perso (perduto) la penna?	Have you lost the pen?
Abbiamo visto (veduto) un quadro di Raffaello.	We saw a painting by Raphael.

Stato, the past participle of **stare**, is also used as the past participle of **essere**. **Essere** and **stare** have identical forms in the present perfect. The meaning is usually clear from the context.

Ieri **sono stato** dal medico.	Yesterday I was at the doctor's.
Ieri Valerio **è stato** a letto.	Yesterday Valerio stayed in bed.

MANIFESTAZIONI FOLCLORISTICHE

(**Above**) Il Palio è una corsa di cavalli che si svolge a Siena due volte l'anno durante l'estate. Questa è una veduta parziale di Piazza del Campo dove ha luogo la sfilata *(parade)* dei partecipanti alla gara *(race)* e poi dove avviene la corsa dei cavalli.

(**Far left**) Molta gente indossa maschere tradizionali e costumi multicolori per celebrare il Carnevale di Venezia che ha luogo nei giorni che precedono l'inizio della quaresima *(Lent)*. (**Left**) Un uomo rappresenta una delle diciassette contrade *(districts)* di Siena durante il Palio.

Questa grande figura rende
piccoli gli altri partecipanti
della sfilata in questa
strada sovraffollata *(overcrowded)* a Viareggio.

LA SCULTURA

(Top Right) Un magnifico tramonto *(sunset)* fiorentino mette in rilievo l'elegante riproduzione del David di Michelangelo in Piazza della Signoria a Firenze. **(Above)** Questa statua di stile moderno adorna il cortile della casa di Giulietta a Verona. Molti turisti vanno a vedere il famoso balcone sul quale Giulietta attendeva l'arrivo del suo Romeo.

(Above) Molti monumenti civili e religiosi italiani sono adornati da bassorilievi come questo nel Santuario del V secolo a Monte Sant'Angelo nella Puglia.

La fontana del Moro è una delle tre fontane che adornano Piazza Navona a Roma.

K. Alcuni studenti hanno visitato Ravenna la settimana scorsa. Riferisca quello che ha fatto ciascuno di loro.

▣ Luciana: vedere belle chiese e fare molte fotografie

Luciana ha visto belle chiese ed ha fatto molte fotografie.

1. Franco: svegliarsi tardi e rimanere a casa
2. Maria e Fabio: scendere in fretta dall'autobus
3. noi: bere un caffè in piazza e discutere di architettura
4. tu: spendere molti soldi e vedere poche cose
5. io: leggere la guida (*guidebook*) ad alta voce
6. Susanna: perdere la borsa (*purse*) in una trattoria
7. voi: offrire aiuto (*help*) a Susanna
8. io e Giorgio: perdersi (*to get lost*) nel parco

L. Immagini di avere una sorella gemella di nome Florinda, che ieri ha fatto l'opposto delle cose che ha fatto lei.

▣ entrare nell'appartamento

Io sono entrato/a nell'appartamento ma lei è uscita dall'appartamento.

1. rimanere a casa la mattina
2. andare in centro
3. trovare i soldi per strada
4. aprire le finestre
5. annoiarsi a guardare la TV
6. dare i soldi alla mamma
7. perdere al totocalcio
8. addormentarsi a mezzanotte

M. Ogni volta (*Every time*) che Valeria vuole fare qualcosa, sua sorella Teresa dice che l'ha già fatta (*has already done it*). Assuma il ruolo di Teresa.

▣ Valeria: — *Apro le finestre?*
    Teresa: — *No, ho già aperto le finestre.*

1. Chiudo la porta?
2. Chiedo i soldi alla mamma?
3. Rispondo alla zia?
4. Offro un'aranciata a Silvia?
5. Metto la macchina nel garage?
6. Faccio il caffè?
7. Scrivo allo zio?
8. Faccio una fotografia al nonno?

N. Dica quello che hanno fatto le seguenti persone ieri pomeriggio, coniugando il verbo al passato prossimo.

▣ Scrivo a mia sorella.   *Ieri pomeriggio ho scritto a mia sorella.*

1. Vendi la macchina a Paola.
2. Adriana finisce di lavorare alle diciotto.
3. Leggiamo un giornale di Milano.
4. Mia sorella perde il quaderno.
5. Vedo i miei amici allo stadio.
6. Gianni e Claudia bevono una birra in pizzeria.
7. Michele discute di politica con Edoardo.
8. Marta fa una passeggiata con le cugine e poi parte.

O. Nel diario di Adriana c'è il seguente brano. Completi ogni frase con la forma corretta del passato prossimo dei verbi indicati.

Stamattina (mettersi) _____ a studiare ma dopo un'ora (chiudere) _____ i libri e (dire) _____ a mia madre, "Vado al centro". Sono uscita subito, (prendere) _____ l'autobus numero 63 e (scendere) _____ proprio al centro. (Fare) _____ alcuni acquisti ma non (spendere) _____ molto. (Vedere) _____ Serafina e Mariella e (discutere: noi) _____ di musica per mezz'ora. (Bere: noi) _____ un espresso ed (offrire: io) _____ di pagare il conto. Poi sono tornata a casa e (rimanere) _____ a studiare per altre due ore.

Verbi irregolari: *bere, dire, uscire*

The present tense of the verbs **bere**, **dire**, and **uscire** is irregular.

bere to drink		**dire** to say		**uscire** to go out	
bevo	beviamo	dico	diciamo	esco	usciamo
bevi	bevete	dici	dite	esci	uscite
beve	bevono	dice	dicono	esce	escono

P. Le persone indicate per primo (*first*) riferiscono cosa bevono le seconde persone. Formuli frasi complete con il presente dei verbi *dire* e *bere*.

▣ Marco / Luisa / limonata   *Marco dice che Luisa beve una limonata.*

1. io / loro / spremuta d'arancia
2. voi / io / tè freddo
3. i signori Celli / noi / caffè
4. tu / Michele / acqua minerale
5. io e Carlo / tu e Giorgio / bicchiere di latte
6. lei / tu / cappuccino

Q. Dica a che ora esce di casa ogni persona.

 Giancarlo / alle dieci di mattina   *Giancarlo esce alle dieci di mattina.*

   1. Luisa e sua madre / a mezzogiorno
   2. noi / alle quindici e trenta
   3. tu e Mario / alle quattordici
   4. lei / alle diciassette
   5. tu / alle sedici
   6. io / alle due del pomeriggio

R. Riferisca che le seguenti persone escono e compiono (*carry out*) le azioni indicate.

Enrico: andare a lavorare   *Enrico esce e va a lavorare.*

   1. Franco: andare a scuola   4. tu: comprare una rivista
   2. io: fare una passeggiata   5. voi: incontrare gli amici
   3. noi: telefonare a Roberto   6. loro: fare colazione al bar

S. Risponda alle seguenti domande personali.

   1. Esce ogni giorno? Anche se fa cattivo tempo? Con chi esce?
   2. Quando esce, che dice alla mamma?
   3. Cosa dice agli amici quando pagano il conto?
   4. Beve acqua minerale? Gassata (*carbonated*) o naturale?
   5. Cosa beve con un panino al prosciutto?

Due amici bevono un aperitivo a Sirmione sul Lago di Garda. Cosa beve lei quando esce con gli amici?

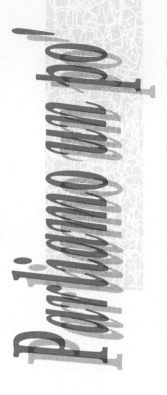

A. **Quattro domande.** Collabori con quattro o cinque studenti/studentesse e faccia quattro domande a ciascuno/a per sapere cosa preferiscono mangiare. Prenda appunti e riferisca i risultati all'insegnante (*teacher*). Usi i seguenti suggerimenti:

1. frutta preferita
2. verdure preferite
3. verdure che non piacciono
4. ingredienti che preferiscono sulla pizza

B. **L'oroscopo.** Riferendosi all'oroscopo che segue, dica sotto quale segno lei è nato/a e la data del suo compleanno, includendo anche l'anno. Collabori con tre o quattro studenti che fanno la stessa cosa. Prenda appunti per poi riferire le informazioni alla classe.

Io sono nato/a il primo gennaio (del 1973).
Sono nato/a sotto il segno del Capricorno.

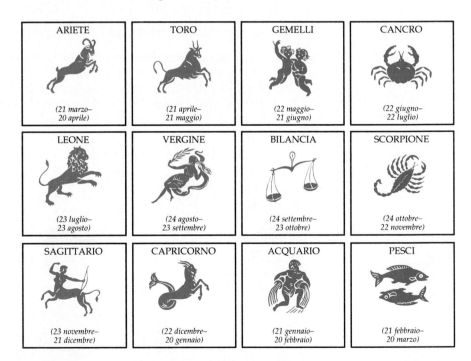

ARIETE	TORO	GEMELLI	CANCRO
(21 marzo–20 aprile)	(21 aprile–21 maggio)	(22 maggio–21 giugno)	(22 giugno–22 luglio)
LEONE	VERGINE	BILANCIA	SCORPIONE
(23 luglio–23 agosto)	(24 agosto–23 settembre)	(24 settembre–23 ottobre)	(24 ottobre–22 novembre)
SAGITTARIO	CAPRICORNO	ACQUARIO	PESCI
(23 novembre–21 dicembre)	(22 dicembre–20 gennaio)	(21 gennaio–20 febbraio)	(21 febbraio–20 marzo)

C. **Un'intervista.** Immagini di essere un/una giornalista e di intervistare un attore/un'attrice famoso/a, come Sly Stallone o Madonna. L'ordine del suo capo (*boss*) è di fare molte domande. Collabori con un altro studente/un'altra studentessa che assume il ruolo dell'attore/attrice. Ecco alcuni appunti per le domande:

1. Uscire ogni sera? Dove andare? Con chi?
2. Alzarsi la mattina o il pomeriggio?
3. Come divertirsi?
4. Annoiarsi quando la gente non la riconosce (*recognize*)?
5. Segno dell'oroscopo?
6. Preoccuparsi quando l'oroscopo non è favorevole (*favorable*)?
7. Quanto tempo impiegare per imparare la parte in un film?
8. Dargli/le fastidio il successo?

D. **Un'indagine.** Collabori con un gruppo di quattro o cinque studenti/ studentesse e domandi quanti di loro hanno fatto queste cose la settimana scorsa.

📖 alzarsi presto tutti i giorni   — *Chi si è alzato/a presto tutti i giorni?*

1. bere Coca-Cola a colazione
2. svegliarsi durante la notte
3. mangiare gli spinaci
4. addormentarsi al cinema
5. dire una bugia (*lie*)
6. leggere l'oroscopo

E. **A lei la parola.** Immagini di essere in un bar all'aperto con un suo amico/ una sua amica. Collabori con un altro studente/un'altra studentessa per sapere:

1. if he/she likes this place (*posto*) or prefers that table near the door
2. what he/she will have to drink
3. if he/she is hungry and wants to have a sandwich
4. what he/she did this morning
5. if he/she has begun to look for a summer job (*lavoro estivo*)
6. if he/she had a good time at the party last night
7. if he/she is going out tonight

F. **Definizioni.** Faccia il seguente esercizio prima di leggere il brano che segue. Abbini ogni parola di destra con la definizione appropriata. Ci sono tre parole in più nella lista.

1. di ogni giorno	a. centro
2. è un tipo di frutta	b. asparagi
3. è un tipo di scuola	c. professoressa
4. ci andiamo a fare la spesa	d. uova
5. sono una verdura	e. fragola
6. persona che insegna	f. studente
7. una donna sposata	g. liceo
8. una zona della città	h. marito
	i. giornaliero
	j. moglie
	k. mercato

G. **Lettura.** Legga il seguente brano per una comprensione generale e poi faccia gli esercizi che seguono.

■ La famiglia Petroni

La famiglia Petroni abita a Bari in un grande appartamento nel centro della città. Il signor Petroni è medico e lavora all'Ospedale Civile della città. La moglie del dottor Petroni è professoressa ed insegna lingue straniere al liceo classico. I Petroni hanno due figli: Daria, di dodici anni, che frequenta la scuola media, e Pierluigi, di dieci, che frequenta ancora la scuola elementare.

Con la famiglia Petroni abita Silvana Cori, la madre della signora. Silvana non lavora, sta a casa ed ogni mattina esce di casa e va al mercato a fare la spesa. A Silvana non piace molto andare al supermercato. Preferisce fare la spesa giornaliera al mercato all'aperto dove trova sempre alimenti[1] freschi. Ogni giorno compra carne o pesce, verdura, frutta ed altri generi alimentari. Quando rientra, prepara da mangiare[2] per i ragazzi che tornano da scuola. Oggi Silvana ha comprato il pesce, gli asparagi, il pane, l'uva, le fragole e le banane. Ai ragazzi non piace molto il pesce, ma mangiano volentieri la frutta.

1. food   2. something to eat

Una giovane donna fa la spesa con la madre a Campo de' Fiori a Roma. Lei va a fare la spesa da solo/a o con un'altra persona?

H. **Vero o falso?** Dica se le frasi seguenti sono vere o false secondo la lettura. Se sono false, dia l'informazione corretta.

1. Il dottor Petroni abita a Bari da solo.
2. Daria e Pierluigi sono i figli della professoressa Petroni.
3. La moglie del dottore insegna all'università di Bari.
4. Silvana va a fare la spesa per la famiglia.
5. La signora Petroni va spesso al supermercato.
6. Ai ragazzi piace il pesce ma non la frutta.

I. **Frasi da completare.** Completi le frasi seguenti secondo la lettura.

1. La signora Petroni è . . .
2. Al liceo la signora . . .
3. Pierluigi frequenta . . .
4. Daria frequenta la scuola media ed ha . . .
5. La persona che abita con la famiglia Petroni è . . .
6. Silvana fa la spesa ogni giorno . . .
7. Oggi Silvana ha comprato . . .

J. **Sinonimi.** Cerchi nella lettura un sinonimo per ciascuna delle seguenti parole.

1. ogni giorno
2. dottore
3. resta
4. comprare (generi alimentari)
5. cose
6. fuori
7. tornare
8. fa da mangiare

K. **Frasi unite.** Scelga dalla seconda colonna le espressioni che corrispondono logicamente alle espressioni della prima colonna.

1. Mangi il pesce?
2. Mi piace molto questo supermercato.
3. Perché la signora rimane a casa?
4. Dove vai adesso?
5. Quali lingue straniere insegna la signora?

a. Esco a fare la spesa.
b. Il francese e lo spagnolo.
c. No, preferisco la carne.
d. Non lavora.
e. Io invece faccio la spesa al mercato all'aperto.

LEZIONE 8

CHI MI ACCOMPAGNA?

Una famiglia a cena. Lei
mangia spesso con i suoi
genitori?

Sono le nove di sera a Torino e la famiglia Ottaviani è a cena. Seduti° al tavolo sono il padre (Carlo), la madre (Luciana) ed i loro due figli Stefano ed Alessandra. Carlo è un funzionario di banca e sua moglie lavora a tempo parziale in un'agenzia di viaggi. I figli sono studenti; Stefano frequenta l'università ed Alessandra il liceo classico.

Seated

La madre	Alessandra, domani devo andare al centro dalla sarta°. Puoi darmi un passaggio con la macchina alle due?
Alessandra	Veramente ho da fare. Perché non lo chiedi a Stefano?
Stefano	Ma scherzi? Io non la posso proprio accompagnare. Sono molto occupato domani.
Alessandra	Ma perché sempre io devo accompagnare la mamma?
Il padre	Ragazzi, per favore, non cominciate a litigare. Alessandra, che cosa devi fare domani?
Alessandra	Devo uscire con Mariella. L'ho vista ieri mattina ed ho fissato un appuntamento per domani pomeriggio.
Il padre	E tu, Stefano, perché non puoi dare un passaggio alla mamma?
Stefano	Domani vado a giocare a tennis con Fabio. Ho prenotato il campo da tennis° e non posso assolutamente rimandare.
Il padre	Ragazzi, queste non mi sembrano buone ragioni per non accompagnare la mamma.
Alessandra	Mamma, perché questa volta non prendi un tassì o l'autobus?
Stefano	È vero. È una buona idea!
La madre	Quante scuse! Le vostre attività sono sempre molto importanti. E le mie?
Il padre	Ma dai°, Luciana, non prendertela°.
Stefano	Mamma, non è per cattiveria° che non vogliamo accompagnarti, ma gli impegni sono impegni . . .
La madre	Ed io intanto subisco sempre le conseguenze° dei vostri impegni. Da lunedì comincio a prendere lezioni di guida.

Marginal glosses:
- *to the dressmaker's*
- *tennis courts*
- *Come on / don't get angry about it / it's not out of meanness*
- *I always suffer the consequences*

DOMANDE GENERALI

1. Dove sono seduti Carlo, Luciana ed i loro figli?
2. Che lavoro fa Carlo? Dove lavora?
3. Sua moglie lavora? Dove?
4. Cosa fanno i loro figli?
5. Dove deve andare domani la madre?
6. Perché Alessandra non la può accompagnare?
7. Perché Stefano non la può accompagnare?
8. Cosa suggerisce Alessandra alla madre?
9. Cosa comincia a fare la madre da lunedì?

DOMANDE
PERSONALI

1. Come si chiama suo padre? E sua madre?
2. Quanti fratelli ha? Quante sorelle? Abitano con i genitori?
3. Ha impegni oggi pomeriggio? Che cosa deve fare?
4. Gioca a tennis? Con chi gioca? Quando?
5. Lei va dal sarto/dalla sarta? Se no, chi fa modifiche (*alters*) ai suoi vestiti?
6. Lei discute spesso con i suoi genitori?

SITUAZIONI

1. Lei ha chiesto a suo fratello di accompagnarla a scuola. Reagisca alla risposta negativa di suo fratello.

   — Non ti posso proprio accompagnare.
   — Perché, sei occupato? (Che cosa devi fare?/Perché no?).

2. Risponda ad un compagno/una compagna che le domanda se lei ha fissato un appuntamento con il dottore.

   — Hai fissato un appuntamento con il dottore (il professore/la professoressa/l'avvocato/la sarta)?
   — Sì, ho fissato un appuntamento per le nove e mezzo (le undici/domani/dopodomani/lunedì prossimo).

VOCABOLARIO

Parole analoghe

accompagnare	**l'attività**	**importante**
assolutamente	**la conseguenza**	**occupato/a**

Nomi

l'agenzia di viaggi travel agency
l'autobus (*m.*) bus
la cena supper
il funzionario manager
l'impegno engagement, appointment
la scusa excuse
il tassì taxi

Verbi

cominciare (a + *infinitive*) to begin, start
discutere to argue
litigare to quarrel
potere to be able, can
prenotare to reserve
scherzare to joke
sembrare to seem, appear
subire (subisco, *ecc.*) to undergo, suffer

Altre parole ed espressioni

intanto   meanwhile
proprio   just

avere da fare   to be busy
da domani   starting tomorrow
(from tomorrow on)
dare un passaggio   to give a ride

fissare un appuntamento   to make
a date, an appointment
giocare a tennis   to play tennis
la lezione di guida   driving lesson
a tempo parziale   part-time

P R A T I C A

A. Immagini di dovere andare in biblioteca e di chiedere un passaggio a sua sorella, che ha un motorino. Sua sorella dice di sì, ma spiega che deve prima andare all'ufficio postale. Lei risponde che ha abbastanza tempo. Prepari un dialogo appropriato.

B. Claudia ha un appuntamento dal dentista ed ha bisogno di un passaggio. Suo marito Luigi dice che non può dare un passaggio a Claudia perché ha da fare. Lui suggerisce di prendere un tassì. Scriva un dialogo appropriato.

La famiglia italiana

La famiglia tradizionale italiana con i suoi forti legami affettivi[1] è ancora viva in molti paesi e piccole città di provincia. Spesso generazioni diverse condividono[2] la stessa casa o appartamento; e nonni, zie o zii non sposati fanno parte del nucleo familiare. Nella famiglia tradizionale il padre ha sempre il ruolo più importante, dato che[3] da lui dipendono finanziariamente tutti gli altri componenti della famiglia.

Invece[4] nelle grandi città e nei centri industriali dove è più facile trovare lavoro, la famiglia tradizionale è pressoché scomparsa[5]. Spesso la coppia sposata[6] vive da sola, e tutti e due[7], l'uomo e la donna, lavorano a tempo pieno. Con lo sviluppo[8] economico anche i figli riescono a[9] trovare lavoro ed acquistano così una maggiore indipendenza.

Secondo lei, è importante l'aiuto del padre nella vita familiare? Perché?

1. strong emotional ties 2. live together, share 3. given the fact that 4. On the other hand 5. has almost disappeared 6. married couple 7. both of them 8. development 9. succeed in

---

PRONUNCIA I suoni /ʃ/ and /sk/

Sc is pronounced in two ways, depending on the vowel that follows it: soft (/ʃ/), as in **pesce**, before **e** and **i**; and hard (/sk/), as in **pesca**, before **a**, **o**, and **u**. **Sch** is always pronounced hard (/sk/), as in **scherzi**. Thus some words have an **-h** in the plural to retain the hard pronunciation: **tedesco → tedeschi**.

A. Ascolti l'insegnante e ripeta le seguenti parole.

esce	prosciutto	scopa	pesca	pesche
scientifico	preferisce	scusa	discutere	scherzi
lasciare	preferisci	scoprire	ascoltare	pazzeschi
uscire	pesce	scolorito	subisco	tedeschi

B. **Proverbi.** Legga ad alta voce i seguenti proverbi e poi li detti ad un altro studente/un'altra studentessa.

Da cosa nasce cosa.
> One thing leads to another.
> (Literally: From something, something else is born.)

> **In bocca chiusa non entrano mosche.**
>> Keep your mouth shut and you won't get into trouble.
>> (Literally: Flies don't enter a closed mouth.)

AMPLIAMENTO DEL VOCABOLARIO

La famiglia ed i parenti

You already know many nouns referring to family members and relatives.

i genitori	parents	**il suocero**	father-in-law
i parenti	relatives	**la suocera**	mother-in-law
il cugino	(male) cousin	**il genero**	son-in-law
la cugina	(female) cousin	**la nuora**	daughter-in-law
il nipote	grandson; nephew	**il cognato**	brother-in-law
la nipote	granddaughter; niece	**la cognata**	sister-in-law
la matrigna	stepmother	**la figliastra**	stepdaughter
il patrigno	stepfather	**il figliastro**	stepson

Note: Masculine plural nouns (like **gli zii** and **i cugini**) may refer to all-male groups or to a mixed group of males and females. Context usually makes the meaning clear.

Altre espressioni utili

la coppia	couple	
divorziare	to divorce	
essere celibe	to be single (man)	
essere divorziato/a	to be divorced	
essere nubile	to be single (woman)	
essere scapolo	to be single (man)	

essere separato/a	to be separated
essere sposato/a	to be married
fidanzarsi	to become engaged
sposarsi	to get married
vivere insieme	to live together

A. Risponda alle seguenti domande personali.

1. Lei ha cugini? Quanti? Dove abitano?
2. Ha uno zio? Dove abita? È celibe o sposato?
3. Lei è celibe/nubile o è sposato/a? È fidanzato/a?
4. Ha un cognato o una cognata? Quando si è sposato suo fratello? Quando si è sposata sua sorella?
5. Secondo lei, è bene sposarsi molto giovane?
6. Se è celibe/nubile, pensa di sposarsi presto? In che anno? In che mese?

B. Assuma il ruolo di Marisa o di Luigi ed indichi il grado di parentela (*relationship*) con gli altri componenti della famiglia, secondo l'albero genealogico che segue.

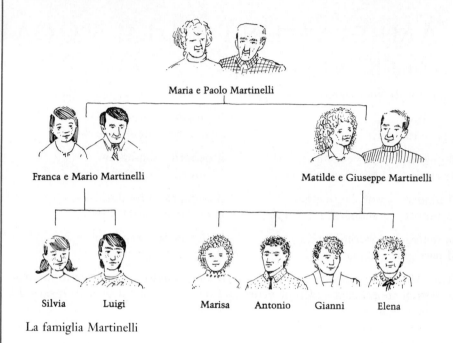

La famiglia Martinelli

C. Immagini di conoscere Giuseppe Martinelli e di rispondere alle domande sulla famiglia di lui basate sull'albero genealogico.

1. Come si chiama la moglie?
2. Chi sono i figli?
3. Chi è Paolo Martinelli?
4. Chi sono Silvia e Luigi?
5. Chi è Franca Martinelli? E Mario Martinelli?
6. Come si chiama la madre?
7. Ha una famiglia piccola o grande?

Lei guida?

The following words and expressions are useful in talking about driving a car.

l'agenzia di autonoleggio car rental agency

la benzina gasoline

fare controllare l'olio (le gomme) to have the oil (tires) checked

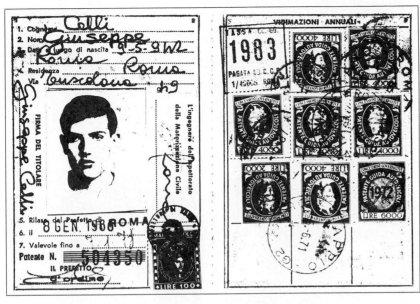

Una patente di guida italiana.

fare il pieno   to fill it up
**guidare (velocemente/
   lentamente)**   to drive
   (fast/slowly)
**noleggiare un'automobile, una
   macchina**   to rent a car

parcheggiare   to park
il parcheggio a pagamento   pay
   parking
la patente di guida   driver's license
la stazione di servizio   gas station

D. Fa caldo e lei vuole fare una gita al mare, ma non ha la macchina. Faccia le seguenti domande ad un compagno/una compagna di scuola.

▫ se ha la patente di guida   — *(Giorgio/Alessandra), hai la patente di
                                       guida?*

1. se ha la macchina
2. quale tipo di macchina ha
3. se guida bene
4. se guida lentamente o velocemente
5. se gli/le piace fare gite
6. se vuole fare una gita al mare oggi o domani

E. Lei è arrivato/a in macchina in un albergo di Pisa. Domandi al portiere dov'è una stazione di servizio perché deve fare il pieno. Poi vuole anche sapere dove può parcheggiare la macchina. Il portiere risponde che c'è una stazione di servizio vicino all'albergo e il parcheggio a pagamento è tra la chiesa e l'ufficio postale. Collabori con un altro studente/un'altra studentessa.

▫ — Scusi, mi può dire . . .
   — C'è . . .

STRUTTURA ED USO

Dovere, potere e volere

Non **posso** mangiare più!

Non **devo** mangiare più!

1. **Dovere**, **potere**, and **volere** are usually used in combination with the infinitive of another verb to express the duty (**dovere**), ability (**potere**), or will (**volere**) of the doer.

	dovere must, to have to, ought to	**potere** to be able, can	**volere** to want, wish
io	**devo**	**posso**	**voglio**
tu	**devi**	**puoi**	**vuoi**
lui/lei	**deve**	**può**	**vuole**
noi	**dobbiamo**	**possiamo**	**vogliamo**
voi	dovete	potete	volete
loro	**devono**	**possono**	**vogliono**

2. **Dovere**, **potere**, and **volere** can sometimes be used without a dependent infinitive, especially in responses.

— Puoi aspettare un momento?   — Can you wait a minute?

— **No, non posso.**   — No, I can't.

A. Lei ed alcuni amici hanno idee diverse. Completi le seguenti frasi con una forma appropriata del verbo *volere*.

   1. Io _____ andare al centro oggi e Teresa _____ andare al centro domani.
   2. Tu _____ dare un passaggio a Tonio, ma io _____ pulire la macchina.
   3. Voi _____ giocare a tennis e noi _____ andare a nuotare.
   4. Il signore _____ fare una passeggiata, ma la signora _____ andare al cinema.
   5. Noi _____ parlare di politica, ma Carlo e Pino _____ parlare di musica.
   6. Le signorine _____ studiare ma tu _____ ascoltare la radio.

B. Dica cosa devono fare oggi le seguenti persone. Usi la forma appropriata del presente di *dovere*.

   ▣ noi: lavorare   *Dobbiamo lavorare.*

   1. io: comprare i biglietti   6. lei: trovare una stazione di servizio
   2. tu: andare al liceo   7. voi: finire il lavoro
   3. lui: mangiare a scuola   8. loro: usare un computer
   4. i ragazzi: bere qualcosa
   5. noi: pulire la casa

C. Dica che le seguenti persone non possono fare certe attività. Usi la forma appropriata del presente di *potere*.

   ▣ Paolo vuole uscire, . . .   *ma non può.*
      Vogliamo mangiare, . . .   *ma non possiamo.*

   1. Voglio fare una passeggiata, . . .
   2. Vuoi comprare una moto, . . .
   3. Vuole andare a piedi al centro, . . .
   4. Le mie sorelle vogliono fare colazione, . . .
   5. Mia cugina vuole vedere Venezia, . . .
   6. Volete vedere un film, . . .

D. Dica cosa vogliono fare le seguenti persone, usando la forma appropriata del presente di *volere*.

   ▣ Piero: andare al cinema   *Piero vuole andare al cinema.*

   1. Liliana: cominciare a giocare
   2. noi: studiare informatica
   3. tu: andare in vacanza a febbraio
   4. Franco: divertirsi sempre
   5. voi: prendere un tassì
   6. Maria e sua sorella: andare dalla sarta
   7. Mario e Dino: prenotare il campo da tennis
   8. io: fare una passeggiata con mio padre

E.   Risponda alle seguenti domande.

1. Cosa deve fare quando si sente male?
2. Dove vuole andare venerdì sera?
3. Può dormire quando c'è molto rumore?
4. Cosa deve fare quando deve andare al centro e nessuno (*no one*) può darle un passaggio?
5. Quale film nuovo vuole vedere?

Aggettivi possessivi

Come mai **i miei** vestiti finiscono nella **tua** camera?

1. Possessive adjectives are adjectives that express ownership or belonging (for example, *my book*, *their friend*). In Italian, unlike English, possessive adjectives are preceded by a definite article, and agree in number and gender with the object they modify.

	Masculine		Feminine	
	Singular	**Plural**	**Singular**	**Plural**
my	**il mio** cane	**i miei** cani	**la mia** casa	**le mie** case
your (tu)	**il tuo** cane	**i tuoi** cani	**la tua** casa	**le tue** case
his, her, its, your (lei)	**il suo** cane	**i suoi** cani	**la sua** casa	**le sue** case
our	**il nostro** cane	**i nostri** cani	**la nostra** casa	**le nostre** case
your (voi)	**il vostro** cane	**i vostri** cani	**la vostra** casa	**le vostre** case
their, your (loro)	**il loro** cane	**i loro** cani	**la loro** casa	**le loro** case

Due ragazze con i loro capelli alla moda passeggiano in Piazza di Spagna a Roma.

2. Note that **loro** is invariable; it does not change form.

3. Because the possessive adjective agrees in gender and number with the object possessed, not with the possessor, there is no difference between *his*, *her*, *your* (formal), and *its*. Context usually makes the meaning clear.

Marisa cerca il **suo** ombrello.	Marisa looks for her umbrella.
Marco cerca il **suo** ombrello.	Marco looks for his umbrella.
È questo il **suo** ombrello, signora?	Is this your umbrella, madam?

4. When a preposition like **a**, **di**, **da**, **in**, or **su** precedes a possessive, it usually contracts with the definite article.

Ho messo la frutta **sul** mio piatto.

5. A possessive adjective referring to a relative is not preceded by a definite article when it occurs before a singular, unmodified noun (for example, *my sister*, *his aunt*).

Mia madre è professoressa.	My mother is a teacher.
Sua sorella non studia.	Her sister doesn't study.
Nostro zio è italiano.	Our uncle is Italian.
Tuo padre insegna francese.	Your father teaches French.

The exceptions are **mamma** (*mom*), **papà** (*dad*), **nonno** (*grandfather*), and **nonna** (*grandmother*), which *do* take a definite article.

La mia mamma è professoressa.	My mother is a teacher.

Plural nouns and modified nouns always take a definite article, as does
loro + a noun.

Le sue sorelle non studiano.	His/Her sisters don't study.
Il nostro vecchio zio è italiano.	Our old uncle is Italian.
Il loro padre insegna francese.	Their father teaches French.

F. Dica se le seguenti cose appartengono alle persone indicate.

io: calcolatrice   *Sì, è la mia calcolatrice.*
                      No, non è la mia calcolatrice.

1. tu: motocicletta   5. lei: patente
2. voi: frutta   6. noi: penne
3. loro: bicchieri   7. lui: biglietti
4. lui: quaderno   8. io: libri

G. Indichi con chi vengono alla nostra festa le seguenti persone.

Tullio: amica   *Tullio viene con la sua amica.*

1. Alba e Pietro: sorelle   5. Ada: cognata e cognato
2. la zia: cugina   6. tu e Giovanni: amici
3. Paolo: genitori   7. Marta e Serafina: compagne di scuola
4. io: fratello e nipote, (*m*).

H. Lei ed alcuni amici domandano di chi sono alcune cose usate ad un ballo
in maschera. Risponda alle domande.

Di chi sono le tazzine? Di Luca?   *Sì, sono le sue tazzine.*

1. Di chi sono i bicchieri? Di Maria e di Rosa?
2. Di chi sono le fragole? Di Guido?
3. Di chi è la bottiglia di vino? Di Paola?
4. Di chi sono le sedie? Di Clara?
5. Di chi sono i piatti? Del professore?
6. Di chi è il caffè? Di Roberto e di Aldo?

I. È il primo giorno di scuola e il professore chiede ad ogni studente di
presentarsi (*introduce oneself*) e di descrivere la sua famiglia. Completi i
brani che seguono con la forma appropriata degli aggettivi possessivi.

1. Sono Luigi Castaldo ed abito a Firenze. _____ madre ha un diploma in
   musica e _____ padre è architetto. _____ fratelli Carlo e Stefano lavorano a Roma. _____ sorella è sposata ed abita in un appartamento a
   Napoli con _____ marito e con _____ figli.
2. Mi chiamo Mario Di Stefano e _____ famiglia abita a Bari. _____ fratello studia legge ma _____ sorella frequenta ancora il liceo. _____
   nonno e _____ nonna abitano con noi come anche _____ zia.

J. Gianni si prepara per fare i compiti e non può trovare le cose necessarie.
Sua sorella dice che non ha visto le cose indicate. Collabori con un altro
studente/un'altra studentessa.

penna   — *Hai visto la mia penna?*
             — *No, non ho visto la tua penna.*

1. calcolatrice   5. quaderni
2. matite   6. libro
3. fogli di carta   7. macchina da scrivere
4. dizionario

Pronomi diretti

— Vedi bene il film dal tuo posto?
— Veramente non **lo** vedo per niente.

1. A direct object receives the action of a verb: for example, I dropped *the
    telephone*; she kissed *her grandmother*. The direct object answers the
    question *whom?* or *what?* In the following questions, the words in
    boldface are direct-object noun phrases. In the responses, the words in
    boldface are direct-object pronouns (**pronomi diretti**).

— Luciana visita **il nonno**?	— Does Luciana visit her grandfather?
— Sì, **lo** visita.	— Yes, she visits him.
— Stefano chiama **la madre**?	— Does Stefano call his mother?
— No, non **la** chiama.	— No, he doesn't call her.
— Chi accompagna **le signore**?	— Who accompanies the ladies?
— Mariella **le** accompagna.	— Mariella accompanies them.

Note that unlike in English, the direct-object pronoun usually precedes
the verb.

2. The following chart shows the forms of the direct-object pronouns.

	Singular		Plural
mi	me	**ci**	us
ti	you	**vi**	you
lo	him, it	**li**	them (*m.*), you (*formal, m.*)
la	her, it, you (*formal*)	**le**	them (*f.*), you (*formal, f.*)

3. The pronouns **lo** and **la** usually drop the final vowel before a verb that begins with a vowel sound.

Mario? **L'**incontriamo alle dieci.   Mario? We're meeting him at
  (**l' = lo**)   10.
Anna? **L'**accompagno a casa.   Anna? I'll accompany her
  (**l' = la**)   home.

The pronouns **li** and **le** never drop the final vowel, even when they precede a verb that begins with a vowel.

Emilio e Lucia? **Li** incontriamo   Emilio and Lucia? We're meeting
  stasera.   them this evening.

4. When an infinitive is used, the object pronoun is attached to the end of the infinitive. The final **-e** is dropped.

È facile **scriverlo**.   It's easy *to write it*.

If the infinitive is preceded by a form of **dovere**, **potere**, or **volere**, the object pronoun may either be attached to the infinitive or precede the conjugated verb.

Non **la** posso accompagnare.   I can't go with (*accompany*) her.
Non posso **accompagnarla**.

K. Alberto dice cosa comprano alcuni membri della sua famiglia mentre sono al centro.

Chi compra il libro? (sorella)   *Mia sorella lo compra.*

1. Chi compra i dischi? (fratello)
2. Chi compra le riviste? (madre)
3. Chi compra i biglietti? (padre)
4. Chi compra il gelato? (cugino)
5. Chi compra la pizza? (cugina)
6. Chi compra l'orologio? (zio)

L. Risponda alle seguenti domande personali, usando nelle risposte il pronome diretto corrispondente.

⊡ Capisce la lezione di oggi?   *Sì, la capisco. (No, non la capisco.)*

1. Capisce il dialogo?
2. Capisce il tedesco?
3. Prende il tè?
4. Legge le riviste italiane?
5. Aspetta il suo amico dopo la lezione?
6. Adesso aspetta le sue sorelle?
7. Perché sua madre la chiama per telefono ogni giorno?
8. Invita gli zii a pranzo (*to dinner*)?
9. Studia la storia italiana?
10. Mangia gli spinaci?

M. Dica se stasera lei pensa di fare le seguenti cose, usando nelle risposte il pronome corrispondente al complemento diretto.

⊡ guardare la televisione   *Sì, stasera penso di guardarla.*
                                  No, stasera non penso di guardarla.

1. spedire il questionario
2. incontrare Patrizia
3. usare la calcolatrice
4. restituire i libri
5. pulire la macchina
6. accompagnarc la mamma
7. mangiare la pizza
8. visitare lo zio

N. Risponda alle seguenti domande.

⊡ Perché vuoi prendere lezioni di   *Le voglio prendere per guidare la*
   guida?   *macchina di mio padre.*
                                          Voglio prenderle per guidare la macchina
                                          di mio padre.

1. Perché vuoi aggiustare i freni?
2. Perché devi pulire la casa?
3. Perché vuoi mangiare i panini al prosciutto?
4. Perché vuoi vedere la città di Siena?
5. Perché devi noleggiare la macchina?
6. Perché vuoi imparare l'italiano?
7. Perché devi comprare quel grosso libro?

Concordanza del participio passato con i pronomi diretti

— Chi ha rotto la tazza?
— **L'ha rotta** lui!

1. When a direct-object pronoun precedes a verb conjugated with **avere** in the **passato prossimo**, the past participle must agree in number and gender with the preceding pronouns **lo**, **la**, **li**, or **le**.

Hai invitato il tuo amico?	Sì, l'ho **invitato**.
Hai visto la signora?	Sì, l'ho **vista**.
Hai comprato i biglietti?	Sì, **li** ho **comprati**.
Hai letto queste riviste?	Sì, **le** ho **lette**.

2. Agreement is optional with the preceding direct-object pronouns **mi**, **ti**, **ci**, and **vi**.

Maria, **ti** ha $\begin{cases}\textbf{invitato}\\\textbf{invitata}\end{cases}$ Filippo?   Sì, **mi** ha $\begin{cases}\textbf{invitato.}\\\textbf{invitata.}\end{cases}$

Ragazzi, **vi** ha $\begin{cases}\textbf{chiamato}\\\textbf{chiamati}\end{cases}$ la zia?   Sì, **ci** ha $\begin{cases}\textbf{chiamato.}\\\textbf{chiamati.}\end{cases}$

O. Ernesto è in partenza per Napoli. Maria, la moglie, chiede al marito se ha preso le seguenti cose. Assuma il ruolo di Ernesto, rispondendo affermativamente e facendo la concordanza necessaria.

Maria: Hai preso la radio?   Ernesto: *Sì, l'ho presa.*
Maria: E i dischi?   Ernesto: *Sì, li ho presi.*

1. E i biglietti?	5. E la penna nuova?
2. E le riviste?	6. E i libri?
3. E il registratore?	7. E il giornale?
4. E la calcolatrice?	8. E le fotografie?

P. Alessandra non ha avuto il tempo di fare tutto quello che doveva (*had to*) fare, ma la sua amica Elena l'ha aiutata. Dica che cosa ha fatto Elena.

Alessandra ha comprato la frutta?   *No, Elena l'ha comprata.*

1. Ha prenotato il campo da tennis?
2. Ha restituito il dizionario a Marianna?
3. Ha fatto la spesa?
4. Ha preparato i panini al prosciutto?
5. Ha fatto la telefonata a Francesco?
6. Ha accompagnato la zia?

Q. Teresa risponde alla madre che le chiede se ha fatto alcune cose. Assuma il ruolo di Teresa.

Hai spedito il questionario?   *Sì, l'ho spedito.*

1. Hai chiamato il nonno?
2. Hai comprato la pasta?
3. Hai letto la rivista?
4. Hai trovato quel costume?
5. Hai visto lo zio?
6. Hai pagato il conto?
7. Hai ripassato la lezione?
8. Hai accompagnato le bambine al parco?
9. Hai studiato il francese?
10. Hai fissato l'appuntamento con il dottore?

R. Faccia le seguenti domande ad un altro studente/un'altra studentessa.

1. Ti ha chiamato ieri tua madre?
2. Ci ha invitato alla festa il professore/la professoressa d'italiano?
3. Vi ha chiamato qualcuno ieri sera?
4. Mi hai salutato ieri pomeriggio?
5. Ti ho salutato ieri mattina?

A Milano un artista guarda il suo capolavoro su un marciapiede. L'ha fatto con il gesso.

A. **Conoscere un amico/un'amica.** Immagini di ospitare a casa sua uno studente italiano/una studentessa italiana che è venuto/a a visitare gli Stati Uniti con un programma di scambi (*exchanges*) culturali. Gli/Le faccia alcune domande sulla sua famiglia. Collabori con un altro studente/ un'altra studentessa.

1. dove abitare i suoi genitori: Verona
2. numero di fratelli e sorelle: 1 fratello, 2 sorelle
3. nome del fratello: Dante
4. età (*age*) del fratello: 20
5. nomi delle sorelle: Eugenia e Bettina
6. età delle sorelle: 16 e 10
7. occupazione del padre: ingegnere
8. occupazione della madre: farmacista

B. **Noleggiare un'auto.** Immagini di essere in un'agenzia di autonoleggio e di parlare con l'impiegato/a per noleggiare un'automobile. Collabori con un altro studente/un'altra studentessa.

Lei	*L'impiegato/a*
1. Saluta l'impiegato/a.	2. Risponde al saluto e domanda cosa può fare per lei.
3. Dice che ha bisogno di noleggiare una macchina per una settimana.	4. Vuole sapere che tipo di macchina desidera: grande, piccola, automatica, con il cambio (*shift*).
5. Preferisce una macchina piccola con il cambio.	6. Dice che c'è una macchina così a disposizione.
7. Vuole sapere il prezzo.	8. 100.000 lire al giorno.
9. Dice che la prende subito se è possibile.	10. Vuole sapere il suo nome e indirizzo.
11. Dà le informazioni richieste.	12. Vuole sapere se lei paga in contanti (*cash*), con un assegno (*check*), o con una carta di credito.
13. Dice che paga con una carta di credito e la dà all'impiegato.	14. Prende le informazioni e le dà un foglio di carta dicendo di portarlo all'impiegato/a nel parcheggio.
15. Ringrazia e saluta l'impiegato/a.	16. Risponde al saluto e ringrazia.

C. **Un invito.** Alcuni amici hanno invitato lei e la sua famiglia a pranzo e a giocare a tennis domenica prossima. Lei telefona agli amici per dire chi può e chi non può venire. Collabori con un altro studente/un'altra studentessa.

▣ fratello Michele: sì, volere venire

                                               — *Può venire tuo fratello Michele?*
                                               — *Sì, vuole venire.*

1. padre: no, volere venire ma non potere
2. madre: sì, volere venire; potere portare qualcosa da mangiare?
3. sorella Ada e cognato Paolo: no, dovere visitare la famiglia di Paolo
4. nonni: sì, volere venire ma non potere giocare a tennis
5. tu: sì, volere venire ma dovere tornare a casa presto per studiare

D. **A lei la parola.** Risponda al professore/alla professoressa che le fa varie domande. Collabori con un altro studente/un'altra studentessa che assume il ruolo del professore/della professoressa.

Il professore/La professoressa
vuole sapere:

1. if you live with your parents
3. if you are able to study there

5. if you understand your friend
    Marco when he speaks Italian
7. if you listened to the Italian
    cassettes

9. if you did all the exercises

Lei risponde che:

2. you live with your sister
4. yes, you can, but you also
    have to work every afternoon
6. you understand him very well

8. you listened to them
    yesterday, but you didn't
    understand them too well
10. you did them

E. **Lettura.** Legga il seguente brano e poi faccia l'esercizio che segue.

Torino, il capoluogo[1] del Piemonte, è il secondo centro industriale italiano dopo Milano. La città, situata nel nord-ovest dell'Italia, ha oggi più di un milione di abitanti. Antica colonia romana, Torino conserva l'originale struttura, ampliata e perfezionata più tardi dai Savoia[2] durante il XVI (sedicesimo) secolo.

    Dopo la seconda guerra mondiale, Torino ha avuto un enorme sviluppo[3] industriale. In Italia l'automobile (Fiat e Lancia) è nata proprio in questa città e da essa (*it*) esce oggi circa il 75% della produzione automobilistica italiana. Di minore importanza rispetto all'industria dell'auto, ma pur sempre notevole, è l'industria tessile e dell'abbigliamento[4].

1. capital   2. Italian royal dynasty   3. development   4. clothing

F. **Un titolo appropriato.** Scelga il titolo più adatto al brano appena letto.

1. Un'antica colonia romana
2. Lo sviluppo industriale in Italia
3. Un centro industriale

G. **Lettura.** Legga questo brano e faccia l'esercizio che segue.

■ L'automobile e le autostrade in Italia

In quasi[1] tutte le famiglie italiane, l'automobile non è solo usata per andare a lavorare, ma è anche il mezzo insostituibile[2] per gli spostamenti[3], per le gite di fine-settimana e per andare in vacanza. La diffusione dell'automobile permette agli Italiani di muoversi[4] più facilmente su tutto il territorio nazionale, grazie[5] anche al gran numero di strade ed autostrade.

Le autostrade italiane sono moderne, belle e comode. Sono fornite[6] di numerose stazioni di servizio e luoghi di ristoro[7]. In molte aree di parcheggio, ci sono giardini con panchine[8], fontanelle d'acqua e servizi igienici[9]. Tutte le autostrade sono a pagamento ed il pedaggio[10] è basato[11] sulla potenza[12] del motore dell'automobile. L'Autostrada del Sole è la più lunga e pittoresca. Partendo da Milano, essa attraversa[13] tutto il paese ed arriva fino al sud dell'Italia.

1. almost   2. irreplaceable means   3. moving about   4. move   5. thanks to   6. supplied
7. refreshment stops   8. benches   9. rest rooms   10. toll   11. based   12. power   13. crosses

H. **Vero o falso?** Indichi se le seguenti frasi sono vere o false secondo il brano precedente.

1. Di solito, gli Italiani non usano l'automobile per andare a lavorare.
2. In Italia ci sono molte strade ed autostrade.

Oggi non solo Torino e Milano producono automobili. Ci sono infatti fabbriche automobilistiche in molte altre città italiane. In questa foto vediamo al lavoro un operaio della fabbrica Alfa Romeo, che è a Pomigliano d'Arco, vicino a Napoli.

3. Non è molto facile andare da un posto all'altro dell'Italia con l'automobile.

4. Quando vanno in vacanza, gli Italiani preferiscono prendere il treno.

5. Non è difficile viaggiare sulle autostrade italiane perché ci sono molti servizi essenziali.

6. Per usare le autostrade in Italia, non è necessario pagare il pedaggio.

7. Per andare in macchina più facilmente da Napoli a Milano, c'è l'Autostrada del Sole.

I. **Dialogo.** Prima si familiarizzi con il vocabolario relativo al disegno dell'automobile e poi legga il dialogo che segue.

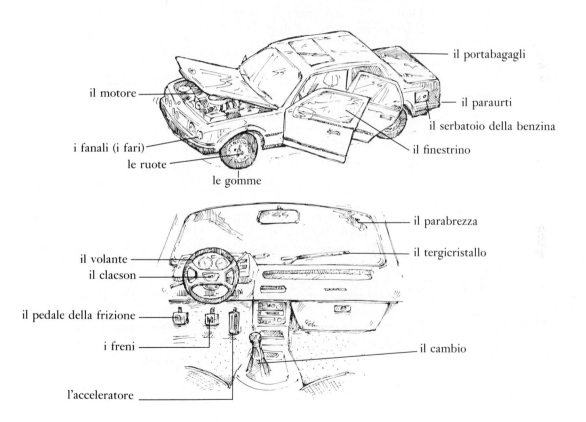

il portabagagli

il motore

il paraurti

il serbatoio della benzina

i fanali (i fari)

le ruote

il finestrino

le gomme

il parabrezza

il volante

il tergicristallo

il clacson

il pedale della frizione

i freni

il cambio

l'acceleratore

■ Il pieno, signore?

Marco si ferma ad un distributore di benzina[1] di una stazione di servizio. Il benzinaio[2] si avvicina[3] alla sua Fiat.

Il benzinaio	Il pieno, signore?
Marco	No, solo venti litri di benzina.
Il benzinaio	Va bene. Controllo[4] anche il livello[5] dell'olio?
Marco	Sì. Vuole controllare anche la pressione delle gomme, per favore?
Il benzinaio	Volentieri!
Marco	Scusi, mi può lavare[6] il parabrezza[7]?
Il benzinaio	Perché no!
Marco	La ringrazio[8] molto.
Il benzinaio	Non c'è di che[9]!

1. gas pump   2. gas attendant   3. approaches   4. Shall I check   5. level   6. can you wash
7. windshield   8. Thank you   9. Don't mention it

J.   **Alla stazione di servizio.** Immagini di essere in una stazione di servizio in Italia e di chiedere varie cose al benzinaio. Collabori con un altro studente/un'altra studentessa.

Lei

1. Dice che vuole fare il pieno.

3. Vuole la super, e vuole fare controllare la batteria.

5. Vuole sapere se c'è il meccanico.

7. Vuole sapere quando torna.

9. Domanda quanto deve pagare.

11. Paga, ringrazia il benzinaio e dice che torna più tardi per vedere il meccanico.

Il benzinaio

2. Domanda se vuole benzina regolare o super.

4. Controlla e dice che è a posto.

6. Dice che è andato a pranzo.

8. Fra un'ora.

10. In tutto sono cinquantamila lire.

12. Risponde al saluto, la ringrazia e le dice "a più tardi".

LEZIONE
9

TI SCRIVO DA PERUGIA

Questa è la piazza più
importante di Perugia dove ci
sono antichi palazzi e la bella
Fonte Maggiore.

Lisa Stefani è una giovane italo-americana di Boston che studia pittura moderna all'Accademia di Belle Arti° di Perugia. Ora scrive al suo ragazzo Robert Dale, un giovane fotografo che conosce l'italiano, e gli dà sue notizie.

Fine Arts Academy

Perugia, 10 ottobre

Caro Bob,

sono qui a Perugia da due settimane e finalmente ho il tempo di scriverti due righe°. Pensavo di scriverti in inglese, ma poi ho cambiato idea e come vedi, scrivo in italiano. Non ho ancora avuto notizie da te° e ti prego di rispondere presto alla mia lettera.

to write you a few lines
I haven't heard from you yet

Questa città è antica e molto bella. La gente è simpatica e ci sono moltissimi studenti stranieri come me. Qui ormai siamo in pieno autunno°, ma fa ancora bel tempo. Però di notte la temperatura scende di parecchi gradi° e fa abbastanza freddo. Che tempo fa lì?

in the middle of autumn
by several degrees

Io sto bene. Le lezioni all'Accademia non sono ancora cominciate e quindi non sono molto occupata. Ho abbastanza tempo libero e mi diverto ad andare in giro per i negozi. Ho già visto antichi oggetti d'arte°, ceramiche locali, molte belle maglie e camicie alla moda e bellissime valige e borse di cuoio. Che sfortuna non avere molti soldi!

art objects

E tu come stai? Che fai? Ieri ricordavo con piacere° i giorni passati° insieme e provavo nostalgia. Mi tornavano alla mente° le gite che facevamo al mare l'estate scorsa. . . . A proposito, quando mi mandi le foto fatte sulla spiaggia?

with pleasure / spent
I recalled

Per ora è tutto° e ti abbraccio affettuosamente.

That's all for now

Lisa

DOMANDE GENERALI

1. Chi è Lisa? Dov'è? Perché?
2. Da quanto tempo Lisa è a Perugia?
3. A chi scrive Lisa? Perché scrive in italiano?
4. Secondo Lisa, com'è Perugia? E la gente?
5. In quale stagione dell'anno Lisa è a Perugia? Che tempo fa lì?
6. Perché Lisa non è occupata?
7. Come passa il tempo libero Lisa?
8. Cosa ha già visto Lisa nei negozi?
9. Che cosa ricordava ieri Lisa?

DOMANDE PERSONALI

1. Lei scrive lettere? A chi?
2. Riceve spesso lettere? Da chi?
3. Ha mai scritto una lettera in italiano? Quando? A chi?
4. Conosce una città antica e bella? Quale?
5. Come si diverte quando ha tempo libero?

6. Le piace andare in giro per i negozi? Con chi va?
7. Che tempo fa oggi? Che tempo faceva ieri?
8. Faceva gite l'estate scorsa? Andava al mare o in montagna?
9. Ha mai provato nostalgia? Quando? Dov'era lei?

SITUAZIONI

1. Domandi ad un amico/un'amica che tempo fa nella sua città in ogni stagione dell'anno.

   — Che tempo fa nella tua città in primavera (d'estate/in autunno/d'inverno)?
   — Fa fresco (freddo/cattivo tempo/caldo/bel tempo).

2. Chieda ad un altro studente/un'altra studentessa se ha tempo libero domenica mattina per giocare a tennis.

   — Hai tempo libero domenica mattina (sabato pomeriggio/giovedì/domenica pomeriggio) per giocare a tennis?
   — No, non ho mai (affatto/ancora) tempo libero.

3. Domandi ad un altro studente/un'altra studentessa se il suo amico italiano/la sua amica italiana gli/le scrive dall'Italia.

   — Ti scrive dall'Italia il tuo amico italiano (la tua amica italiana)?
   — Sì, mi scrive spesso (qualche volta/raramente).

VOCABOLARIO

Parole analoghe

la ceramica (*plural* **ceramiche**)
la foto(grafia)
italo-americano/a

la lettera
locale

moderno/a
la temperatura

Nomi

la borsa   handbag
la camicia   (man's) shirt
il fotografo   photographer
la gente   people
il grado   degree
la maglia   sweater
la notizia   news item
la pittura   painting
la spiaggia   beach

il tempo   weather; time
la valigia (*plural* **valige**)   suitcase

Aggettivi

antico/a (*plural* **antichi/e**)   old, ancient
bellissimo/a   very beautiful
moltissimi/e   very many
parecchi/ie   several
straniero/a   foreign

Verbi

abbracciare   to hug
cambiare   to change
conoscere   to know, be acquainted
  with
pregare (di + *infinitive***)**   to beg,
  implore
provare   to feel, experience
ricordare   to remember
scendere   to go down

Altre parole ed espressioni

affettuosamente   affectionately
come   as, like
insieme   together
ora   now
ormai   by now
raramente   rarely
spesso   often

andare in giro   to go around
cambiare idea   to change one's
  mind
che tempo fa lì?   what's the
  weather like there? **fa abbastanza
  freddo**   it's quite cold; **fa cattivo
  tempo**   it's bad weather; **fa
  fresco**   it's cool
di cuoio   (made) of leather
al mare   at (to) the seashore
alla moda   fashionable
in montagna   in (to) the mountains
non . . . mai   not ever, never;
  non . . . ancora   not yet;
  non . . . affatto   not . . . at all;
  non . . . più   not any longer, no
  longer
di notte   at night
a proposito   by the way
provare nostalgia   to be homesick

P R A T I C A

A. Immagini di frequentare un corso estivo all'università e di scrivere una
    lettera alla mamma. Parli di queste cose nella sua lettera.

    a. come sta   d. quello che fa di bello
    b. che cosa studia   e. che prova nostalgia
    c. che tempo fa   f. che ha bisogno di soldi

B. Immagini di essere in vacanza in Italia e di scrivere una cartolina
    (*postcard*) ad un amico/un'amica. Dica da quanto tempo è lì e racconti
    (*tell*) quello che ha visto e fatto finora (*until now*).

Imparare l'italiano in Italia

Per chi studia una lingua straniera non c'è di meglio del[1] contatto diretto con la gente del paese dove la lingua viene parlata[2]. Imparare l'italiano in Italia è un'esperienza simpatica e interessante. Esistono in molte città accademie ed istituti riservati all'insegnamento dell'italiano agli stranieri. Il Centro Linguistico Italiano "Dante Alighieri", per esempio, offre programmi d'italiano a Roma, Firenze e Siena. Questa scuola è riconosciuta[3] dal Ministero della Pubblica Istruzione, ha ottimi[4] insegnanti altamente qualificati ed offre corsi mensili[5].

Inoltre[6], molte università italiane organizzano programmi di lingua, letteratura, arte e cultura per stranieri, specialmente d'estate. Giovani di tutte le parti del mondo approfittano annualmente di queste opportunità per imparare la lingua italiana, conoscere più a fondo[7] i costumi[8] e la vita sociale degli Italiani e godere[9] allo stesso tempo di un soggiorno piacevole[10] in Italia.

L'Università Italiana per Stranieri di Perugia attrae studenti da tutte le parti del mondo. Le piacerebbe studiare a Perugia?

1. there is nothing better than 2. is spoken 3. recognized 4. excellent 5. monthly 6. In addition 7. more in depth 8. customs 9. enjoy 10. pleasant stay

---

PRONUNCIA   I suoni /g/ e /ǧ/

The letter **g** (or **gg**) is pronounced hard (/g/), as in **gatto**, before the letters **a**, **o**, and **u**; **gh** is always pronounced hard. Before **e** and **i**, **g** (or **gg**) is pronounced soft (/ǧ/), as in **gennaio**.

A. Ascolti l'insegnante e ripeta le seguenti parole.

pre**g**o	lun**gh**e	**g**ennaio	sug**g**erire
ra**g**azzo	la**gh**i	**g**ente	og**g**etto
Li**g**uria	alber**gh**i	**g**entile	og**g**i

B. **Proverbio.** Legga ad alta voce il seguente proverbio e poi lo detti ad un altro studente/un'altra studentessa.

Quando il gatto non c'è, i topi ballano.
When the cat's away, the mice will play.
(Literally: When the cat's out, the mice dance.)

195

AMPLIAMENTO DEL VOCABOLARIO

Che tempo fa?

È il primo maggio.
Fa bel tempo. C'è
il sole ed è sereno.

È il sette gennaio.
Fa freddo. Nevica e
tira molto vento.

È il quindici agosto.
Fa caldo.
È molto umido.

È l'undici ottobre.
Fa fresco ed è
nuvoloso.

Espressioni utili

Che tempo fa? What's the weather like?
Quali sono le previsioni del tempo di oggi? What's the weather forecast today?
Il clima è mite. The climate is mild.

Fa bel tempo. It's nice weather.
Fa cattivo tempo. It's terrible weather.
Fa freddo. It's cold.
Fa fresco. It's cool.
Fa caldo. It's hot.
Fa molto caldo (freddo, fresco). It's very hot (cold, cool).

Nevica. It's snowing.
Piove. It's raining.
Tira (molto) vento. It's (very) windy.
C'è il sole. It's sunny.
C'è la nebbia. It's foggy.
È afoso. It's sultry (muggy).
È sereno. It's clear.
È nuvoloso. It's cloudy.

A. Risponda alle domande di un giovane/una giovane italiano/a che vuole visitare la sua città e vuole sapere com'è il clima lì.

1. Che tempo fa ad agosto nella tua città?
2. Fa molto freddo a dicembre? Perché?
3. Nevica spesso d'inverno?
4. È afoso d'estate?
5. Tira sempre vento a marzo? Piove spesso?
6. C'è spesso la nebbia?
7. C'è sempre il sole?

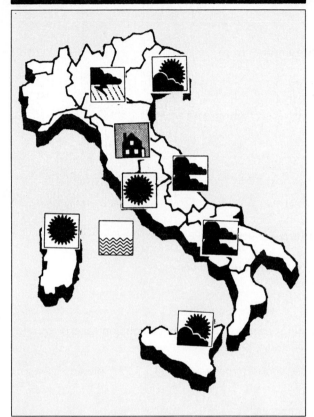

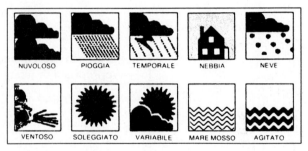

B. **Risponda al suo compagno/alla sua compagna di camera che domani va a fare una gita e vuole sapere le previsioni del tempo.**

— Sai quali sono le previsioni del tempo di domani?
— Sì, domani . . .

C. **Domandi ad un altro studente/un'altra studentessa quali cose (non) gli/le piace fare secondo il tempo.**

— Cosa ti piace fare quando (fa bel tempo)?
— Mi piace . . ./Non mi piace . . .
— E quando (piove)?

Alcune espressioni di tempo con *volta*, *di*, *ogni*, *tutti/e*

Ogni

ogni anno (mese, settimana, giorno)   each year (month, week, day)

ogni estate (autunno, inverno, primavera)   each summer (fall, winter, spring)

ogni lunedì (martedì, ecc.)   each Monday (Tuesday, etc.)

ogni tanto   once in a while

Di

di quando in quando   from time to time

di rado   seldom

di solito   usually

di tanto in tanto   every now and then

Volta

a volte   at times

una volta al giorno (alla settimana, al mese, all'anno)   once a day (a week, a month, a year)

qualche volta   sometimes

Tutti/Tutte

tutti i giorni (mesi)   every day (month)

tutte le sere (le settimane)   every evening (week)

D. Risponda brevemente alle seguenti domande personali con un'espressione appropriata di tempo con *volta*, *di*, *ogni* o *tutti/e*.

▣   Lei fa la spesa?   *Sì, ogni settimana.*

1. Studia in biblioteca?
2. Va in chiesa o alla sinagoga?
3. Si alza presto la domenica?
4. Va allo stadio con i suoi amici?
5. Gioca a tennis con suo padre?
6. Telefona ai suoi genitori?
7. Guarda la televisione?
8. Ascolta la musica?
9. Legge il giornale?
10. Fa gite con gli amici?

STRUTTURA ED USO

Imperfetto

Quando **ero** bambina, **abitavo** in una bella casa ed **avevo** un gatto ed un cane.

1. The **imperfetto** (the imperfect) is a past tense formed by adding identical endings to the infinitive stems of all regular and most irregular verbs.

comprare	prendere	partire
compravo	prendevo	partivo
compravi	prendevi	partivi
comprava	prendeva	partiva
compravamo	prendevamo	partivamo
compravate	prendevate	partivate
compravano	prendevano	partivano

2. The **imperfetto** describes actions and states that continued over time in the past. Specifically, it is used for:

a. a past action, situation, or condition that persisted over an indefinite period of time. The English equivalent of this use is *was (were)* + *-ing*.

Ascoltava la radio da solo.	He was listening to the radio by himself.
Leggevamo il libro con attenzione.	We were reading the book attentively.

b. a habitual or repeated past action. Expressions like **di solito, sempre, una volta al giorno (alla settimana), qualche volta,** and **spesso** are frequently used with the **imperfetto**. The equivalent in English of this use is *used to* or *would* + *verb*.

Andava sempre con Ada.	He used to (would) always go with Ada.
Di solito, **camminavo** con Sandro.	I would usually walk with Sandro.

c. actions and circumstances already in progress when something else occurred, and two simultaneous actions.

Dormivo quando Paolo è entrato.	I was sleeping when Paolo entered.
Guardavano la televisione mentre studiavano.	They were watching television while they studied.

d. weather, time of day, age, health, and mental and psychological states in the past.

Faceva bel tempo ieri.	The weather was nice yesterday.
Erano le tre e venti di mattina.	It was 3:20 in the morning.
Avevo undici anni nel 1981.	I was eleven years old in 1981.
Osvaldo non **si sentiva** bene ieri.	Osvaldo was not feeling well yesterday.
La signora **pensava** alla casa dove **abitava** quando **era** bambina.	The lady was thinking about the house where she lived when she was a child.

3. The verb **essere** is irregular in all forms of the **imperfetto**.

essere	
ero	eravamo
eri	eravate
era	erano

4. The verbs **bere, dire,** and **fare** have irregular forms in the **imperfetto**.

bere (bev-)	dire (dic-)	fare (fac-)
bevevo	dicevo	facevo
bevevi	dicevi	facevi
beveva	diceva	faceva
bevevamo	dicevamo	facevamo
bevevate	dicevate	facevate
bevevano	dicevano	facevano

A. Dica se lei faceva le seguenti cose quando aveva dodici anni.

▣ andare al mare   *Sì, andavo al mare.*

1. guidare la macchina
2. ballare bene
3. frequentare il liceo
4. studiare l'italiano
5. spendere molti soldi
6. mangiare gli spinaci volentieri
7. lavorare il sabato
8. ascoltare la musica classica

B. Indichi quante volte le seguenti persone facevano queste cose l'anno scorso. Usi un'espressione della lista in basso e l'imperfetto del verbo.

di solito	qualche volta	una volta ogni tanto
sempre	ogni sabato	di rado
spesso	tutti i giorni	

▣ Mirella va a teatro?   *No, ma l'anno scorso andava a teatro ogni sabato.*

1. Marco va al bar?
2. Luisa fa le spese a Porta Portese?
3. Annalisa scrive lettere al suo ragazzo?
4. Dormite la domenica pomeriggio?
5. Fai una passeggiata nel parco?
6. I suoi amici fanno gite in montagna?
7. Fate i compiti (*homework*)?
8. Mangi un gelato?

C. Qualcuno che le somiglia (*who looks like you*) sabato scorso ha rubato (*stole*) alcuni dischi in un negozio. Un poliziotto (*policeman*) le chiede cosa faceva lei quel giorno in determinate ore. Collabori con un altro studente/un'altra studentessa ed usi l'imperfetto.

▣ dove essere sabato sera (lei) /   — *Dov'era lei sabato sera?*
essere a casa (io)   — *Ero a casa.*

1. essere solo/a o con altre persone (lei) / mia amica Rosa essere con me
2. che fare alle sei di sera (lei) / mangiare una pizza (io)
3. che fare alle otto (voi) / ascoltare i dischi (noi)
4. che fare alle dieci (voi) / guardare la televisione (noi)
5. quale programma guardare (voi) / "Dallas" (noi)
6. dove essere alle undici (voi) / essere ancora a casa (noi)
7. che fare a mezzanotte (lei) / dormire (io)

D. Indichi cosa faceva Luigi mentre Teresa faceva altre cose.

 studiare / ascoltare la radio   *Luigi studiava mentre Teresa ascoltava la radio.*

1. giocare a tennis / dare un passaggio alla sorellina
2. guardare la televisione / leggere il giornale
3. mangiare un panino / bere un tè freddo
4. fare il pieno / controllare le gomme
5. andare al mercato / ripassare le lezioni
6. pulire la moto / usare il computer
7. cercare un telefono / parcheggiare la macchina
8. dormire / fare una passeggiata

E. Completi le seguenti frasi con espressioni di senso compiuto (*logical*) usando l'imperfetto del verbo.

1. Quando ero piccolo/a, . . .
2. Ieri, mentre guidavo, . . .
3. Molto spesso, i miei genitori . . .
4. Quando mio padre andava a lavorare . . .
5. Dormivate mentre . . .
6. Mentre ero in Italia, . . .
7. Ricordavo con piacere . . .
8. Ogni lunedì . . .

Espressioni negative

— Cosa vedi?
— **Non** vedo **niente**.

1. Here is a list of the most commonly used negative expressions in Italian. You have already learned a number of them.

non . . . affatto	*not at all*	**Non** canto **affatto.**
non . . . mai	*never*	**Non** studiano **mai.**
non . . . { niente / nulla	*nothing*	**Non** capisci **niente (nulla).**
non . . . nessuno	*no one*	**Non** vedete **nessuno?**
	not any	**Non** vedo **nessun** libro.
non . . . { neanche / nemmeno / neppure	*not even*	**Non** parla **neanche (nemmeno, neppure)** con sua sorella.
non . . . più	*no more, no longer*	**Non** la chiamano **più.**
non . . . ancora	*not yet*	**Non** è **ancora** tardi.
non . . . né . . . né	*neither . . . nor*	**Non** andiamo **né** a Catania **né** a Palermo.

2. Negative expressions are usually made up of **non** + *verb* + *second negative word (or words).* Note that two negative words ("double negatives") do not make an affirmative, as they do in English.

Non capisco **niente.**	I don't understand anything.
Non vedo **nessuno.**	I don't see anyone.
Non prendo **mai** quel treno.	I never take that train.
Non studio **affatto.**	I don't study at all.

In the **passato prossimo**, the second negative word usually follows the past participle.

Non ho visto **nessuno** oggi.	I didn't see anyone today.
Non ho dormito **più.**	I didn't sleep anymore.

Mai, nemmeno, affatto, più, ancora, and **né** may precede the past participle, particularly for emphasis.

Non sono **mai** andati d'accordo!	They've never agreed!
Non hai **neppure** salutato tua zia!	You didn't even greet your aunt!

3. As a pronoun, **nessuno** (*no one*) is invariable.

Non parlo con **nessuno** la mattina.

As an adjective, **nessuno** is used in the singular only. It has the same endings as the definite article **un** before a noun.

Non ho **nessun** quaderno.	I don't have a single notebook (any notebooks).
Non ho **nessuna** penna.	I don't have a single pen (any pens).
Non abbiamo **nessuno** specchio.	We don't have a single mirror (any mirrors).

4. When **niente** or **nessuno** precede the verb, **non** is omitted.

— Chi ha letto il giornale?   — Who read the newspaper?
— **Nessuno** l'ha letto.   — No one read it.

— Cosa era a buon mercato?   — What was cheap?
— **Niente** era a buon mercato.   — Nothing was cheap.

F. Dica che lei non fa mai o affatto le seguenti cose.

▣ leggere il giornale   *Non leggo mai (affatto) il giornale.*

1. studiare il cinese
2. scrivere lettere
3. vestirsi alla moda
4. comprare libri italiani
5. guardare la televisione la mattina
6. provare nostalgia

G. Dica che Carlo non ha nessuno degli oggetti indicati.

▣ valige di cuoio   *Carlo non ha nessuna valigia di cuoio.*

1. computer italiani
2. maglie italiane
3. calcolatrici americane
4. ceramiche spagnole
5. camicie rosse
6. zaini

H. Immagini di non sentirsi bene e di non volere vedere nessuno o far niente. Risponda alle seguenti domande in forma negativa.

▣ Parla con gli amici?   *No, non parlo con nessuno.*
▣ Fa qualcosa?   *No, non faccio niente.*

1. Incontra Ugo a piazza Navona?
2. Telefona a sua cugina?
3. Desidera un gelato?
4. Aspetta l'amico di Tina?
5. Prende un cappuccino?
6. Legge una rivista inglese?
7. Vuole guardare una videocassetta?
8. Riceve i parenti domenica?
9. Cerca libri interessanti?
10. Vede le sorelle di Giovanni?
11. Fa una gita?
12. Spera di andare ad un buon ristorante domani?

I. Formi delle frasi logiche usando le espressioni **non . . . più** e
non . . . ancora.

inverno / autunno   *È inverno adesso; non è più autunno.*
notte / giorno   *È notte adesso; non è ancora giorno.*

1. mezzogiorno / mattina
2. uomo / ragazzo
3. vecchia / giovane
4. studentessa / professoressa
5. mio padre telefonare / arrivare a Napoli
6. tu studiare / finire di fare i compiti

J. Risponda alle seguenti domande usando un'espressione negativa
appropriata.

1. Quante volte all'anno vai in Cina?
2. Chi ti paga dieci dollari l'ora per pulire la macchina?
3. Giochi ancora con i giocattoli (*toys*)?
4. Quante Ferrari hai?
5. Ti piace alzarti alle cinque e mezzo?
6. Compri giornali e riviste ogni giorno?

Pronomi personali di forma tonica

— Vuoi venire al mare **con me**?
— No. Preferisco andare **con lui**.

1. Disjunctive pronouns (**pronomi personali di forma tonica**) are used instead of object pronouns for emphasis or if there are two or more objects. They are used mainly as objects of prepositions, such as **a**, **con**, **da**, **di**, and **per**.

Hanno chiamato **me** e **lui**.	They called him and me.
Parlo **a lui**, non **a te**.	I'm speaking to him, not to you.
Vuoi venire **con me**?	Do you want to come with me?
Non ho ricevuto niente **da te**.	I haven't received anything from you.
Non parliamo **di lei**.	Let's not speak of her.
Ecco un regalo **per te**.	Here's a gift for you.

2. The following chart shows the disjunctive pronouns with the preposition **con**. Note that the disjunctive pronouns **lui**, **lei**, **noi**, **voi**, and **loro** are identical to the subject pronouns.

Singular		Plural	
con **me**	with me	con **noi**	with us
con **te**	with you (*familiar*)	con **voi**	with you (*familiar*)
con **lui**	with him	con **loro**	with them, with you (*formal*)
con **lei**	with her, with you (*formal*)		

3. **Da** + *disjunctive pronoun* may mean *by (one)self/selves*.

Faccio tutto **da me**.	I do everything by myself.
Fai tutto **da te**.	You do everything by yourself.

The disjunctive pronoun **sé** is used in place of **lui/lei** and **loro** to mean *himself/herself*, *themselves*, and the formal *yourself*, *yourselves*.

Fa tutto **da sé**.	He does everything by himself.
Fanno tutto **da sé**.	They do everything by themselves.
Signora, faccia **da sé**.	Madam, do it yourself.

K. Roberto ogni giorno mangiava con persone diverse. Indichi con chi mangiava, usando i pronomi personali di forma tonica.

il sabato / Carla   *Il sabato Roberto mangiava con lei.*

1. la domenica / Paolo e Marco
2. il lunedì / tu
3. il martedì / Federico
4. il mercoledì / io ed Elena
5. il giovedì / io
6. il venerdì / tu e Gianni

L. Risponda alle seguenti domande, usando i pronomi personali di forma tonica appropriati.

    Parlano di Maurizio?   *Sì, parlano di lui.*

1. Clara ha ricevuto quell'orologio da Luigi?
2. Hai ricevuto una telefonata dal tuo amico?
3. C'è una lettera per la mamma?
4. Stasera Giancarlo viene con te e Luisa?
5. Vieni al museo con me e Marco?
6. La calcolatrice nuova è per me?
7. Pensi spesso a Giuseppe?
8. Chi è a casa con Anna?

M. Dica che le seguenti persone fanno certe cose da soli.

    lui: pulire la Fiat   *Pulisce la Fiat da sé.*

1. Carlo: studiare la matematica
2. tua cugina: organizzare la festa
3. Pietro: andare al mercato
4. i bambini: vestirsi
5. tu: pulire la tavola
6. la signora: preparare la cena
7. io: imparare l'italiano
8. lei: fare la spesa

Pronomi possessivi

1. The possessive pronouns are identical in form to the possessive adjectives (see pages 178–179). They agree in number and gender with the thing possessed, not with the possessor. They are used with a definite article except when they follow a form of **essere**, in which case the article is optional.

Ecco **i miei biglietti**.	Here are my tickets.
Ecco **i miei**.	Here are mine.
Ho trovato **la tua penna**.	I found your pen.
Ho trovato **la tua**.	I found yours.

   But: È **la sua macchina**?   Is that your car?
        È **(la) sua**?   Is that yours?

2. The definite article is never omitted with the possessive pronoun **loro**, even after the verb **essere**.

   È la loro casa?   Is it their house?
   Sì, è la loro.   Yes, it is theirs.

3. The following chart shows the forms of the possessive pronouns.

	Masculine		Feminine	
	Singular	**Plural**	**Singular**	**Plural**
mine	il mio	i miei	la mia	le mie
yours (tu)	il tuo	i tuoi	la tua	le tue
his, hers, its, yours (lei)	il suo	i suoi	la sua	le sue
ours	il nostro	i nostri	la nostra	le nostre
yours (voi)	il vostro	i vostri	la vostra	le vostre
theirs, yours (loro)	il loro	i loro	la loro	le loro

N. Carla dice a sua madre che le piace scambiare (*exchange*) varie cose con i suoi amici. Assuma il ruolo di Carla.

▣ Io preferisco il registratore di Laura e lei preferisce . . .   *Io preferisco il registratore di Laura e lei preferisce il mio.*

1. Io preferisco la giacca di Claudia e lei preferisce . . .
2. Io preferisco le maglie di Annamaria e lei preferisce . . .
3. Io preferisco lo stereo di Alberto e lui preferisce . . .
4. Io preferisco gli stivali (*boots*) di Mirella e lei preferisce . . .
5. Io ascolto i dischi di Tonino e di Gino e loro ascoltano . . .
6. Io leggo i libri di Anna e lei legge . . .

O. Lei e vari amici mangiano in una trattoria. Il cameriere non ricorda chi ha ordinato alcuni piatti e lei lo aiuta, facendo domande ai suoi amici. Collabori con un altro studente/un'altra studentessa.

▣ pasta: tu o Angela   — *La pasta è tua o di Angela?*
— *È (la) mia.*
È (la) sua.

1. pesce: tu o Stefano   4. fagiolini: Silvano o io
2. fettuccine: noi o voi   5. asparagi: voi o loro
3. carciofi: tu o io   6. carne: noi o loro

P. Carlo domanda a Claudio di chi sono le seguenti cose. Assuma il ruolo di Claudio, usando la forma appropriata del pronome possessivo.

▣ Carlo: Queste camicie sono tue o di Filippo?   Claudio: *Sono (le) sue.*
Sono (le) mie.

1. Questa valigia è tua o di Marco?
2. Questo stereo è tuo o di Laura?
3. Quei giornali sono tuoi o i loro?
4. Quelle penne sono tue o mie?
5. Questa macchina da scrivere è tua o di tuo fratello?
6. Quella patente è di Rosa o tua?

A. **Un'intervista.** Lei fa varie domande ad uno studente/una studentessa che è appena *(just recently)* tornato/a dall'Italia dove ha frequentato l'Università per Stranieri di Perugia. Usi l'imperfetto nelle domande e collabori con un altro studente/un'altra studentessa che risponde nell'imperfetto con frasi complete. Poi, assuma il ruolo dello studente/della studentessa.

(Andare) a lezione ogni giorno?

— Andavi a lezione ogni giorno?
— Sì, andavo a lezione anche il sabato.

1. (Esserci) molti studenti stranieri? Di dove?
2. Quanti professori/professoresse (avere)?
3. Quanto (dovere) studiare?
4. (Parlare) sempre in italiano?
5. (Andare) a manifestazioni culturali? Quali?
6. (Fare) gite nei dintorni di Perugia? Con chi? Quando?
7. (Fare) spesso bel tempo?
8. (Provare) nostalgia o (divertirsi) molto?

Perugia è situata su un alto colle (*hill*) e le sue antiche strade sono strette e ripide (*steep*). Questa è una via caratteristica, formata da una lunga gradinata (*flight of steps*).

B. **Al lavoro.** Lei lavora in un'agenzia di viaggi. Questo pomeriggio torna in ufficio e fa alcune domande al suo assistente, che risponde a tutto negativamente. Collabori con un altro studente/un'altra studentessa. Usi un'espressione appropriata dall'elenco che segue.

non . . . nessuno	non . . . né . . . né	non . . . neanche
non . . . nulla	non . . . affatto	non . . . niente
non . . . ancora	non . . . nessuno	non . . . più

  chi telefonare   — *Chi ha telefonato?*
                        — *Non ha telefonato nessuno.*

1. arrivare la lettera dall'Alitalia
2. spedire il telegramma all'agenzia di Boston
3. conoscere i signori Simonetti o la signora Folonari
4. venire presto la segretaria dell'ufficio
5. preparare i biglietti per la signora Carlucci
6. depositare gli assegni (*checks*) in banca
7. che cosa mangiare a pranzo
8. bere il caffè

C. **Da piccolo/a.** Intervisti un altro studente/un'altra studentessa per sapere com'era e cosa gli/le piaceva fare quando aveva otto anni. Prenda appunti e poi riferisca le informazioni alla classe. Lei vuole sapere:

1. com'era: timido/a o disinvolto/a; pigro/a o energico/a; gentile o sgarbato/a?
2. aveva molti amici o un amico/un'amica speciale? Come si chiamava(no)?
3. gli/le piaceva la scuola? Quale materia preferiva?
4. quali trasmissioni televisive (*TV programs*) guardava?
5. di solito come si divertiva?
6. cosa voleva fare da adulto?
7. discuteva spesso con i suoi genitori?

D. **Consigli.** Luisa Giannini va via da casa per la prima volta per andare a studiare per un anno negli Stati Uniti. I suoi genitori sono tristi e preoccupati e le danno molti consigli contraddittori (*contradictory*). Assuma il ruolo del signore o della signora Giannini e collabori con un altro studente/un'altra studentessa, usando le espressioni negative appropriate e la forma **tu** dell'imperativo.

1. Don't talk to anyone on the airplane!
2. Don't lose anything!
3. Don't be homesick at all!
4. Don't forget even a single word of Italian!
5. Don't forget the family or Italy!
6. Never forget your vitamins (*vitamine*)!
7. Don't leave yet!

E. **Lettura.** Legga le informazioni e il dialogo che seguono.

■ La tabaccheria

In Italia la tabaccheria è il negozio dove, oltre ai prodotti tipici per fumatori (*smokers*) come tabacco, pipe, sigari e sigarette, si vendono anche molte altre cose. Si possono trovare oggetti da regalo e di cartoleria (*stationery*), biglietti dell'autobus e della metropolitana, giochi e passatempi (*games and pastimes*) e francobolli. È molto comodo comprare francobolli in tabaccheria dato che l'unico altro posto che li vende è l'ufficio postale, che non è sempre vicino casa ed ha un orario piuttosto limitato.

Sabrina Johnson entra in una tabaccheria del centro di Firenze per comprare dei francobolli e delle cartoline illustrate da mandare ai suoi amici.

Sabrina	Buon giorno. Vorrei[1] delle cartoline illustrate e dei francobolli.
Tabaccaio	Ecco, signorina. Le cartoline sono all'angolo[2] e lei può sceglierle benissimo.
Sabrina	Che tipo di francobolli devo usare sulle cartoline da mandare per via aerea negli Stati Uniti?
Tabaccaio	Quelli da ottocento[3]. Quanti ne vuole?
Sabrina	Dieci, per favore.

1. I'd like   2. in the corner   3. worth 800

Lei può comprare sigarette, francobolli, cartoline e biglietti dell'autobus in una tabaccheria come questa situata nella città di Bologna.

F. **In tabaccheria.** Immagini di essere in una tabaccheria di Napoli per comprare alcune cose. Collabori con un altro studente/un'altra studentessa che assume il ruolo del tabaccaio/della tabaccaia.

Lei	*Tabaccaio/a*
1. Saluta.	2. Risponde al saluto e le domanda cosa desidera.
3. Ha bisogno di carta da lettere e di buste (*envelopes*).	4. Le domanda se carta e buste devono essere per via aerea o normale.
5. Lei risponde che devono essere per via aerea ed aggiunge che ha anche bisogno di francobolli.	6. Vuole sapere quanti francobolli le servono e da quanto.
7. Vuole tre francobolli da 650 lire e cinque da 900 lire.	8. Le dà carta, buste e francobolli e dice che in tutto sono 14.000 lire.
9. Lei paga, ringrazia e prima di andare via, saluta.	10. Le dà mille lire di resto (*change*), ringrazia e saluta.

G. **Dialogo.** Legga il dialogo e poi faccia l'esercizio che segue.

Renato Preschi è all'ufficio postale per spedire una raccomandata[1]. Si mette in fila[2] e dopo un po' è di fronte allo sportello[3].

Renato   Vorrei spedire questa lettera raccomandata.
Impiegato   Mi dispiace, signore. Le raccomandate si accettano[4] solo allo sportello numero 4. Qui vendiamo francobolli solamente.
Renato   Devo mettermi in un'altra fila allora. Intanto, mi servono anche dei francobolli. Ne vorrei dieci da seicento.
Impiegato   Ecco a lei. Sono seimila lire.

1. registered letter   2. He gets in line   3. in front of the window   4. are accepted

H. **All'ufficio postale.** Supponga di essere all'ufficio postale perché deve spedire un pacco. Collabori con un altro studente/un'altra studentessa che assume il ruolo dell'impiegato/a (*clerk*).

Lei	*Impiegato/a*
1. Saluta	2. Risponde al saluto e le domanda cosa desidera.
3. Deve spedire un pacco negli Stati Uniti.	4. Le dice di andare allo sportello (*window*) numero 5.
5. Dice che ha bisogno anche di francobolli.	6. Vuole sapere quanti francobolli desidera e da quanto.

7. Vuole due francobolli da 1.500 lire l'uno.

8. Le dà i francobolli e le dice che il prezzo è 3.000 lire.

9. Lei paga, ringrazia e saluta.

10. Ringrazia e saluta e le ricorda che lo sportello numero 5 è per i pacchi.

I. **Espressioni di cortesia ed interiezioni.** Ecco un elenco di espressioni di cortesia ed interiezioni comunemente usate in italiano. Come in inglese, queste brevi espressioni si usano (*are used*) per manifestare un augurio (*best wishes*) o dare un avvertimento (*warning*).

Alla salute! (Salute!)   To your health! Cheers!

Salute!   Bless you! (*when someone sneezes*)

Attenzione!   Careful!

Auguri!   Best wishes!

Bravo/a!   Bravo! Well done!

Congratulazioni!   Congratulations!

In bocca al lupo!   Good luck! (*literally:* In the mouth of the wolf! *The response is:* **Crepi il lupo!**   May the wolf die!)

Buon Anno!   Happy New Year!

Buon appetito!   Enjoy your meal!

Buon compleanno!   Happy birthday!

Buon divertimento!   Have a good time!

Buona fortuna!   Good luck!

Buona giornata!   Have a good day!

Buon lavoro!   Have a good day at work!

Buone vacanze!   Have a nice vacation!

Buon viaggio!   Have a good trip!

J. **Come risponde?** Reagisca con un'espressione appropriata a quello che le dice un suo amico/una sua amica. Collabori con un altro studente/un'altra studentessa.

— Ciao, è tardi. Devo andare a lavorare.   — *Ciao. Buona giornata!*

1. — Domani ho due esami difficili.
2. — Fra giorni parto. Vado al mare in Sardegna.
3. — Ho preso una A nell'esame d'italiano.
4. — Domani mia madre compie cinquant'anni.
5. — Vado a prendere l'aereo per Venezia.
6. — Mio fratello si sposa fra una settimana.
7. — Bevi questo vino. Ecco il tuo bicchiere.
8. — Torno a casa perché è ora di pranzo.

Questa giovane sposa si
prepara per la foto ricordo del
suo matrimonio in una piazza
di Roma.

Ieri Mirella Baldini è andata al matrimonio di sua cugina Oriana ed ora racconta l'avvenimento° alla sua amica, Rosanna Modica.

<dl>
<dd>

Rosanna	Allora, dimmi, com'è andata°? Sono curiosa di sapere tutto.	*how did it go?*
Mirella	È stato un matrimonio fantastico. Mia cugina portava un vestito da sposa semplice ma molto elegante, un romantico modello di Laura Biagiotti. Giuseppe era così emozionato che ha perfino lasciato cadere° l'anello di matrimonio.	*he even dropped*
Rosanna	(*ride*) Povero Giuseppe. Sai che figura°! Lui che è sempre così spigliato° e disinvolto! C'era molta gente?	*How embarrassing!* *carefree*
Mirella	Sì, c'erano per lo meno cento persone, per lo più giovani.	
Rosanna	Gli sposi hanno ricevuto gli invitati a casa di Oriana?	
Mirella	No. Il rinfresco ha avuto luogo nella villa di mio zio che è grande ed accogliente°.	*comfortable*
Rosanna	E tu, cosa ti sei messa?	
Mirella	Mi sono messa la gonna di velluto nero, la camicetta di seta bianca ed i sandali di camoscio° nero.	*suede*
Rosanna	Scommetto che hai fatto colpo su qualcuno°!	*I bet you made an impression on someone! / Not a chance!*
Mirella	Macché°! I ragazzi invitati erano quasi tutti simpatici, ma nessuno era il mio tipo.	
Rosanna	Perché sorridi? Nascondi forse qualcosa?	
Mirella	*Io?* No, niente.	
Rosanna	Ma continua. Avete anche ballato?	
Mirella	Certo. C'era un famoso complesso rock che ha suonato fino alle tre del mattino°.	*in the morning*
Rosanna	Questo è tutto?	
Mirella	Beh°, prima di andare via ho conosciuto il chitarrista del complesso.	*Well . . . (beh is a contraction of bene)*
Rosanna	Ecco dunque perché sorridevi!	
Mirella	Sì, infatti. Luciano è carino e molto simpatico. Abbiamo fissato un appuntamento per domani sera.	
Rosanna	Ah sì? E dove pensate di andare?	
Mirella	Non lo so. Forse in una discoteca del centro.	
Rosanna	Buon divertimento, allora!	
Mirella	Grazie. La prossima volta ti racconto tutto.	

</dd>
</dl>

DOMANDE GENERALI

1. Dov'è andata ieri Mirella?
2. A chi racconta l'avvenimento?
3. Com'è stato il matrimonio?
4. Com'era Giuseppe?

5. Quanta gente c'era al matrimonio?
6. Dove ha avuto luogo il rinfresco?
7. Che si è messa Mirella?
8. Chi ha incontrato Mirella prima di andare via?
9. Dove pensano di andare domani sera Mirella e Luciano?

DOMANDE PERSONALI

1. Lei va a ballare qualche volta? Quando? Dove? Con chi?
2. Le piace la musica rock o la musica classica? Perché?
3. Cosa mette di solito per andare alle feste con gli amici?
4. Preferisce le camicie (camicette) di seta, di cotone o di poliestere? Perché?
5. Le piace mettere vestiti eleganti o sportivi? Perché?
6. Lei suona uno strumento musicale? Quale?
7. Quali complessi rock le piacciono?
8. Che tipo di ragazzo/a preferisce? alto/a, intelligente, ecc.?

SITUAZIONI

1. Ieri sera lei è andato/a ad una festa in casa del professore d'italiano. Ora un amico/un'amica le chiede come si è vestito/a per l'occasione.

   — Cosa ti sei messo/a?
   — Mi sono messo/a la giacca nera (il maglione bianco/i sandali marrone/i pantaloni marrone/il vestito blu).

2. Il suo amico/la sua amica vuole sapere se c'erano molti invitati alla festa.

   — C'era molta gente alla festa?
   — C'erano per lo meno cento persone (C'erano solo venti persone/Sì, c'era un bel po' di gente).

VOCABOLARIO

Parole analoghe

blu	**curioso/a**	**la persona**
classico/a	**fantastico/a**	**il poliestere**
continuare	**il modello**	**i sandali**

Nomi

l'avvenimento event
la camicetta blouse
il/la chitarrista guitarist
il complesso (rock) (rock) band
la discoteca discotheque
il divertimento good time, fun
la giacca jacket
la gonna skirt
il maglione sweater
il matrimonio wedding
il mattino morning
i pantaloni pants, trousers
il rinfresco reception, party
la seta silk
lo spettacolo show
gli sposi the bride and groom
il tipo type
il velluto velvet
il vestito dress; suit; **il vestito da
  sposa** wedding dress

Aggettivi

carino/a nice, cute
emozionato/a excited, filled with
  emotion
invitato/a invited
marrone brown
meraviglioso/a marvelous
nero/a black
romantico/a romantic

Verbi

ballare to dance
cadere to drop, fall
nascondere to hide
raccontare to tell
ridere to laugh
sapere (*irregular*) to know
scommettere to bet
sorridere to smile
suonare to play (music)

Altre parole ed espressioni

infatti as a matter of fact
perfino even
qualcosa something
quasi almost
tutto everything, all

andare via to leave, to go away
avere luogo to take place
fare cadere to let drop
non lo so I don't know
per lo meno at least
per lo più for the most part
prima di (+ *infinitive*) before
  (. . . ing)
un bel po' a great deal

PRATICA

A. Immagini di essere andato/a al matrimonio di suo zio. Racconti al suo
    amico/alla sua amica:

    1. con chi è andato/a
    2. che cosa si è messo/a
    3. come erano gli sposi
    4. quante persone c'erano al
       ricevimento
    5. che tipo di musica c'era
    6. quello che ha fatto
    7. chi ha conosciuto
    8. quanto tempo è rimasto/a lì

B. Scriva un riassunto (*summary*) del dialogo a pagina 215. Per esempio:

    Mirella dice che è andata al matrimonio di . . .

La moda italiana

Le creazioni della moda italiana hanno molto successo non solo in Italia, ma anche all'estero. La moda italiana è spesso ricercata[1] e seguita con attenzione e curiosità sul mercato internazionale. Gucci, Pucci, Missoni, Armani, Valentino, Ferragamo e Biagiotti sono alcuni famosi rappresentanti della moda italiana.

Lo sviluppo[2] della moda italiana come industria risale[3] agli inizi degli anni cinquanta[4] quando sarti e disegnatori cominciarono a presentare annualmente[5] le loro creazioni al pubblico. Firenze è stata da sempre il centro di queste manifestazioni di moda, ma negli ultimi anni, città come Roma, Milano e Torino hanno presentato con notevole successo nuove sfilate di moda[6].

Dovuto[7] al costante aumento dell'esportazione, l'industria della moda contribuisce in maniera rilevante[8] alla bilancia commerciale[9] italiana. Le esportazioni più diffuse sono quelle di scarpe, borse, camicie ed articoli di cuoio, tutti prodotti molto ricercati sui mercati esteri. Inoltre è da ricordare[10] che il successo dell'Alta Moda italiana ha contribuito alla nascita ed allo sviluppo di nuovi settori economici e commerciali in Italia come la cosmetica e la biancheria[11].

Ecco una bella vetrina di un negozio del centro di Milano. Le piace la moda italiana? Quali stilisti italiani preferisce?

1. sought after   2. development   3. goes back   4. the 50's   5. yearly   6. fashion shows
7. Due to   8. considerable   9. trade balance   10. it should be remembered   11. linens and underclothes

---

PRONUNCIA Il suono /ʎ/

The sound of the letters **gli** is a mid-palatal sound somewhat like the *lli* in *million*. This sound presents problems for many English-speakers, who tend to pronounce it as in *glitter*.

A. Ascolti l'insegnante e poi ripeta le seguenti parole.

gli	bi**gli**etto	abbi**gli**amento
fi**gli**	fo**gli**	botti**glia**
a**gli**	ma**glia**	Ca**gli**ari
e**gli**	fami**glia**	sba**gli**are

B. **Proverbio.** Legga ad alta voce il seguente proverbio e poi lo detti ad un altro studente/un'altra studentessa.

Meglio tardi che mai.
>   Better late than never.

AMPLIAMENTO DEL VOCABOLARIO

L'abbigliamento, i tessuti ed i materiali

Gli articoli di abbigliamento

le calze (*f. pl.*) stockings, hose
i calzini socks
i calzoncini shorts
la camicetta blouse
la camicia shirt
il cappello hat
il cappotto (over)coat
la cravatta tie
il costume da bagno bathing suit
la giacca jacket
la gonna skirt

i guanti gloves
l'impermeabile (*m.*) raincoat
i jeans blue jeans
il maglione (heavy) sweater
i pantaloni pants
la pelliccia fur coat
i sandali sandals
le scarpe shoes
le scarpette da ginnastica sneakers
la sciarpa scarf
gli stivali boots
il vestito (l'abito) dress, suit

I tessuti ed i materiali

le calzature footwear
il cotone cotton
il cuoio (la pelle) leather, hide
la flanella flannel
la lana wool

il lino linen
il poliestere polyester
la seta silk
il velluto velvet, corduroy

Espressioni utili

calzare to fit (shoes, gloves)
indossare to wear; to put on
levarsi to take off (clothing)
la misura size (clothing, shoes)
il numero size (shoes)
portare to wear
il prezzo price
provare to try on

spogliarsi to undress
la taglia size (clothing)
a quadri checked
a righe striped
a tinta unita one color
**con le maniche lunghe
    (corte)** with long (short) sleeves

With articles of clothing, whose possessor is clearly understood, the definite article is used (not the possessive adjective, as in English).

Mi metto **la** camicia.   I put on my shirt.

When more than one person puts on or takes off an article of clothing, the piece of clothing is in the singular.

I ragazzi si levano **il cappotto**.
Maria e Giulia indossano **il costume da bagno**.

The boys take off their coats.
Maria and Giulia put on their bathing suits.

A. **Un negozio di abbigliamento.** Identifichi almeno sette articoli di abbigliamento che si vendono nel negozio Moda Milano.

1: *la sciarpa*

B. **Cosa portiamo.** Identifichi due articoli d'abbigliamento indossati oggi da lei e da un altro studente/un'altra studentessa.

▣ *Io porto una gonna di cotone ed una camicetta di lino. Franco porta i pantaloni di lana ed una giacca di pelle.*

C. **Che mi metto?** Dica cosa preferisce mettere nelle seguenti occasioni.

▣ per andare ad un matrimonio importante   *Mi metto il cappello ed un vestito di seta.*

1. quando fa caldo e lei va a fare una gita al mare
2. quando piove
3. per andare in montagna con la moto
4. stasera per andare a mangiare una pizza con gli amici
5. sabato sera per andare ad un concerto di musica classica
6. oggi per andare al mercato all'aperto
7. per andare ad un concerto rock allo stadio Olimpico
8. per andare a ballare in una discoteca del centro

I colori

arancione orange	**blu** blue	**marrone** brown	**rosso/a** red
azzurro/a sky-blue	**giallo/a** yellow	**nero/a** black	**verde** green
	grigio/a grey	**rosa** pink	**viola** purple
bianco/a white			

Note that the adjectives **arancione**, **blu**, **marrone**, **rosa**, and **viola** are invariable; that is, their forms do not change when they modify a feminine or plural noun.

D. **Come sono vestiti.** Descriva come sono vestiti i giovani nella ultima foto dell'inserto a colori, *Ritratti*.

E. **Tutti i gusti sono gusti.** Lei preferisce la moda elegante o sportiva? Abbini l'abbigliamento della colonna A con quello della colonna B per mettere in evidenza il suo gusto.

A
1. pantaloni neri di cuoio
2. vestito di seta rossa
3. giacca blu di lana e pantaloni grigi (uomo)
4. costume da bagno
5. vestiti sportivi (*sports clothes*)
6. abito da sposa
7. minigonna arancione di poliestere
8. jeans e maglione di lana

B
a. pelliccia
b. stivali di cuoio marrone
c. scarpette da ginnastica
d. sandali vecchi
e. sciarpa di seta rosa
f. cravatta a righe gialle e blu
g. scarpe di seta bianca
h. cappello di lana
i. giacca di cuoio nero

F. Lei ha bisogno di scarpe e stivali ed entra in un negozio di calzature. Completi il seguente dialogo che ha luogo fra lei ed il commesso/la commessa (*salesclerk*), usando le seguenti parole o espressioni:

metto	marrone	42
un paio	lana	la misura
scarpe	pelle	nere

Lei	Buon giorno!
Commesso/a	Buon giorno. Desidera?
Lei	Ho bisogno di un paio di _____ di _____.
Commesso/a	Di che colore?
Lei	Mah, _____. Il nero va bene con tutto.
Commesso/a	E _____?
Lei	Il 42.
Commesso/a	Vuole altro?
Lei	Sì, _____ di stivali _____.
Commesso/a	Sempre il numero _____?
Lei	No, 42 e mezzo perché con gli stivali _____ sempre i calzini di _____.
Commesso/a	Bene. Si accomodi, prego. Torno subito.

G. Lei è nel negozio Moda Milano (pagina 220) per comprare un vestito. Prepari un dialogo appropriato fra lei ed il commesso/la commessa. Non dimentichi di includere la taglia, il tessuto, il colore ed il prezzo.

STRUTTURA ED USO

Contrasto fra l'imperfetto ed il passato prossimo

Francesco mi **ha telefonato** mentre **facevo** la doccia.

1. The sentences below all describe past events. Compare the sentences on the left (which use the **imperfetto**) with the sentences on the right (which use the **passato prossimo**).

Imperfetto	*Passato Prossimo*
Ogni sera **guardavo** la televisione.	Ieri sera **ho guardato** la televisione.
Ogni settimana **andavamo** al cinema.	Sabato scorso **siamo andati** a teatro.
Da giovane **parlava** di politica con suo padre.	Stamattina **ha parlato** con Giorgio.

2. The **imperfetto** describes habitual, recurring, or ongoing actions in the past, whereas the **passato prossimo** describes specific completed actions in the past. Expressions such as **ogni sera**, **ogni settimana**, and **di solito** signal recurring actions. Expressions such as **ieri**, **sabato scorso**, and **stamattina** often signal specific actions.

   Di solito, mentre guidavo, cantavo ad alta voce.   **Ieri**, invece, mentre guidavo, non ho cantato.

3. When both tenses occur in the same sentence, the **imperfetto** describes an event in progress when another event happened. The other event is expressed in the **passato prossimo**.

Sono arrivati mentre **leggevo** il giornale.	They arrived while I was reading the paper.
Dormivano quando **ho telefonato**.	They were sleeping when I called.

4. The **imperfetto** is used to describe weather, clock time, age, health, and emotional and psychological states in the past, as described on page 200.

   A. Stefano dice che cosa faceva di solito e che cosa ha fatto ieri. Assuma il ruolo di Stefano.

   ▣ mangiare: a casa / al ristorante   *Di solito, mangiavo a casa.*
   Ieri ho mangiato al ristorante.

   1. uscire: con Maria / con Teresa
   2. andare al bar: con gli amici / da solo
   3. finire di lavorare: alle cinque / alle sette
   4. fare: colazione a casa / colazione al bar
   5. scrivere: a mia madre / a mio zio
   6. indossare: la giacca a righe / la giacca a tinta unita
   7. mettersi: i sandali / le scarpe nere

B. Maurizio ha passato quasi tutto il pomeriggio a Piazza della Repubblica. Assuma il ruolo di Maurizio e racconti (*tell*) agli amici quello che ha visto, mettendo il secondo verbo all'imperfetto.

📖 due ragazzi che passeggiano   *Ho visto due ragazzi che passeggiavano.*

1. un ragazzo che mangia il gelato del fratellino
2. alcune signorine che bevono un digestivo
3. due signore che portano la gonna di cuoio
4. alcuni giovani che discutono di politica
5. tre ragazze che vanno in bicicletta
6. molti turisti tedeschi che escono da una chiesa
7. un signore che legge una rivista giapponese

C. Dica una cosa che hanno fatto le seguenti persone quando avevano l'età (*age*) indicata fra parentesi.

📖 Giovanna (diciotto anni)   *Quando Giovanna aveva diciotto anni, è andata in Germania.*

1. Paolo (venti)
2. Gianna e Luisa (diciannove)
3. Filippo (tre)
4. i nostri cugini (diciassette)
5. mio zio (trenta)
6. mia nonna (cinquanta)
7. mio fratello (ventotto)
8. i nostri genitori (quaranta)

D. Indichi quello che facevano le prime persone quando sono state interrotte dalle seconde. Usi l'immaginazione per chiarire le situazioni.

📖 io dormire / tu svegliarmi   *Io dormivo tranquillamente quando tu mi hai svegliato.*

1. Carlo mangiare / Luisa chiamarlo
2. noi uscire / tu e tua sorella arrivare
3. tu fare colazione / io telefonare
4. Marco ed io discutere / Pietro entrare
5. tu e Claudia parlare / professore salutare
6. io studiare / voi ricevere una telefonata

E. Risponda alle seguenti domande personali.

1. Quanti anni aveva quando è andato/a a scuola la prima volta?
2. Quando era più giovane, andava spesso in bicicletta? Dove andava?
3. Quando era piccolo/a, quali programmi guardava alla televisione? Quali lingue parlava? Quale scuola frequentava?
4. Quando era più giovane, giocava a tennis? Dormiva molto?
5. Quando era piccolo/a, pensava di diventare ingegnere? dottore? dentista? meccanico? professore/professoressa?

I PIACERI DELLA TAVOLA

(Above) Non c'è niente di più bello per gli italiani del sedersi a tavola con amici e parenti e consumare un ottimo pasto accompagnato da vino locale come fa questa famiglia di Sardegna. (Left) Nelle case agricole italiane e in alcuni ristoranti famosi, la cantina è una necessità. In questa foto della cantina del ristorante Papalino a Capri vediamo enormi botti che contengono ottimo vino locale.

(Above) Si può cucinare una bella salsa fresca per la pastasciutta con questi pomodori italiani. (Left) Per soddisfare le continue necessità dei consumatori, cibi e bevande arrivano giornalmente nella città. Nella foto vediamo un carico di fragole *(strawberries)* fresche che arrivano per via del Canale Grande a Venezia.

LA FAMIGLIA

La famiglia è per l'italiano un'istituzione molto importante. **(Above)** Insieme alla madre, due bambine aspettano con ansia il ritorno del padre dal lavoro. **(Below)** Nella piazza Ducale di Vigevano, nonno e nipotino in bicicletta si fermano per dare da mangiare ai piccioni.

(Right) In una casetta alla periferia di Montevarchi in Toscana padre e figlio si preparano per portare il cane a passeggio. **(Below)** Molte famiglie italiane fanno una passeggiata la domenica. Un frate accompagna questa giovane famiglia in una via di Venezia.

F. Completi il brano che segue con la forma appropriata del passato prossimo o dell'imperfetto dei verbi fra parentesi secondo il contesto (*context*).

_____ (Essere) le dieci del mattino. Giorgio _____ (essere) nella sua camera. In cucina, sua madre e sua sorella _____ (parlare) ad alta voce. Allora, Giorgio _____ (alzarsi) ed _____ (andare) a vedere di che cosa _____ (discutere). Giorgio _____ (vedere) che la madre e la sorella _____ (chiacchierare) (*chat*) allegramente delle prossime vacanze. Allora lui _____ (mettersi) a ridere ed _____ (fare) parte della discussione.

Plurale di alcuni nomi ed aggettivi

Che **facce simpatiche**!

1. Masculine nouns and adjectives ending in **-co** whose stress falls on the next-to-last syllable generally form their plural in **-chi**.

    Questo **parco** è **antico**.   Questi **parchi** sono **antichi**.

But if the stress falls on any other syllable, the plural ending is generally **-ci**.

    Che **medico simpatico**!   Che **medici simpatici**!

Words like **parco**:

banco	banchi
bianco	bianchi
cuoco	cuochi
sporco	sporchi

Words like **simpatico**:

antipatico	antipatici
autentico	autentici
pubblico	pubblici
romantico	romantici

The following are exceptions:

amico	amici
greco (Greek)	greci
nemico (enemy)	nemici
porco (pig)	porci

2. Masculine nouns and adjectives ending in **-go** form their plural in **-ghi**, retaining the hard pronunciation of the **g**.

> Questo **lago** è **largo**. Questi **laghi** sono **larghi**.

But nouns ending in **-ologo**, referring to professions, form their plural in **-ologi**.

> Lo **psicologo** ha ragione. Gli **psicologi** hanno ragione.
> Quel **biologo** è famoso. Quei **biologi** sono famosi.

3. Feminine nouns and adjectives ending in **-ca** and **-ga** generally form their plurals in **-che** and **-ghe**, regardless of stress.

> La tua **amica** è **simpatica**. Le tue **amiche** sono **simpatiche**.
> Quella **sociologa** è americana. Quelle **sociologhe** sono americane.
> Questa è una parola **analoga**. Queste sono parole **analoghe**.

4. Feminine nouns ending in **-cia** and **-gia** whose stress falls on the **i** form their plural in **-cie** and **-gie**.

la **farmacia**	le **farmacie**
la **bugia** (*lie*)	le **bugie** (*lies*)

5. Feminine nouns ending in **-cia** and **-gia** that are stressed on any other syllable generally drop the **i** and form their plural in **-ce** and **-ge**.

la **faccia**	le **facce**
la **valigia**	le **valige**
Exception: la **camicia** ⟶	le **camicie**

G. Annamaria ed Elena sono in un negozio d'abbigliamento per fare degli acquisti. Cambi al plurale le osservazioni di Annamaria.

> Questa gonna è lunga. *Queste gonne sono lunghe.*

1. Questa manica è larga.
2. Quest'abito da sera è romantico.
3. Oggi, il vestito da sposa è classico.
4. Questa camicetta è fantastica!
5. La pelliccia è carina.
6. La giacca grigia è cara.
7. Quel vestito è sporco.
8. Questo catalogo è vecchio.

H. Completi le osservazioni di Giorgio con la forma appropriata dei nomi o aggettivi in *-go* e *-co* della lista in basso. (Ci sono due parole in più.)

lungo	psicologo	nemico	albergo
analogo	biologo	lago	simpatico

1. Quegli _____ seguono le teorie (*theories*) di Freud.
2. Quei _____ condividono (*share*) un laboratorio.
3. I _____ italiani sono magnifici.
4. Le parole *sistema* e *system* sono _____.
5. Tutti gli _____ di quella città sono cari.
6. Alberto e Paolo sono due uomini _____.

I. Franca mostra agli amici foto di persone e di cose viste durante il suo viaggio in Italia. Cambi al plurale i nomi e gli aggettivi in *-co* e *-ca*.

▣ Questa bella giacca era bianca.   *Queste belle giacche erano bianche.*

1. Il rinfresco era fantastico!
2. Questa chiesa è antica.
3. L'amico di quel ragazzo era simpatico.
4. Questa ragazza era sempre stanca.
5. Abbiamo visitato la biblioteca italiana.
6. Ho comprato questo disco a Napoli.

J. Marilena è molto espressiva quando parla. Riscriva le frasi di Marilena e metta al plurale le parole indicate. Faccia tutti i cambiamenti necessari.

▣ Che valigia vecchia!   *Che valige vecchie!*

1. La farmacia di Certaldo è moderna!
2. Che bugia!
3. Che faccia brutta!
4. La ciliegia è buona!
5. Questa spiaggia italiana è bellissima!
6. L'arancia è dolce!

Sapere e conoscere

So molte cose . . .   ma non **conosco** molta gente.

Sapere and **conoscere** both mean *to know*, but in different senses.

1. **Sapere** means *to have knowledge of something*. **Sapere** + *infinitive* means *to know how (to do something)*.

So il tuo numero di telefono.	I know your telephone number.
Sappiamo parlare cinese.	We know how to speak Chinese.
Sapete quando comincia il film di Fellini?	Do you know when the Fellini film starts?

2. **Conoscere** means *to be acquainted with* someone or something. It also means *to make the acquaintance of* or *meet* someone.

Lisa **conosce** l'amico di Roberto.	Lisa knows Roberto's friend.
Conosciamo Parigi.	We know Paris.
Vuoi **conoscere** quel ragazzo?	Do you want to meet that boy?

3. This chart shows the present tense of **sapere** and **conoscere**.

sapere		conoscere	
so	sappiamo	conosco	conosciamo
sai	sapete	conosci	conoscete
sa	sanno	conosce	conoscono

K. Domandi ad un amico/un'amica se sa o sa fare le seguenti cose. Risponda logicamente.

🔲 ballare   — *Sai ballare?*
                           — *Sì, so ballare abbastanza bene.*

   l'indirizzo di Luisa   — *Sai l'indirizzo di Luisa?*
                           — *No, mi dispiace, non lo so.*

1. parlare spagnolo   5. aggiustare la moto
2. preparare il caffè   6. leggere il russo
3. alcuni proverbi italiani   7. il mio numero di telefono
4. suonare la chitarra   8. cucinare le lasagne

L. Domandi alle seguenti persone se conoscono le persone, i luoghi o le cose indicate.

🔲 tu: Paola   *Conosci Paola?*

1. voi: l'amica di Giorgio   4. Giovanna: quel libro di Sciascia
2. loro: Venezia   5. lei: i signori De Santis
3. tu: mio cugino   6. ragazzi: questa canzone

M. Supponga di volere informazioni su uno studente/una studentessa. Faccia le seguenti domande a Paolo, cominciando ogni frase con *Sai* o *Conosci*.

🔲 dove abita   *Sai dove abita?*

1. il suo numero di telefono   6. i suoi genitori
2. dove studia   7. le sue amiche
3. se ha il ragazzo/la ragazza   8. che fa questo fine-settimana
4. il suo indirizzo   9. se gli/le piace ballare
5. se sa giocare a tennis   10. sua sorella

Una via affollata di Roma. Secondo lei, le ragazze conoscono già questo gruppo di giovani?

A. **Una partecipazione di nozze.** Legga la partecipazione di nozze e poi risponda alle seguenti domande.

1. Che informazioni ci dà la partecipazione?
2. In che modo è diversa da una partecipazione di nozze americana?
3. Come si chiamano gli sposi?
4. Qual è la data del matrimonio?
5. In quale chiesa si celebra il matrimonio?
6. Dove ha luogo il rinfresco? A che ora?
7. Chi sono gli invitati?

Ferdinando Moroni

Maria Alessandrini

annunciano il loro matrimonio

Portorecanati, 21 Maggio 1988

Chiesa S. Giovanni Battista - ore 11

Portorecanati

Via Curtatone, 1　　　　*Via del Sole*

Nando e Mariella saranno lieti di salutare parenti ed amici, dopo la cerimonia, al Ristorante "Villa Quiete" - Valle Cascia di Montecassiano alle ore 13.00.

B. **Conversazione al telefono.** Con un altro studente/un'altra studentessa, prepari una breve conversazione al telefono descrivendo la partecipazione di nozze che ha appena ricevuto.

C. **Descrizione.** Recentemente lei è stato/a invitato/a ad un matrimonio? Racconti ad un altro studente/un'altra studentessa il matrimonio (o immagini di essere andato/a al matrimonio di Maria e Ferdinando). Ecco quello che lei può raccontare.

chi si è sposato
dove ha avuto luogo il matrimonio
se è stato un matrimonio tradizionale o una cerimonia civile
il numero degli invitati
il luogo del ricevimento
se le è piaciuto e se lei si è divertito/a

Lo studente/la studentessa che ascolta prende appunti e poi riferisce le informazioni alla classe.

D. **Un sondaggio.** Cosa pensate del matrimonio? In gruppi di tre o quattro, esprimete le vostre opinioni sul matrimonio. Ecco alcuni suggerimenti per la vostra discussione.

È/Non è preferibile finire l'università prima di sposarsi.
È/Non è importante celebrare le nozze con una cerimonia religiosa.
È/Non è necessario fare una festa lussuosa (*grand*) in occasione delle nozze.
È/Non è bello invitare molta gente.
I luoghi preferiti per la luna di miele (*honeymoon*).

Uno/a del gruppo prende appunti per poi riferire alla classe i risultati del sondaggio.

E. **Annunci matrimoniali.** Legga questi annunci matrimoniali per poi fare l'esercizio che segue.

Sportivo ricco commerciante proprietario appartamenti e negozi sposerebbe ragazza snella romantica sensibile. Casella Postale 11 - Milano	30enne laureata, bruna, cerca per matrimonio religioso professionista alto livello sociale, bellissima presenza, coetaneo. Scrivere Casella Postale 904 - Torino.	34enne celibe, laureato, posizionato, amante lirica, letteratura, colto conoscerebbe bella ragazza, amante famiglia e dei bambini, buona cultura. Giornale 7215 - Napoli.
Classe cultura bella presenza giovanile divorziata 40enne interessi artistici letterari finanziariamente indipendente contatterebbe scopo eventuale matrimonio professionista o scrittore cultura elevati sentimenti. Giornale - Roma.	28enne diplomato, alto, buone condizioni economiche, con studio di architettura, amante alpinismo-equitazione. Giornale - Roma.	

F. **Combinazione.** Abbini gli annunci matrimoniali con i seguenti commenti.

1. _____ Ha un buon lavoro e gli piace l'opera. Legge anche romanzi e poesie.
2. _____ È già stata sposata, ma ora è libera e non le dispiacerebbe sposare uno scrittore.
3. _____ Fra le altre cose che fa, gli piace andare a cavallo e scalare (*climb*) montagne.
4. _____ Pratica lo sport e vorrebbe conoscere una giovane donna romantica.
5. _____ Vuole conoscere qualcuno con cui (*whom*) sposarsi in chiesa.

G. **Lettura.** Legga questo brano e poi faccia l'esercizio che segue.

Per quasi tutti gli Italiani, vestire bene è molto importante. Essi prestano molta attenzione allo stile del loro abbigliamento, alla qualità della stoffa e degli accessori ed alla combinazione dei colori.

Gli uomini e le donne di una certa età[1] vestono seguendo uno stile di gusto classico e raffinato che non segue molto i cambiamenti stagionali della moda.

I giovani invece vivono con la moda e la seguono di pari passo². Ad ogni cambiamento di stagione, nuovi articoli d'abbigliamento, nuove linee e nuovi colori appaiono sul mercato ed i giovani l'accettano subito, aggiungendo talvolta (*sometimes*) variazioni più o meno personali. Non bisogna infatti dimenticare che la moda giovanile rimane sempre una moda semplice, spigliata³ e sportiva.

1. middle-aged   2. keep up with it   3. carefree

H. **Un titolo adatto.** Fra i seguenti titoli scelga un titolo adatto per il brano appena letto.

1. La moda giovanile   3. L'importanza del vestire
2. Gli stilisti italiani   4. La moda e le donne

I. **Vero o falso?** Indichi se le seguenti frasi sono vere o false secondo il brano che lei ha appena letto.

1. In Italia la gente presta molta attenzione alla moda.
2. Quasi tutti gli italiani seguono la moda.
3. La moda sportiva è la moda degli anziani.
4. La moda interessa molto i giovani italiani.
5. Ai giovani piacciono i vestiti classici e raffinati.

Un fotografo e le modelle preparano un servizio fotografico. Fotografi di fama mondiale vengono usati per fotografare e mettere in risalto le belle creazioni dei sarti e degli stilisti italiani.

J.   **Annunci.** Legga i seguenti annunci e decida cosa vuole comprare.

Vendo in perfette condizioni una giacca, un cappotto e un giaccone. Taglia 44. Mi potete telefonare al numero 05/4232833	Vendo un abito da sposa bianco, lungo, con acconciatura, taglia 42/44. Prezzo affare. Telefonatemi nelle ore dei pasti al numero 010/959532.	Borse in coccodrillo alta moda, bellissime, moderne, colori attuali. Le vende un' indossatrice che abita a Roma e risponde al numero 06/4815896.

K.   **Una telefonata.** Telefoni alla persona che vende l'articolo che lei
desidera acquistare. Collabori con un altro studente/un'altra studentessa.
Lei vuole avere le seguenti informazioni.

il prezzo dell'articolo se non è indicato
se è possibile avere uno sconto
il colore dell'articolo
quando è possibile averlo, se lei decide di comprarlo
se l'acquisto deve essere fatto in contanti (*cash*)
o se è possibile pagare con un assegno (*check*)

L E Z I O N E
11
FINE-SETTIMANA SULLA NEVE

Le Alpi italiane sono rinomate per i numerosi centri di sci e di vacanza. Questo è un tipico villaggio alpino nella Valle d'Aosta.

È giovedì sera e Graziella Amati è a casa della sua amica Sandra Pierini. Le due ragazze fanno programmi per un brevissimo soggiorno in montagna.

Graziella	Sandra, perché non andiamo a passare un fine-settimana sulla neve?
Sandra	Ottima idea. Ma ho bisogno di un nuovo paio di sci.
Graziella	Ti piacciono i miei? Sono in vendita a prezzo ridotto in un negozio di Via Salaria. Perché non vai a comprarli là?
Sandra	Ottimo! Con i prezzi di oggi risparmiare è sempre bene. Andiamo a sciare a Campo Imperatore?
Graziella	Sì, se non ti dispiace.
Sandra	Ma non dormiamo mica° dove abbiamo dormito l'ultima volta?
Graziella	No, no. Quell'albergo non piace neanche a me.
Sandra	Trovare un altro albergo a buon prezzo nei dintorni°, però, non è facile.
Graziella	Sì, perché sono tutti cari. Ma lascia fare a me°. Mio cognato ha un miniappartamento non molto lontano dalle piste e sono sicura che possiamo dormire lì.
Sandra	Speriamo di sì. Quando gli telefoni?
Graziella	Gli faccio una telefonata appena torno a casa. Come al solito andiamo in autobus, vero?
Sandra	Forse possiamo usare la macchina di mio fratello. Stasera gli chiedo se ci presta la sua Fiat. Tanto° lui, poverino, non può guidare la macchina perché si è slogato° un braccio.
Graziella	Oh, non lo sapevo.
Sandra	Non ti preoccupare, non è niente di grave.
Graziella	Bene, allora ti do un colpo di telefono° domani sera per stabilire l'ora della partenza.
Sandra	D'accordo. Ciao.

Margin glosses:
at least
in the area
Leave it up to me
Since
he sprained
I'll give you a call

DOMANDE GENERALI

1. Per che cosa fanno programmi Graziella e Sandra?
2. Dove ha comprato gli sci Graziella? Perché consiglia (*recommend*) a Sandra di andarci anche lei?
3. Dove vanno a sciare le due amiche?
4. Come sono gli alberghi nei dintorni di Campo Imperatore?
5. Dove possono dormire Graziella e Sandra?
6. Come vanno a Campo Imperatore?
7. Che cosa è successo al fratello di Sandra?
8. Quando stabiliscono le due amiche l'ora della partenza?

DOMANDE PERSONALI

1. Va spesso a passare un fine-settimana sulla neve? Dove va?
2. Preferisce gli sport estivi o invernali?
3. Va a sciare questo fine-settimana? Con chi va?
4. Se va a sciare, ha bisogno di comprare qualcosa? Che cosa?
5. Quando va in montagna o al mare, preferisce andare in autobus o in macchina? Perché?
6. Se ha una macchina o una moto, la presta ogni tanto agli amici?
7. Si è mai slogato/a un piede (*foot*) o un braccio? Com'è successo?

SITUAZIONI

1. Lei è in montagna con un suo amico/una sua amica. Reagisca a quello che l'amico/a dice.

   — Non mi piacciono questi sci (questi pantaloni/quelle piste/quest'albergo/ questi luoghi).
   — Neanche a me! (Come sei difficile!/A te non piace niente!)

2. Domandi a sua sorella, che è appena tornata dalle vacanze, se le sono piaciute varie cose.

   — Ti è piaciuto l'albergo dove stavi (il lago/quel ristorante vicino al lago)?
   — Non mi è piaciuto granché. (Non mi è piaciuto affatto./Sì, mi è piaciuto molto.)

3. Domandi ad un suo amico/una sua amica quando telefona alle seguenti persone per invitarle alla sua festa.

   — Quando telefoni a Sandra (a tuo cugino/a Elisa e Corrado/al tuo amico)?
   — Appena torno a casa (arrivo in ufficio/trovo un po' di tempo libero).

VOCABOLARIO

Parole analoghe

il miniappartamento   **il problema**

Nomi

il braccio (le braccia)   arm(s)
il fine-settimana   weekend
il lago   lake
il luogo   place
la neve   snow
il paio (le paia)   pair

la pista   trail
lo sci   ski
il soggiorno   stay

Aggettivi

brevissimo/a   very short
ottimo/a   excellent

Verbi

passare   to spend (time)
prestare   to lend, loan
risparmiare   to save
sciare   to ski
stabilire   to establish, set (time)

Altre parole ed espressioni

appena   as soon as
granché   a great deal
invece   instead
là   there
ottimo!   great!
troppo   too much

a prezzo ridotto   at a reduced price
che cosa è successo?   what happened?
fare programmi   to make plans
non è niente di grave   it's nothing serious
non ti preoccupare   don't worry
l'ora della partenza   departure time
se non ti dispiace   if you don't mind
speriamo di sì   let's hope so

PRATICA

A. Componga un dialogo basato sulle seguenti informazioni. È una giornata afosa del mese di luglio a Roma. La temperatura è di 32 gradi centigradi. Silvia vuole andare alla spiaggia (*beach*) di Ostia e telefona alla sua amica Elena per domandarle se vuole andare con lei. La macchina di Silvia è dal meccanico e quindi le due amiche decidono di andare al mare con la metropolitana (*subway*). Partono alle 11,30 e arrivano a Ostia alle 12,00. Tornano a casa la sera alle 20,00.

B. Usi la fantasia per descrivere in dieci frasi tutto quello che può essere successo a Sandra ed a Graziella quando sono andate a Campo Imperatore: come sono andate, per quanto tempo, dove hanno dormito, se si sono slogate una gamba o un braccio, ecc.

Giovani viaggiatori seduti sul marciapiede aspettano pazientemente il treno.

Lo sci in Italia

In Italia lo sci è oggi lo sport invernale praticato da moltissimi giovani. D'inverno, intere famiglie approfittano[1] del fine-settimana e dei periodi di vacanza per trascorrere[2] allegramente un po' di tempo sulla neve.

In Italia ci sono stati da sempre centri di sci molto belli e rinomati[3]. Sulle Alpi, fama internazionale hanno Madonna di Campiglio, Sestriere e Cortina d'Ampezzo, che nel 1956 fu[4] la sede delle Olimpiadi invernali. I successi sportivi di atleti italiani alle Olimpiadi ed in gare[5] internazionali hanno portato lo sci all'attenzione della gente e, di recente, lo sci è diventato uno sport di massa. Nuovi centri di sci sono stati aperti sulle Alpi e sugli Appennini. Uno dei più frequentati dell'Italia centrale è Campo Imperatore, situato alle pendici[6] del Gran Sasso, la vetta[7] più alta degli Appennini.

Anche le scuole incoraggiano[8] gli studenti verso lo sci. Durante l'inverno, "settimane bianche" sulla neve sono organizzate per studenti di ogni età. In speciali centri sportivi e sotto la guida[9] di maestri di sci[10], questi giovani vengono a contatto con la neve ed imparano a sciare.

I giovani italiani amano sciare e spesso vanno a trascorrere alcuni giorni sulla neve in cittadine sulle Alpi o sugli Appennini.

1. take advantage 2. to spend 3. renowned 4. was 5. competitions 6. slopes 7. peak
8. encourage 9. guidance 10. ski instructors

PRONUNCIA Il suono /ŋ/

In Italian, the letters **gn** are pronounced with a nasal palatal sound much like *ny* in *canyon*. Most English-speakers are familiar with this sound, (/ŋ/), in the word *lasagna*.

A. Ascolti e ripeta le seguenti parole.

si**gn**ore	monta**gn**a	co**gn**ome	spa**gn**olo
si**gn**orina	biso**gn**a	co**gn**ato	Spa**gn**a

B. **Proverbi.** Legga ad alta voce i seguenti proverbi e poi li detti ad un altro studente/un'altra studentessa.

Al bisogno si conosce l'amico.
   A friend in need is a friend indeed.
   (Literally: In need one recognizes a friend.)

> **Ogni medaglia ha il suo rovescio.**
>> There are two sides to every coin.
>> (Literally: Every medal has its other side.)

AMPLIAMENTO DEL VOCABOLARIO

Il corpo umano

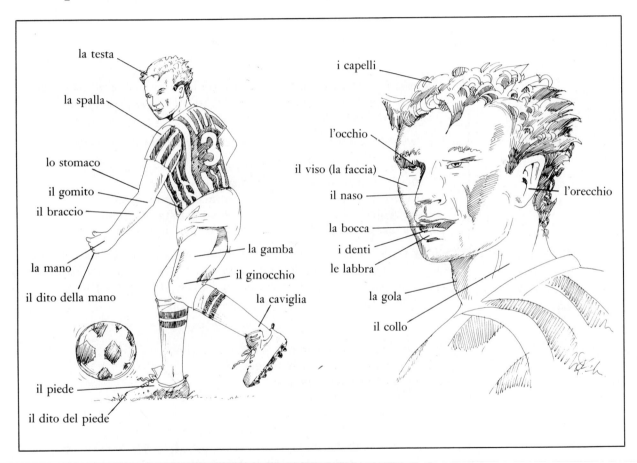

la testa · la spalla · lo stomaco · il gomito · il braccio · la mano · il dito della mano · il piede · il dito del piede · la gamba · il ginocchio · la caviglia

i capelli · l'occhio · il viso (la faccia) · il naso · la bocca · i denti · le labbra · la gola · il collo · l'orecchio

Note that **il braccio** and **il dito** are irregular in the plural.

il braccio   le braccia
il dito   le dita

Although the noun **mano** ends in **-o**, it is feminine. The plural ending is **-i**: **la mano, le mani**. The noun **capelli** (*hair*) is used in the plural in Italian:

Ho i capelli biondi.   I have blond hair.

Altre parole ed espressioni

Ti (Le) fa male la testa?   Do you have a headache?

Mi fanno male i piedi.   My feet hurt.

Mi fa male la gola.   My throat hurts.

Mi sono fatto male al piede sinistro (destro).   I hurt my left (right) foot.

Ho la febbre.   I have a fever.

i capelli biondi (castani, neri, grigi)   blond (brown, black, grey) hair

i capelli lunghi (corti)   long (short) hair

gli occhi blu (verdi, castani)   blue (green, brown) eyes   *neri*

A.   Domandi ad un altro studente/un'altra studentessa quali parti del corpo associa con le seguenti attività fisiche. L'articolo appropriato deve essere usato con le parole.

▣   giocare a pallone (*soccer*)   *il piede (i piedi/la gamba/le gambe)*

1. ascoltare la musica
2. suonare il pianoforte
3. pensare agli esami
4. vedere uno spettacolo
5. fare una passeggiata
6. parlare con gli amici
7. giocare a tennis
8. mangiare una pizza
9. odorare un profumo
10. salutare un amico

B.   Oggi Carlo è rimasto a letto perché non si sentiva bene. Quando il suo compagno di camera gli domanda cosa ha fatto tutto il giorno, Carlo risponde che non ha potuto fare niente perché gli facevano male varie parti del corpo. Completi le frasi di Carlo.

▣   *Non ho potuto pensare a niente, perché mi faceva male la testa.*

1. Non ho scritto il compito, perché _____.
2. Non potevo sentire niente, perché _____.
3. Non ho mangiato, perché _____.
4. Non ho camminato affatto, perché _____.
5. Non ho letto una parola, perché _____.
6. Non ho potuto né parlare né cantare, perché _____.
7. Dovevo andare dal dentista, perché _____.
8. Avevo il viso e le mani calde, perché _____.
9. Non ho suonato la chitarra, perché _____.
10. Non ho giocato a pallone, perché _____.

C.   Insieme ad un altro studente/un'altra studentessa, prepari la descrizione di un personaggio celebre usando solo le sue caratteristiche fisiche e personali. Sfidate (*Challenge*) un altro gruppo di studenti ad identificarlo.

Oggetti personali utili

l'**asciugacapelli** (*m.*)   hair dryer
l'**asciugamano**   towel
il **dentifricio**   toothpaste
le **forbici**   scissors
il **pettine**   comb
il **rasoio (elettrico)**   (electric) razor
il **sapone**   soap
la **spazzola per capelli**   hairbrush
lo **spazzolino da denti**   toothbrush
lo **specchio**   mirror
la **spugna**   sponge

Espressioni utili

asciugarsi le mani (la faccia)   to
   dry one's hands (face)

farsi il bagno   to take a bath
farsi la doccia   to take a shower
guardarsi allo specchio   to look at
   oneself in the mirror
lavarsi i denti   to brush one's teeth
lavarsi le mani (la faccia)   to wash
   one's hands (one's face)
radersi (la barba)   to shave (one's
   beard)
pettinarsi i capelli   to comb one's
   hair
tagliarsi i capelli (le unghie)   to
   cut one's hair (nails)

D. Dica di che cosa lei ha bisogno in queste circostanze.

📖   Lei vuole tagliarsi le unghie perché sono molto   *Ho bisogno delle forbici.*
lunghe.

1. Lei deve andare a mangiare e vuole lavarsi le mani.
2. Deve uscire perché ha un appuntamento e si è appena lavato/a i
   capelli.
3. Si è messo/a un vestito nuovo e vuole guardarsi per vedere come gli/le
   sta.
4. Ha finito di mangiare e vuole lavarsi i denti.
5. Desidera tagliarsi i capelli che sono troppo lunghi.
6. Ha la barba lunga ed ha bisogno di radersi.
7. Tira vento e i suoi capelli sono in disordine.
8. Si è fatto la doccia e desidera asciugarsi.

E. Sua sorella va a passare un fine-settimana di ottobre a Nuova York con
   un amico/un'amica. Le dica quali oggetti personali e articoli
   d'abbigliamento deve mettere nella sua borsa da viaggio (*travel bag*).

📖   *Metti nella tua borsa da viaggio un piccolo asciugacapelli, una maglia, . . .*

STRUTTURA ED USO

Pronomi indiretti

— **Mi presti** cinquantamila lire?
— Perché?
— Domani è il tuo compleanno e voglio **farti** un bel regalo.

1. Indirect-object pronouns (**pronomi indiretti**) indicate *to whom* or *for whom* something is being done, given, etc. They are used with verbs of giving and doing (**dare, offrire, mandare, portare, preparare**) and with verbs of communication (**parlare, dire, domandare, rispondere, telefonare, scrivere, insegnare**), replacing indirect-object noun phrases introduced by the prepositions **a** or **per**.

Telefonerai a tuo cognato?	Will you phone your brother-in-law?
Sì, **gli** telefonerò stasera.	Yes, I'll phone him this evening.
Scrivi a tua cugina?	Do you write to your cousin?
No, non **le** scrivo mai.	No, I never write (to) her.
Prepari il caffè per noi?	Are you preparing coffee for us?
Sì, **vi** preparo un bel caffè.	Yes, I'm preparing a nice cup of coffee for you.

2. Here is a chart of the indirect-object pronouns in Italian. Note that they are identical to the direct-object pronouns on page 182 except for **gli**, **le**, and **loro**.

	Singular		Plural
mi	to me, for me	**ci**	to us, for us
ti	to you, for you (*familiar*)	**vi**	to you, for you (*familiar*)
gli	to him, for him		
le	{to her, for her / to you, for you (*formal*)	**loro**	{to them, for them / to you, for you (*formal*)

3. **Ci** and **vi** may drop the vowel **i** before a verb that begins with **i**.

Ci offrono un gelato.   They offer us an ice cream.
C'insegnano l'italiano.   They teach us Italian.

Vi dicono la verità.   They are telling you the truth.
V'insegnano il tedesco.   They teach you German.

4. Like direct-object pronouns, indirect-object pronouns generally precede a conjugated verb. When used with an infinitive, however, the indirect-object pronoun may either precede the conjugated verb or be attached to the infinitive. The final **e** of the infinitive is dropped.

Ti posso offrire un caffè? ⎫
Posso offrir**ti** un caffè? ⎭   May I offer you a cup of coffee?

Note: In conversational Italian, **gli** is increasingly replacing **loro** as the indirect-object pronoun meaning *to (for) them*, *to (for) you*.

Quando vengono gli amici *gli*   When my friends come, I'll offer
offro un caffè.   them coffee.

5. In the **passato prossimo**, the past participle does not agree with the preceding indirect-object pronouns, as it does with direct-object pronouns.

— Hai telefonato a Mariella?   — Did you telephone Mariella?
— Sì, **le** ho **telefonato**.   — Yes, I telephoned her.

— Hanno mostrato i quadri a   — Did they show the paintings
  Filippo?   to Filippo?
— No, non **gli** hanno **mostrato**   — No, they didn't show him
  i quadri.   the paintings.

gas metano

IL METANO TI DA' UNA MANO.

6. The following common verbs require indirect-object pronouns to indicate *to whom* or *for whom* something is done, said, etc. You know most of these verbs already.

chiedere	*to ask for*	Gli chiedo informazioni.
consigliare	*to advise*	Non le consiglio questo libro.
dare	*to give*	Mi ha dato un disco per il mio compleanno.
dire	*to say, to tell*	Ci ha detto come si chiama.
dispiacere	*to be sorry*	Mi dispiace.
	to mind	Ti dispiace portarmi il libro?
domandare	*to ask*	Gli domandiamo dove abita.
insegnare	*to teach*	Chi vi ha insegnato l'italiano?
mandare	*to send*	Ieri gli abbiamo mandato una lettera.
mostrare	*to show*	Le ha mostrato il suo nuovo orologio.
offrire	*to offer*	Che cosa ti ha offerto Marilena?
prestare	*to lend*	Luigi mi ha prestato duemila lire.
rispondere	*to answer, to respond*	Non le ha ancora risposto?
scrivere	*to write*	Gianna non mi scrive mai.
spedire	*to send*	Perché non gli hai spedito la lettera?
spiegare	*to explain*	Gli ho spiegato la lezione.
telefonare	*to telephone*	Le telefono domani, signora.

A. Chieda ad un altro studente/un'altra studentessa se dà spesso un passaggio alle persone indicate.

▣ a tuo cugino (spesso)   — *Dai spesso un passaggio a tuo cugino?*
    — *Sì, gli do spesso un passaggio.*

1. ai tuoi amici (spesso)
2. a tuo zio Enrico (mai)
3. alle tue amiche (di rado)
4. al tuo professore d'italiano (mai)
5. alle tue cugine (spesso)
6. a tua zia Anna (di rado)
7. a tuo padre (qualche volta)
8. a tua cognata (mai)

B. Il padre di Graziella cerca informazioni sugli Stati Uniti. Si mette in contatto con le seguenti persone che recentemente hanno visitato l'America e chiede loro informazioni.

▣ il dottor Baldelli / la politica   *Gli chiede informazioni sulla politica.*

1. la zia / gli alberghi
2. la signora Benedetti / la città di Boston
3. il professore d'inglese / le università
4. io / i musei

5. tu / gli sport
6. noi / la moda
7. voi / i mezzi di trasporto
8. due amici di Mario / i cibi

C. Sandra è molto gentile con i suoi parenti e amici. Formuli frasi complete, usando le parole indicate.

▣ mandare un libro d'arte / a Marco   *Gli manda un libro d'arte.*

1. scrivere lunghe lettere / ai nonni
2. offrire il caffè / al signor Dini
3. prestare lo specchio / a Giulietta
4. fare sempre attenzione / a suo suocero
5. consigliare di mangiare poco / a Graziella
6. insegnare a guidare / a suo figlio
7. dare un passaggio tutti i giorni / a sua madre
8. telefonare ogni giorno / a sua sorella
9. spiegare le lezioni / alle studentesse
10. mostrare le foto / a suo cognato

D. Dica quello che lei fa o ha fatto per i suoi parenti e amici. Usi le espressioni indicate ed i pronomi indiretti nelle risposte.

▣ per suo padre: pulire la   *Gli pulisco (Gli ho pulito) la*
    macchina   *macchina.*

1. per la sua nonna: dare un passaggio
2. per suo fratello: insegnare a sciare
3. per la sua sorellina: lavare la faccia
4. per sua cugina: prestare i miei dischi
5. per i suoi suoceri: telefonare spesso
6. per i suoi zii: scrivere ogni tanto
7. per la sua amica: mandare un bel libro
8. per il suo amico: dare un disco per il suo compleanno

E. Lei decide di fare alcune cose per Annamaria, una studentessa italiana appena arrivata alla sua scuola. Proponga queste cose ad Annamaria.

▣ telefonare stasera   *Ti telefono stasera, va bene?*

1. insegnare ad usare il computer
2. dare un quaderno nuovo
3. comprare una piccola calcolatrice
4. spiegare la lezione di storia
5. prestare il libro d'inglese

F. Rosalba parla al telefono con l'amica Gabriella e le dà informazioni su alcune persone che conoscono. Completi le seguenti frasi con un pronome indiretto appropriato.

1. Ieri, Paola ed io siamo andate al Museo di Belle Arti. Paola _____ ha mostrato alcune statue antiche.
2. Antonella è andata a sciare a Campo Imperatore. Elena _____ ha prestato gli sci che ha comprato recentemente.
3. Il mio amico Carlo non ha molto denaro. Questa mattina _____ ho dato diecimila lire.
4. Mio fratello vuole diventare dentista. Mio padre invece _____ ha consigliato di diventare avvocato.
5. La signora Bruscati ha telefonato ai miei genitori ed ha chiesto _____ informazioni sulla zia Angela.
6. Domenica è il compleanno di Stefania. Penso di spedir _____ un regalo.
7. Se vai a Milano, i miei zii _____ mostrano la città.
8. Domenica Laura ed io vogliamo andare alla partita. Marco _____ ha dato due biglietti.

Costruzione con *piacere*

— Ti piace il gelato italiano?
— Sì, mi piacciono soprattutto questi cinque sapori.

1. The concept *to like* (*something or someone*) is expressed in Italian with the verb **piacere**, whose literal equivalent is *to be pleasing to*. When English-

speakers say, for example, *I like old records*, Italians say *old records are pleasing to me* (**mi piacciono i dischi vecchi**). In English, the subject of the sentence is *I*; in Italian it is *old records*. Thus, **piacere** is almost always used in the third-person singular or plural.

Mi piace quella macchina.	I like that car. (That car is pleasing to me.)
Non **mi piace** quell'albergo.	I don't like that hotel. (That hotel is not pleasing to me.)
Mi piacciono i dischi americani.	I like American records. (American records are pleasing to me.)
Non **ci piacciono** le canzoni italiane.	We don't like Italian songs. (Italian songs are not pleasing to us.)

Note: In Italian the sentence structure is indirect object, verb, subject. In English it is subject, verb, direct object.

2. When the subject is an infinitive, the singular form **piace** is used.

Ci piace andare in montagna.	We like to go to the mountains.
Mi piaceva nuotare con gli amici.	I used to like to go swimming with my friends.

3. When the indirect object is a noun or a disjunctive pronoun, the preposition **a** is used.

A Massimo piace guidare velocemente.	Massimo likes to drive fast.
A te piace sciare.	You like to ski.

4. **Piacere** is conjugated with **essere** in the **passato prossimo**. The past participle agrees with the subject.

Ti **è piaciuto** quel **libro**?	Did you like that book?
Mi **è piaciuta** la tua **festa**.	I liked your party.
Gli **sono piaciuti** i miei **quadri**.	He liked my paintings.

5. Here is a chart of **piacere** in the present tense. Keep in mind that most usage is limited to the third-person singular and plural.

piacere to please, to like	
piaccio	piacciamo
piaci	piacete
piace	piacciono

G. Chieda ad uno studente/una studentessa se gli/le piace fare le seguenti cose.

🔲 viaggiare
— *Ti piace viaggiare?*
— *Sì, mi piace viaggiare.*
   No, non mi piace viaggiare.

1. lavorare
2. sciare
3. ballare
4. studiare
5. cantare
6. suonare la chitarra
7. parlare italiano in classe
8. ascoltare la musica popolare
9. ascoltare la musica classica
10. andare in discoteca

H. Dica quello che le piace e quello che non le piace. Usi *piace* o *piacciono* nelle risposte.

🔲 il formaggio *Non mi piace il formaggio.*
🔲 le olive *Mi piacciono le olive.*

1. le patate
2. il tè freddo
3. gli spaghetti
4. l'acqua minerale
5. le mele
6. gli spinaci
7. l'uva
8. il cappuccino
9. le pere
10. i fagiolini

I. Dica cosa piace fare alle seguenti persone.

🔲 Marisa: ascoltare i dischi o *A Marisa piace ascoltare i dischi.*
ascoltare la radio

1. Paolo: fare una passeggiata o fare una gita
2. i miei fratelli: andare a sciare o giocare a tennis
3. mia zia: ballare o cantare
4. lui: uscire la sera o uscire il pomeriggio
5. voi: telefonare agli amici o telefonare alle amiche
6. loro: guidare velocemente o guidare lentamente
7. lei: fare la spesa ogni giorno o fare la spesa ogni settimana
8. Tina e Giulio: viaggiare in macchina o viaggiare in aereo

J. Giovanni ha dodici anni ed ha passato due settimane con il suo amico Piero. Dica quali cose gli sono piaciute molto e quali non gli sono piaciute granché.

🔲 guardare la televisione fino alle dieci *Gli è piaciuto molto.*
🔲 il Museo delle Belle Arti *Non gli è piaciuto granché.*

1. alzarsi alle sette di mattina
2. lavarsi i denti tre volte al giorno
3. andare al cinema il sabato pomeriggio
4. lavarsi i capelli ogni giorno

5. mangiare spesso gli spinaci
6. sciare a Campo Imperatore
7. giocare con il computer
8. mangiare in un ristorante cinese
9. dormire nel pomeriggio
10. giocare a scacchi (*chess*)

K. Traduca le seguenti frasi in italiano. In alcuni casi bisogna usare le forme meno usate del presente di *piacere*.

1. Do you like Arturo?
2. Does Arturo like them?
3. We like Daniela.
4. Daniela likes us.

5. I like you (*tu*).
6. I like you (*voi*).
7. Do you (*tu*) like him?
8. Does he like you (*voi*)?

Imperativo con i pronomi *lei* e *loro*

— **Vada** indietro, dottore. Ancora indietro! Basta!

1. The **lei** and **loro** forms of the imperative for regular verbs are shown in the following chart.

ascoltare	rispondere	partire	finire
Ascolti!	Risponda!	Parta!	Finisca!
Ascoltino!	Rispondano!	Partano!	Finiscano!

Remember to add **h** to the stem of **-care** and **-gare** verbs in order to retain the hard sound of the **c** and **g** when forming the **lei** and **loro** commands.

cercare   cerchi   cerchino
spiegare   spieghi   spieghino

2. To form the imperative **lei** and **loro** of most verbs that are irregular in the present indicative, drop the **-o** of the first person singular and add **-a** for **lei** and **-ano** for **loro**.

Present Indicative		lei	loro
andare	vado	**vada**	**vadano**
fare	faccio	**faccia**	**facciano**
porre	pongo	**ponga**	**pongano**
(See Appendix F on page 478 for a more detailed list.)			

3. The following verbs have special forms for **lei** and **loro** commands.

	lei	loro
avere	**abbia**	**abbiano**
dare	**dia**	**diano**
essere	**sia**	**siano**
sapere	**sappia**	**sappiano**
stare	**stia**	**stiano**

4. In negative commands, **non** always precedes the imperative verb.

Non compri quella camicia!   Don't buy that shirt!
Non prendano quel giornale!   Don't take that newspaper!

5. Object pronouns always precede an imperative verb, except for the indirect-object pronoun **loro**.

Scriva la lettera!   **La** scriva!
Scriva a suo padre!   **Gli** scriva!
Scriva ai suoi nonni!   Scriva **loro**! (**Gli** scriva!)

6. Reflexive pronouns also precede imperative verbs.

Si prepari!
Si metta le scarpe!
Si preparino bene!
Si mettano le scarpe adesso!

L. Spieghi brevemente ad alcuni turisti come andare ai luoghi indicati.

回 al museo: prendere un tassì   *Prendano un tassì per andare al museo.*

1. al teatro Eliseo: andare dritto
2. all'ufficio postale: seguire via Po

3. alla stazione: tornare indietro
4. allo stadio: prendere l'autobus numero 31
5. in banca: andare a piedi
6. all'ospedale: seguire quella freccia (*arrow*)

M. Assuma il ruolo del professore d'italiano e dia degli ordini appropriati alle persone indicate.

▣ al signor Solari: aprire le finestre   *Apra le finestre, per favore.*

1. al signor Collavita: chiudere la porta
2. alla signorina Di Stefano: discutere il compito
3. alla signorina Pucci: spiegare la grammatica agli studenti
4. ai fratelli Piovanelli: prepararsi per gli esami
5. alla signorina Cristini: suggerire qualcosa di nuovo
6. a due studentesse: venire in classe presto domani

N. Assuma il ruolo del direttore di un albergo a Campo Imperatore e dica a queste persone di fare le seguenti cose. Usi i pronomi appropriati con le forme *lei* e *loro* dell'imperativo.

▣ alla cameriera: mettere i piatti sul tavolo   *Li metta sul tavolo.*

1. a due giovani: portare le valige in camera
2. ad un cameriere: preparare una tazza di caffè
3. a due signorine: ascoltare attentamente gli annunci
4. ad un signore: lasciare gli sci vicino alla porta
5. agli sposi: mandare i nomi degli invitati in ufficio
6. ad una signora: telefonare subito al cuoco dell'albergo

O. Il signor Acuti è al ufficio del dottore e l'infermiera gli dà una lista di cose che deve o non deve fare.

▣ ballare (no)   *Non balli.*
▣ bere molto latte (sì)   *Beva molto latte.*

1. bere il caffè (no)
2. camminare molto (sì)
3. fare l'aerobica (sì)
4. andare a sciare (no)
5. lavorare fino a tardi (no)
6. dormire otto ore la notte (sì)
7. mangiare dopo le otto di sera (no)
8. bere acqua minerale (sì)

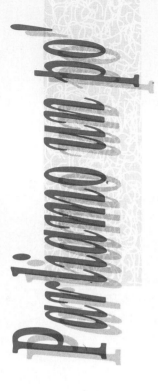

A. **Andiamo a sciare.** Prima studi il vocabolario relativo ai disegni che seguono e poi faccia gli esercizi.

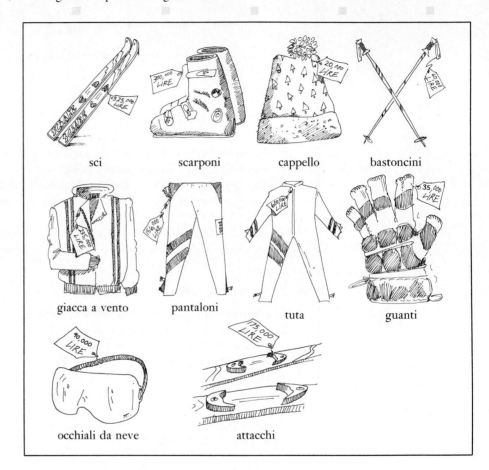

sci   scarponi   cappello   bastoncini

giacca a vento   pantaloni   tuta   guanti

occhiali da neve   attacchi

B. **Fare acquisti.** Immagini di essere in un negozio di articoli sportivi per comprare un paio di scarponi, un paio di pantaloni ed una giacca a vento. Adesso lei parla con il commesso/la commessa che vuole sapere la misura (il numero) che lei porta e quanto vuole spendere. Collabori con un altro studente/un'altra studentessa che assume il ruolo del commesso/della commessa.

Commesso/a: — Dica, signorina (signore). Desidera?
Lei: — Ho bisogno di . . .

articolo	misura (numero)	colore	prezzo
scarponi			
pantaloni			
giacca a vento			

C. **Alcune domande.** Domandi ad un altro studente/un'altra studentessa quali delle seguenti cose gli/le piace (piacciono).

1. lo sci di discesa (*downhill*) o lo sci di fondo (*cross-country*)?
2. guanti di lana o di pelle?
3. pantaloni di lana o di poliestere?
4. un cappello di lana o di flanella?
5. una giacca a tinta unita o a righe?
6. sci lunghi o corti?
7. occhiali da neve o occhiali da sole (*sunglasses*)?
8. scarponi neri o grigi?

D. **Dare informazioni.** Un suo amico/una sua amica vuole sapere dove può ottenere alcune informazioni sullo sci in Italia. Lei gli/le suggerisce la guida riportata nell'annuncio che segue. Risponda alle domande dell'amico/a utilizzando le informazioni dell'annuncio. Collabori con un altro studente/un'altra studentessa che le domanda:

1. il nome della guida
2. chi la pubblica
3. di che cosa tratta (*deals with*)

4. com'è
5. dove si può comprare

Touring Club Italiano
Sci in Italia
Nuova guida illustrata

''Sci in Italia'', la nuova guida allo sci pubblicata dal Touring. Località, valori ambientali, notizie storiche sulle stazioni sciistiche in Italia. Più di duecento pagine illustrate per essere sempre informati. la guida è acquistabile esclusivamente presso gli uffici succursali del Touring Club Italiano

E. **A lei la parola.** Esprima in italiano.

1. State emphatically that you like apples and pears, but you don't like grapes.
2. Ask your friends if they like fruit.
3. Find out if your friend hurt his/her hand while he/she was playing tennis.
4. Inquire whether your teacher liked the record you lent him/her.
5. Tell your teacher to listen to your record, not John's tape.

F. **Cosa fate?** Lei dirige alcuni studenti e dice loro di fare queste cose. Gli studenti devono fare quello che lei dice e devono dire quello che fanno, usando i pronomi indiretti appropriati.

回   dare la penna a . . .   S1: *(Silvia), dà la penna a (Daniela).*
                                         S2: *Le do la penna.*
                                         S3: *Mi dà la penna.*

     dare il libro a . . .   S1: *(Silvia), dà il libro a (Roberto e Daniela).*
                                         S2: *Gli do il libro.*
                                         S3 and S4: *Ci dà il libro.*

1. mostrare le foto a . . .
2. dare la mano a . . .
3. offrire un caffè a . . .
4. prestare la matita a . . .
5. dire buon giorno a . . .
6. dare il dizionario a . . .
7. fare una domanda a . . .
8. spiegare la lezione a . . .

G. **Lettura.** Legga questo brano e poi faccia gli esercizi che seguono.

Napoli si estende ad anfiteatro[1] sulle colline di Posillipo e del Vomero, che scendono verso il mare. Il fascino[2] di Napoli deriva non solo dallo splendido panorama e dal clima mite della zona, ma anche dalla ricchezza[3] di monumenti, dalla caratteristica struttura della città e dalla vivacità e fantasia dei suoi abitanti.

Il suo golfo, dominato dal Vesuvio, è uno dei più belli del mondo. I vecchi quartieri[4] della città sono molto caratteristici, con le loro numerose chiese, piazzette pittoresche ed innumerevoli vicoli[5] sempre pieni di vita e brio[6]. In questa atmosfera esuberante nasce e si sviluppa il genio napoletano, ricco di improvvisazione, di poesia e di senso pratico.

Un antico detto[7] popolare "Vedi Napoli e . . . poi muori" suggerisce che al mondo non c'è niente di più bello ed incantevole[8] di Napoli.

1. like an amphitheater   2. charm   3. wealth   4. neighborhoods   5. alleys   6. gaiety
7. saying   8. charming

H. **Un titolo adatto.** Scelga un titolo adatto per il brano appena letto tra quelli suggeriti:

1. Una città montagnosa
2. I vecchi quartieri di Napoli
3. Una città incantevole
4. Un bel panorama

I. **Che cosa ricorda?** Dia il nome o la descrizione delle seguenti caratteristiche di Napoli.

1. il clima
2. cosa rende spettacolare il panorama
3. alcuni aspetti dei vecchi quartieri
4. com'è la gente napoletana
5. il vulcano di Napoli
6. un vecchio detto popolare

Napoli è famosa per le sue vie e vicoli stretti. La foto mostra una di queste vie in un quartiere popolare della città. Che cosa o chi la impressiona di più nella foto? Trova certe similarità fra questa via ed i quartieri italiani di alcune città americane? Quali?

J. **Lettura.** Legga questo brano e faccia l'esercizio che segue.

■ Il campanilismo

La parola *campanilismo* deriva dalla parola *campanile*[1], e indica l'attaccamento esclusivo e fanatico alla tradizione ed agli usi[2] della propria[3] città. Simbolo del paese nativo, il campanilismo risale[4] al periodo storico in cui ogni villaggio e città combatteva[5] contro quello vicino per conquistare una determinata regione. Di recente, il campanilismo si è esteso alle sfide[6] sportive, alle manifestazioni popolari ed alle competizioni tra gli abitanti delle città vicine.

Oggi il campanilismo è molto evidente specialmente in occasione di incontri di calcio[7] tra squadre appartenenti[8] a città diverse. Gruppi sempre più numerosi di tifosi[9] accompagnano la squadra del cuore[10], portando da una città all'altra il folclore e la passione del paese nativo.

1. bell tower 2. customs 3. one's own 4. dates back 5. fought 6. challenges 7. soccer matches 8. belonging 9. fans 10. beloved

K. **Spiegazioni.** Dia una spiegazione appropriata per ciascuna delle seguenti idee.

1. l'origine della parola *campanilismo*
2. perché il campanile è il simbolo di un particolare paese
3. rappresenta l'attaccamento al paese nativo
4. combattevano per conquistare le zone vicine
5. in che cosa si manifestava il campanilismo nel passato
6. in che si manifesta il campanilismo oggi

L. **Formulare frasi.** Con un altro studente/un'altra studentessa formuli frasi originali, usando parole come *simbolo*, *attaccamento* e *tifoso*.

LEZIONE
12
CHE PARTITA È IN PROGRAMMA?

Una partita di calcio giocata
allo stadio San Siro di Milano.
Il calcio è lo sport più amato
dagli italiani.

È il venti aprile. Pietro Rossi e Daniela Paolini sono seduti su una panchina in un giardino pubblico di Roma e fanno programmi per domenica prossima.

Pietro	Daniela, vuoi venire con me allo stadio domenica prossima a vedere la partita di calcio?	
Daniela	Dipende. Che partita è in programma°?	Which teams are playing?
Pietro	Roma-Napoli, e come al solito sarà un incontro spettacolare.	
5 **Daniela**	Viene anche Luciano alla partita?	
Pietro	Non lo so. Gli telefonerò stasera. Perché?	
Daniela	Se Luciano viene con noi, gli dovrò pagare il biglietto anche questa volta.	
Pietro	Davvero? E perché?	
10 **Daniela**	Non porta mai una lira in tasca. Promette sempre di ripagarmi ma non lo fa mai. A che ora dovremo andare allo stadio?	
Pietro	Probabilmente verso l'una perché i posti non sono riservati. Secondo i giornali, è prevista la vendita totale dei biglietti e ci saranno quasi centomila persone.	
15 **Daniela**	Allora dobbiamo affrettarci ad acquistare i biglietti!	
Pietro	Appunto. Se vuoi li comprerò io oggi pomeriggio. C'è un rivenditore vicino a casa mia.	
Daniela	Va bene. Però adesso non ho il denaro con me.	
Pietro	Eh, no, non farai mica come Luciano che non porta mai una lira in tasca.	
20		
Daniela	Non ti preoccupare. Ti prometto che ti darò i soldi domenica stessa.	
Pietro	D'accordo. Ma se viene Luciano, chi pagherà il suo biglietto?	
Daniela	Ti dispiace se pagheremo metà per uno°?	if we each pay half
25 **Pietro**	No. Così avrà a che fare con tutti e due° se non pagherà il debito al più presto.	he will have to deal with the two of us

DOMANDE GENERALI

1. Dove sono Pietro e Daniela? Cosa fanno?
2. Dove andranno domenica prossima i due amici? Che partita è in programma?
3. Perché Daniela vuole sapere se viene anche Luciano?
4. A che ora andranno allo stadio? Perché?
5. Che cosa dicono i giornali?
6. Dov'è il rivenditore di biglietti?
7. Che cosa promette Daniela a Pietro?
8. Chi pagherà il biglietto di Luciano?

DOMANDE
PERSONALI

1. Lei che programmi ha per il fine-settimana?
2. Ci sono partite di calcio in questa città?
3. Preferisce vedere un incontro di calcio, di tennis o di hockey?
4. Porta sempre abbastanza soldi in tasca?
5. Ha mai prestato soldi agli amici? Quando e perché?

SITUAZIONI

1. Risponda ad un amico/un'amica che l'invita ad andare allo stadio.

   — Vuoi venire allo stadio con me?
   — Mi dispiace, ma non posso. (Sì, volentieri./Forse. Vedrò./Preferisco andare al cinema./Dipende dagli impegni che ho.)

2. Lei dice ad un amico che il mese prossimo arriva in città il vostro complesso musicale favorito. Risponda all'amico che le domanda quanto costerà il biglietto per andare allo spettacolo del complesso.

   — Quanto costerà il biglietto?
   — Non costerà molto. (Forse ventimila lire./Non lo so./Un bel po' di soldi./Non ti preoccupare, pago io.)

VOCABOLARIO

Parole analoghe

dipendere (da)	**riservato/a**	**sportivo/a**
probabilmente	**spettacolare**	**totale**

Nomi

il calcio soccer
il debito debt
il denaro money
il giardino pubblico public gardens, park
l'incontro match (sports)
la panchina park bench
la partita game
il posto seat
la tasca pocket; **in tasca** in his/her pocket
la vendita sale

Verbi

acquistare to purchase, buy
affrettarsi to hurry
prevedere (previsto) to expect, anticipate
promettere to promise
ripagare to pay back

Altre parole ed espressioni

appunto right, exactly
così that way
dipende that depends

al più presto as soon as possible
come al solito as usual
fare programmi to make plans
ti dispiace se . . . ? do you mind if . . . ?

PRATICA

A. Lorenzo ha intenzione di andare alla partita di calcio con la sua amica Lucia. Non ha potuto ancora comprare i biglietti e quindi chiede a suo padre di comprarglieli. Prepari un dialogo di sei righe fra Lorenzo e suo padre con la collaborazione di un altro studente/un'altra studentessa.

B. Immagini di avere due biglietti per la partita di calcio di domenica prossima. Purtroppo altri impegni non le permettono di andare. Quindi lei telefona ad un amico/un'amica, e gli/le offre i biglietti e spiega perché non può andare. Collabori con un altro studente/un'altra studentessa.

LA TECNOLOGIA, IL GOAL IN PIU'.

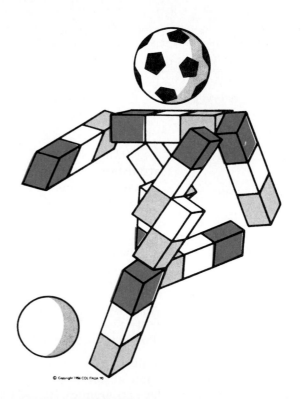

© Copyright 1986 COL ITALIA '90

Ecco "Ciao", il popolare simbolo di Italia '90, ossia (*that is*) il Campionato Mondiale di Calcio.

Gli sport in Italia

Una gara ciclistica a Verona. Sia dilettanti che professionisti partecipano ogni anno a numerose gare ciclistiche in varie città e paesi italiani.

In Italia parlare di sport significa discutere del gioco del calcio. Il calcio è il passatempo nazionale per nove mesi dell'anno, da settembre a giugno. Durante questo periodo molti Italiani passano la domenica pomeriggio allo stadio o davanti al televisore a vedere la partita ed a fare il tifo[1] per la propria squadra[2]. Il calcio è stato sempre uno sport per gli uomini, ma oggi molte donne seguono con interesse questo sport e vanno spesso allo stadio. Addirittura qualche anno si sono formate squadre di calcio femminili, che a livello semiprofessionale ricevono già notevole attenzione da parte del pubblico.

Il secondo sport più popolare è il ciclismo. Specialmente i giovani praticano questo sport con passione durante i mesi più caldi dell'anno, fra maggio e settembre. Ma è il Giro d'Italia[3] che ogni anno attrae[4] l'interesse della stampa nazionale ed internazionale. Questa corsa[5], a cui[6] partecipano anche molti ciclisti stranieri, inizia alla metà di maggio e dura circa venti giorni. Facendo tappa[7] ogni anno in differenti città italiane, il Giro attraversa tutta la penisola e porta[8] con sé un'atmosfera di festa e di gioventù.

1. to root   2. team   3. Tour of Italy   4. attracts   5. race   6. in which   7. stop   8. brings along

---

PRONUNCIA   I suoni /ts/ e /dz/

The sound of the letters **z** and **zz** is pronounced in two ways in Italian: **ts** as in the English word *cats*, and **dz** as in *fads*.

A. Ascolti l'insegnante e ripeta le seguenti parole.

zio	piazza	zero	azzurro
calze	bellezza	zaino	mezzo
zucchero	pazzo	zanzara	nozze
paziente			

B. **Proverbi.** Legga ad alta voce i seguenti proverbi e poi li detti ad un altro studente/un'altra studentessa.

L'ozio è il padre dei vizi.
> Laziness is the root of all evil.
> (Literally: Idleness is the father of the vices.)

Dal dire al fare c'è di mezzo il mare.
> Easier said than done.
> (Literally: Between saying and doing there's an ocean.)

AMPLIAMENTO DEL VOCABOLARIO

Gli sport

| lo sci | il pattinaggio | il nuoto | la vela | il ciclismo |

| il tennis | la pallacanestro | il calcio (il pallone) | l'equitazione | la corsa |

Espressioni utili per gli sport

nuotare (al lago, al mare, in piscina)   to swim (in the lake, in the sea, in a pool)
pattinare   to skate
sciare   to ski
andare a cavallo   to go horseback riding

andare in barca   to go sailing
andare in bicicletta   to ride a bike
fare dello sport   to engage in sports
fare l'alpinismo   to mountain-climb
giocare al calcio (a pallone)   to play soccer

giocare a pallacanestro (a pallavolo) to play basketball (volleyball)

praticare uno sport to practice a sport
scalare una montagna to climb a mountain

A. Domandi ad un altro studente/un'altra studentessa quali sport associa con le seguenti cose. L'articolo determinativo appropriato deve essere usato con le parole.

▣ la piscina   *il nuoto*

1. la montagna
2. il cavallo
3. il mare
4. la neve
5. il lago
6. lo stadio
7. il freddo e il ghiaccio (*ice*)
8. le gomme, i freni ed i pedali

B. Risponda ad un amico/un'amica che le domanda se lei pratica i seguenti sport ed in quali stagioni o mesi li pratica.

1. l'equitazione
2. il nuoto
3. l'alpinismo
4. il pattinaggio
5. la vela
6. lo sci
7. il calcio
8. la pallavolo
9. il tennis
10. la pallacanestro

Una corsa di dilettanti lungo i Fori imperiali di Roma. Le piace correre? Corre spesso? Da solo/a o in compagnia? Dove? Ha mai partecipato ad una maratona? Dove e quando hanno luogo le maratone più famose in America? Conosce i nomi degli atleti più bravi?

C. Faccia le seguenti domande ad un altro studente/un'altra studentessa.

1. Fai dello sport?
2. Quali sport pratichi?
3. Ti piace pattinare? Dove vai a pattinare?
4. Vai a cavallo qualche volta? Dove?
5. Preferisci nuotare al lago, al mare o in piscina?
6. Sei mai andato/a a vedere una partita di calcio? Dove?
7. Vai in barca qualche volta? Dove? Vai da solo/a o con gli amici?
8. Hai mai scalato una montagna? Quale?

D. Usi la fantasia per scrivere un componimento di dieci righe su uno dei disegni a pagina 262. Dica come si chiama il giovane o la giovane, quanti anni ha, dove abita, se va al liceo o all'università, che sport pratica, ecc.

Nomi che finiscono in -*ma*

Nouns of Greek origin that end in **-ma** are all masculine. The final **a** changes to **i** in the plural. Most nouns ending in **-ma** have easily recognizable English cognates.

il clima, i climi	il programma, i programmi
il dramma, i drammi	il sistema, i sistemi
il panorama, i panorami	il telegramma, i telegrammi
il poema, i poemi	il tema, i temi
il problema, i problemi	il teorema, i teoremi

E. Dia un senso compiuto alle seguenti frasi usando le parole riportate sopra. Ogni parola deve essere usata una volta sola.

1. Com'è il _____ in Italia durante l'estate?
2. Non ho scritto il _____ per la classe d'inglese.
3. Gli abbiamo già mandato due _____ per dirgli che abbiamo cambiato idea.
4. Dal mio appartamento si vede un bel _____ della città.
5. Prima di partire, dovete risolvere questi _____.
6. Conosci bene tutti i _____ di Shakespeare?
7. Ora che abbiamo i computer nuovi, usiamo _____ diversi.
8. Conosci i tre _____ di Pitagora?
9. Abbiamo fatto bei _____ per il prossimo fine-settimana.
10. Avete mai letto un _____ epico?

STRUTTURA ED USO

Futuro semplice

—**Incontrerai** una buona regina,
farai un lungo viaggio,
scoprirai un nuovo mondo,
avrai molte avventure . . .

Cristoforo Colombo dalla Maga Circe

1. In Italian as in English, the future tense **(il futuro semplice)** is used to express future actions or intentions. In Italian, the future tense consists of a single verb; in English, it consists of the auxiliary *shall* or *will* and the basic verb.

   Comprerò un nuovo paio di sci.   I'll buy a new pair of skis.
   Stabiliremo l'ora della partenza.   We'll decide the hour of
                                               departure.

   Partiranno abbastanza presto.   They'll leave quite early.

2. Note that the endings are identical for all regular **-are**, **-ere**, and **-ire** verbs, and that the stem consists of the infinitive minus the final **-e**. In **-are** verbs, the **a** of the infinitive ending changes to **e**.

	comprare	discutere	partire
io	comprerò	discuterò	partirò
tu	comprerai	discuterai	partirai
lui/lei	comprerà	discuterà	partirà
noi	compreremo	discuteremo	partiremo
voi	comprerete	discuterete	partirete
loro	compreranno	discuteranno	partiranno

3. Verbs ending in **-care** and **-gare** add an **h** to the future-tense stem after the **c** and **g** to retain the hard pronunciation.

> Io **cercherò** il libro.
> Noi **cercheremo** il giornale.
> Io **pagherò** il conto.
> Noi **pagheremo** la rivista.

4. Reflexive verbs follow the same pattern as regular verbs in the future.

> **Mi alzerò** alle otto.   I'll get up at eight o'clock.
> **Ci vestiremo** fra poco.   We'll get dressed in a little while.

5. Remember that, when an action is about to take place, the present tense is often used.

> **Ti telefono** domani sera.   I'll call you tomorrow evening.

6. The following nine verbs have irregular future stems. Their endings are regular.

Infinitive	*Future Stem*	*Future Tense*
andare	**andr–**	andrò, andrai, . . .
avere	**avr–**	avrò, avrai, . . .
bere	**berr–**	berrò, berrai, . . .
cadere	**cadr–**	cadrò, cadrai, . . .
dare	**dar–**	darò, darai, . . .
essere	**sar–**	sarò, sarai, . . .
fare	**far–**	farò, farai, . . .
vedere	**vedr–**	vedrò, vedrai, . . .
venire	**verr–**	verrò, verrai, . . .

A. Dica quello che le seguenti persone faranno domenica.

▣ Giulia / partire per la Francia   *Giulia partirà per la Francia.*

1. Mauro / andare a pattinare
2. mia madre / uscire con alcune amiche
3. Fulvio ed io / alzarsi tardi
4. Gianfranco / farsi la doccia
5. Rachele ed Alba / venire da noi
6. tu e Claudia / divertirsi molto al ricevimento
7. tu / vedere un bel film alla TV
8. i miei cognati / non essere in casa

B. Queste persone hanno perso varie cose, ma non hanno il tempo di cercarle oggi. Dica che le cercheranno domani.

▣ Ho perso i guanti, . . . *ma li cercherò domani.*

1. Hai perso l'orologio, . . .
2. Ha perso lo zaino, . . .
3. Abbiamo perso le penne, . . .
4. Avete perso gli sci, . . .
5. Hanno perso i libri, . . .
6. Ho perso il disco di Marco, . . .

C. Risponda alle seguenti domande, usando il *futuro* dei verbi indicati ed un'espressione di tempo appropriato.

▣ Hai spedito il questionario?   *Non ancora. Lo spedirò (questo pomeriggio).*

1. Hai bevuto il latte caldo?
2. Hai chiamato il nonno?
3. Hai letto il giornale?
4. Hai dato il compito al professore?
5. Hai trovato quel quadro?
6. Hai visto Stefania?
7. Hai pagato il meccanico?
8. Hai preso l'appuntamento con il dottore?
9. Hai studiato la storia?
10. Sei andato/a in biblioteca?

D. Laura non capisce quello che Luigi dice e gli chiede di ripeterlo. Luigi lo ripete usando il futuro.

▣ Luigi: Ti chiamo domani mattina.   *Laura: Cosa hai detto?*
Luigi: Ho detto che ti chiamerò domani mattina.

1. Vengo con te dopodomani.
2. Ti aspetto domani dopo le lezioni.
3. Sono a scuola fino alle sei.
4. Torno più tardi.
5. Scrivo a Pietro domani pomeriggio.
6. Faccio una passeggiata con Anna stasera.
7. Ho molto da fare domani.

Futuro di probabilità

The future tense is sometimes used to express probability.

Che ora è?	What time is it?
Saranno le otto.	It's probably (It must be) eight o'clock.
Chi sarà alla porta?	Who is it at the door?
Sarà Luciano.	It's probably (It must be) Luciano.
Che tempo fa?	What's the weather like?
Pioverà.	It's probably raining.

E. Maria e Luigi hanno invitato alcuni amici a casa loro. Ogni volta che qualcuno bussa (*knocks*) alla porta, i due ragazzi cercano di indovinare (*guess*) chi sarà.

  (Giorgio bussa.)   Maria: *Sarà Giorgio.*
  (Gianni e Anna bussano.)   Luigi: *Saranno Gianni e Anna.*

1. (Il signor Biavati bussa.)   Sarà il sig Biavati
2. (Le signorine Roselli bussano.)
3. (Paolo e sua sorella bussano.)
4. (L'ingegner Cristini bussa.)
5. (La professoressa Boni bussa.)
6. (I nostri cugini bussano.)

F. Risponda alle domande che le fa un compagno durante un viaggio in autobus. Formuli risposte di senso compiuto, usando il *futuro di probabilità*.

  Dov'è l'autista (*driver*)?   *Sarà (in ritardo).*

1. Che ora è?
2. Cos'è quel palazzo?
3. Quanto costano due biglietti per la partita di calcio?
4. Chi sono quei giovani?
5. Di chi è quello zaino?
6. Che tempo fa al mare?
7. Cosa vendono al mercato?
8. Quante persone ci sono in quest'autobus?

Futuro dopo *quando*, *appena* e *se*

The future tense is used after **quando**, **appena**, and **se** when the action of the main verb takes place in the future. In English, the present tense is used in parallel situations.

Quando andremo a Napoli, staremo all'Albergo Sole.	When we go to Naples, we'll stay at the Albergo Sole.
Le telefonerò **appena arriverò** a casa.	I'll call her as soon as I arrive home.
Se tu porterai i tuoi sci, io porterò i miei.	If you take your skis, I'll take mine.

G. Alcuni amici pensano di passare le vacanze di Pasqua (*Easter*) in Italia. Dica quale città visiteranno appena arriveranno in Italia.

  Lucia: Palermo   *Appena arriverà in Italia, Lucia visiterà Palermo.*

1. Carlo: Brindisi   4. voi: Trieste
2. Silvia: Torino   5. io: Pisa
3. Federico e Pietro: Messina   6. noi: Milano

H. Dica a Paolo che se lui farà le seguenti cose, le farà anche lei.

partire domani   *Se partirai domani, partirò anch'io.*

1. alzarsi presto
2. bere un aperitivo
3. spedire il questionario
4. mettersi la giacca

5. mangiare un panino
6. prendere il gelato
7. scrivere ad Antonio
8. essere in anticipo

I. Dica ad un amico/un'amica quello che succederà, usando la forma appropriata del *futuro* dei verbi indicati.

Quando vado a Siena, incontro   *Quando andrò a Siena, incontrerò*
mia cugina.   *mia cugina.*

1. Quando ho tempo, scrivo a Gabriele.
2. Quando viene il cameriere, paghiamo il conto.
3. Quando finiscono le vacanze, torniamo a scuola.
4. Quando vado a Campo Imperatore, scio con Anna.
5. Quando do un regalo a Giulia, mi ringrazia.
6. Quando esco con gli amici, mi diverto.
7. Quando parlo con Aldo, gli do i tuoi saluti.
8. Quando esci dal bar, ti seguo.

Futuro e passato prossimo di *dovere*, *potere*, e *volere*

—Mi dispiace che non **ho potuto** aiutarti, ma mi **sono dovuto**
riposare.° Così domani **potrò** correre nella maratona . . .   rest

1. You already know the present-tense forms of the verbs **dovere**, **potere**, and **volere** (page 176), which are typically followed by an infinitive. The following chart shows the **futuro** and **passato prossimo** of these three verbs. Note that they all have irregular future stems.

	dovere to have to, must	**potere** to be able, can	**volere** to want, wish
Futuro	dovrò	potrò	vorrò
	dovrai	potrai	vorrai
	dovrà	potrà	vorrà
	dovremo	potremo	vorremo
	dovrete	potrete	vorrete
	dovranno	potranno	vorranno
Passato Prossimo	ho (sono) dovuto, *ecc.*	ho (sono) potuto, *ecc.*	ho (sono) voluto, *ecc.*

2. In the **passato prossimo**, all three verbs may be conjugated with either **avere** or **essere**, depending on the infinitive that follows. If the infinitive is a transitive verb—if it takes a direct object—it is conjugated with **avere**. If the infinitive is intransitive—for instance, if it expresses movement—it is conjugated with **essere**.

Maria ha dovuto finire i compiti.	Maria had to finish the homework.
Laura è dovuta andare a casa.	Laura had to go home.
Abbiamo potuto prestare i soldi a Carlo.	We were able to lend the money to Carlo.
Siamo potuti partire alle dieci.	We were able to leave at ten o'clock.
Non hanno voluto pagare il biglietto.	They didn't want to pay for the ticket.
Non sono voluti uscire con noi.	They didn't want to go out with us.

In response to a question in which the infinitive is understood but not expressed, **avere** is always used (even when the unexpressed infinitive takes **essere**).

Perchè non sei uscito con Massimo?	Why didn't you go out with Massimo?
Perchè non **ho potuto**.	Because I couldn't.

J. Dica cosa dovranno fare dopodomani le seguenti persone, usando la forma appropriata del futuro di *dovere*.

🔲 noi: lavorare   *Dovremo lavorare.*

1. io: comprare i biglietti
2. tu: andare a nuotare
3. lui: mangiare a casa
4. i ragazzi: bere qualcosa
5. noi: pulire la casa
6. lei: trovare la borsa
7. voi: finire i compiti
8. loro: acquistare un computer

K. Dica che le seguenti persone non hanno potuto fare certe attività, usando la forma appropriata del passato prossimo di *potere*.

🔲 Anna voleva uscire, . . .   *ma non ha potuto.*

1. Volevo fare una passeggiata, . . .
2. Volevi comprare un paio di sci, . . .
3. Volevamo andare in barca, . . .
4. Le mie sorelle volevano fare colazione, . . .
5. Mia cugina voleva ritornare a Pisa, . . .
6. Volevate vedere la partita di calcio, . . .

L. Due ragazzi parlano delle cose che né loro né i loro amici vorranno fare. Usi la forma corretta del futuro di *volere* e aggiunga un'espressione di tempo appropriato.

🔲 Piero: andare al cinema   *Piero non vorrà andare al cinema sabato prossimo.*

1. Liliana: cominciare ad insegnare
2. noi: studiare informatica
3. tu: andare in vacanza al mare
4. Franco: pagare il caffè agli amici
5. voi: diventare campioni di sci
6. Maria e sua sorella: andare a pattinare
7. Mario e Dino: praticare uno sport invernale
8. io: discutere con l'arbitro (*referee*)

M. Dica che ieri lei non ha potuto, o non ha voluto, fare le seguenti cose, ma che dopodomani potrà o vorrà farle.

🔲 potere ripagare il debito   *Ieri non ho potuto ripagare il debito, ma dopodomani potrò.*

1. volere studiare l'italiano
2. potere guidare
3. volere andare in giro per i negozi
4. potere andare in bicicletta
5. volere farsi una doccia
6. potere alzarsi presto

N. Giovanna narra all'amica Giuliana quello che hanno fatto lei ed alcuni amici recentemente. Completi le frasi con la forma corretta del passato prossimo di *dovere, potere,* e *volere.*

1. Due settimane fa, Antonella ed io (volere) _____ fare una gita in montagna. (dovere) _____ chiamare l'albergo due giorni prima ed abbiamo prenotato una bella camera.
2. La settimana scorsa, i miei amici (volere) _____ andare alla partita di calcio. Non (potere) _____ uscire presto di casa. Quindi (dovere) _____ parcheggiare la macchina molto lontano dallo stadio.
3. Ieri io (volere) _____ telefonare a Luisa, ma non (potere) _____ parlare con lei perchè non era in casa.
4. Due giorni fa Giampiero (volere) _____ vedere una partita di pallavolo. (dovere) _____ acquistare i biglietti in anticipo ed ha invitato Luciana, ma all'ultimo momento, Luciana non (potere) _____ andare con lui.

Stamattina a Venezia quest'uomo d'affari è voluto andare al lavoro in gondola per poter leggere il giornale tranquillamente.

A. **Sondaggio.** Lei vuole sapere quali sono gli sport preferiti dei suoi compagni di scuola. Intervisti un gruppo di quattro o cinque studenti/studentesse, prenda appunti e riferisca le informazioni alla classe.

1. Ti piace partecipare agli sport o preferisci essere uno spettatore?
2. Quale sport preferisci guardare?
3. Ti piace guardare gli sport alla televisione o preferisci andare allo stadio? Perché?
4. Qual è la tua squadra (*team*) favorita?
5. Vai alle attività sportive della scuola (dell'università)? A quali?

	1	*2*	*3*	*4*	*5*
Nome	————	————	————	————	————
partecipare/ spettatore	————	————	————	————	————
sport preferito	————	————	————	————	————
squadra favorita	————	————	————	————	————
tv/stadio	————	————	————	————	————
attività sportive	————	————	————	————	————

B. **Lettura.** Legga quest'annuncio e poi risponda alle domande che seguono.

Breuil CERVINIA
L'estate a tempo pieno, non solo sci.

Breuil-Cervinia: il meglio delle vacanze.
Lo sci estivo sulle piste più alte d'Europa.
Impianti° nuovissimi. Niente code.°
100 maestri di sci per principianti° e
aspiranti campioni. 42 alberghi per tutti
i gusti e tutte le tasche. E in più, gratis,
la "Carta estate '89": la tessera° che vi
offre sconti e facilitazioni° su ski-pass,
scuola sci, tennis, piscina, sport,
cinema e divertimenti.
Breuil-Cervinia:
un' estate a tempo pieno, con
quote settimanali a partire da°
L.305.000 (camera+ski-pass).
Per ricevere il materiale informativo rivolgersi° a:
Azienda Soggiorno • Via Carrel
11021 Breuil-Cervinia (AO) • Tel. 0166/ 949136

installations / lines
beginners

pass
accommodations

starting from

write or call

1. Quando si può sciare a Breuil-Cervinia?
2. Quanti maestri di sci ci sono?
3. Quanti alberghi ci sono? Come sono gli alberghi?
4. Quali sono altri sport o attività che si possono fare a Breuil-Cervinia?
5. Quanto può costare come minimo una settimana a Breuil-Cervinia? Che cos'è incluso?
6. Come si possono ottenere informazioni per fare una vacanza a Breuil-Cervinia?

C. **Cosa farai?** Tutti gli studenti non vedono l'ora (*can't wait*) di finire gli studi e di cominciare a vivere nel "mondo reale". Intervisti un gruppo di cinque o sei studenti/studentesse e domandi loro cosa faranno nel futuro. Prenda appunti e riferisca le informazioni alla classe.

Nome	*Cosa farà*
1. _____	_____
2. _____	_____
3. _____	_____
4. _____	_____
5. _____	_____
6. _____	_____

D. **Lettura.** Legga questo brano e poi faccia l'esercizio che segue.

In Italia è molto diffuso il totocalcio, un gioco settimanale basato sulle partite di calcio. Al totocalcio si gioca mediante una schedina[1] che elenca[2] gli incontri di calcio della settimana. Per vincere, è necessario indovinare[3] tutti i risultati delle tredici partite. I simboli da usare sono "1" per indicare la vittoria della squadra che gioca in casa[4]; "2" per indicare la vittoria della squadra ospite[5], ed "X" per indicare il pareggio[6].

Il montepremi[7], che viene diviso tra i vincitori, rappresenta solo il 45% (per cento) della somma pagata dalla gente che gioca le schedine. Il 55% (per cento) va allo Stato italiano come tassa[8], ed al CONI (Comitato olimpico nazionale italiano), che è responsabile di tutta l'attività sportiva italiana.

1. by means of a ticket   2. lists   3. guess   4. home team   5. visiting team   6. tie
7. jackpot   8. tax

E. **Un titolo appropriato.** Scelga un titolo appropriato per il brano cha ha appena letto.

1. Il gioco del calcio
2. Un'attività sportiva
3. Un gioco settimanale
4. Gli incontri di calcio

F. **A lei la parola.** Esprima in italiano.

1. When your grandmother wants to know the time, tell her that it is about two o'clock.
2. Tell your instructor that you couldn't go to class yesterday because you had to meet your grandmother at the airport.
3. Tell your mother that you'll start working as soon as you finish eating.
4. Explain to your roommate that you'll need the car next weekend because you have to go home for your brother's wedding.
5. Tell your parents that you will take the nine o'clock plane (*l'aereo delle nove*) next Friday.

G. **Lettura.** Legga questo dialogo e poi risponda alle domande che seguono.

■ Mantenersi in forma

Mariella incontra la sua amica Silvia che non vede da molto tempo.

Mariella	Ciao, Silvia. Che bella linea[1]! Come sei dimagrita[2]! Cosa fai per mantenerti così in forma?
Silvia	Sono due mesi che vado in palestra a fare ginnastica.
Mariella	Questo è tutto? Non fai una dieta speciale?
Silvia	No, cerco di mangiare solo cibi naturali con poche calorie.
Mariella	Piacerebbe[3] anche a me perdere un po' di peso, ma sono troppo pigra. Inoltre[4] non faccio esercizi e mangio abbondantemente ogni giorno.

1. figure   2. You've lost a lot of weight!   3. I'd like   4. Besides

1. Cosa fa Silvia per mantenersi in forma?
2. Cosa mangia Silvia per dimagrire?
3. Cosa piacerebbe fare a Mariella?
4. Perché non fa esercizi Mariella?

Altre parole ed espressioni utili

andare in palestra   to go to the gym
la caloria   calorie
controllare il peso   to check one's weight
dimagrire   to lose weight
essere in forma   to be in shape
fare esercizi (ginnastica)   to do exercises

fare una dieta   to be on a diet
ingrassare   to gain weight
mantenersi in forma   to keep in shape
pesare   to weigh
il peso   weight
la visita di controllo   check-up
la vitamina   vitamin

Queste ragazze si mantengono in forma facendo esercizi aerobici e fisici a una scuola media di Milano. Lei cosa fa per mantenersi in forma? Le piace fare ginnastica? Qual è l'attività sportiva che preferisce? Perché?

H. **Intervista.** Lei vuole sapere quali sport fanno e cosa mangiano i suoi compagni di scuola per mantenersi in forma. Collabori con tre o quattro studenti, prenda appunti e riferisca le informazioni alla classe.

I. **Lettura.** Legga questo brano e faccia l'esercizio che segue.

■ Forza Napoli!

È domenica mattina. Sono le nove e Roberto dorme ancora profondamente. All'improvviso un rumore assordante lo sveglia. Roberto si affaccia alla finestra della sua stanza e vede passare giù nella strada una lunga fila di automobili e torpedoni[1] pieni di gente che ride[2], canta e suona strumenti vari. Poi dalla scritta "Forza Napoli" capisce di che cosa si tratta[3].

Nel pomeriggio c'è in programma allo stadio Olimpico l'incontro di calcio Roma-Napoli, molto sentito dai tifosi delle due[4] squadre. Roberto si chiede: "Ma arrivano a quest'ora? Non hanno forse dormito? Certo, con l'autostrada hanno impiegato meno di[5] tre ore, ma, perbacco[6] potrebbero anche fare meno rumore."

La lunga fila di automobili continua e—ma quello cos'è? È un autocarro che trasporta un asino infiocchettato d'azzurro[7]. Poi segue Pulcinella, una maschera del teatro napoletano, che saluta tutti allegramente. Un'altra auto trasporta una bara[8], che significa la sicura sconfitta[9] della Roma. Seguono altre automobili con bandiere azzurre, una vera invasione!

Ma quella laggiù, che cos'è? Sì, è proprio una bandiera giallorossa[10], sono i colori della Roma! Bene, finalmente i tifosi romani cercano di opporsi[11] a quelli napoletani e pian piano spuntano[12] altre bandiere giallorosse. È il festoso preludio di quell'insieme[13] di sentimenti e di tifo[14] appassionato che esploderà in tutta la sua potenza durante la partita.

1. motor coaches   2. are laughing   3. what it's all about   4. anxiously awaited by the fans of both   5. they took less than   6. good Lord   7. donkey adorned with blue tassels   8. coffin 9. defeat   10. yellow and red   11. oppose   12. little by little appear   13. combination 14. rooting

J. **Informazioni.** Dia le informazioni richieste secondo il contenuto del brano.

1. giorno della settimana
2. nome del giovane
3. quello che il giovane vede dalla finestra
4. cosa dice la scritta
5. partita in programma
6. una maschera napoletana
7. il significato della bara
8. colori della bandiera della Roma

Questi amici si sono riuniti
per festeggiare il compleanno
di una loro amica.

Un gruppo di amici va da Luciana Giannelli per festeggiare il compleanno di Giulio Forattini, che oggi compie vent'anni. Franco Bresciani porta alla festa Paola Marchi, una sua cugina di Salerno. Appena si rivedono, tutti gli amici si salutano con affetto°.   affectionately

SCENA 1

	Franco	Paola, ecco i miei amici. Te li presento. (*A tutti*) Ragazzi, mia cugina Paola.	
	Tutti	Ciao, Paola. Benvenuta°.	Welcome
	Luciana	Ciao, Paola, io sono Luciana. Mi fa molto piacere conoscerti.	
5		Vorresti bere o mangiare qualcosa?	
	Paola	Veramente mangerei qualcosa. Ho più fame che sete°.	I'm more hungry than thirsty
	Franco	Io invece berrei qualcosa di fresco.	
	Luciana	Sul tavolo ci sono panini al prosciutto e tramezzini di vari tipi. Ve li posso offrire?	
10	**Paola**	Sì, grazie.	
	Luciana	Più tardi mangeremo gli spaghetti alla carbonara.	
	Franco	Buoni! Al solo pensiero mi viene l'acquolina in bocca°.	Just thinking about it makes my mouth water

SCENA 2

Un'ora più tardi, i ragazzi e le ragazze sono seduti a tavola°. Tutti mangiano,   at the table
bevono e conversano allegramente.

	Franco	Questi spaghetti sono davvero squisiti. Complimenti! Chi li ha cucinati?	
15	**Giulio**	Chi altro°, se non Luciana?	Who else
	Luciana	Grazie, però il merito è anche di Marisa, che mi ha aiutata a cucinare.	
	Franco	L'ho sempre detto io! La donna sta proprio bene a casa.	
	Luciana	Eccolo, il solito maschio italiano. A voi uomini importa solo che	
20		noi stiamo a casa a cucinare, a pulire, ad allevare° i figli,	raise
		ecc. . . .	
	Paola	Io invece sono convinta che noi donne abbiamo successo anche	
		nel mondo del lavoro, e si vede pure°.	that is clear
	Franco	Scusate, ma io sto scherzando. Non ho alcuna intenzione di fare	
25		polemica°.	to start an argument
	Luciana	Sì, sì, la solita storia. Sei sempre molto spiritoso.	
	Marisa	Ragazzi, basta adesso, non discutiamo più. Ecco la torta e lo	
		spumante! Facciamo un bel brindisi° a Giulio.	Let's drink a nice toast
	Luciana	Tanti auguri, Giulio! Buon compleanno!	
30	**Paola**	Cento di questi giorni°!	Many happy returns! (One hundred days like this one!)

DOMANDE GENERALI

1. Dove va questo gruppo di amici? Perché?
2. Cosa fanno gli amici quando si rivedono?
3. Franco a chi presenta sua cugina Paola?
4. Invece di bere, che cosa preferirebbe Paola?
5. Cosa c'è sul tavolo?
6. Quale piatto prepara Luciana?
7. Chi l'aiuta a cucinare?
8. Secondo Franco, dove stanno bene le donne?
9. E Paola, che pensa delle donne?
10. Cosa porta Marisa? Cosa suggerisce di fare?
11. Quali espressioni usano gli amici per fare gli auguri a Giulio?

DOMANDE PERSONALI

1. Quando fa feste, quante persone invita? Chi invita?
2. Quali sono le occasioni di queste feste? Compleanni, carnevale, visite di amici o di parenti?
3. Quali cibi serve ai suoi invitati? Quali bevande?
4. Quando è il suo compleanno? Quanti anni compirà?
5. Come festeggia il suo compleanno? Invita amici a casa? Va a mangiare al ristorante con la sua famiglia?
6. Cantano gli invitati qualche canzone alla festa del suo compleanno? Quali?
7. Ha mai organizzato una festa a sorpresa per qualcuno? È mai stato/a sorpreso/a da una festa per lei?

ESERCIZIO DI COMPRENSIONE

Le seguenti frasi basate sul dialogo a pagina 279 sono in ordine sbagliato. Le metta in ordine per formare un brano di senso compiuto.

1. Luciana ha preparato molte cose da mangiare.
2. Allora Marisa dice che basta adesso, di non discutere più.
3. Franco presenta Paola ai suoi amici.
4. Oggi Giulio festeggia il suo compleanno.
5. Quindi gli amici fanno un bel brindisi e tanti auguri di buon compleanno a Giulio.
6. I suoi amici vanno a casa di Luciana per festeggiarlo.
7. Cucina anche gli spaghetti alla carbonara con l'aiuto di Marisa.
8. Porta la torta e lo spumante.
9. Luciana e Franco discutono del ruolo della donna.

VOCABOLARIO

Parole analoghe

conversare
convinto/a
il gruppo
invitare
il merito

l'occasione (*f.*)
organizzare
preparare
gli spaghetti

squisito/a
la storia
il successo
la visita

Nomi

gli auguri   best wishes
la bevanda   drink
il cibo   food
il compleanno   birthday
la cucina   cooking, kitchen
la festa   party
l'invitato   guest
il piatto   dish
lo spumante   sparkling wine
la torta   cake

Aggettivi

quanto/a?   how much?
solito/a   same old, usual
tanto/a   so much, lots

Verbi

aiutare   to help
compiere   to complete
cucinare   to cook
festeggiare   to celebrate
presentare   to introduce
rivedersi   to see each other again
salutarsi   to greet each other

scherzare   to joke
tenere   to keep

Altre parole ed espressioni

allegramente   gaily, happily
complimenti!   my compliments!
   congratulations!
avere intenzione di   to intend to
buon compleanno!   happy
   birthday!
cento di questi giorni!   many
   happy returns!
eccolo   here he is
fare gli auguri   to wish someone
   well
fare polemica   to start an
   argument, to be controversial
invece di   instead of
**mi fa molto piacere di
   conoscerti**   I'm very pleased to
   meet you
nel mondo del lavoro   in the
   working world
gli spaghetti alla carbonara
   spaghetti carbonara style
tanti auguri!   lots of good wishes!

PRATICA

A. È il suo compleanno. Immagini di fare una festa a casa sua e di telefonare
   ad alcuni amici per invitarli. Dica loro chi altro viene, come vestirsi per
   l'occasione, e se si ballerà.

B. È l'anniversario di matrimonio dei suoi genitori. Immagini di preparare
   un piccolo discorso per fare il brindisi in onore della mamma e del papà.
   Usi alcune delle seguenti espressioni: **Buon anniversario! Auguri!
   Cento di questi giorni!**

La gastronomia italiana

"Cucinare bene e mangiare meglio[1]" è la norma[2] di tutti gli Italiani. Ogni regione italiana è famosa per la creazione di specialità gastronomiche locali, e visitando l'Italia si possono gustare e paragonare[3] moltissimi tipi di cucine diverse. Dalla carne al pesce, dalla pasta ai contorni[4], dall'antipasto al dolce[5], c'è tutta una serie di piatti deliziosi preparati con prodotti genuini.

Il tipico pranzo festivo italiano è lungo e laborioso. Di solito, il pranzo si apre con un antipasto di prosciutto, salame e sottaceti[6]. Poi arriva il primo piatto costituito da pastasciutta[7] o minestra. Segue poi il secondo con carne o pesce e contorni di verdure crude o cotte[8]. Vari tipi di formaggio e frutta annunciano la fine del pranzo. Acqua minerale, vino bianco o rosso e talvolta[9] birra aiutano la gente a fare onore a questi piatti abbondanti. Chiude il pranzo un caffè espresso spesso accompagnato dal dolce e seguito da un digestivo[10] . . . che a questo punto è veramente necessario.

1. better   2. norm   3. enjoy and compare   4. side dishes   5. dessert   6. pickled vegetables
7. *pasta* served with sauce   8. raw or cooked   9. sometimes   10. liqueur

Piatti invitanti esposti dentro un ristorante di Milano attirano la gente nel locale.

AMPLIAMENTO DEL VOCABOLARIO

Alimenti e pasti

Here are more terms related to food **(i cibi)** and meals **(i pasti)** to add to those you learned in *Lezione 7*.

L'antipasto

il prosciutto cured ham
il salame salami
i sottaceti pickled vegetables

I primi piatti

la pastasciutta pasta dish (spaghetti, fettuccine, etc.) served with a sauce
il brodo broth
la pastina in brodo broth with minuscule *pasta*
la minestra soup
il minestrone vegetable soup (with or without noodles)

I secondi piatti

Carne

l'agnello lamb
la bistecca steak
il maiale pork
il pollo chicken
il tacchino turkey
il vitello veal

Pesce

l'aragosta lobster
i calamari squid
il merluzzo cod
il polpo octopus
gli scampi shrimp
la sogliola sole
il tonno tuna
le vongole clams

Dolci

il dolce dessert
la pasta pastry
la torta cake
la zuppa inglese trifle

I pasti

la (prima) colazione breakfast
il pranzo dinner, lunch (main meal at noon)
la cena supper (light meal in the evening)

Un posto a tavola

il bicchiere glass
il cucchiaio spoon
il cucchiaino teaspoon
il coltello knife
la forchetta fork
il piatto plate
il tovagliolo napkin

A. Faccia le seguenti domande ad un altro studente/un'altra studentessa.

1. Ti piace la cucina italiana? Quale altra cucina ti piace?
2. Ti piace cucinare o preferisci mangiare al ristorante?
3. Quale piatto tipico italiano o americano preferisci?
4. Mangi carne? Se mangi carne, quale tipo di carne ti piace?
5. Mangi il pesce? Quale tipo?
6. Alla fine del pranzo, preferisci mangiare la frutta, il formaggio o il dolce?

B. Domandi ad un altro studente/un'altra studentessa cosa ha mangiato ieri a pranzo, ieri sera a cena e stamattina a colazione.

C. Immagini di essere stato/a ieri a pranzo presso una famiglia italiana. Risponda alle domande di un amico/un'amica che vuole sapere chi c'era al pranzo e quello che avete mangiato.

1. Quante persone c'erano al pranzo?
2. Che tipo di antipasto avete mangiato?
3. Quale e com'era il primo piatto?
4. E il secondo piatto? C'era solo un secondo piatto?
5. Cosa avete bevuto durante il pranzo?
6. Cosa avete mangiato alla fine del pranzo? Cosa avete bevuto?
7. C'era il dolce? Che tipo?

D. Lei è in un ristorante italiano con un amico/un'amica. Ordini un pranzo per due dal seguente menù e cerchi di non spendere più di quarantamila lire.

Ristorante Vito

Antipasto
Antipasto misto 3.500
Prosciutto e melone 6.000

Pasta
Spaghetti 5.000
Fettuccine 5.000
Rigatoni 5.000

Dolce, frutta e formaggio
Torte assortite 3.000
Frutta di stagione 2.500
Formaggio 2.500

Carne e Pesce
Bistecca di vitello 18.000
Braciola di maiale 12.000
Pollo arrosto 10.000
Sogliola al burro 15.000
Fritto di scampi 13.000

Verdura
Insalata 2.000
Asparagi 3.000
Fagiolini 2.000

Bevande
Caffè 1.000   Acqua minerale 1.800   Vino (bottiglia) 5.000

E. **Che si usa?** Dica ad un amico/un'amica il nome degli oggetti che si usano per fare le seguenti cose.

1. per mangiare il gelato
2. per bere il vino
3. per tagliare (*cut*) la carne
4. per mangiare la minestra
5. per pulirsi le mani
6. per mangiare l'insalata
7. dove mettere il pesce e le verdure
8. dove mettere il gelato

Rivenditori e negozi

Many Italians prefer to shop in small food stores because of the attentiveness of the owners and salesclerks and the quality of the food.

Rivenditori

il lattaio milkman
il macellaio butcher
il panettiere baker
il pasticciere confectioner
il pescivendolo fish vendor
il salumiere delicatessen owner

Negozi

la latteria dairy shop
la macelleria butcher shop
la panetteria bakery
la pasticceria pastry shop
la pescheria fish market
la salumeria delicatessen

Questa tipica salumeria italiana, situata a Bologna, ha un grande assortimento di prosciutto, salame e formaggio. A lei piacciono questi cibi? Quale preferisce? Dove li compra? Quali sono alcuni dei prodotti tipici di una normale alimentazione americana?

F. Completi il seguente brano con una parola appropriata scelta dal gruppo di parole riportate a pagina 284.

Stamattina sono andata a vari negozi. Prima sono andata dal _____ per comprare il pane fresco. Mentre ero nella _____ ho incontrato la mia vicina e sono andata con lei in una _____ lì vicino per comprare il latte. Poi dal _____ ho comprato un chilo di carne. Mentre ero nella _____, è entrato il _____ e mi ha detto che aveva del pesce freschissimo. Quindi sono andata con lui alla _____ dove ho comprato mezzo chilo di scampi ed una sogliola. Dopo mi sono ricordata che avevo bisogno di prosciutto e sono andata alla _____. Prima di rientrare in casa sono andata nella _____ di mio cugino dove ho comprato mezza dozzina di paste. Mio cugino è un bravo _____ e fa delle paste squisite.

STRUTTURA ED USO

Condizionale

— **Vorresti** comprare questa macchina?
— Veramente **preferirei** quell'altra.

1. The conditional (**il condizionale**) is used for actions or states that might occur in the future, if something else happens or if some condition is met.

Vedrei quel film volentieri.	I would gladly see that film (if I had the money).
Mangerebbe tutto quello che c'è sul tavolo.	He would eat everything on the table (if he had the opportunity).

2. The **condizionale** is also used to add politeness to wishes and requests.

Berresti un caffè?	Would you drink a cup of coffee?
Vorrebbe una bistecca?	Would you like a steak?
Vorremmo due litri di latte.	We would like two liters of milk.
Dovreste lavorare di più.	You should (ought to) work harder.
Potresti darmi un passaggio?	Could you give me a ride?

3. The **condizionale** is formed with the future stem (see page 265) plus the conditional endings **-ei, -esti, -ebbe, -emmo, -este, -ebbero**.

	abitare	spendere	finire
io	abiter**ei**	spender**ei**	finir**ei**
tu	abiter**esti**	spender**esti**	finir**esti**
lui/lei	abiter**ebbe**	spender**ebbe**	finir**ebbe**
noi	abiter**emmo**	spender**emmo**	finir**emmo**
voi	abiter**este**	spender**este**	finir**este**
loro	abiter**ebbero**	spender**ebbero**	finir**ebbero**

As in the future tense, verbs ending in **-care** and **-gare** add an **h** in the conditional to retain the hard sound of the **c** and **g** of the infinitive.

Gio**ch**eresti a pallacanestro?	Would you play basketball?
Lo pa**gh**erei volentieri.	I'd gladly pay for it.

Non sarebbe necessario essere **grandi** *per avere tutto.*

4. You have already seen that the following verbs have irregular future stems, which are also used to form the conditional.

Infinitive	Future and Conditional Stem	Conditional Tense
andare	**andr-**	andrei, andresti, . . .
avere	**avr-**	avrei, avresti, . . .
bere	**berr-**	berrei, berresti, . . .
dare	**dar-**	darei, daresti, . . .
dovere	**dovr-**	dovrei, dovresti, . . .
essere	**sar-**	sarei, saresti, . . .
fare	**far-**	farei, faresti, . . .
potere	**potr-**	potrei, potresti, . . .
vedere	**vedr-**	vedrei, vedresti, . . .
venire	**verr-**	verrei, verresti, . . .
volere	**vorr-**	vorrei, vorresti, . . .

A. Inviti un amico/un'amica a fare le seguenti cose. L'amico/a deve usare nelle risposte espressioni come queste: *Sì, volentieri   Perché no?   No, non posso   Assolutamente no*

▣ mangiare un'aragosta

        — Mangeresti un'aragosta?
        — Sì, volentieri.

1. venire dal medico con me
2. giocare a pallacanestro con Larry Bird
3. prestarmi cinquanta dollari
4. cucinare un bel piatto di polpi
5. fare una gita al mare
6. andare in barca da solo/a
7. bere un digestivo
8. mettersi la pelliccia

B. Spieghi ad un amico/un'amica che cosa farebbero le seguenti persone se vincessero (*if they won*) al totocalcio.

▣ Paolo: spendere subito tutti i soldi

        Paolo spenderebbe subito tutti i soldi.

1. Lisa: comprare la pelliccia
2. io: potere studiare senza dovere lavorare
3. tu: diventare pigro
4. voi: sposarsi
5. io e mia sorella: partire subito per Venezia
6. i miei genitori: divertirsi
7. Franco ed Elena: risparmiare tutto
8. la zia: iscriversi (*enroll*) all'università per studiare la storia

C. Domandi se le persone indicate farebbero queste cose.

▣ Giancarlo accompagna Tommaso alla partita. E tu? | *Anche tu accompagneresti Tommaso alla partita?*

1. La signora Petri balla con Pino. E la signora Magri?
2. Nino e Flavio festeggiano il compleanno al ristorante. E tu?
3. Scherzate con il professore. E lei?
4. Devo andare dal dentista. E lui?
5. Volete venire al cinema con noi. E sua cugina?
6. Alessandra dà un regalo a Mariella. E loro?
7. Faccio molti programmi per il fine-settimana. E voi?
8. Nicola organizza una festa per Luigi. E Tina?

D. Dica ad un amico/un'amica che lei farebbe le seguenti cose il prossimo fine-settimana se avesse (*if you had*) molti soldi o tempo libero. Usi il condizionale dei verbi indicati, formulando frasi di senso compiuto.

▣ andare in montagna | *Se avessi tempo libero andrei in montagna.*

▣ comprare una macchina nuova | *Se avessi molti soldi comprerei una macchina nuova.*

1. fare una gita al mare con gli amici
2. stare in un albergo grande ed elegante
3. andare a mangiare al *Rugantino*
4. ordinare un piatto di scampi
5. visitare l'Europa
6. giocare a tennis il pomeriggio
7. vedere un film di Visconti

E. Domandi alle seguenti persone se vorrebbero fare le cose indicate.

▣ alla signora Giannelli: andare a teatro | *Vorrebbe andare a teatro?*

1. a sua madre: cucinare gli scampi o la sogliola
2. ai suoi amici: nuotare in piscina
3. al suo amico Carlo: ballare tutta la notte
4. a sua cugina: mangiare qualcosa
5. al cameriere: portarci una bottiglia d'acqua minerale
6. ai signori Marini: comprare una Fiat o una Maserati

F. Dica che cosa dovrebbero fare le persone indicate.

▣ tu: lavarsi i capelli | *Dovresti lavarti i capelli.*

1. voi: fargli gli auguri
2. Roberto: mettersi i guanti

PAESAGGI

Sempre al nord Italia, al confine con la Francia, la Valle d'Aosta è caratterizzata da montagne alte e da valli verdi e pittoreschi.

(**Above**) La Toscana è una regione ricca di colline verdi dove è molto sviluppata *(developed)* la coltivazione e produzione di vino ed olio. Nella foto vediamo appunto un caratteristico vigneto *(vineyard)* toscano.

(**Above**) Le Alpi sono la barriera naturale che divide l'Italia dagli altri paesi europei. Le Dolomiti sono una delle più belle zone alpine. (**Right**) L'Italia è circondata per tre quarti dal mare ed alcuni tratti *(stretches)* delle sue coste sono stupendi. La foto mostra la cittadina di Amalfi, situata sul mar Tirreno, vicino Napoli.

(Right) Un uccello si riposa sulla spalla di una signora in una piazza di Agropoli. **(Below)** Una giovane studentessa universitaria molto assorta *(deep in thought)* è seduta sulla riva del fiume Arno a Firenze.

RITRATTI

(Top) In un piccolo paese del Trentino questo gruppo di pensionati trascorre ore piacevoli parlando tra di loro. **(Bottom)** Tre ragazzi amalfitani aspettano l'arrivo di altri amici. Come si può vedere, i blu jeans sono molto popolari fra i giovani italiani.

3. noi: partire fra poco
4. la signora Certaldi: cucire la gonna di Teresa
5. loro: ascoltare le sue idee
6. Maria e Paola: litigare di meno

G. Risponda alle seguenti domande personali, usando nelle risposte il condizionale dei verbi.

1. Sabato prossimo ci sarà (*there will be*) una partita di calcio. Secondo le previsioni del tempo, farà freddo e pioverà. Andrebbe alla partita?
2. In due teatri diversi della sua città sono rappresentate due commedie, una di Luigi Pirandello e l'altra di Arthur Miller. Quale commedia vorrebbe vedere?
3. Immagini di lavorare lontano da casa sua. Comprerebbe una motocicletta, una macchina, o una bicicletta per raggiungere il posto di lavoro? Perché?

Pronomi combinati

— Dove hai comprato quel quadro?
— **Me lo** ha regalato mio marito per il nostro anniversario.

1. When the same verb has both indirect- and direct-object pronouns (for instance, *Luisa lent it to us*), the indirect object precedes the direct object, except for **loro**. The following chart lists the combinations of indirect- and direct-object pronouns.

Indirect-object Pronouns	Direct-object Pronouns			
	+ lo	+ la	+ li	+ le
mi	me lo	me la	me li	me le
ti	te lo	te la	te li	te le
gli } le }	glielo	gliela	glieli	gliele
ci	ce lo	ce la	ce li	ce le
vi	ve lo	ve la	ve li	ve le
loro	lo . . . loro	la . . . loro	li . . . loro	le . . . loro

2. The indirect-object pronouns **mi**, **ti**, **ci**, and **vi** become **me**, **te**, **ce**, and **ve** before **lo**, **la**, and **le**.

Mi chiede un favore.	He asks me for a favor.
Me lo chiede.	He asks me for it.
Ti ha comprato il biglietto.	He bought the ticket for you.
Te l'ha comprato.	He bought it for you.
Ci danno i pacchi.	They give us the packages.
Ce li danno.	They give them to us.
Vi scrivono le lettere.	They write the letters to you.
Ve le scrivono.	They write them to you.

3. The indirect-object pronouns **gli** and **le** become **glie** before **lo**, **la**, **li**, and **le**. The combination is written as one word.

Gli spedirò il questionario.	I'll send the questionnaire to him.
Glielo spedirò.	I'll send it to him.
Le ho comprato il libro.	I bought the book for her.
Gliel'ho comprato.	I bought it for her.

4. The indirect-object pronoun **loro** is never attached to the direct-object pronoun; it always follows the verb.

Mando loro il pacco.	I send them the package.
Lo mando **loro**.	I send it to them.

You will recall from page 243 that **gli** is increasingly replacing **loro** in conversational Italian to mean *to them*, *for them*. When this happens, *gli* combines with the direct object pronouns, as shown in point 3.

Glielo mando.	I send it to them.

5. In double-verb constructions with **dovere**, **potere**, and **volere**, the two pronouns may either precede the conjugated verb or follow and be attached to the infinitive (which drops its final **e**). **Loro** always follows the infinitive and is never attached to it.

— Vuoi i libri?	— Do you want the books?
— Sì, $\begin{cases} \textbf{me li} \text{ puoi dare adesso?} \\ \text{puoi dar} \textbf{meli} \text{ adesso?} \end{cases}$	— Yes, can you give them to me now?

But:

— Chi prepara la colazione per i bambini?	— Who prepares breakfast for the children?
— Mamma $\begin{cases} \textbf{la} \text{ vuole preparare } \textbf{loro}. \\ \text{vuole preparar} \textbf{la loro}. \end{cases}$	— Mom wants to prepare it for them.

6. The reflexive pronouns follow the same pattern as indirect-object pronouns when they are used in combination with direct-object pronouns. In the third-person singular and plural, the reflexive **si** becomes **se**.

Reflexive Pronouns	Direct-object Pronouns			
	+ lo	+ la	+ li	+ le
mi	me lo	me la	me li	me le
ti	te lo	te la	te li	te le
si	se lo	se la	se li	se le
ci	ce lo	ce la	ce li	ce le
vi	ve lo	ve la	ve li	ve le
si	se lo	se la	se li	se le

Mi metto la giacca.	I put on my jacket.
Me la metto.	I put it on.
Ti levi il cappotto.	You take off your coat.
Te lo levi.	You take it off.
Si lava le mani.	He/She washes his/her hands.
Se le lava.	He/She washes them.
Ci asciughiamo la faccia.	We dry our faces.
Ce l'asciughiamo.	We dry them.
Si radono la barba.	They shave their beards.
Se la radono.	They shave them.

H. Dica che Gianna fa le seguenti cose per le persone indicate, usando i pronomi combinati nelle risposte.

回 Gianna compra il vestito per me.   *Me lo compra.*

1. Presta il motorino a Carlo.
2. Offre la frutta alle invitate.
3. Dà il formaggio a voi.
4. Prepara gli spaghetti per loro.
5. Paga il conto per noi.
6. Dà le videocassette al professore.

I. Franco chiede a Mario se fa le seguenti cose. Assuma il ruolo di Mario.

回 Fai i compiti a tua sorella? (sì)   *Sì, glieli faccio.*

1. Mandi il telegramma a Michele? (sì)
2. Chiedi le informazioni a Laura? (no)
3. Spieghi il teorema a noi? (sì)
4. Presenti la tua amica a Elena? (no)
5. Spedisci i libri a Giorgio ed a Tina? (sì)
6. Scrivi la lettera alla tua ragazza? (no)
7. Prepari la colazione a Filippo? (sì)
8. Dai il registratore a Roberto? (no)

J. Completi la seguente conversazione fra Pietro e Luca dopo la partita Roma-Napoli, usando i pronomi combinati nelle risposte.

Pietro Ti ha detto Daniela che sono al verde (*broke*)?
Luca   Sì, _____.
Pietro Allora, quando mi dai i soldi che ti ho prestato?
Luca   _____.
Pietro Non puoi darmeli domani mattina? Ho bisogno di comprare molte cose.
Luca   _____.

K. Faccia le seguenti domande ad un amico/un'amica, usando le espressioni indicate e un pronome diretto o indiretto nelle risposte.

回 dovere fare le spese oggi   — *Devi fare le spese oggi?*
                                     — *(Sì, devo farle oggi alle undici.)*
                                       (Sì, le devo fare oggi alle undici.)
                                       (No, devo farle sabato.)
                                       (No, le devo fare sabato.)

1. dovere studiare la chimica stasera
2. volere vedere quel film martedì prossimo
3. potere fare colazione più tardi
4. dovere pagare il debito immediatamente
5. potere prestarmi il vestito di seta per andare a ballare
6. volere vedere la partita di tennis domani pomeriggio

L. Completi le risposte nelle seguenti conversazioni, usando le forme appropriate dei pronomi combinati.

1. — Mi puoi comprare i biglietti?
   — Sì, posso _____.
2. — Vuole spiegare il dramma ai ragazzi?
   — No, non voglio _____.
3. — Quando gli devi dare i dischi?
   — Devo _____ più tardi.
4. — Potete preparare il caffè per Luigi?
   — Sì, possiamo _____ ora.
5. — Vogliono presentare Elena agli amici?
   — Sì, vogliamo _____.

M. Risponda ad un altro studente/un'altra studentessa che domanda se lei fa queste attività. Usi i pronomi combinati nelle risposte.

mettersi l'impermeabile   — *Ti metti l'impermeabile?*
                               — *Sì, me lo metto.*
                                 No, non me lo metto.

1. farsi la barba ogni mattina
2. mettersi gli stivali d'estate
3. comprarsi uno zaino questo pomeriggio
4. prepararsi la colazione alle sette
5. farsi la doccia con acqua fredda
6. lavarsi i denti tutte le sere

Due significati speciali di *da* (tempo e luogo)

1. For actions that began in the past and are continuing in the present, Italian uses the present tense with **da** + *expressions of time*. Notice the difference in the verb tenses used in the following Italian and English sentences.

— **Da** quanto tempo **sei** a Genova?	— How long have you been in Genoa?
— **Sono** a Genova **da** due settimane.	— I've been in Genoa for two weeks.
— **Da** quanto tempo **lavori**?	— How long have you been working?
— **Lavoro da** un mese.	— I've been working for one month.

2. When **da** is followed by a noun referring to a person, it means *at* or *to someone's house* or *place of business*. **Da** contracts with the definite article.

Andiamo **da Rosa**.	We're going to Rose's (house).
Sono **dal dottore**.	I'm at the doctor's (office).
Vai **dalla signorina Capezio**?	Are you going to Miss Capezio's (house)?

N. Domandi ad un altro studente/un'altra studentessa da quanto tempo fa le seguenti cose.

▣ guardare la televisione (un'ora)

    — Da quanto tempo guardi la televisione?
    — Guardo la televisione da un'ora.

1. ascoltare la radio (mezz'ora)	5. studiare l'italiano (tre mesi)
2. abitare a Genova (un anno)	6. essere in Svizzera (due settimane)
3. lavorare qui (due anni)	7. leggere il giornale (venti minuti)
4. aspettare Marco (dieci minuti)	8. guardare le vetrine (due ore)

O. Dica che lei va a casa o nei posti di lavoro delle seguenti persone, usando **da** + *la forma appropriata dell'articolo determinativo*.

▣ la signora Ricci   *Vado dalla signora Ricci.*

1. dottore	3. zio	5. sarta
2. professore	4. nonni	6. amici

P. Dica dove sono le seguenti persone.

▣ Lidia e Laura: architetto   *Lidia e Laura sono dall'architetto.*

1. Paolo: Carla	4. il signor Renzi: figli
2. noi: sorella di Raffaele	5. tu e Giacomo: signora Bettini
3. tu: nonni	6. il signor Carelli: ingegner Bruni

Verbi riflessivi con significato di reciprocità

— Perché non **vi salutate**?
— Non **ci parliamo** da una settimana.

1. To express reciprocity, for which English uses phrases like *to each other*, *with one another*, etc., Italian uses the reflexive pronouns **ci**, **vi**, and **si** with plural forms of the verb.

Ci scriviamo ogni settimana.	We write to each other every week.
Vi aiutate, non è vero?	You help one another, right?
Paolo e Luciana **si vedono** ogni sabato.	Paolo and Luciana see each other every Saturday.

2. Here are a few reflexive verbs often used with reciprocal meaning.

aiutarsi	*to help each other*	Le ragazze si sono aiutate.
amarsi	*to love each other*	Si amano molto.
incontrarsi	*to meet (each other)*	Dove vi siete incontrati?
odiarsi	*to hate each other*	Maria e Giulia si sono sempre odiate.
parlarsi	*to speak to each other*	Perché non vi parlate?
salutarsi	*to greet each other*	Gli amici si salutano.
scriversi	*to write to each other*	Perché si scrivono così spesso?
vedersi	*to see each other*	Ci vediamo ogni settimana.

Q. Trasformi le frasi di Arianna, che narra quello che fa o ha fatto con la sua amica Gianna. Usi il pronome *loro* come soggetto.

📧 Noi ci incontriamo a Firenze ogni sabato.   *Loro si incontrano a Firenze ogni sabato.*

1. Noi ci parliamo per telefono ogni mercoledì.
2. Noi ci vediamo domani mattina.
3. Noi ci siamo scritte ogni giorno l'estate scorsa.
4. Noi ci siamo incontrate allo stadio domenica.
5. Noi ci siamo viste alla stazione di Roma a febbraio.
6. Noi ci siamo aiutate a fare le spese venerdì.

R. Giorgio ed Annabella parlano di quello che fanno loro ed i loro compagni. Formuli frasi al presente con le parole indicate.

📧 noi / incontrarsi / questo pomeriggio   *Ci incontriamo questo pomeriggio.*

1. Paolo e Susanna / scriversi / spesso
2. tu ed io / amarsi / da un anno
3. voi / incontrarsi / al bar / il venerdì
4. i nostri compagni / vedersi / in palestra
5. Franco e Mirella / odiarsi / da anni
6. io ed Alberto / incontrarsi / a Milano
7. tu e Stefano / aiutarsi a / studiare la chimica
8. Carla e Vera / vedersi / ogni settimana

S. Trasformi ciascuna frase dell'esercizio R al *passato prossimo*, usando l'ausiliare *essere* e facendo concordare il participio passato con il soggetto.

📧 noi / incontrarsi / questo pomeriggio   *Ci siamo incontrati questo pomeriggio.*

Due studenti di Milano si aiutano ad usare il computer.

A. **Un invito.** Immagini di avere in omaggio (*complimentary*) due biglietti per andare in discoteca. Lei invita un'amica che le fa varie domande. Utilizzi il biglietto riportato in basso per rispondere all'amica.

1. Come si chiama la discoteca?
2. Dov'è situata?
3. Possiamo andare sabato alla discoteca?
4. Quali giorni della settimana è possibile utilizzare i biglietti?
5. A che ora possiamo entrare nella discoteca?
6. Posso portare con me un mio amico?

B. **Un altro invito.** Immagini di avere ricevuto un invito per una festa di compleanno. Adesso il suo compagno/la sua compagna di camera le fa varie domande. Gli/le risponda, basando le sue risposte sull'invito riportato in basso.

> *Ti aspetto per festeggiare*
> *insieme, i miei 18 anni!*
>
> *Claudia*
>
> *Via A. Cervosato, 10*   *Roma, 5 marzo 1989*

1. Chi ti ha mandato quell'invito?
2. Che festeggia Claudia?
3. Quanti anni compie?

4. Quando è la festa?
5. Dov'è la festa?

C. **Notizie liete.** Legga le notizie liete (*happy news*) negli annunci riportati in basso, e poi completi l'esercizio che segue.

NOTIZIE LIETE

Anniversario

★ *A **Rosi e Roberto** nel primo anniversario tanti auguri mamma papà Daniela Enrico zio Carlo e Anna.*

Compleanno

★ ***Massimo** tantissimi auguri Gabri Gianni e mamma Clelia bacissimi.*

Compleanno

★ ***Patrizia Santolamazza.** Oggi è un giorno da non dimenticare i tuoi meravigliosi 18 anni auguri Papà Mamma Catia.*

Culla

★ *Clelia e famiglia augurano tanta felicità alla piccola **Claudia.***

Culla

★ *Finalmente è arrivato **Andrea** inondando il nostro cuore di gioia auguri gli amici di Licenza.*

Messaggio

D'amore per **Anna Maria.** Non posso vivere senza di te.

Nozze

★ *Oggi, alle ore 17, nell'Abbazia S. Nilo di Grottaferrata, **Tiziana Simone** e **Renzo D'Alessandris** coronano il loro sogno d'amore. A Tiziana e Renzo giungano gli auguri più sinceri.*

1. Compie diciotto anni:
2. Tipo di messaggio per Anna Maria:
3. A che ora e dove si sposano Tiziana e Renzo:
4. Lo festeggia Massimo:
5. Lo festeggiano Rosa e Roberto:
6. Sono appena nati:

D. **Cosa mangiate?** Lei vuole sapere quali cibi mangiano spesso i suoi compagni per poi riferire alla classe le preferenze alimentari del suo gruppo. Collabori con un gruppo di quattro o cinque studenti e domandi loro se mangiano:

1. carne? che tipo? quante volte alla settimana?
2. pesce? quale? quante volte alla settimana?
3. verdure? quali?

4. frutta? quale? quante volte al giorno?
5. formaggio? quale?
6. pane, pasta, riso? quante volte alla settimana?
7. salumi? quali? quante volte alla settimana?

E. **A lei la parola.** Con un altro studente/un'altra studentessa, formuli minidialoghi di due o tre battute per ciascuna delle seguenti situazioni.

1. You are at a restaurant with a friend. Tell him/her that you would like to have a lobster.
2. Your father asks you to fix lunch. Respond that you would like to, but you have an appointment at one o'clock.
3. Your best friend is having a party and asks you to bring some *antipasto*. Find out what type of *antipasto* you should bring.
4. Your mother has guests for lunch and asks you to set (*apparecchiare*) the table. Find out who is coming and which flatware (*posate*) you should put on the table.
5. You're not feeling well and prefer soup for supper. Tell your grandmother, who is going to cook the evening meal, that you like vegetable soup but not chicken broth.

F. **Lettura.** Legga questo dialogo e poi faccia gli esercizi che seguono.

■ Da quanto tempo sei a Roma?

È sabato sera. Marisa Sandelli e sua cugina, Giuliana Modigliani, passeggiano in via Veneto. Passano davanti ad un bar e vedono Franco Sacchetti che sta bevendo un aperitivo. Marisa e Giuliana si fermano a parlare con lui.

Marisa	Ciao, Franco. Ti presento Giuliana, una mia cugina di Genova.
Franco	Lieto di conoscerla, signorina.
Giuliana	Oh, il piacere è mio.
Franco	Possiamo darci del tu? Ti dispiace?
Giuliana	No, affatto.
Franco	Bene, da quanto tempo sei a Roma?
Giuliana	Da quindici giorni.
Franco	Che cosa hai fatto di bello?
Giuliana	Sono andata in giro per la città, ho visitato alcune chiese ed ho visto magnifiche fontane.
Franco	Quali sono le tue impressioni sulla città?
Giuliana	È molto bella, ma c'è sempre tanto traffico.
Marisa	Hai ragione. Comunque, passando ad altro, Franco, che ne dici di una gita con noi uno dei prossimi giorni?
Franco	È una splendida idea. Perché non andiamo domani ai Castelli Romani[1]? Passo a prendervi alle dieci.
Marisa	D'accordo. A domani allora.

1. A region outside Rome.

Via Veneto a Roma è un importante e rinomato luogo d'incontro per la gente italiana e straniera di ogni età. Camminare per via Veneto o sedersi ad un tavolino dei numerosi bar all'aperto è un modo piacevole di passare il tempo con gli amici. Nella sua città o nel suo paese c'è una strada o un luogo dove la gente si incontra per stare insieme? Qual è? È simile a via Veneto?

G. **Vero o falso?** Indichi se le seguenti frasi sono vere o false secondo il contenuto del dialogo.

1. Giuliana e Marisa sono le cugine di Franco.
2. Franco incontra le due ragazze in un bar di Venezia.
3. Giuliana abita a Roma con la famiglia.
4. Giuliana è a Roma da tre settimane.
5. Franco suggerisce alle ragazze di fare una gita nei prossimi giorni.
6. I giovani partono alle dieci per andare a fare una gita ai Castelli Romani.

H. **Narrativa.** Quando ritorna a Genova, Giuliana Modigliani racconta a sua madre come ha conosciuto Franco Sacchetti. Completi il seguente racconto fatto da Giuliana.

Sabato scorso, io e Marisa _____ via Veneto. _____ c'era Franco Sacchetti che _____. Ci siamo fermate e poi Franco _____. Poi mi ha chiesto _____. Io, naturalmente, _____. Allora Marisa ha suggerito _____ e Franco ha detto che _____. Veramente l'ho trovato molto simpatico.

I. **Narrativa.** Franco scrive al suo amico Ugo Cerretani che abita a Sorrento e gli racconta come ha conosciuto Giuliana. Completi il racconto fatto da Franco.

Sabato sera ero seduto ad un bar di via Veneto quando Marisa _____. Marisa mi ha _____ Giuliana. Giuliana mi ha detto che _____. Ho suggerito di _____. Il giorno dopo _____ Castelli Romani. Secondo me, Giuliana è molto simpatica.

L E Z I O N E
14

IL TELEGIORNALE

In Italia il telegiornale è trasmesso varie volte durante il giorno dai tre canali televisivi statali.

Sono le venti ed i signori Cristini sono seduti in salotto davanti al televisore per ascoltare le ultime notizie.

Annunciatore   Buona sera! Queste sono le notizie principali di oggi.

* Il Consiglio dei Ministri si è riunito questo pomeriggio per decidere l'aumento delle tasse su alcuni beni di consumo. Alla fine della riunione il Primo Ministro ha detto che è possibile che il prezzo della
5 benzina aumenti notevolmente già dalla prossima settimana.

* Questa mattina a Bruxelles i ministri finanziari della Comunità Economica Europea si sono incontrati per discutere il nuovo programma economico. Le zone depresse dei vari paesi membri° sperano che   several member nations
   questo programma le aiuti a promuovere il loro sviluppo industriale.

10 * Nel pomeriggio a Strasburgo si sono riuniti i ministri degli esteri°   ministers of Foreign Affairs
   della Comunità Economica Europea per esaminare il problema della riunificazione delle due Germanie e per analizzare i recenti cambiamenti politici nell'europea dell'est.

* Da Città del Vaticano ci informano che è possibile che il Papa debba
15 rimandare il suo storico viaggio nell'Unione Sovietica. Il Santo Padre°   Holy Father
   dovrebbe partire la settimana prossima, ma i medici vogliono che si riposi ancora qualche mese prima di intraprendere° un viaggio così   before undertaking
   importante.

* Ieri sera negli eleganti saloni di Palazzo Pitti a Firenze, le maggiori
20 case di moda° hanno presentato le ultime creazioni per la stagione prima-   major fashion houses
   vera-estate. La sfilata dei modelli°, che vedete in queste immagini, ha   fashion show
   avuto un successo enorme.

* Passiamo allo sport. La squadra nazionale di calcio continua la preparazione per l'incontro° di domenica con l'Inghilterra allo stadio comunale   match
25 di Bologna.

* . . . Attenzione, questa notizia è appena giunta° in redazione. . . .   has just arrived
   A causa della nebbia, poco fa, c'è stato un grave incidente automobilistico sull'autostrada Firenze–Bologna. Un portavoce della polizia ha detto che è probabile che ci siano almeno dieci morti e numerosi feriti,
30 ma la situazione è al momento° confusa. Notizie più precise saranno   for the time being
   date nel telegiornale della notte.

Signori e signore, buona sera!

DOMANDE
GENERALI

1. Dove sono seduti i signori Cristini? Che cosa ascoltano?
2. Perché si è riunito il Consiglio dei Ministri?
3. Che cosa hanno discusso i ministri della CEE (Comunità Economica Europea)?
4. Dove si sono riuniti i ministri degli esteri? Perché?
5. Dove dovrebbe andare il Papa la settimana prossima?
6. Cosa vogliono i medici?
7. Che cosa hanno presentato le maggiori case di moda? Dove?
8. Con quale squadra si incontrerà domenica la nazionale di calcio? Dove avrà luogo l'incontro?
9. Che notizia è giunta in redazione alla fine del telegiornale?

DOMANDE
PERSONALI

1. Ascolta il telegiornale? Quale? A che ora? Quale annunciatore/annunciatrice preferisce?
2. Quanto costa la benzina nella sua città o nel suo paese?
3. Le interessa la moda? Le interessa più la moda estiva o invernale? Ha mai visto una sfilata di moda? Dove?
4. Qual è il suo sport preferito? Qual è la sua squadra preferita?
5. Ha mai avuto un incidente stradale (*traffic accident*)? Quando? Dove?

ESERCIZIO DI
COMPRENSIONE

Indichi se le seguenti frasi sono vere o false.

1. I signori Cristini sono seduti a tavola.
2. I ministri finanziari della CEE si sono incontrati per discutere il prezzo della benzina.
3. È certo che il prezzo della benzina diminuisce la prossima settimana.
4. Le zone depresse d'Europa hanno bisogno di aiuti finanziari.
5. I ministri degli esteri partono da Strasburgo la settimana prossima.
6. Il Santo Padre ha deciso di andare negli Stati Uniti.
7. Le maggiori case di moda hanno presentato la nuova moda invernale.
8. Mentre l'annunciatore parlava, è giunta in redazione una cattiva notizia.
9. La polizia ha notizie precise sull'incidente.

VOCABOLARIO

Parole analoghe

analizzare	industriale	presentare
confuso/a	informare	principale
la creazione	interessare	probabile
depresso/a	il ministro	recente
economico/a	nazionale	la riunificazione
enorme	necessario/a	la situazione
esaminare	politico/a	storico/a
europeo/a	la polizia	il successo
finanziario/a	possibile	le tasse
l'immagine	preciso/a	la zona

Nomi

l'aumento increase
l'annunciatore/annunciatrice
  newscaster
l'autostrada super highway
il cambiamento change
il ferito wounded
la Germania Germany
l'immagine picture
l'incidente accident
l'Inghilterra England
la moda fashion
il morto dead, fatality
la nebbia fog
la notizia news item; news
il Papa the pope
il/la portavoce spokesperson
la riunione meeting
lo sviluppo development
il telegiornale TV news
il viaggio trip, voyage

Aggettivi

comunale municipal
ferito wounded
grave serious
preferito/a favorite
santo/a holy

Verbi

aumentare to increase
diminuire to diminish, decrease
passare to proceed
promuovere to promote
riposarsi to rest
riunirsi to meet
sperare to hope

Altre parole ed espressioni

almeno at least
notevolmente remarkably

a causa di due to
i beni di consumo consumer goods
Comunità Economica Europea
  (CEE) European Economic
  Community
il Consiglio dei Ministri Council
  of Ministers
Palazzo Pitti a Florentine palace
il Primo Ministro Prime Minister
in redazione editorial office
lo stesso just the same

PRATICA

A. Immagini di essere un/una giornalista e di dover riferire durante il telegiornale un avvenimento (vero o immaginario) che ha avuto luogo nella sua città o nel suo paese. Gli altri studenti potranno reagire all'avvenimento, usando un'espressione della lista in basso.

Ancora!   Again! Still!

Non ci credo proprio!   I don't believe it at all!

Non mi dire!   Don't tell me!

Può darsi!   Maybe!

Che buffo!   How funny!

Meno male!   All the better!

Oh, mio Dio!   Oh, my God!

Che disgrazia!   What a disaster!

Sarebbe ora!   It's about time!

Che bello!   How nice!

Sarà vero?   Could it be true?

B. Scriva un breve articolo per un giornale italiano basato sull'avvenimento presentato nell'esercizio A. È importante spiegare prima **che cosa** è successo e dopo **chi** sono i personaggi importanti, **dove** è successo l'avvenimento, **quando**, **come** e **perché**.

La radio e la televisione in Italia

Fino agli anni settanta, gli unici programmi radiofonici e televisivi diffusi[1] in Italia erano quelli controllati dallo stato italiano (RAI-TV = Radio televisione italiana). Non c'era molta scelta di programmi poiché[2] la radio trasmetteva da tre stazioni, e la televisione su due canali[3]. Alla televisione il tempo di trasmissione era limitato, i programmi generalmente iniziavano verso mezzogiorno e terminavano alle ventitré e trenta.

Oggi a questi canali televisivi ed a queste stazioni radiofoniche si è aggiunto[4] un terzo canale televisivo statale, e sono sorte[5] in tutto il paese numerose emittenti[6] private. Il numero di queste stazioni private è talmente aumentato, che oggi è riconosciuta la necessità di una legislazione che regoli e definisca i limiti di ogni stazione radio e rete televisiva[7].

Solo alcune di queste stazioni e reti private, come Canale 5 e Rete 4, raggiungono tutto il territorio nazionale; la maggior parte di esse opera[8] localmente con potenza[9] piuttosto limitata. Inoltre, data l'insufficiente disponibilità finanziaria di molte di queste stazioni televisive, molti programmi trasmessi sono costituiti da spettacoli americani doppiati[10] (per esempio, *Dallas*) che tuttavia vengono seguiti[11] con interesse dal pubblico italiano.

LUNEDÌ 14

EUR ☑

RAIUNO

13,45: Contro quattro bandiere, film con George Pappard.
15,55: Il mondo che scompare.
17: Giovani ribelli, 6ª p.
18,40: Guglielmo il conquistatore, sceneggiato, 1ª puntata.
20,30: Airport '80, film con Alain Delon, Susan Blakely, Robert Wagner.

RAIDUE

16,20: La zingara di Alex, film con Jack Lemmon, Geneviève Bujold.
18,30: Un caso per due, telefilm.
20,30: Il cane di Monaco, film per la tv con Marie France Pisier.
23,10: Protestantesimo.
23,50: L'amante tascabile, film con Mimsy Farmer, Andrea Ferreol, Bernard Fresson.

15: D come donna.
16,30: Cartoni animati.
19,30: Mork e Mindy, tel.
20,30: Sotto il sole rovente, film con Rock Hundson, Julie Adams.

17: Cacciatori di taglie, film western.
19,30: Il miracolo del villaggio, film commedia.
21: Natalie, telenovela.

14,45: Atomicofollia, film con Mickey Rooney.
17,40: Mamma Vittoria.
18,30: Silenzio si ride.
19,45: Il Jolly è impazzito, film con Frank Sinatra, Mitzi Gaynor.
21,30: Flamingo Road.
23,10: Tour de France.

1. broadcast   2. since   3. channels   4. is added   5. have arisen   6. broadcasting stations
7. TV network   8. operates   9. power   10. dubbed   11. are followed

AMPLIAMENTO DEL VOCABOLARIO

Paesi e capitali d'Europa

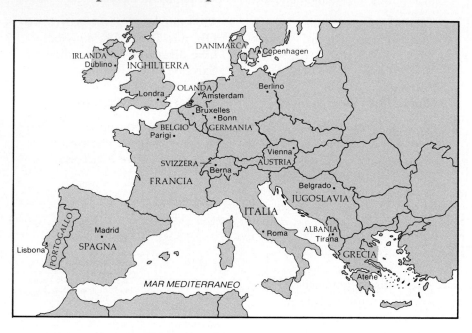

Here is a list of European countries and their capitals.

l'Austria	Vienna	l'Italia	Roma
il Belgio	Bruxelles	la Jugoslavia	Belgrado
la Cecoslovacchia	Praga	l'Olanda	Amsterdam
la Danimarca	Copenhagen	la Polonia	Varsavia
la Francia	Parigi	il Portogallo	Lisbona
la Germania	Berlino/Bonn	la Spagna	Madrid
la Grecia	Atene	la Svizzera	Berna
l'Inghilterra	Londra	l'Ungheria	Budapest
l'Irlanda	Dublino	l'Unione Sovietica	Mosca

1. The definite article is generally used with the names of countries (including all European countries). The article contracts with the preposition **di**.

L'Italia è un paese interessante.	Italy is an interesting country.
La capitale **del Portogallo** è Lisbona.	The capital of Portugal is Lisbon.
Parigi è la capitale **della Francia**.	Paris is the capital of France.

2. The definite article is *not* used with the preposition **in** + *name of country*, except before a plural or a modified noun.

Vado **in Francia**.	I'm going to France.
In Spagna ci sono molti castelli.	In Spain there are many castles.
But: Abito **negli Stati Uniti**.	I live in the United States.
Nella Spagna centrale ci sono molte belle città.	In central Spain there are many beautiful cities.

A. Collabori con un altro studente/un'altra studentessa e gli/le faccia domande basate sulle seguenti informazioni. Consulti la carta d'Europa a pagina 306.

1. la capitale dell'Inghilterra
2. dov'è Lisbona
3. le nazioni europee che confinano con l'Italia
4. le lingue ufficiali della Svizzera
5. dov'è Atene
6. la capitale e la lingua ufficiale della Francia
7. due isole nel Nord Europa che sono nazioni importanti
8. paesi europei che non hanno il mare
9. paesi europei sul Mediterraneo
10. paesi europei con coste sull'Atlantico e sul Mediterraneo

La radio e la televisione

Nomi

l'annunciatore/l'annunciatrice newscaster
l'ascoltatore listener
il canale televisivo TV channel
il giornale radio (GR) radio news program
il/la giornalista newsman/ newswoman, reporter
la pubblicità advertising, commercial, ad
la rete televisiva TV network
il telespettatore TV viewer
la televisione a colori color TV
la televisione in bianco e nero black-and-white TV
la trasmissione televisiva TV program

la tv (la tivvù) TV
la tv via cavo cable TV
la videocassetta videocassette
il videoregistratore video recorder

Verbi

abbassare to lower
accendere (acceso) to turn on
alzare to raise, turn up
registrare to record
spegnere (spento) to turn off (TV, radio)

Altre parole ed espressioni

fare la pubblicità to advertise
in diretta live
mandare in onda to broadcast

B. Risponda alle domande che le fa un altro studente/un'altra studentessa.

1. Quale canale televisivo preferisci? Perché?
2. Quali trasmissioni televisive guardi durante la settimana?
3. Che cosa fai quando alla televisione appare la pubblicità?
4. Preferisci la pubblicità televisiva o quella radiofonica? Perché?
5. Guardi qualche volta trasmissioni televisive in bianco e nero? Quali?
6. Preferisci guardare le reti televisive nazionali o quelle via cavo? Perché?
7. Quali sono le reti televisive americane più importanti?
8. Hai un videoregistratore? Quali trasmissioni registri?
9. Quando ti svegli la mattina, accendi la radio o il televisore?

C. Prepari insieme ad un altro studente/un'altra studentessa un giornale radio molto breve usando i titoli dei giornali qui riportati. Usate la fantasia.

> Il popolare presentatore televisivo Filippo Bodoni sposa la famosa cantante Daniela.

> Domani ci sarà la finale di pallacanestro tra le due squadre campioni di Boston e Los Angeles.

STRUTTURA ED USO

Congiuntivo presente: verbi che esprimono *desiderio*, *volontà* e *speranza*

Speriamo che **parlino** italiano.

1. In both English and Italian, verbs have moods. The indicative mood is used for statements of fact; all the verb tenses you have learned, except for the imperative, are in the indicative mood (the imperative is used for commands). The third and final mood, the subjunctive **(il congiuntivo)** is used to express wishes, opinions, and feelings. In English, it is used only occasionally; in Italian, the subjunctive is used constantly.

2. The subjunctive is nearly always used in a subordinate clause introduced by **che**. Compare the verb forms in the pairs of sentences below. The verb in the first sentence is indicative: it states a fact. The verb in the **che** clause of the second sentence is subjunctive: it expresses a wish on the part of the speaker.

Indicative:	**Cercano** il telegramma.	They are looking for the telegram.
Subjunctive:	Insisto che **cerchino** il telegramma.	I insist that they look for the telegram.
Indicative:	Carla **arriva** oggi.	Carla arrives today.
Subjunctive:	Spero che Carla **arrivi** oggi.	I hope (that) Carla arrives today.

3. The subjunctive is used only when the subjects of the main clause and the subordinate clause are different. An infinitive is used if there is no change of subject.

Spero **che tu visiti** Venezia.   I hope you visit Venice.
Spero **di visitare** Venezia.   I hope to visit Venice.

4. The following chart shows the present subjunctive of regular **-are**, **-ere**, and **-ire** verbs.

	mandare	spendere	partire
. . . che io	mand**i**	spend**a**	part**a**
. . . che tu	mand**i**	spend**a**	part**a**
. . . che lui/lei	mand**i**	spend**a**	part**a**
. . . che noi	mand**iamo**	spend**iamo**	part**iamo**
. . . che voi	mand**iate**	spend**iate**	part**iate**
. . . che loro	mand**ino**	spend**ano**	part**ano**

Note that in each conjugation the singular forms are identical; subject pronouns are sometimes used if the subject of the **che** clause is not clear from the context.

Voglio **che (tu) parta** alle due.   I want you to leave at two.
Speriamo **che (lei) capisca** l'inglese.   We hope she understands English.

5. Verbs ending in **-care** and **-gare** add an **h** in all forms of the present subjunctive.

	cercare			pagare	
cerchi	cerchiamo		paghi	paghiamo	
cerchi	cerchiate		paghi	paghiate	
cerchi	cerchino		paghi	paghino	

6. Verbs that follow the pattern of **preferire** (see page 114) add **-isc** between the stem and the ending in the singular forms and in the third-person plural.

	preferire	capire
. . . che io	preferisca	capisca
. . . che tu	preferisca	capisca
. . . che lui/lei	preferisca	capisca
. . . che noi	preferiamo	capiamo
. . . che voi	preferiate	capiate
. . . che loro	preferiscano	capiscano

A. Indichi quello che vogliono le seguenti persone.

   la mamma / volere / io / leggere il giornale   *La mamma vuole che io legga il giornale.*

1. papà / volere / tu / chiudere la porta
2. io / sperare / Laura e Gina / non perdere il treno
3. noi / sperare / i ragazzi / vincere al totocalcio
4. tu / insistere / lei e Grazia / partire con noi
5. voi / insistere / i bambini / restare a casa
6. Giacomo / sperare / tu / telefonare domani sera
7. Roberto ed io / preferire / voi / ordinare una pizza
8. i genitori / desiderare / noi / interessarsi di politica

B. Ogni volta che Carlo vuole o non vuole fare qualcosa, la madre gli dice di fare l'opposto. Dica quello che risponde la madre.

   Carlo: Non voglio parlare al professore stamattina.   la madre: *Insisto che tu parli al professore stamattina.*

   Carlo: Voglio leggere questo libro.   la madre: *Insisto che tu non legga quel libro.*

1. Non voglio apparecchiare la tavola stasera.
2. Non voglio mangiare le melanzane.
3. Voglio comprare una cassetta di musica rock.
4. Voglio vedere quel programma alla tivvù.

"Hai capito?" Nella piazza del Duomo di Milano un signore anziano insiste che l'altro lo ascolti attentamente.

5. Non voglio lavarmi le mani prima di mangiare.
6. Non voglio mettermi a lavorare.
7. Voglio vendere la mia vecchia bicicletta.
8. Non voglio parlarti.

C. Dica che lei vuole che le seguenti cose succedano.

Giovanni compra un televisore a colori.

Voglio che Giovanni compri un televisore a colori.

1. Tu compri un disco di musica classica.
2. Noi ascoltiamo il giornale radio.
3. Marta ci aspetta vicino al Duomo.
4. Tu e Giuseppina guardate un film alla televisione.
5. Paola mi telefona stasera.
6. Gianni e Cristina ci aiutano a cucinare.
7. Fabrizio abbassa il volume della radio.
8. Anna si mette la cuffia (*earphones*) per ascoltare una cassetta di musica rock.

D. Completi le seguenti frasi con espressioni di senso compiuto, prima con una frase subordinata con *che* ed il congiuntivo e poi con un infinito.

🔲   Voglio . . .   *Voglio che tu resti a casa.*
                           Voglio restare a casa.

1. Non voglio . . .   4. Spero . . .   7. Non insisto . . .
2. Desiderano . . .   5. Non spero . . .   8. Voglio . . .
3. Non desiderano . . .   6. Insisto . . .

E. Risponda alle seguenti domande con frasi di senso compiuto.

🔲   — Che vuole papà?
     — Vuole che . . .   *— Vuole che tu lo aiuti.*

1. — Cosa speri che io compri al supermercato?
   — Spero che . . .
2. — Preferisce che paghiamo in contanti o con la carta di credito?
   — Preferisco che . . .
3. — Dove volete che mettiamo le valige?
   — Vogliamo che . . .
4. — A che ora vuoi che io arrivi stasera?
   — Voglio che . . .

Verbi con congiuntivo presente irregolare

Voglio che tu **faccia** un po' di ordine in questa stanza.

The following common verbs have irregular present subjunctives. Note that all the endings have the same characteristic vowel **a**, regardless of whether they are **-are**, **-ere**, or **-ire** verbs. For the present subjunctive of additional irregular verbs, see Appendix F.

Infinitive	Present Subjunctive
andare _go_	vada, vada, vada, andiamo, andiate, vadano
avere _have_	abbia, abbia, abbia, abbiamo, abbiate, abbiano
bere _drink_	beva, beva, beva, beviamo, beviate, bevano
dare _give_	dia, dia, dia, diamo, diate, diano
dire _say_	dica, dica, dica, diciamo, diciate, dicano
dovere _have to_	debba, debba, debba, dobbiamo, dobbiate, debbano
essere _be_	sia, sia, sia, siamo, siate, siano
fare _do_	faccia, faccia, faccia, facciamo, facciate, facciano
potere _can_	possa, possa, possa, possiamo, possiate, possano
rimanere _remain_	rimanga, rimanga, rimanga, rimaniamo, rimaniate, rimangano
stare _stay_	stia, stia, stia, stiamo, stiate, stiano
uscire _go out_	esca, esca, esca, usciamo, usciate, escano
venire _come_	venga, venga, venga, veniamo, veniate, vengano
volere _want_	voglia, voglia, voglia, vogliamo, vogliate, vogliano

F.   Dica ad un amico/un'amica che lei vuole, spera, o insiste che faccia le seguenti cose.

🔲 fare il tuo lavoro   _Insisto (Voglio, Spero) che tu faccia il tuo lavoro._

1. uscire subito
2. venire a casa
3. vedere il telegiornale
4. bere molta acqua minerale
5. venire in vacanza con me
6. essere pronto per le sette
7. stare in casa domani sera
8. dare un passaggio allo zio
9. avere molta pazienza
10. riposarsi un po'

G.   Ad Annamaria piace fare tutto a modo suo (_to have her own way_). Completi le frasi seguenti con un'espressione di senso compiuto, usando i verbi indicati fra parentesi.

🔲 Voglio che tu (andare) . . .   _Voglio che tu vada (al mercato)._

1. Non voglio che voi (bere) . . .
2. Desidero che lui (dare) . . .
3. Non desidero che lei (dire) . . .
4. Spero che loro (stare) . . .
5. Spero che mio zio non (venire) . . .
6. Insisto che i bambini (uscire) . . .
7. Non insisto che mia sorella (fare) . . .
8. Voglio che i miei genitori (essere) . . .

H. Tonino spiega ad un amico quello che vogliono alcuni membri della sua famiglia. Abbini le espressioni della colonna A con quelle della colonna B.

A	B
Mio fratello insiste che tu ed io	l'aiuti
Mia madre vuole che Laura	vada da lui
Mia zia insiste che io	escano più tardi
I miei nonni desiderano che gli zii	beva una spremuta d'arancia
Mio cognato spera che noi	andiamo da lui
Mio nipote desidera che sua sorella	facciamo una gita con lui

Congiuntivo con espressioni impersonali

— Che succede?
— È possibile che non ci **sia** più benzina.

1. The subjunctive is used after certain impersonal expressions of necessity, possibility, probability, and opinion that reflect the speaker's attitude.

È possibile **che lei sia** in ritardo.	It's possible that she's late.
È meglio **che usciate** ora.	It's best that you go out now.

2. These common impersonal expressions usually require the subjunctive.

è bene	it's well (good)	è meglio	it's better (best)
è giusto	it's right	è necessario	it's necessary
è importante	it's important	è opportuno	it's appropriate, suitable
è impossibile	it's impossible	è possibile	it's possible
è improbabile	it's improbable	è preferibile	it's preferable
è inopportuno	it's inopportune	è probabile	it's probable

3. If no subject is specified, an infinitive is used after an impersonal expression.

È necessario studiare.   It's necessary to study.
È bene farsi il bagno ogni   It's good to bathe every day.
  giorno.

4. With impersonal expressions that indicate certainty, the indicative is used in the **che** clause.

È vero che **studiano** molto.   It's true that they study a lot.
È certo che Mario **viene** oggi.   It's certain that Mario is coming today.

I.   Dica alla sua amica Stella di fare queste cose.

🖳   È necessario studiare stasera.   *È necessario che tu studi stasera.*

1. È meglio andare in banca alle nove.
2. È bene fare ginnastica tre volte alla settimana.
3. È necessario avere pazienza.
4. È possibile uscire più tardi.
5. È importante svegliarsi presto.
6. È bene non essere in ritardo.

J.   Lei ed un amico/un'amica parlano di una festa che lei farà a casa sua. Scriva frasi complete usando gli elementi suggeriti.

🖳   È meglio / Maria / non cucinare   *È meglio che Maria non cucini.*

1. È necessario / Pina e Teresa / comprare molto cibo
2. È bene / Alberto / portare il registratore
3. È meglio / tu / arrivare in anticipo
4. È possibile / io / chiedere i bicchieri a Gino
5. È preferibile / gli amici di Maria / non venire
6. È improbabile / Claudio / venire prima delle otto
7. È inopportuno / Marta / avere un altro appuntamento
8. È giusto / Stefania / aiutarci un po'
9. È importante / tutti / divertirsi
10. È probabile / mio padre / pagare tutto

K. Commenti le notizie del telegiornale con i membri della sua famiglia. Usi espressioni adatte come **è possibile**, **è giusto**, ecc.

> Il consiglio dei ministri si riunisce fra poco.

> *È possibile che il consiglio dei ministri si riunisca fra poco.*

1. Il prezzo della benzina aumenta.
2. I ministri si incontrano per discutere la situazione.
3. Il Papa rimane nella Città del Vaticano.
4. Sabato le case di moda presentano le ultime creazioni.
5. La sfilata dei modelli sembra troppo lunga.
6. La squadra nazionale di calcio si prepara per l'incontro di domenica.
7. C'è un grave incidente stradale a Roma.
8. Ci sono molti feriti ed alcuni morti.
9. La situazione è molto confusa.
10. Il telegiornale finisce con alcune buone notizie.

Trapassato

1. The **trapassato** is used to report an action that *had taken place* before another past event. The more recent past event may be expressed in the **passato prossimo** or the **imperfetto**.

Enrico ha trovato i biglietti che **aveva perso** la settimana scorsa.	Enrico found the tickets he had lost last week.
Lisa portava la gonna che le **aveva prestato** Maria.	Lisa was wearing the skirt that Maria had lent her.

2. The **trapassato** is formed using the imperfect of **avere** or **essere** plus the past participle. The past participle agrees with the subject when the verb is conjugated with **essere**.

Avevano mangiato la torta?	Had they eaten the cake?
Quando **erano arrivati**?	When had they arrived?

3. Here are the forms of the **trapassato** conjugated with **avere** and **essere**.

	studiare	arrivare
io	avevo studiato	ero arrivato/a
tu	avevi studiato	eri arrivato/a
lui/lei	aveva studiato	era arrivato/a
noi	avevamo studiato	eravamo arrivati/e
voi	avevate studiato	eravate arrivati/e
loro	avevano studiato	erano arrivati/e
	I had studied, you had studied, . . .	*I had arrived, you had arrived, . . .*

L. Immagini di essere stato/a una settimana a Roma. Costruisca frasi negative, usando il trapassato e *prima di allora* (*before then*).

 vedere tante fontane   *Non avevo mai visto tante fontane prima di allora.*

1. camminare tanto   4. conoscere tanti giovani italiani
2. vedere tante chiese   5. incontrare tanti stranieri
3. mangiare tanto gelato   6. fare tante passeggiate

M. Dica che le seguenti cose erano già successe quando lei è arrivato/a a casa della sua amica Beatrice. Usi i pronomi dove è possibile.

 Beatrice preparava il dolce?   *No, lo aveva già preparato.*

1. La sorellina faceva i compiti?
2. La madre usciva per andare dalla sarta?
3. Suo padre andava a lavorare?
4. Beatrice telefonava agli amici?
5. Beatrice cucinava gli spaghetti?
6. Suo fratello usava il computer?
7. Beatrice puliva il salotto?
8. La nonna metteva i piatti nella lavastoviglie?

N. Completi il seguente brano con la forma appropriata del trapassato dei verbi fra parentesi.

Angela (scrivere) una lettera a sua madre e le (dire) che lei e Luisa (arrivare) a Firenze dove (pensare) di rimanere altri due mesi per conoscere meglio la città. All'inizio (avere) intenzione di prendere in affitto un appartamentino al centro della città. Quindi (andare) in giro ogni giorno, (vedere) molti appartamenti, ma non (trovare) quello che cercavano. Dopo alcuni giorni di inutile ricerca (decidere) che era meglio non perdere più tanto tempo. Quindi, a malincuore (*reluctantly*), (andare) a stare in una piccola pensione.

Questi amici hanno indossato i costumi che avevano comprato specificamente per andare al Carnevale di Venezia — ma ora hanno bisogno di prendere un caffè!

A. **Un invito.** Immagini di avere ricevuto un invito dalla RAI e di invitare un amico/un'amica ad andare con lei. Risponda alle domande dell'amico/a usando le informazioni che trova nell'invito che segue. Collabori con un altro studente/un'altra studentessa che vuole sapere:

1. il nome della trasmissione
2. di che tratta
3. la data e l'ora dell'incontro con la presentatrice
4. il luogo dell'incontro
5. il giorno e l'ora della trasmissione alla tivvù
6. il nome del canale televisivo che presenta la trasmissione

---

La Rai - Radiotelevisione Italiana

ha il piacere di invitarla all'incontro con Luisa Rivelli

in occasione della presentazione della nuova edizione de

IL MERCATO DEL SABATO

Il settimanale economico della famiglia italiana

in onda dal 7 gennaio alle ore 11.00

IL CAPO DELL'UFFICIO STAMPA

Paolo Torresani

 RAIUNO

Martedì 3 gennaio 1989 - ore 11.00   Roma - Viale Mazzini, 14

B. **A lei la parola.** Esprima in italiano l'equivalente appropriato per le seguenti situazioni.

1. Insist that two or three of your friends watch the soccer game on TV with you this evening.
2. Tell a friend that it is possible that your parents will go to Rome next summer.
3. Find out if your mother wants you to buy some ice cream when you go food shopping this afternoon.
4. Encourage your sister to visit Florence this weekend. (*Spero che . . .*)

C. **Noleggiare un video.** Il suo compagno/la sua compagna di camera ha ricevuto in regalo per il suo compleanno un videoregistratore. Adesso gli/le dica dove può andare a prendere in noleggio le videocassette. Gli/le dia le seguenti informazioni basate sull'annuncio indicato.

1. il nome del negozio
2. l'indirizzo
3. se è vicino o lontano dal vostro appartamento
4. tipi di videocassette che si possono noleggiare

D. **Una visita.** La sua amica Lidia Fontana viene a visitarla dall'Italia. Risponda alle domande del suo compagno/della sua compagna di camera sull'arrivo di Lidia. Collabori con un altro studente/un'altra studentessa.

Vuoi che Lidia parlare . . . ?　　　　— *Vuoi che Lidia parli inglese?*
　　　　　　　　　　　　　　　　　　— *Sì, voglio che Lidia parli inglese.*
　　　　　　　　　　　　　　　　　　No, voglio che Lidia parli italiano perché
　　　　　　　　　　　　　　　　　　voglio imparare la lingua.

1. Pensi che Lidia prendere . . . ?
2. Credi che tu potere accompagnare . . . ?
3. È possibile che Lidia volere andare . . . ?
4. Speri che Lidia potere . . . ?
5. È probabile che Lidia ti portare . . . ?
6. Vuoi che Lidia ed io fare . . . ?
7. È importante che tu e Lidia andare . . . ?
8. È vero che Lidia preferire . . . ?

E. **Lettura.** Legga questi dialoghi e poi risponda alle domande che seguono.

■ In farmacia

If you feel ill or have a minor accident during a trip to Italy, you might want to go to a **farmacia** to get advice from the **farmacista**. These two dialogues will provide you with some useful phrases and vocabulary.

1. Questa mattina mentre andava in bicicletta, Rossella ha avuto un piccolo incidente. È caduta e si è slogata un piede. Ora il piede è gonfio[1], e la giovane va in farmacia per sentire cosa le consiglia il/la farmacista.

Rossella	Buon giorno, dottoressa. Ho un piede gonfio. Mi può dire cosa posso fare?
Farmacista	Mi faccia vedere[2]. Che cosa le è successo?
Rossella	Sono caduta[3] mentre andavo in bicicletta.
Farmacista	Mi dispiace, ma io non posso proprio aiutarla. Le consiglio di andare al pronto soccorso[4] dove le faranno delle radiografie[5] al piede.
Rossella	Sarà molto grave?
Farmacista	No, non credo. Però c'è un gonfiore notevole[6].

2. Massimo si è svegliato questa mattina con un bel mal di gola. Mentre va all'università entra in farmacia per acquistare delle compresse[7] per la gola.

Farmacista	Buon giorno. Mi dica.
Massimo	Ho un forte[8] mal di gola e vorrei delle compresse.
Farmacista	Ha per caso[9] la febbre?
Massimo	No, non credo. Ma ho anche un po' di mal di testa.
Farmacista	Allora, prenda subito delle aspirine e beva molti liquidi. Adesso le do anche delle compresse da prendere ogni quattro ore.
Massimo	La ringrazio molto[10], dottore.

1. swollen   2. Let me see   3. I fell   4. emergency room   5. X-rays   6. considerable swelling   7. lozenges   8. bad   9. by chance   10. Thanks very much

1. Cos'è successo a Rossella?
2. Dove va adesso? Perché?
3. Cosa le suggerisce di fare la farmacista?
4. Come si sente Massimo quando si sveglia? Che gli fa male?
5. Dove va prima di andare a lezione? Perché?
6. Cosa gli consiglia il farmacista?

Una farmacista aiuta una cliente. Oltre ai medicinali, nella farmacia italiana si possono acquistare anche altri prodotti speciali per la salute e la cosmetica.

F. **Vocabolario.** Utilizzi il seguente vocabolario nelle attività che seguono.

Nomi

l'antibiotico antibiotic	**la medicina** medicine, medication
la goccia drop	
il graffio scratch	**la pillola** pill
l'infermiera female nurse	**la pomata** ointment
l'infermiere (*m.*) male nurse	**la radiografia** X-ray
l'influenza flu	**lo sciroppo** syrup
l'iniezione (*f.*) injection, shot	**il sintomo** symptom
l'irritazione (*f.*) irritation	**il termometro** thermometer

Verbi

avere (prendere) il raffreddore to have (catch) a cold	**curare** to cure

G. **In farmacia.** Immagini di avere un'irritazione ad un occhio e di andare in farmacia per comprare delle gocce. Collabori con un altro studente/ un'altra studentessa che assume il ruolo del/della farmacista.

H. **Chiedere aiuto.** Immagini di avere l'influenza. Chieda al suo compagno/alla sua compagna di camera di andare in farmacia per comprare alcune medicine e un termometro.

I. **Lettura.** Legga questo brano e poi faccia gli esercizi che seguono.

In Italia ci sono due stati indipendenti: la Città del Vaticano e San Marino.

La Città del Vaticano è lo stato sovrano più piccolo del mondo. È situata dentro la città di Roma, sulla riva destra[1] del fiume Tevere. Ha circa mille abitanti ed una superficie di 0,44 Km^2 (zero virgola quarantaquattro chilometri quadrati). La Città del Vaticano fu[2] costituita come stato indipendente l'11 febbraio 1929 (millenovecentoventinove) con un concordato tra lo Stato Italiano e la Santa Sede[3]. Il Vaticano stampa[4] francobolli ed una moneta[5] propria, ma usa la lira italiana.

Il territorio del Vaticano comprende la piazza e la basilica di San Pietro, il palazzo, i musei ed i giardini[6] vaticani. Inoltre[7], al Vaticano appartengono[8] vari palazzi nella città di Roma e le basiliche di San Giovanni in Laterano, Santa Maria Maggiore e San Paolo fuori le Mura[9].

San Marino invece è una piccola repubblica indipendente dall'Italia, situata fra le province di Pesaro ed Urbino (Marche) e di Forlì (Emilia-Romagna). Ha circa ventimila abitanti ed una superficie di circa 60 Km^2 (sessanta chilometri quadrati). San Marino è lo stato più antico d'Europa ed è indipendente dall'Italia dall'885 (ottocentottantacinque) dopo Cristo.

L'economia dello stato, inizialmente agricolo, si basa oggi sul turismo e sull'artigianato[10]. San Marino stampa propri francobolli, molto ricercati[11] dai collezionisti.

1. right bank 2. was 3. Holy See 4. prints 5. currency 6. gardens 7. Furthermore 8. belong 9. outside the walls 10. craftsmanship 11. sought after

---

J. **Un titolo appropriato.** Scelga un titolo appropriato per il brano appena letto.

1. Lo stato più piccolo del mondo
2. Due piccoli stati indipendenti
3. La repubblica del Vaticano

K. **Informazioni.** Dia le seguenti informazioni basate sul brano appena letto.

1. Numero di abitanti di San Marino:
2. Numero di abitanti del Vaticano:
3. Nome del fiume vicino al Vaticano:
4. Nomi delle basiliche del Vaticano:
5. Anno dell'indipendenza di San Marino:

LEZIONE 15

MUSICA LEGGERA O MUSICA CLASSICA?

Una scena dell'Aida di
Giuseppe Verdi. Quest'opera
è spesso rappresentata negli
antichi anfiteatri romani.

Mariella Vannini, Giuliana Liverani e Carlo Masina passeggiano per una via di Roma. Ad un tratto° Giuliana si ferma davanti ad un cartellone pubblicitario.   Suddenly

Giuliana	Guardate, sabato prossimo l'*Aida* di Verdi viene rappresentata° alle Terme di Caracalla. Vogliamo andare a vederla?	is being performed
Carlo	Sono sorpreso che tu voglia andare all'opera. Guarda invece cosa c'è in programma sabato sera al Palazzo dello Sport: il famoso complesso *I Cavalieri della notte*. Perché non andiamo lì tutti e tre°?	the three of us
Mariella	Ma . . . non so. Sebbene io sia già stata molte volte a Caracalla, non ho mai potuto vedere l'*Aida*. Sono sicura che sarà una serata magnifica e che ci divertiremo molto.	
Giuliana	È vero. Il dramma di *Aida*, i bellissimi costumi dei personaggi, la musica, le luci e lo scenario delle rovine di Caracalla sono qualcosa di indimenticabile.	
Carlo	Sì, però al Palazzo dello Sport ci saranno dei cantanti eccezionali come Michele Orlandini, che suona la chitarra e canta divinamente e . . .	
Mariella	Carlo, io credo che una volta tanto°, un po' di musica classica non ti faccia male!	just for once
Carlo	E va bene, benché io non mi intenda molto né di musica classica né di opera, andiamo pure° a vedere quest'*Aida*. Ma dovete promettermi che non ci lasceremo scappare° il prossimo concerto di musica leggera.	let's go anyway we won't miss
Giuliana	Bravo, sono contenta che ti abbiamo convinto. Stasera telefonerò per prenotare i biglietti che ritireremo sabato prima dello spettacolo.	

Roma—Terme di Caracalla

Stagione d'Opera 1990

Sabato 16 luglio 1988 – Ore 20,30

AIDA
Opera in quattro atti

Musica di
GIUSEPPE VERDI

Personaggi	*Interpreti*
Aida	Matilde Braga
Radames	Filippo Lambertini
Amneris	Eva Spini
Amonasro	Tiberio Ponzi

Direttore d'orchestra
Alessandro Biasi

Direttore del Coro
Luigi Abate

Scene e costumi
Patrizia Selva

Regia
Silvano Bravetta

Informazioni e prenotazioni telefoniche presso la biglietteria delle Terme: tel. 779078

Orario: dalle 14,00 alle 18,30.

PALAZZO DELLO SPORT-EUR

Sabato.16 luglio 1990 Ore 19,30

Il Comune di Roma, nel quadro delle manifestazioni folcloristiche e musicali dell'"'Estate Romana" presenta

CONCERTO DI MUSICA LEGGERA

Partecipano:

Complessi	*Cantanti*
I Cavalieri della notte	Michele Orlandini
Gli Scapestrati	Gustavo da Rieti
I Melanconici	Marina Lattanzi
Le Sorelle Nostrane	Daniela
Lucia ed i Compagni	Ettore Boni

I biglietti sono in vendita presso i botteghini del Palazzo dello Sport tutti i giorni esclusa la domenica dalle ore 10,00 alle 15,00.

Per informazioni telefonare al 5485100.

DOMANDE GENERALI

1. Dove passeggiano Mariella, Giuliana e Carlo?
2. Che cosa vede Giuliana?
3. Quale opera viene rappresentata sabato prossimo alle Terme di Caracalla?
4. Che cosa c'è in programma al Palazzo dello Sport?
5. Giuliana dice che l'*Aida* è indimenticabile. Perché?
6. Chi preferisce andare al Palazzo dello Sport? Perché?
7. Carlo s'intende di musica classica? Alla fine cosa decide di fare?

DOMANDE PERSONALI

1. Le piace l'opera? Perché?
2. Quale opera conosce?
3. Ha mai visto un'opera? Dove?
4. Conosce qualche tenore famoso o soprano famoso? Quale?
5. Qual è il suo cantante o la sua cantante preferito/a? Ed il suo complesso preferito?
6. Ha mai visto un'opera o un concerto all'aperto? Dove?

ESERCIZIO DI COMPRENSIONE

Scelga la risposta corretta.

1. L'*Aida* è
   a. un concerto di Puccini.
   b. un'opera di Giuseppe Verdi.
   c. un concerto di musica leggera.
2. Le Terme di Caracalla
   a. sono antichi bagni romani.
   b. è un teatro molto elegante.
   c. è un'opera di Verdi.
3. Il cartellone pubblicitario annuncia
   a. le Terme di Caracalla.
   b. la presentazione dell'opera *Aida*.
   c. un concerto di musica rock.
4. Mariella è stata alle Terme di Caracalla
   a. raramente.
   b. spesso.
   c. qualche volta.
5. Al Palazzo dello Sport ci saranno
   a. cavalieri eccezionali.
   b. un tenore ed un soprano famosi.
   c. complessi e cantanti eccezionali.

VOCABOLARIO

Parole analoghe

classico/a
il concerto
convincere (convinto)
il direttore
divino/a
famoso/a
l'informazione

magnifico/a
musicale
l'opera
l'orchestra
partecipare
la presentazione

pubblicitario/a
lo scenario
il soprano
sorpreso
telefonico/a
il tenore

Nomi

l'atto   act
il/la cantante   singer
il cartellone   poster
il cavaliere   knight
la chitarra   guitar
il complesso   (musical) group
il comune   city government
l'interprete *(m. or f.)*   interpreter, performer
la luce   light
la maniera   manner
la manifestazione   exhibition
l'orario   hours, schedule
il personaggio   character
la prenotazione   reservation
la regia   production
le rovine   ruins
la serata   evening

Aggettivi

bellissimo/a   very beautiful
contento/a   happy, glad
eccezionale   exceptional
indimenticabile   unforgettable
leggero/a   light
sicuro/a   certain, sure

Verbi

intendersi di   to be an expert in
ritirare   to pick up

Altre parole ed espressioni

benché   even though
escluso/a   excluding
sebbene   even though

il Palazzo dello Sport   Sports Palace (building in Rome)
le Terme di Caracalla   Caracalla baths (built by the Romans)

PRATICA

A. Supponga di visitare il Teatro alla Scala di Milano perché desidera sapere quali opere saranno in programma nelle prossime due settimane. Vuole sapere anche quanti giorni viene rappresentata (*will be presented*) ogni opera, quando saranno venduti i biglietti e quanto costano. Prepari un dialogo appropriato fra lei e l'impiegato del teatro.

B. Riassuma in cinque o sei frasi il dialogo a pagina 324, dichiarando (*declaring*) dove vuole andare ogni persona, che cosa vuole vedere, quando e perché.

La musica ed i giovani

I giovani italiani amano molto la musica. Concerti all'aperto o in teatri, festival della canzone, spettacoli di cantautori, discoteche e balere[1] cittadine costituiscono punti di ritrovo[2] per studenti e giovani. Attraverso la musica, ragazzi e ragazze si incontrano, si conoscono e scoprono interessi comuni.

La musica americana ed anglosassone esercita una grande influenza sulla gioventù italiana, specialmente per mezzo di[3] videocassette e videomusica trasmessa dai canali televisivi. Per i giovani questa musica rock è il naturale complemento al fast-food, oggi molto diffuso nelle maggiori città ed all'abbigliamento sportivo, che già da molti anni caratterizza il giovane italiano. Comunque non è solo la musica leggera che va di moda in Italia. Molti giovani amano anche la musica classica e l'opera, che hanno in Italia una tradizione antichissima.

Oggi, per fare avvicinare ancor di più[4] i giovani alla musica classica e all'opera, molti spettacoli vengono allestiti[5] in luoghi antichi e suggestivi. L'Arena di Verona e le Terme di Caracalla a Roma sono soltanto i due più conosciuti tra i tanti teatri che sono a disposizione[6] degli appassionati della musica italiana.

Un giovane cantante intrattiene il pubblico durante un comizio di un partito politico. Musica e cantanti sono spesso presenti a manifestazioni politiche, sociali o ecologiche.

1. dance halls 2. gathering places 3. through 4. to bring even closer 5. produced
6. at the disposal

AMPLIAMENTO DEL VOCABOLARIO

Gli strumenti musicali

Here are some more musical instruments, in addition to **la chitarra**.

l'armonica harmonica
l'arpa harp
la batteria drum set
il clarinetto clarinet
la fisarmonica accordion
il flauto flute
l'oboe oboe

l'organo organ
il pianoforte piano
il sassofono saxophone
il tamburo drum
la tromba trumpet
il violino violin
il violoncello cello

A. Collabori con un altro studente/un'altra studentessa e gli/le domandi:

    1. se suona uno strumento musicale; quale?

    2. se no, vuole imparare a suonare uno strumento musicale; quale? perché?

    3. quale strumento musicale preferisce ascoltare; perché?

    4. se conosce qualche musicista famoso; quale?

    5. se è mai andato/a ad ascoltare un'orchestra sinfonica; quale? dove?

B. Immagini di avere bisogno di una chitarra classica, dischi o cassette, o un'organo elettronico da regalare a sua sorella per il suo compleanno. Legga i seguenti annunci e poi telefoni alla persona che vende quello che lei desidera. Collabori con un altro studente.

Dischi e cassette originali anni 60 + opera Norma e Otello in 33 giri[1] + cofanetto[2] RCA 10 dischi 33 giri successi anni 60 vendo. Tel. 4964750	Chitarra classica Eko lavorazione artigianale ottimo[3] stato permuto[4] con buona chitarra acustica con fodero[5]. Chiamare Gianluca. Tel. 534115
Organo elettronico modello Kumar 198 2 tastiere[6] pedaliera/bassi ritmi con accompagnamento e memoria. Ottimo stato L. 670.000. Chiamare Silvano Tel. 813974	Vendo collezione discografica completa del soprano Maria Callas comprendente tutte le incisioni[7] dal 1947. Per informazioni telefonare ore serali al 2137864.

1. 33 r.p.m.   2. boxed set   3. excellent   4. trade   5. case   6. keyboards   7. recordings

— *Pronto.*
— *C'è Gianluca?*
— *Sono io. Chi parla?*
— *Sono . . . e (ho visto . . .) (Vorrei sapere . . .)*
— *Ah, sì, vediamo . . .*

I prefissi *in-*, *s-*, *dis-* e *ri-*

1. The addition of the prefixes **in-**, **s-**, and **dis-** to certain words reverses their meaning, just as *un-* and *dis-* do in English. **In-** is normally used only with adjectives; **s-** and **dis-** may be added to certain adjectives, verbs, or nouns. The prefix **ri-** added to certain verbs signifies repetition.

in-	utile *useful*	inutile *useless*
	felice *happy*	infelice *unhappy*
s-	fortuna *luck*	sfortuna *bad luck*
	consigliare *to advise*	sconsigliare *to advise against*
	conosciuto/a *known*	sconosciuto/a *unknown*
dis-	piacere *pleasure*	dispiacere *displeasure, misfortune*
	fare *to do*	disfare *to undo*
	organizzato/a *organized*	disorganizzato/a *disorganized*
	occupato/a *occupied, employed*	disoccupato/a *unoccupied, unemployed*
ri-	leggere *to read*	rileggere *to read again*
	aprire *to open*	riaprire *to reopen*
	fare *to do*	rifare *to do again*
	aggiustare *to fix*	riaggiustare *to fix again*

C. Risponda alle domande od osservazioni di un altro studente/un'altra studentessa, usando il contrario delle parole indicate. Per ogni gruppo di frasi, usi il prefisso suggerito.

🔁 — (*in-*) Ti pare un lavoro *utile* questo?   — No. Mi pare un lavoro *inutile*.

in-
1. Hai dato una risposta *adeguata*.
2. Hai un carattere *deciso*, non è vero?
3. Ti senti *felice* adesso?
4. Con o senza un lavoro, il tuo futuro è *certo*.

s-
5. Penso che Anna abbia sempre *fortuna*!
6. È *conosciuto* questo complesso musicale?
7. Sai se la critica su quel concerto è stata *favorevole*?
8. È stata *piacevole* la gita in campagna?
9. Vuoi che gli *consigli* di andare all'opera stasera?

dis-
10. Quella casa è *abitata*?
11. Giacomo è sempre *attento*?
12. Ti pare *adatto* questo vestito per andare al matrimonio di Pino?
13. Hai detto che hai *fatto* il letto?
14. Questi bambini sono *obbedienti*?

D. Trasformi queste frasi, aggiungendo il prefisso *ri-* alle parole in corsivo. Poi esprima ogni frase in inglese.

🔁 Voglio *vedere* quell'opera.   *Voglio rivedere quell'opera. (I want to see that opera again.)*

1. Ha *guardato* quella rivista.
2. Hanno *eletto* quel rappresentante.
3. Penso di *telefonare* a Graziella.
4. Ci ha detto di *leggere* quel romanzo.

STRUTTURA ED USO

Congiuntivo con espressioni d'emozione, dubbio o convinzione

— Cosa fanno?
— Credo che cerchino una lente a contatto°.   contact lens

1. The subjunctive is used in dependent **che** clauses after expressions of emotion such as **essere contento/scontento**, **essere felice/infelice**, **dispiacere**, **avere paura**, **temere**, and **essere sorpreso**, when the subject of the dependent clause is different from the subject of the main clause.

Sono contento che (tu) **sia** qui.	I'm happy that you are here.
Sono felice che (lei) **venga**.	I'm happy that she's coming.
Mi dispiace che **partano** stasera.	I'm sorry that they are leaving tonight.
Ho paura che (lui) **abbia** mal di testa.	I'm afraid that he has a headache.
Sono sorpreso che **siate** già qui.	I'm surprised that you are already here.
Temo che **arrivino** tardi.	I'm afraid they'll arrive late.

2. The subjunctive is also used in dependent clauses after expressions of doubt, uncertainty, belief, and disbelief, such as **dubitare, non essere sicuro, non sapere se, sembrare, parere, credere,** and **non credere.**

Dubito che **parli** italiano.	I doubt that he/she speaks Italian.
Non sono sicuro che Davide **studi**.	I'm not sure that Davide studies.
Non so se **parta** stasera.	I don't know if he/she is leaving tonight.
Credo che Giovanna **arrivi** oggi.	I think Giovanna will arrive today.
Non credo che Lidia **abiti** a Roma.	I don't think that Lidia lives in Rome.

3. The infinitive is used when there is no change of subject.

Sono contento di **essere** qui.	I'm happy to be here.
Mi dispiace di **partire** così presto.	I'm sorry to leave so soon.
Non penso di **avere** finito.	I don't think I've finished.
Credo di **giocare** bene.	I think I play well.

Note the preposition **di** before the infinitive construction in the examples above.

A. Dica che le seguenti persone sono contente di fare certe cose; poi dica che lei è contento/a che loro facciano queste cose. Usi l'espressione *essere contento/a* in tutte e due (*both*) le frasi.

▣ Luisa parte per Pisa.   *Luisa è contenta di partire per Pisa. Sono contento/a che Luisa parta per Pisa.*

1. I miei genitori vanno a teatro.
2. Fai una festa per il compleanno di Vittorio.
3. Potete restare a Genova.
4. Gianfranco usa la macchina di suo fratello.
5. Fanno una gita a Siena.
6. Maria mi presta i suoi dischi.
7. Mio padre va in vacanza.
8. Tu e Laura avete un lavoro interessante.

B. Reagisca alle seguenti situazioni, usando le parole indicate fra parentesi.

▣ Parli con Anna. (Sono felice che . . .)   *Sono felice che parli con Anna.*

1. Sua sorella arriva tardi. (Temo che . . .)
2. Ricevi tante telefonate. (Sono sorpreso/a che . . .)
3. Non finiscono di lavorare. (Temo che . . .)
4. Gina non può andare in vacanza. (Mi dispiace che . . .)

5. Ci sono almeno cento feriti. (Ho paura che . . .)
6. Preferite queste scarpe. (Sono contento/a che . . .)
7. Seguono quel corso di informatica. (Dubito che . . .)
8. Ti sei fidanzata. (Sono felice che . . .)

C. Dica che lei dubita o crede le seguenti cose.

▣ I giovani pensano al futuro.   *Dubito che i giovani pensino al futuro.*
Credo che i giovani pensino al futuro.

1. Laura va alle Terme di Caracalla.
2. I biglietti non costano molto.
3. L'*Aida* è un'opera di Giuseppe Verdi.
4. Il prezzo della benzina diminuisce.
5. Michele Orlandini è un ottimo cantante.
6. Mio fratello diventa un musicista famoso.
7. Giorgio s'intende di musica leggera.
8. Luciano suona uno strumento musicale.

D. Franco non è d'accordo con Giampiero su molte cose. Assuma il ruolo di Franco, usando l'espressione *mi sembra che*.

▣ Giampiero: La squadra napoletana   Franco: *Mi sembra che la squadra*
gioca bene.   *napoletana non giochi bene.*

1. Carlo ha un bel carattere.
2. Quest'opera è bella.
3. Devo dormire otto ore la notte.
4. Giovanni e Paola si divertono alla festa di Pia.
5. Giuliana è a casa oggi.
6. Fa bel tempo qui in città.
7. Il tenore canta molto bene.
8. La nostra professoressa ci dà troppi compiti.
9. Tuo padre mangia molti dolci.

E. Dia la sua risposta alle seguenti domande.

1. Crede che il calcio sia un gioco interessante?
2. Crede che ci siano più persone grasse in Italia o negli Stati Uniti?
3. Crede che la musica leggera sia migliore (*better*) della musica classica?
4. Crede che sia piacevole essere famoso?
5. Crede che i genitori capiscano i loro figli?
6. Crede che la politica sia noiosa?
7. Crede che la tivvù sia migliore della radio?

Congiuntivo dopo le congiunzioni

Ti do il mio cappello **purché tu mi dia** il tuo costume.

The subjunctive is used in dependent clauses introduced by the following conjunctions.

affinché		Lavora **affinché** i figli possano frequentare l'università.
di modo che perché	*so that, in order that*	Partiamo presto **di modo che** possiate prendere il treno delle nove.
		Parlate lentamente **perché** tutti vi capiscano.
benché sebbene nonostante che	*although, even though*	Studia ancora **benché** sia mezzanotte. Esce **sebbene** faccia molto freddo. Parte **nonostante che** stia male.
in caso che	*in case, in the event that*	Lascia il numero di telefono **in caso che** lui voglia parlarti.
a meno che non	*unless*	Verremo da te **a meno che non** nevichi.
prima che	*before*	Telefono a Lina **prima che** tu venga.
purché	*provided that*	Verrà **purché** gli preparino un bel dolce.
senza che	*without*	Studiate **senza che** ve lo suggerisca vostra madre.

Note: After **prima che** and **senza che**, the subjunctive is used only if the subjects of the main clause and the dependent clause are different. If the subjects are the same, **prima di** + *infinitive* or **senza** + *infinitive* is used.

Ti parlerò **prima che tu esca**.	I'll talk to you before you go out.
Ti parlerò **prima di uscire**.	I'll talk to you before going out (before I go out).
Tiziana parte spesso **senza che la salutiamo**.	Tiziana often leaves without our saying goodby to her.
Tiziana parte spesso **senza salutarci**.	Tiziana often leaves without saying goodby to us.

F. Immagini di andare a Roma con alcuni amici. Dica che arriverete presto affinché ognuno dei suoi amici possa fare quello che vuole. Usi la congiunzione *affinché*.

🔲 Carlo può andare dallo zio.   *Arriveremo presto affinché Carlo possa andare dallo zio.*

1. Tina può vedere il Colosseo.
2. Mariella ed Anna possono visitare i Musei Vaticani.
3. Puoi telefonare ai tuoi parenti.
4. Potete incontrare i vostri amici.
5. Io e tu possiamo fare delle spese.

G. Lei scrive nel suo diario quello che fa durante la settimana. Con le parole date, costruisca frasi, usando la congiunzione *sebbene*.

🔲 andare in centro / essere tardi   *Vado in centro sebbene sia tardi.*

1. comprare una motocicletta / costare molto
2. uscire spesso / fare freddo
3. cercare lavoro / essere difficile trovarlo
4. andare alla partita / piovere
5. dare un passaggio a Mario / essere in ritardo
6. fare una visita alla zia / abitare lontano

H. Spesso e senza accorgersene (*being aware of it*), quando è solo Adriano parla a se stesso. Abbini le frasi di Adriano, usando le parole fra parentesi.

🔲 Spiego chiaramente l'inglese a Tullio. Lo impara bene. (affinché)   *Spiego chiaramente l'inglese a Tullio affinché lo impari bene.*

1. Mi alzo dal letto. Mia madre mi chiama. (prima che)
2. Faccio questo lavoro. Mio padre me lo chiede. (senza che)
3. Presto la macchina a Marisa. Mi presta la sua moto. (purché)
4. Vado a telefonare agli amici. Vogliono venire con me. (in caso che)
5. Vado in Grecia a settembre. Non ho molto denaro. (sebbene)
6. Mangio a mezzogiorno. Ho fatto la prima colazione alle dieci. (nonostante che)
7. Sandro mi aiuta. Posso finire i compiti. (di modo che)
8. Non ho trovato una soluzione. Ho studiato attentamente il problema. (benché)

Congiuntivo passato

— Non credo che lei **abbia avuto** tempo di guardarsi allo specchio stamattina.

1. The past subjunctive **(il congiuntivo passato)** is used in a dependent **che** clause to describe a recent past action when the verb in the main clause is in the present tense and calls for the subjunctive. It is formed with the present subjunctive of **avere** or **essere** and the past participle of the verb. A past participle conjugated with **essere** agrees with the subject of the **che** clause.

Non credo che **abbiano trovato** il parcheggio.	I don't think they have found a parking space.
È possibile che Gina **sia** già **partita**.	It's possible that Gina has already left.
Sono contento che **abbiate vinto** la partita.	I'm happy that you have won the game.

2. The following chart shows the past subjunctive of **trovare** and **partire**.

	trovare	partire
. . . che io	abbia trovato	sia partito/a
. . . che tu	abbia trovato	sia partito/a
. . . che lui/lei	abbia trovato	sia partito/a
. . . che noi	abbiamo trovato	siamo partiti/e
. . . che voi	abbiate trovato	siate partiti/e
. . . che loro	abbiano trovato	siano partiti/e

I.   Alcuni amici fanno delle osservazioni sulle attività della settimana. Riscriva le frasi seguenti, sostituendo al congiuntivo presente il congiuntivo passato.

▣   È probabile che Maria vada al concerto con Enzo.

È probabile che Maria sia andata al concerto con Enzo.

1. Sono sorpreso che Lea abbia voglia di andare all'opera con Gino.
2. È possibile che Mauro compri i biglietti per tutti?
3. Gianni è sorpreso che io ascolti l'*Aida*.
4. Non sappiamo se Luigina riesca a comprare un biglietto all'ultimo momento.
5. Temo che a Luigi non piaccia la musica classica.
6. Mi dispiace che tu non ascolti il concerto di sabato.

J.   Un gruppo di studenti è alla mensa (*cafeteria*) della scuola. Ognuno fa un commento su varie cose che succedono a scuola. Completi le seguenti frasi con espressioni di senso compiuto, usando i verbi al congiuntivo passato.

▣   È bene che Mario . . .

È bene che Mario abbia fatto il compito di francese.

1. È improbabile che il professore di matematica . . .
2. Speriamo che tutti . . .
3. I miei genitori sono contenti che io . . .
4. Siamo sorpresi che Aldo e Michele . . .
5. Mi dispiace che tu . . .
6. È probabile che il preside (*principal*) . . .
7. È giusto che voi . . .
8. È impossibile che noi . . .

K.   Con le parole date, commenti le notizie del telegiornale, aggiungendo *che* e coniugando i verbi della frase subordinata al congiuntivo passato.

▣   C'è stato un incidente. (Mi dispiace)

Mi dispiace che ci sia stato un incidente.

1. Il Consiglio dei Ministri si riunisce domenica. (Speriamo)
2. I prezzi diminuiscono continuamente. (Non è vero)
3. Le zone depresse ricevono aiuti finanziari. (È meglio)
4. I ministri approvano il programma economico. (È necessario)
5. Le case di moda presentano i loro modelli a Palazzo Pitti. (È opportuno)
6. Il Papa viaggia troppo. (Temo)
7. L'*Aida* ha un gran successo. (Sono contento)

A. **Intervista.** Immagini di dovere intervistare il suo cantante preferito/la sua cantante preferita. Collabori con un altro studente/un'altra studentessa che assume il ruolo del/della cantante. Non dimentichi di prendere appunti.

Cose che lei vuole sapere:
1. se di recente ha scritto nuove canzoni
2. se ha registrato un nuovo disco, qual è il titolo e quando sarà possibile acquistarlo
3. data del prossimo concerto, dove
4. il suo luogo preferito per le vacanze
5. i suoi hobbies

B. **Una recita.** Immagini di dovere scrivere una canzone per la recita (*play*) del Circolo (*Club*) italiano della sua scuola, usando la melodia di una canzone popolare. Collabori con altri due studenti/altre due studentesse.

C. **A lei la parola.** Esprima le seguenti situazioni con l'equivalente italiano appropriato.

1. Say that although your father likes opera very much, he doesn't want to see *Il trovatore* tonight.
2. Say that you're surprised your friends went to see the musical group Gli Scapestrati.
3. Apologize to a friend because your mother didn't recognize him on the telephone.
4. Ask Giuseppe to give you his telephone number at work in case you need to call him.
5. Tell your sister that you'll lend her your bicycle provided she makes your bed before she leaves for school.

D. **Incertezza.** Un suo amico/una sua amica è con lei per il fine-settimana. Lei lo/la invita a fare varie cose ma l'amico/a è incerto/a su cosa fare e le risponde usando *sebbene*, *benché*, *purché*, *a meno che non* e *di modo che*. Collabori con un altro studente/un'altra studentessa e usate la fantasia nelle domande e nelle risposte.

— *Andresti al museo?*
— *Sebbene mi piaccia andare al museo, preferisco andare al concerto.*

E. **Lettura.** Legga il brano e poi faccia l'esercizio che segue.

Ravenna è una città della regione Emilia-Romagna. Capitale dell'Impero d'Occidente nel 402 e capitale dell'Italia bizantina nel 584, Ravenna è ricca di stupendi monumenti che rivelano l'influsso[1] delle dominazioni straniere. Il Mausoleo di Galla Placidia, il Mausoleo di Teodorico, San Vitale e Sant'Apollinare in Classe sono ricchi di mosaici colorati, pietre[2] preziose e

Una delle più importanti chiese di Ravenna è la Basilica di San Vitale con i suoi stupendi mosaici bizantini. Questo mosaico rappresenta l'imperatrice Teodora accompagnata dal suo seguito. Lei conosce mosaici famosi? Quali? Dove sono?

marmi³ trasparenti, che contribuiscono a formare ambienti di luce soffusa ed affascinante. Sosta⁴ obbligata di studiosi ed amanti dell'arte, Ravenna attrae molti turisti italiani e stranieri.

1. influence   2. stones   3. marble   4. stopping place

F. **Informazioni.** Dia le seguenti informazioni basate sul brano appena letto.

1. regione dov'è situata Ravenna
2. cosa era Ravenna nel 584
3. tre monumenti famosi di Ravenna
4. arricchiscono (*they enrich*) i monumenti di questa città
5. chi attrae Ravenna

LEZIONE 16

COME VEDETE IL VOSTRO FUTURO?

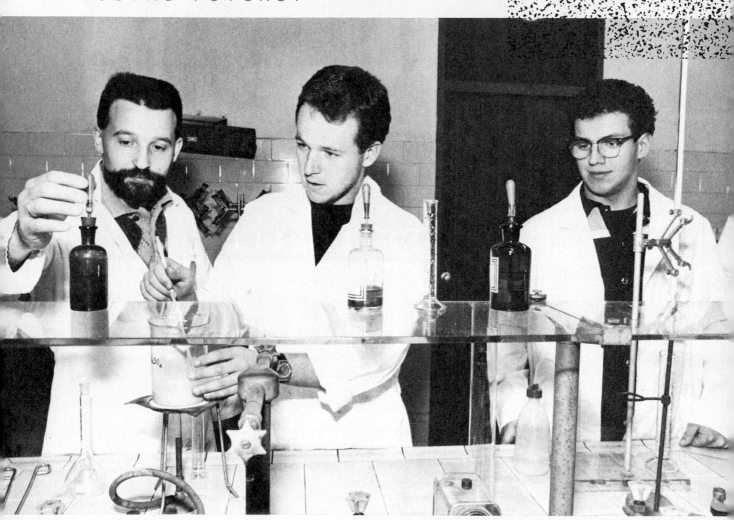

Alcuni studenti si preparano
per una carriera scientifica
all'Istituto Tecnico di Milano.

Giacomo Conti, giornalista di una radio privata milanese, intervista tre studenti universitari: Giorgio Salvati, studente di scienze politiche, Patrizia Ranieri, studentessa di architettura, e Luciana Massimi, studentessa d'ingegneria.

Giornalista	Amici ascoltatori, buona sera. Sono Giacomo Conti e, come di consueto°, sono qui per presentarvi la trasmissione "I no-

Giornalista Amici ascoltatori, buona sera. Sono Giacomo Conti e, come
di consueto°, sono qui per presentarvi la trasmissione "I no-   as usual
stri giovani". Stasera parleremo dei giovani laureati e del loro
futuro nel mondo del lavoro. Sono qui con noi nello studio
5   tre studenti che stanno per laurearsi e che esprimeranno le
loro idee sul tema proposto.
    Giorgio, ci vuoi dire cosa pensi della tua preparazione ac-
cademica e delle possibilità di trovare un buon lavoro una
volta laureato°?   after graduation

10   **Giorgio**   Sono convinto che noi saremmo più preparati se avessimo
più professori, e se le aule non fossero sempre così sovraffollate. Inoltre° sarebbe più facile trovare un buon lavoro se   In addition
esistessero contatti più stretti tra l'università e l'industria.

Giornalista   E tu, Patrizia, sei d'accordo con Giorgio?

15   **Patrizia**   Sì, senz'altro. A volte penso che avrei dovuto intraprendere
un'altra laurea. Penso che sarebbe stato più facile trovare
subito lavoro se mi fossi specializzata in chimica o informatica. Ma l'architettura mi piace e sono sicura che prima o poi
riuscirò a sistemarmi.

20   **Giornalista**   Sentiamo ora cosa dice Luciana.

Luciana   Non sapevo che ingegneria fosse così difficile, anche se mi
sono sempre piaciute sia la matematica che le materie scientifiche. Adesso però non mi lamento perché credo che mi sarà
facile trovare un buon lavoro.

25   **Giornalista**   Avete qualche suggerimento da dare ai giovani che stasera
sono in ascolto?

Giorgio   Dato che nei prossimi anni avremo la possibilità di lavorare
ovunque nella Comunità Economica Europea, è assoluta-
mente necessario avere una buona istruzione e riuscire a
30   laurearsi.

Luciana   Però è anche necessario che il laureato non rimanga per
molto tempo disoccupato o sottoccupato. Perciò sarebbe bene
che i giovani si orientassero sempre più verso la preparazione
interdisciplinare. Combinare la biologia con l'informatica, o
35   le lingue straniere con l'economia è non solo stimolante, ma
anche utile per le professioni del futuro.

Giornalista   Bene, ragazzi. Questo è stato uno scambio di idee molto interessante. La prossima settimana ci incontreremo con alcuni
giovani liceali ed ascolteremo le loro opinioni al riguardo°.   on this subject
40   Grazie per l'ascolto e buona sera.

DOMANDE GENERALI

1. Quale tema discutono il giornalista e gli studenti?
2. Quali sono le osservazioni che fa Giorgio?
3. Secondo Patrizia, in che cosa avrebbe dovuto specializzarsi per trovare subito lavoro?
4. Quali materie preferisce Luciana?
5. Dove potranno lavorare i giovani italiani nei prossimi anni? Perché?
6. Quali suggerimenti dà Luciana ai giovani?

DOMANDE PERSONALI

1. Lei è contento/a della situazione attuale nella sua università o nel suo liceo? Perché?
2. Quale corso di laurea ha scelto lei? È soddisfatto/a della scelta? Perché?
3. Secondo lei, quale laurea offre immediate possibilità di lavoro?
4. Per i laureati è difficile trovare lavoro nella sua città o nel suo paese? Perché?
5. Come vede il suo futuro nel mondo del lavoro? Perché?

ESERCIZIO DI COMPRENSIONE

Il seguente brano è basato sull'intervista. Completi il brano con parole ed espressioni appropriate.

"I nostri giovani" è una ＿＿ radiofonica settimanale presentata dal ＿＿ Giacomo Conti. La trasmissione discute i problemi degli ＿＿ universitari e del loro ＿＿ nel mondo del ＿＿. Giorgio dice che le aule sono ＿＿, che non ci sono abbastanza ＿＿ e che non esistono ＿＿ stretti tra l'università e l'industria. Patrizia dice che le piace l'＿＿, mentre a Luciana piacciono la ＿＿ e le ＿＿ scientifiche. Giorgio suggerisce ai giovani di ricevere una buona ＿＿ e di ＿＿. Secondo Luciana, è importante avere una preparazione ＿＿.

LAVORO
& carriera

VOCABOLARIO

Parole analoghe

accademico/a	interdisciplinare	la professione
il contatto	l'opinione	proposto/a
esistere	l'osservazione	la possibilità
immediato/a	preparato/a	specializzarsi
l'industria	la preparazione	lo studio
l'ingegneria	privato/a	universitario/a

Nomi

l'ascolto listening
l'aula classroom
l'istruzione education
la laurea degree
il/la laureato/a graduate
lo scambio exchange
il suggerimento suggestion

Aggettivi

attuale present
soddisfatto/a satisfied
sottoccupato underemployed
sovraffollato overcrowded
stimolante challenging
stretto/a close

Verbi

combinare to combine
esprimere to express

intervistare to interview
intraprendere to undertake
lamentarsi to complain
laurearsi to graduate
orientarsi to orient oneself
riuscire to succeed
sistemarsi to get a job, get settled

Altre parole ed espressioni

ovunque everywhere
perciò therefore

il corso di laurea major
dato che since
essere d'accordo to agree
essere in ascolto to be listening
prima o poi sooner or later
senz'altro definitely
sia . . . che both . . . and
stare per to be about to

PRATICA

A. Immagini di essere un/una giornalista della radio che intervista alcuni studenti universitari o liceali. Chieda quali sono le loro opinioni sull'università o sul liceo e se si sentono preparati per entrare nel mondo del lavoro.

B. Prepari cinque domande e risposte sulle sue possibilità d'impiego dopo la laurea.

Gli studenti italiani ed il lavoro

Nelle scuole ed università italiane non c'è un centro di orientamento scolastico e professionale che aiuti i giovani a scegliere la loro professione futura. Spesso gli studenti scelgono e frequentano una facoltà universitaria per il prestigio del titolo accademico o per tradizione di famiglia. Questo è vero specialmente per medicina e giurisprudenza[1] che hanno visto crescere[2] notevolmente negli ultimi anni il numero di studenti. Il risultato è che oggi in Italia ci sono moltissimi medici ed avvocati, ma solo pochi di loro riescono a trovare un buon lavoro. Gli altri laureati incominciano una dura e lunga ricerca. Alla fine però molti di questi giovani laureati dovranno adattarsi[3] ad un tipo di lavoro completamente diverso.

Oggi però, la situazione va migliorando[4]. In molte città è già in atto[5] una cooperazione tra l'industria e le scuole medie superiori. Gli studenti visitano ditte[6] private ed aziende pubbliche[7], mentre i dirigenti[8] e professionisti si incontrano con gli studenti nelle scuole. Lo scopo[9] di questi incontri è di dare allo studente una visione più realistica della vita e di facilitare più tardi il suo inserimento[10] nel mondo del lavoro.

Questi giovani dell'Università di Bari, come tanti altri studenti, seguono corsi universitari per avere migliori possibilità di lavoro.

1. law 2. grow 3. adjust 4. is improving 5. in place 6. firms 7. public agencies
8. managers 9. purpose 10. their entry

AMPLIAMENTO DEL VOCABOLARIO

Il mondo del lavoro

The following words and expressions will help you if you apply for a job in Italy some day. You already know many of the terms listed.

Nomi

l'assicurazione malattie health insurance
il capo chief, boss
la carriera career
il colloquio job interview
il concorso competitive exam

la domanda d'impiego job application
la fabbrica factory
la gestione management
i giorni di ferie vacation days
l'impiego job, employment
il posto job, position

la qualifica qualification
il salario wage, pay
lo stipendio salary
l'ufficio di collocamento
  employment agency

Verbi

assumere to hire
gestire to manage
guadagnare to earn
licenziare to fire

licenziarsi to quit (a job)
richiedere to require, seek

Altre parole ed espressioni

a tempo parziale part-time
a tempo pieno full-time
guadagnarsi la vita to earn one's
  living
sostenere un colloquio to have a
  job interview

A_____

_____ Data_____

Sig_____

Ditta_____

_____

☐ è passato   ☐ ha telefonato

☐ ripasserà   ☐ richiamerà

chiede di essere richiamato

☎ _____

☐ ha lasciato la seguente comunicazione

_____

_____

_____

_____

A. Risponda alle seguenti domande che le fa un altro studente/un'altra studentessa.

1. Che tipo di impiego pensi di trovare quando finirai il liceo o l'università?
2. Cos'è più importante per te: lo stipendio, il tipo di lavoro, i giorni di ferie o la possibilità di fare carriera?
3. Quanto ti piacerebbe guadagnare al mese?
4. Lavori adesso? Lavori a tempo pieno o a tempo parziale? Dove lavori?
5. Per quale lavoro sei qualificato/a?
6. Per andare a sostenere un colloquio per un posto di lavoro, come ti vesti? Come ti prepari?
7. Quanti giorni di ferie all'anno ti piacerebbe avere?
8. C'è molta disoccupazione nella tua città o nel tuo paese, oppure è abbastanza facile trovare lavoro?

B. **Cerca lavoro?** Legga i seguenti annunci e risponda alle domande che seguono.

Annunci

Offerte di lavoro

Industria ricerca

Laureato in chimica in possesso dei seguenti requisiti:
- età tra i 25 ed i 35 anni
- 2 o 3 anni di esperienza.

Il candidato sarà responsabile per:
- lo studio e lo sviluppo di nuovi prodotti
- l'assistenza tecnica ai clienti.

Inviare dettagliato Curriculum vitae a: *Agenzia Parini, Casella Postale 35, Como*

La grande catena di negozi di abbigliamento "La Moda" cerca per il suo negozio di Napoli un . . .

Responsabile vendite

Questa posizione è adatta per una persona dinamica con spirito di organizzazione e indipendenza. Possibilità di sviluppo e soddisfacente retribuzione°. Presentarsi o telefonare presso il negozio di Via Caracciolo 194, Tel. 237.415

Una buona occasione per intraprendere la carriera assicurativa°.

Questo lavoro richiede°.
- Buona predisposizione al contatto umano
- Ottimo aspetto
- Cultura media
- Automobile propria
- Capacità gestionali°

Offre:
- Possibilità di sviluppo
- Buona retribuzione
- Carriera

Inviare Curriculum vitae a:
Agenzia di consulenza, Corso Mazzini 11, Genova

Assumiamo **Grafico/a** con esperienza di 2 o 3 anni presso agenzia di pubblicità.

Età tra i 24 e 30 anni.

Telefonare al 207.693, Verona

(margin glosses: remuneration — insurance, requires — managerial)

1. Quali sono le responsabilità di lavoro del candidato ricercato dall'industria chimica?
2. Quali caratteristiche deve possedere il/la responsabile vendite per il negozio di abbigliamento di Napoli? Quali vantaggi (*advantages*) offre questo lavoro?
3. Quali sono le qualifiche richieste per intraprendere la carriera assicurativa? Quali sono i vantaggi di quest'impiego?
4. Quale tipo di esperienza e quanti anni di attività nel ramo (*in the field*) deve avere il candidato/la candidata per l'impiego offerto a Verona? Secondo lei, sono sufficienti le informazioni sul lavoro offerto?

C. Supponga di dovere sostenere un colloquio per ottenere lavoro presso un'agenzia di viaggi. Prepari un curriculum vitae basato sul seguente modello.

Curriculum vitae

Cognome: Pallavicini   *Nome*: Enzo
Data di nascita: 25 febbraio, 1972   *Luogo:* Vicenza
Domicilio: Via dei Castani 13
              67100 L'Aquila
Telefono: (0862) 27352
Titolo di studio: Maturità classica, luglio 1990
Esperienza di lavoro: guida turistica durante l'estate (1987–1988)
Caratteristiche personali: ottima salute, celibe
Altre qualifiche: buona conoscenza del francese e del tedesco
Referenze: 1. Prof. Rinaldo Santini
                  Liceo Classico D'Annunzio
                  L'Aquila
              2. Dott. Vittorio Ciccone
                  Ufficio ENIT (Ente nazionale per il turismo)
                  L'Aquila

D. Immagini di essere a colloquio con il capo del personale dell'agenzia di viaggi. Collabori con un altro studente/un'altra studentessa che assume il ruolo del capo a cui lei presenta il curriculum vitae.

STRUTTURA ED USO

Imperfetto del congiuntivo

Pensavo che l'ingresso **fosse** libero!

1. The imperfect subjunctive (**l'imperfetto del congiuntivo**) is used in dependent **che** clauses, instead of the present or past subjunctive, *when the verb in the main clause is in a past tense or in the conditional.*

Maria **voleva** che io **andassi** con lei.	Maria wanted me to go with her.
Speravo che Carla **arrivasse** presto.	I was hoping that Carla would arrive early.
Vorrebbe che tu **leggessi** questo libro.	He/She would like you to read this book.
Sarebbe necessario che **partiste** alle otto.	It would be necessary for you to leave at 8:00.

2. The imperfect subjunctive of all regular and nearly all irregular verbs is formed by adding the endings **-ssi, -ssi, -sse, -ssimo, -ste,** and **-ssero** to the first-person singular of the imperfect indicative minus the final **-vo.**

	Imperfect Indicative	Imperfect Subjunctive
trovare	io trovavo	che (io) trova**ssi**
avere	io avevo	che (io) ave**ssi**

3. The following chart shows the imperfect subjunctive of regular **-are, -ere,** and **-ire** verbs.

	studiare	leggere	partire
che io	studia**ssi**	legge**ssi**	parti**ssi**
che tu	studia**ssi**	legge**ssi**	parti**ssi**
che lui/lei	studia**sse**	legge**sse**	parti**sse**
che noi	studia**ssimo**	legge**ssimo**	parti**ssimo**
che voi	studia**ste**	legge**ste**	parti**ste**
che loro	studia**ssero**	legge**ssero**	parti**ssero**

4. The following verbs are irregular in the imperfect subjunctive.

bere: bevessi, bevessi, bevesse, bevessimo, beveste, bevessero
dare: dessi, dessi, desse, dessimo, deste, dessero
dire: dicessi, dicessi, dicesse, dicessimo, diceste, dicessero
essere: fossi, fossi, fosse, fossimo, foste, fossero
fare: facessi, facessi, facesse, facessimo, faceste, facessero
stare: stessi, stessi, stesse, stessimo, steste, stessero

A. Questa mattina Marco ha ricevuto una telefonata da un amico. Riferisca quello che l'amico voleva che Marco facesse, usando le parole indicate.

▣ vendere la moto a Filippo   *Voleva che Marco vendesse la moto a Filippo.*

1. telefonargli sabato alle dieci
2. comprargli delle cassette americane
3. prestare lo stereo a Francesca
4. spiegargli la lezione d'inglese
5. andare in biblioteca nel pomeriggio
6. giocare a tennis con Andrea
7. dare un libro di storia ad Anna
8. stare attento ai bambini

B. Carla è molto sensibile *(sensitive)* e pensa a tutti. Formuli le frasi di Carla secondo il modello.

▣ Volere / tu / telefonare alla nonna   *Volevo che tu telefonassi alla nonna.*

1. Temere / suo padre / essere in ritardo
2. Mi dispiacere / lui / non telefonare
3. Essere contenta / tu / fare quella gita con Enzo
4. Volere / lei / discutere la riforma universitaria
5. Preferire / i professori / trovare studenti in ogni classe
6. Dubitare / Luigi / conoscerla
7. Sperare / tu e Lidia / arrivare in tempo

C. Due professori discutono la situazione universitaria. Costruisca frasi iniziando *(beginning)* con le espressioni indicate, e modificando il verbo della frase subordinata.

▣ Le aule sono sovraffollate.   *Ero sorpreso che le aule fossero*
(Ero sorpreso che . . .)   *sovraffollate.*

1. Gli studenti hanno una buona preparazione. (Era importante che . . .)
2. La situazione degli studenti può migliorare. (Speravo che . . .)
3. C'è contatto tra l'università e le industrie. (Sarebbe necessario che . . .)
4. Questo studente cerca lavoro in una ditta *(firm)* italiana. (Anche un mio collega voleva che . . .)
5. Andiamo in classe dopo questa discussione. (Il rettore *(president)* preferiva che . . .)
6. Questa studentessa fa conoscere la sua opinione. (I professori speravano che . . .)

D. Mentre viaggiano in treno, alcuni amici parlano dei loro compagni di scuola. Completi le frasi seguenti con la forma appropriata dell'imperfetto del congiuntivo dei verbi fra parentesi.

Non sapevo che Laura (essere) _____ così alta.

Non sapevo che Laura fosse così alta.

1. Marta è andata al mare benché le (fare) _____ male lo stomaco.
2. Abbiamo voluto che Maria (venire) _____ con noi.
3. Speravo che Giulio (stare) _____ bene dopo essersi riposato.
4. Era meglio che tu non (bere) _____ niente.
5. Vincenzo è venuto nonostante che non (sentirsi) _____ troppo bene.
6. Avevano paura che noi (fare) _____ molta confusione.
7. Gli studenti volevano che i professori (dare) _____ esami più facili.
8. Marco chiedeva che gli amici gli (restituire) _____ il questionario.
9. Credevamo che voi non (spendere) _____ tanto a Porta Portese.
10. Sarebbe meglio che loro (esprimere) _____ le loro opinioni.

E. Questa è stata una settimana difficile per Marta. Ora è al telefono con l'amico Alberto che frequenta un'università fuori città, e gli racconta tutte le sue sventure. Aiuti Marta a coniugare i verbi fra parentesi nell'imperfetto del congiuntivo.

"Lunedì, i miei genitori volevano che io (pulire) la macchina, benché io (avere) un appuntamento con Laura. Martedì, la mamma voleva che io (accompagnarla) dal dottore. Mercoledì, non sapevo che (esserci) un esame in economia, e quindi non l'ho fatto bene. Giovedì, non era opportuno che io (parlare) con il professore. Venerdì, tutti volevano che io (rispondere) bene in classe. E tu—ogni giorno speravo che tu mi (scrivere). Beh, non posso continuare a parlare. In fatti, due minuti fa la mamma voleva che io (apparecchiare) subito la tavola!"

Dopo aver visitato la città, questi giovani erano contenti che ci fosse un posto in Piazza di Spagna dove potevano riposarsi un po'.

Trapassato del congiuntivo

—Pensavo che tu **avessi prenotato** un tavolo!

1. The **trapassato del congiuntivo** (pluperfect subjunctive) is used when the
   verb in the dependent **che** clause expresses doubt or hope that an action
   had taken place longer ago than the action of the verb in the main clause.
   Compare the forms of the verb in the following examples.

Dubito che Patrizia **sia venuta**.	I doubt that Patrizia has come.
Dubitavo che Patrizia **venisse**.	I doubted that Patrizia would come.
Dubitavo che Patrizia **fosse venuta**.	I doubted that Patrizia had come.
Spero che tu **abbia trovato** i soldi.	I hope that you have found the money.
Speravo che tu **trovassi** i soldi.	I hoped that you would find the money.
Speravo che tu **avessi trovato** i soldi.	I hoped that you had found the money.

2. The **trapassato del congiuntivo** consists of the imperfect subjunctive
   form of **essere** or **avere** plus the past participle of the verb.

	arrivare	**finire**
. . . che io	fossi arrivato/a	avessi finito
. . . che tu	fossi arrivato/a	avessi finito
. . . che lui/lei	fosse arrivato/a	avesse finito
. . . che noi	fossimo arrivati/e	avessimo finito
. . . che voi	foste arrivati/e	aveste finito
. . . che loro	fossero arrivati/e	avessero finito

F. Gianna è segretaria in una scuola. Scelga un elemento da ogni colonna e scriva quello che dice, usando il trapassato del congiuntivo nella frase subordinata.

Era importante che gli studenti fossero arrivati prima dei professori.

Sembrava	il preside	fare i compiti
Era importante	la professoressa	licenziarsi
Dubitavo	lo studente	usare il computer
Era meglio	gli studenti	uscire subito dopo l'ultima
Temevo	i professori	lezione
Era bene	io	guadagnare poco
	le segretarie	parlare italiano
		lasciare i libri a casa
		non studiare a lungo
		perdere la chiave
		arrivare prima dei
		professori

G. La madre di Rosa commenta con un'amica ciò che Rosa dice di avere comprato o fatto. Assuma il ruolo della madre usando il trapassato del congiuntivo.

1. Ho venduto la bicicletta. (Ero felice . . .)
2. Ho trovato un altro lavoro. (Speravo . . .)
3. Sono andata in vacanza in Inghilterra. (Non credevo . . .)
4. Mi sono iscritta a un corso d'inglese. (Era bene . . .)
5. Ho deciso di comprare un computer. (Era importante . . .)

Frasi introdotte da *se*

1. When the **se** *(if)* clause describes a circumstance that is real or likely to occur, the indicative is used in the **se** clause and the indicative or imperative is used in the main clause.

Se vai a teatro, **ci veniamo** anche noi.	If you go to the theater, we'll go too.
Se verranno, arriveranno in ritardo.	If they come, they will arrive late.
Se Maria **era** al ballo in maschera, perché non **ha ballato**?	If Maria was at the masked ball, why didn't she dance?
Se vieni alla festa, **porta** qualcosa da bere.	If you come to the party, bring something to drink.

2. When the **se** clause describes an imaginary situation in the present or the future, the **se** clause is in the imperfect subjunctive and the main clause is in the conditional.

GLI SPORT

(Above) Giovani tifosi esultano in un momento interessante di una partita della Fiorentina allo stadio di Firenze. **(Right)** Il calcio è lo sport nazionale degli italiani. Ogni domenica migliaia di tifosi affollano *(crowd)* gli stadi delle città italiane per sostenere la squadra del cuore. **(Below)** Ogni anno a Venezia si svolgono gare nautiche e di canottaggio *(rowing).* Nella foto, spettatori locali e turisti sul Canareggio applaudono un'imbarcazione che partecipa all'annuale Vogalonga.

Per gli anziani il gioco delle bocce è uno dei
passatempi preferiti. Gruppi di pensionati si riu-
niscono ogni giorno nei campi di bocce situati un
po' dappertutto nelle città italiane.

(Above) La maggior parte della gente che vive nelle città italiane abita in appartamenti in zone residenziali, come questa a Milano. **(Right)** Dall'alto vediamo l'antica città di Perugia. Si nota il contrasto tra le vecchie abitazioni addossate *(stacked)* una sull'altra e i nuovi e moderni palazzi residenziali.

LE ABITAZIONI

(Left) Questo modesto ma colorito cortile appartiene ad una casa in un quartiere di Venezia.

Mentre la maggior parte degli italiani vive in appartamenti, alcuni abitano in case di campagna o in ville fuori città come questa villa rustica situata nella campagna toscana.

| Se avessi tempo, scriverei un libro. | If I had time (but I don't), I would write a book. |
| Leggerebbero tutto il giorno **se potessero**. | They would read all day if they could (but they can't). |

3. Exclamations expressing wishes that are impossible or unlikely to be fulfilled use **se** + *imperfect subjunctive*.

| **Se avessi** un milione di dollari! | If I only had a million dollars! |
| **Se potessi** partire adesso! | If only I could leave now! |

4. The following chart summarizes the sequence of tenses in sentences that contain a **se** clause and a main clause.

	Se clause	Main clause
Actual or likely	**se** + { present, future indicative, past }	present, future, and past indicative or imperative
Imaginary	**se** + imperfect subjunctive	conditional

H. A Daniela non piace fare quasi niente e non va mai d'accordo *(gets along)* con nessuno. Formuli frasi complete, usando *se* e l'indicativo per indicare che le situazioni sono possibili e abituali.

piovere / io / non uscire

Se piove, non esco.
Se pioverà, non uscirò.
Se pioveva, non uscivo.

1. noi / mangiare cibo cinese / sentirci male
2. voi / venire al ristorante / con me / io / non pagare
3. Susanna / chiamarmi / io / dirle / che essere occupata
4. io / andare dagli zii / non portare / niente
5. voi / cantare / io / non ascoltarvi
6. Giancarlo / invitarmi / ad una festa / io / non andarci

I. Dica che Teresa farebbe sicuramente queste cose se avesse tempo.

andare in Italia   *Se avesse tempo, andrebbe in Italia.*

1. leggere più romanzi
2. visitare Firenze
3. scrivere più spesso
4. fare una gita in campagna
5. giocare a tennis con Anna
6. organizzare una festa
7. andare al concerto
8. nuotare ogni giorno

J.   Assuma il ruolo di Alessandra che dice ad un amico cosa farebbe se
     esistessero certe condizioni. Usi le parole indicate.

partire / se potere comprare il   *Partirei se potessi comprare il*
biglietto   *biglietto.*

1. pagare il cameriere / se venire al nostro tavolo
2. venire / se Paolo invitarmi
3. comprare una macchina / se sapere guidare
4. andare a mangiare al ristorante / se non costare troppo
5. alzarsi tardi / se non avere molto da fare
6. fare una telefonata / se avere un gettone

K.   Completi le seguenti frasi con espressioni di senso compiuto.

1. Se mi sento bene . . .
2. Se parlerai con Luigi . . .
3. Se hai comprato una videocassetta . . .
4. Se farà caldo . . .
5. Se avevi paura di andarci . . .
6. Se andrete al mare . . .

L.   Trasformi queste frasi, usando il condizionale nella principale e
     l'imperfetto del congiuntivo nella subordinata.

Se posso, lo faccio.   *Se potessi, lo farei.*

1. Se parli, ti ascolto.
2. Se mangiamo poco, ci sentiamo meglio.
3. Se non mangeranno, moriranno di fame.
4. Se ho tempo, cucino.
5. Se corro molto, mi sento stanco.

Condizionale passato

—**Avresti dovuto** guardare dove andavi.

1. The past conditional (**condizionale passato**) is used to express or report an action that is considered future *as viewed from the past*. In English the simple conditional is used, but Italian requires the past conditional.

> Ero sicuro che **saremmo partiti** in orario.

> I was sure that we would leave (would have left) on time.

2. The **condizionale passato** consists of the conditional of **avere** or **essere** plus the past participle of the main verb. Here are the forms of the **condizionale passato**. Remember that the past participle agrees with the subject when the verb is conjugated with **essere**.

	ballare	uscire
io	avrei ballato	sarei uscito/a
tu	avresti ballato	saresti uscito/a
lui/lei	avrebbe ballato	sarebbe uscito/a
noi	avremmo ballato	saremmo usciti/e
voi	avreste ballato	sareste usciti/e
loro	avrebbero ballato	sarebbero usciti/e

> Invece di camminare, **avrei preso** volentieri l'autobus.
> Piuttosto io **sarei andato** a Siena.

> Instead of walking, I would gladly have taken the bus.
> I would rather have gone to Siena.

3. The **condizionale passato** of **dovere** + *infinitive* is equivalent to *should have* (*ought to have*).

> — Ho parlato con Guido.
> — **Avresti dovuto parlare** con Giacomo.

> — I spoke with Guido.
> — You should have spoken with Giacomo.

> — I ragazzi sono venuti alle nove.
> — **Sarebbero dovuti venire** prima.

> — The boys came at nine.
> — They should have come earlier.

4. The **condizionale passato** of **potere** + *infinitive* is equivalent to *could have* (*might have*).

> **Avrebbe potuto scrivere** alla mamma?
> **Saresti potuto uscire** un po' prima.

> Could he have written to his mother?
> You could have gone out a bit sooner.

5. In discussing contrary-to-fact situations in the past, the **trapassato del congiuntivo** is used in the **se** clause, and the **condizionale passato** is used in the main clause.

Se mi **avessero aspettato**,   If they had waited for me, I would
   sarei andato con loro.   have gone with them.
Sarebbero usciti più tardi **se**   They would have gone out later if
   avessero saputo che venivi.   they had known that you were
                                           coming.

M. Chieda ad un amico/un'amica se avrebbe fatto le stesse cose che hanno fatto queste persone.

▣ Ieri Luigi si è alzato presto.   *Ti saresti alzato/a presto anche tu?*

1. Ieri sono andato in cerca di un registratore.
2. Laura ha preso in affitto un appartamento.
3. Gli amici hanno noleggiato una macchina per il fine-settimana.
4. Martedì scorso siamo partiti per Verona.
5. L'altro ieri abbiamo parlato con un giornalista.
6. Giorgio ha sostenuto un colloquio.
7. Anna ci ha fatto conoscere la sua opinione.

N. Riferisca quello che le hanno detto le seguenti persone, usando il condizionale passato con *avere* o *essere*.

▣ Roberto mi dice: "Partirò   *Roberto mi ha detto che sarebbe partito*
con Clara."   *con Clara.*

1. Carlo e Giovanna mi dicono: "Andremo in cerca di un appartamento."
2. Mia sorella mi dice: "Comprerò una lavatrice."
3. Il signor Milani mi dice: "Prenderò l'aereo a mezzogiorno."
4. Mia madre mi dice: "Userò la tua macchina stasera."
5. Lisa mi dice: "I miei amici faranno un viaggio in Spagna."

O. Indichi cosa avrebbero dovuto fare queste persone, usando il condizionale passato di *dovere* ed un'espressione di tempo appropriata.

▣ Oggi Carlo deve lavorare di   *No, Carlo avrebbe dovuto lavorare*
più, non è vero?   *di più ieri.*

1. Stamattina Antonella e Luisa devono parlare con Anna, non è vero?
2. Domani devi tornare in biblioteca, non è vero?
3. Domani devi pagare l'affitto, non è vero?
4. Sabato prossimo dobbiamo comprare le tende (*curtains*), va bene?
5. Alle sette Lina deve andare a teatro, non è vero?

P. Completi le seguenti frasi con espressioni di senso compiuto, usando il condizionale passato di *potere*.

1. Cristina . . .   4. Giacomo e Giorgio . . .
2. Tu e Luigi . . .   5. Gli studenti di legge . . .
3. Io e mio fratello . . .   6. Voi . . .

A. **Sondaggio.** Immagini di lavorare per un istituto di ricerche (*research*). Lei deve fare un sondaggio per sapere in che cosa vogliono specializzarsi gli studenti e perché. Intervisti quattro studenti/studentesse.

Studente	Specializzazione	Perché
1. _____	_____	_____
2. _____	_____	_____
3. _____	_____	_____
4. _____	_____	_____

B. **A lei la parola.** Esprima le seguenti situazioni con l'equivalente italiano appropriato.

1. Your friend Ruggero just found a part-time job in a factory. Say that you hoped he would find a full-time job in an office.
2. Your boss calls you in for a meeting. Tell him/her you hoped that by now he'd/she'd have given you a raise. (*Don't try this in real life!*)
3. Say how sorry you were to hear that your uncle had fired your sister.
4. Tell your boss you hope he/she has already hired someone to help you.
5. Ask your mother if she was surprised that you found a job so quickly.
6. Say that if you were the boss, all the salaries would increase.

C. **Chiedere indicazioni.** Legga i dialoghi e poi faccia l'esercizio che segue.

The following conversations will help you to ask for directions, and to understand the directions people give you. First listen to the instructor or the recordings without looking at the vocabulary list on pages 358–359, to see how much you can understand.

■ **L'ufficio postale**

Luisa è in centro e cerca l'ufficio postale. Si avvicina ad un vigile[1] e gli chiede indicazioni.

Luisa   Mi scusi, mi sa dire[2] dov'è l'ufficio postale?
Vigile   In piazza San Silvestro.
Luisa   È molto lontano da qui?
Vigile   No, signorina.
Luisa   Posso andare a piedi?
Vigile   Certamente, ci può arrivare[3] in dieci minuti. Vada dritto per via del Corso, poi prenda il primo incrocio a destra. Arrivata alla piazza, la attraversi e si troverà di fronte l'ufficio postale.
Luisa   Grazie, buon giorno.
Vigile   Buon giorno.

1. traffic officer   2. can you tell me   3. you can get there

■ Il Museo delle Belle Arti

Roberta e Paolo sono seduti ad un tavolo di un bar all'aperto. Una macchina si ferma vicino a loro ed una signorina chiede loro delle indicazioni.

Signorina   Mi scusino, dov'è il Museo delle Belle Arti?
Paolo   È qua vicino. Continui per questa via, poi al semaforo giri a sinistra ed è arrivata.
Roberta   Ma che dici? Non sai che quella strada è a senso unico[1]?
Paolo   Oh, è vero. Non ci avevo pensato.
Roberta   Senta, signorina. Una volta arrivata[2] al semaforo deve continuare dritto. Al primo incrocio giri a sinistra e poi torni un po' indietro[3].
Paolo   Sì, però deve sapere che vicino al museo è zona di sosta vietata[4] e non può parcheggiare là. Forse le conviene[5] parcheggiare qui ed andare a piedi.
Signorina   È un buon suggerimento. Grazie molte.
Roberta   Non c'è di che[6]. Arrivederci.

1. one-way   2. Once you have arrived   3. back   4. there is no parking   5. it is more convenient for you   6. You're welcome

---

D.   **Informazioni.** Dia le seguenti informazioni basate sui dialoghi *L'ufficio postale* ed *Il Museo delle Belle Arti*.

1. lo cerca Luisa
2. la persona che dà le indicazioni a Luisa
3. dov'è situato il posto che Luisa cerca
4. come e in quanto tempo Luisa può arrivare al posto
5. chi dà indicazioni alla signorina
6. cosa cerca la signorina
7. perché è difficile arrivare al museo in macchina
8. se è possibile parcheggiare vicino al museo e perché

E.   **Vocabolario utile.** Utilizzi il seguente vocabolario nei dialoghi che seguono.

Nomi

l'incrocio   intersection
il semaforo   traffic light
il vigile   traffic officer

Verbi

attraversare   to cross; **attraversi**
(*formal command*)   cross

girare   to turn; **girare a destra
(sinistra)**   to take a right (left)

Espressioni

a destra   to (on) the right side; **a
sinistra**   to (on) the left side
a due passi da qui   a short walk
(a few steps) from here

andare avanti to go ahead;
  andare dritto to go straight
  ahead
a senso unico one-way (street)
continuare dritto to keep on
  going straight ahead
è da queste parti? is it around
  here (in this general area)?

fare il giro to go around; **faccia
  il giro della piazza** go around
  the square
mi sa dire? can you tell me?
mi scusi (mi scusino) excuse me
tornare indietro to turn back

F. **Dare indicazioni.** Faccia riferimento a p. 62 e immagini di essere
   all'angolo di Corso Italia e di Corso Trieste. Alcuni passeggeri che escono
   dalla stazione le domandano dove sono questi posti. Dia le indicazioni
   secondo la piantina (*map*) della città. Collabori con quattro o cinque
   studenti/studentesse.

   1. lo stadio   4. la banca
   2. il ristorante   5. la farmacia
   3. l'ufficio postale

G. **Scusi, mi sa dire . . . ?** Immagini di essere vicino a Palazzo Vecchio a
   Firenze e di cercare il ristorante La Posta. Chieda indicazioni ad un vigile
   che la dirige al ristorante secondo la piantina riportata in basso.

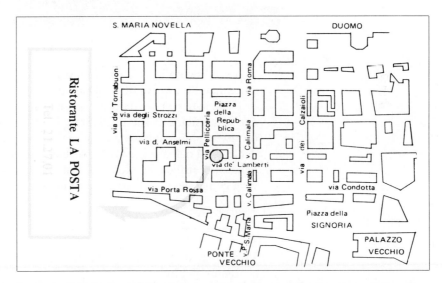

H. **Lettura.** Legga il seguente brano e faccia l'esercizio che segue.

In Italia ci sono alcune delle università più antiche d'Europa, come l'Università di Bologna fondata nel 1158 e l'Università di Padova, fondata nel 1221.
In tutto ci sono 55 università, in media[1] una o due per ogni regione. La
maggior parte delle università sono controllate dallo stato, ma numerose e
più famose sono anche quelle private. Milano, per esempio, oltre[2] alle due

Nell'artistico e tranquillo cortile dell'università di Bologna alcuni studenti ripassano le lezioni prima di entrare in classe. A lei piacerebbe andare a studiare in un'università italiana? Dove? Che cosa le piacerebbe studiare?

università statali, ne³ ha due private: l'Università Commerciale Luigi Bocconi e l'Università Cattolica del Sacro Cuore.

Tutte le università italiane sono urbane e generalmente non esiste il *campus* universitario come negli Stati Uniti. Non esistono dormitori sotto la direzione universitaria e gli studenti vivono la loro vita in maniera indipendente fuori dell'università. Nonostante questo, l'università rimane il centro delle loro attività intellettuali, politiche e sociali. La laurea è ancor oggi vista come una grande garanzia contro la disoccupazione presente e futura.

1. on the average   2. besides   3. of them

I. **Vero o falso?** Dica se le seguenti frasi sono vere o false secondo il contenuto del brano.

1. L'Università di Bologna e l'Università di Padova sono molto antiche.
2. Ci sono solo dieci università in Italia.
3. Tutte le università italiane sono private.
4. L'Università Commerciale Luigi Bocconi è a Roma.
5. Le università italiane sono quasi tutte rurali.
6. La laurea è una garanzia contro la disoccupazione.

LEZIONE 17

IN CERCA DI UN APPARTAMENTO

Nelle città italiane la gente vive in appartamenti nuovi e moderni o anche in vecchi palazzi ristrutturati come questo, che si trova nel centro di Napoli.

Un mese fa Michele Salvato è venuto a Bologna per studiare medicina. Voleva prendere in affitto° un appartamentino, ma data la scarsità di appartamenti liberi, ha dovuto alloggiare in una modesta pensione di periferia. A Cagliari gli amici gli avevano detto che non era facile trovare casa, ma Michele non aveva creduto alle loro parole.

È passato ormai un mese e Michele sta ancora cercando casa. Per fortuna il portiere della pensione, un uomo tanto comprensivo quanto gentile, ha preso in simpatia° Michele e vuole aiutarlo. Un pomeriggio che Michele torna alla pensione particolarmente scoraggiato il portiere lo chiama.

to rent

sympathizes with

SCENA 1

Portiere Coraggio, Michele! Chi si ferma è perduto°! Ieri sera stavo leggendo il giornale ed ho trovato due annunci che mi sembrano proprio adatti per te.

Never give up!

Michele Grazie, lei è molto gentile. Mi faccia vedere°.

Let me see

5 Michele prende il giornale e legge attentamente gli annunci.

> Nelle vicinanze del Policlinico affitto un appartamentino al piano terra°, una camera, cucinino, bagno e riscaldamento centrale°. Telefonare nel pomeriggio al 20192.

on the first floor
central heating

> Vicino a piazza San Donato, a due passi dall'°università affitto un appartamento ammobiliato° al quarto piano, bagno con doccia, due camere, cucina, riscaldamento autonomo. Telefonare ore pasti° al numero 57905.

near
furnished
mealtimes

10

Michele Quest'appartamento vicino all'università sembra proprio adatto e forse . . .

Portiere Adesso non perdere tempo! Telefona e vedi se è ancora libero.

Michele Ha proprio ragione. La ringrazio molto.

SCENA 2

15 Alla fine della giornata Michele, stanco ma soddisfatto, ritorna alla pensione. Appena entra, il portiere lo saluta.

Portiere Ciao, Michele, com'è andata?

Michele Bene. Ho trovato finalmente l'appartamento. Chi la dura la vince°, non è così?

Never say die

20 **Portiere** Certo. E com'è quest'appartamento?

Michele È più piccolo di quello che ho visto la settimana scorsa, ma è meno costoso. Avevo in mente° un appartamento più grande, comunque questo è comodo e silenzioso e perciò° mi accontento°.

I had in mind
therefore
I'm content

25   **Portiere**   Mi fa piacere. Quando ti trasferisci?
      Michele   La prossima settimana. Adesso sono stanco, sto morendo di
                     sonno° e vado a dormire. Buona notte, signor Ranieri.   I'm very sleepy
      Portiere   Buona notte, Michele.

D O M A N D E
G E N E R A L I

1. Perché è a Bologna Michele Salvato?
2. Perché va a stare in una pensione di periferia?
3. Che cosa gli avevano detto i suoi amici di
   Cagliari?
4. Come si sente Michele dopo un mese di
   ricerca?
5. Chi aiuta Michele a trovare un appartamento?
   Come lo aiuta?
6. Alle fine della giornata, come si sente
   Michele?
7. Com'è l'appartamento che ha trovato? Dov'è?
8. Perché si accontenta?

D O M A N D E
P E R S O N A L I

1. Lei abita in un appartamento o in una villa?
2. Da quanto tempo abita lì?
3. Com'è la sua casa? È piccola o grande?
4. La sua casa è vicina o è piuttosto lontana da
   qui?
5. Quante stanze ci sono nel suo appartamento?
   Nella sua villa?
6. Pensa di trasferirsi nel futuro? Quando?
   Dove?
7. C'è riscaldamento centrale o autonomo nel
   suo appartamento?

E S E R C I Z I O   D I
C O M P R E N S I O N E

Metta in ordine le seguenti frasi, basate sulla lettura.

1. Michele non aveva creduto alle loro parole.
2. Con l'aiuto del portiere della pensione, Michele ha trovato finalmente un
   appartamento vicino all'università.
3. È un mese che Michele sta cercando un appartamento.
4. Il portiere della pensione lo ha preso in simpatia e vuole aiutarlo.
5. Michele Salvato è partito da Cagliari per Bologna per studiare medicina.
6. A Michele sarebbe piaciuto andare ad abitare in un appartamento.
7. Gli amici di Cagliari gli avevano detto che non era facile trovare casa a
   Bologna.
8. Ma il giovane adesso sta in una modesta pensione di periferia.

VOCABOLARIO

Parole analoghe

centrale	particolarmente	la scarsità
modesto/a		

Nomi

l'annuncio   ad(vertisement)
l'appartamentino   small apartment
il bagno   bathroom
la camera   room
il cucinino   small kitchen
la doccia   shower
la giornata   day
la pensione   inn
la periferia   outskirts
il piano   floor, floor plan
il policlinico   hospital
il portiere   doorman
la ricerca   search
le vicinanze   neighborhood,
   environs

Aggettivi

adatto/a   right, suitable
autonomo/a   independent
comodo/a   comfortable
comprensivo/a   understanding
dato/a   given
quarto/a   fourth
scoraggiato/a   discouraged
silenzioso/a   quiet

Verbi

accontentarsi   to be content
affittare   to rent
alloggiare   to lodge, stay
ringraziare   to thank
salutare   to greet
trasferirsi   to move

Altre parole ed espressioni

coraggio!   cheer up!

in cerca di   in search of
mi fa piacere   it pleases me
perdere tempo   to waste time
per fortuna   fortunately
più . . . di   more . . . than
tanto . . . quanto   as . . . as

PRATICA

A. Supponga di avere preso in affitto un appartamento a Bologna. Telefoni a un'amica e le racconti com'è stato difficile trovarlo. Le dica dove si trova e glielo descriva.

B. Immagini di abitare in un bell'appartamento che desidera subaffittare (*sublet*) per i mesi di luglio ed agosto. Prepari un annuncio da mettere sul giornale, usando alcune delle espressioni apparse (*that appear*) negli annunci a pagina 362.

I giornali italiani

In Italia la stampa[1] è il principale mezzo d'informazione, nonostante la concorrenza[2] della radio e della televisione. Alcuni giornali sono indipendenti, ma molti sono finanziati da enti statali[3], banche, organizzazioni cattoliche e partiti politici. Ogni grande città italiana ha il suo quotidiano[4] ed in alcune città si stampa[5] più di un quotidiano. A Roma, per esempio, si pubblicano cinque importanti giornali: *Il Messaggero*, *Paese Sera*, *La Repubblica*, *L'Unità* ed *Il Tempo*. Due dei giornali italiani più autorevoli[6] sono *Il Corriere della Sera* di Milano e *La Stampa* di Torino.

Sono molto diffuse[7] anche le riviste illustrate settimanali che sono pubblicate quasi tutte a Milano. Le più note sono quelle di attualità[8] e varietà[9] come *L'Europeo*, *Gente*, *Oggi* ed *Epoca*, e quelle femminili come *Grazia*, *Annabella* ed *Amica*. Fra le riviste politiche, d'opinione e di cultura ci sono *L'Espresso* e *Panorama*, che svolgono[10] una funzione di critica del costume[11] e di formazione[12] etico-politica.

L'edicola del giornalaio può anche essere un luogo d'incontro quando la mattina la gente va a comprare il giornale.

1. press 2. competition 3. government agencies 4. daily newspaper 5. is published 6. authoritative 7. widespread 8. current events 9. variety 10. perform 11. customs 12. development

AMPLIAMENTO DEL VOCABOLARIO

La casa

Le stanze

1. **la camera da letto** bedroom
2. **il bagno** bathroom
3. **lo studio** study, den
4. **la cucina** kitchen
5. **la sala da pranzo** dining room
6. **il salotto** living room

Fuori della casa

7. **il cortile** courtyard
8. **il giardino** garden
9. **il garage** garage

Altre parti della casa

a. **la soffitta** attic
b. **il soffitto** ceiling
c. **il camino** fireplace
d. **la cantina** cellar
e. **il pavimento** floor
f. **le scale** stairs
g. **la parete** wall

A. Risponda alle seguenti domande che le fa un altro studente/un'altra studentessa.

1. Quante stanze ci sono nella tua casa?
2. Fa' un elenco delle stanze della tua casa.
3. Dove mangi di solito, in cucina o in sala da pranzo? E quando hai invitati, dove mangi?
4. C'è un giardino intorno (*around*) alla tua casa?
5. Dove studi e fai i compiti?
6. Dove guardi la televisione? Dove ascolti la radio?
7. Dove ti lavi?

B. Disegni la sua casa ideale, indicando ogni stanza con il proprio nome. Poi la descriva ad un altro studente/un'altra studentessa.

— Vuoi vedere la mia casa ideale? Eccola . . .

I mobili e gli elettrodomestici

I mobili

l'armadio   armoire, wardrobe
il comò   chest of drawers
la credenza   sideboard
il divano   sofa
il guardaroba   closet
la lampada   lamp
la libreria   bookcase
la poltrona   armchair
il quadro   painting
lo scaffale   shelf
la scrivania   desk

il tavolo/la tavola   table
il tappeto   rug
la tenda   curtain

Gli elettrodomestici

l'aspirapolvere (*m.*)   vacuum cleaner
l'asciugatrice (*f.*)   clothes dryer
il ferro da stiro   iron
il frigo(rifero)   refrigerator
la lavastoviglie   dishwasher
la lavatrice   washing machine

C. Domandi ad un altro studente com'è la sua stanza. Lei vuole sapere:

1. se la stanza è grande o piccola e quante finestre ci sono
2. se ci sono sedie e poltrone
3. se ci sono quadri e che tipo
4. dove sono i libri
5. gli oggetti che sono sulla scrivania
6. se c'è un comò; cosa c'è sul comò; cosa c'è dentro il comò
7. se c'è un frigo; cosa c'è dentro il frigo
8. se c'è un guardaroba e cosa c'è nel guardaroba
9. se può fare il bucato (*laundry*) nella stanza
10. se dorme in un letto normale o in un divano letto

D. Immagini di volere comprare due o tre di questi articoli attraverso una trasmissione vendite alla televisione e di telefonare alla stazione televisiva. Collabori con un altro studente/un'altra studentessa che risponde al telefono e riempie la sua fattura (*fills out your bill of sale*).

— *Cosa desidera comprare?*
— *Desidero comprare . . .*

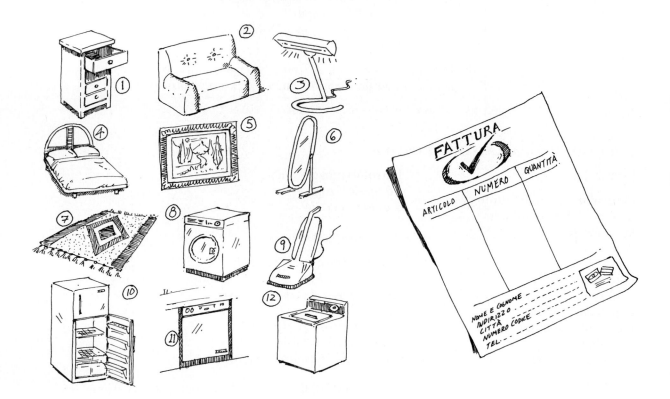

E. Immagini di essere in un negozio italiano per comprare alcuni articoli di cui lei non ricorda il nome. Dia una descrizione dell'articolo o dica a che cosa serve. Collabori con un altro studente/un'altra studentessa che assume il ruolo dell'impiegato/a e le dà il nome giusto.

— *Dà la luce. Serve per vedere.*
— *la lampada*

STRUTTURA ED USO

Comparativo d'uguaglianza

— Da questa distanza le torri di San Gimignano sembrano **tanto alte quanto quelle di** New York, non è vero?

1. Comparisons of equality **(il comparativo d'uguaglianza)** of adjectives and adverbs are expressed in Italian with **così . . . come** or **tanto . . . quanto**. In practice, **così** and **tanto** are often omitted. Note that when the second part of the comparison contains a pronoun, the disjunctive form is used.

Il salotto è **(così) grande come** lo studio.	The living room is as big as the study.
Paola cammina **(così) lentamente come** Carlo.	Paola walks as slowly as Carlo.
Guido **(tanto) velocemente quanto** te.	I drive as fast as you.

2. Comparisons of equality of nouns and verbs are expressed with the pattern **tanto . . . quanto**. **Tanto** and **quanto** agree with the nouns they modify; however, **quanto** is invariable before pronouns and proper names.

Nino ha **tante scarpe quanti** calzini.	Nino has as many shoes as socks.
Io ho **tanto sonno quanto** te.	I'm as sleepy as you are.
Marianna ha **tante scarpe quanto** Imelda Marcos!	Marianna has as many shoes as Imelda Marcos!
Luigi studia **(tanto) quanto** Silvio.	Luigi studies as much as Silvio.

A. Adriana descrive a Mariella le caratteristiche di alcuni parenti e conoscenti. Assuma il ruolo di Adriana, facendo il paragone (*making a comparison*) con l'uso di (*tanto*) . . . *quanto* o (*così*) . . . *come.*

▣ Mario / intelligente / Michele

Mario è (tanto) intelligente quanto Michele.
Mario è (così) intelligente come Michele.

1. Laura / alto / Maria
2. Luigi / nervoso / Massimo
3. il signor Toselli / ricco / la signora Coletti
4. Stefano / allegro / Nicola
5. mia cugina / grasso / Adriana
6. Franco e Marisa / fortunato / noi
7. tuo fratello / cortese / tua sorella
8. mio zio / povero / il nonno di Antonio

B. Dica che le seguenti persone fanno le cose allo stesso modo, usando il comparativo d'uguaglianza (*tanto*) . . . *quanto* o (*così*) . . . *come.*

▣ Roberto e Riccardo: camminare lentamente

Roberto cammina (così) lentamente come Riccardo.

1. Giorgio e suo fratello: guidare velocemente
2. lo zio e la zia: scrivere spesso ai nipoti
3. Giulia e sua sorella: svegliarsi presto
4. Lisa e Maria: studiare diligentemente
5. Stefano e Arturo: leggere attentamente
6. Tu e Silvio: andare frequentemente in biblioteca

C. Completi le frasi dicendo che lei possiede (*own*) questi oggetti, usando il comparativo d'uguaglianza.

▣ cravatte / camicie

Ho tante cravatte quante camicie.

1. giacche / cappotti
2. calze / calzini
3. maglie / gonne
4. vestiti / cappelli
5. scarpe / borse
6. camicette / impermeabili
7. guanti / scarpe
8. pantaloni / cravatte

Comparativo di maggioranza
e di minoranza

1. Comparisons of inequality (**il comparativo di maggioranza e di minoranza**) between *two different subjects* are formed with the patterns **più . . . di** or **meno . . . di**. The comparisons may pertain to adjectives, adverbs, nouns, or pronouns. When the second part of the comparison is a pronoun, the disjunctive form is used.

Bologna è **più grande di** Cagliari.	Bologna is bigger than Cagliari.
Laura ascolta **meno attentamente di** me.	Laura listens less attentively than I do.
Ho **più tempo di** Mauro.	I have more time than Mauro does.
Tu hai **meno soldi di** me.	You have less money than I do.

2. **Più di** and **meno di** are used in comparisons with cardinal numbers.

Abbiamo visto **più di venti** appartamenti.	We saw more than twenty apartments.
Ci sono **meno di dieci** studenti qui.	There are fewer than ten students here.

3. The preposition **di** contracts with a definite article that modifies a noun.

Maria è **più alta della signorina Toscani**.	Maria is taller than Miss Toscani.

4. **Che** is used instead of **di** when comparing two adjectives pertaining to the same subject, or two nouns pertaining to the same subject.

Sono **più alto che grasso**.	I am taller than (I am) fat.
Hai **più iniziativa che denaro**.	You have more initiative than money.

D. Rosa paragona persone e cose. Assuma il ruolo di Rosa, usando l'espressione *più . . . di* per le frasi 1–6 e l'espressione *meno . . . di* per le frasi 7–12.

▣ Filippo / intelligente / Roberto   *Filippo è più intelligente di Roberto.*

1. Francia / grande / Austria
2. Carlo / fortunato / lei
3. mia sorella / simpatico / te
4. il professore / gentile / lui
5. l'ingegner Dini / energico / il dottor Celli
6. mio fratello / alto / me

▣ Luisa / magro / me   *Luisa è meno magra di me.*

7. la nostra casa / elegante / tua
8. questa rivista / interessante / quel giornale
9. Franco / povero / Roberto
10. Luisa / giovane / me
11. Mario / silenzioso / sua sorella
12. io / paziente / te

E. Paragoni Marcello e Sandro, usando *più . . . di* o *meno . . . di* e l'avverbio indicato.

▣ guidare velocemente

Marcello guida più velocemente di Sandro.
Sandro guida meno velocemente di Marcello.

1. scrivere frequentemente
2. camminare lentamente
3. parlare chiaramente

4. vestirsi elegantemente
5. alzarsi tardi
6. ascoltare pazientemente

F. Annamaria scrive dei commenti nel suo diario ogni giorno. Trasformi le seguenti frasi, usando alternativamente il comparativo di maggioranza e di minoranza, secondo l'esempio.

▣ Oggi ho letto otto annunci
sul giornale.

Oggi ho letto più di (meno di) otto annunci
sul giornale.

1. Domani vedrò quattro appartamenti.
2. Stasera vado a comprare cinque cassette.
3. Sabato ho scritto due lettere alle mie amiche.
4. Oggi ho provato sette camicie.
5. Ogni settimana ricevo tre pacchi dai miei genitori.
6. Oggi ho studiato un'ora.

G. Esprima la propria opinione sulle seguenti cose e persone, usando la forma appropriata del comparativo, secondo l'esempio.

▣ storia / noioso / filosofia

La storia è più (meno) noiosa della filosofia.

1. chimica / difficile / matematica
2. ginnastica / efficace / ciclismo
3. tennis / divertente / calcio
4. lasagne / buono / spaghetti
5. cinema / interessante / teatro
6. appartamento / comodo / casa
7. Ted Koppel / simpatico / Dan Rather
8. macchine tedesche / costoso / macchine americane

H. Risponda alle seguenti domande, usando la forma appropriata del comparativo.

▣ Hai sete e fame?

Ho più (meno) sete che fame.

1. Ci sono tappeti o quadri in quell'appartamento?
2. In salotto ci sono sedie e poltrone?
3. Hai cugini o cugine?
4. Tua sorella preferisce indossare gonne o pantaloni?
5. Mangiate prosciutto o formaggio?
6. Hanno comprato dischi o riviste?

Tempi progressivi

— Che cosa **stai facendo**?
— **Sto imparando** a cucinare.

1. As you know, Italian often uses the present and imperfect tenses to express ongoing actions in situations in which English uses a progressive form.

Discutono di politica.	They're discussing politics.
Fa colazione.	He's eating breakfast.
Dormivamo quando sono entrati.	We were sleeping when they came in.
Scrivevo mentre **leggevi**.	I was writing while you were reading.

Italian also has a set of progressive tenses, which are used when the speaker wants to stress that an action is going on at the moment of speaking, or was going on when something else occurred.

— Cosa **stai facendo**?	— What are you doing?
— **Sto leggendo** il giornale.	— I'm reading the newspaper.
— Cosa **stavi facendo** ieri quando ho telefonato?	— What were you doing yesterday when I telephoned?
— **Stavo studiando.**	— I was studying.

2. The progressive tenses are made up of **stare** plus the **-ando** or **-endo** form of the verb: **-ando** is attached to the infinitive stem of **-are** verbs, **-endo** to the infinitive stem of **-ere** and **-ire** verbs.

studiare: **sto studiando**
leggere: **sto leggendo**
partire: **sto partendo**

3. The following chart shows the present and past progressive of **studiare**.

	Present Progressive	**Past Progressive**
io	sto studiando	stavo studiando
tu	stai studiando	stavi studiando
lui/lei	sta studiando	stava studiando
noi	stiamo studiando	stavamo studiando
voi	state studiando	stavate studiando
loro	stanno studiando	stavano studiando
	I'm studying, you're studying, . . .	*I was studying, you were studying, . . .*

4. Object and reflexive pronouns may precede **stare** or they may follow and be attached to the **-ando** or **-endo** form of the main verb.

Paolo **la sta guardando**.   Paolo **sta guardandola**.
Marco **si sta vestendo**.   Marco **sta vestendosi**.

I.   Dica ad un amico/un'amica cosa sta facendo in questo momento, usando il presente progressivo.

📖   guardare la televisione   *Sto guardando la televisione.*

1. lavarsi i capelli
2. rifare il letto
3. suonare il flauto
4. accendere il riscaldamento
5. farsi la doccia
6. preparare un curriculum vitae
7. trasferirsi in un appartamento
8. partire per il mare
9. cercare un impiego
10. stabilire un appuntamento con il capo

J.   Gino descrive ad Alberto cosa facevano gli altri mentre lui faceva alcune cose. Trasformi le frasi, usando il passato progressivo nelle attività degli altri.

📖   Tu dormivi mentre io lavoravo.   *Tu stavi dormendo mentre io lavoravo.*

1. Carlo perdeva tempo mentre io studiavo.
2. Giulio rifaceva il letto mentre io cercavo la sua giacca.
3. Giancarlo e Tommaso tornavano dall'università mentre io scrivevo una lettera.
4. Le signorine Ballestri facevano colazione mentre io le guardavo.
5. Pietro sosteneva un colloquio mentre io ero al cinema.
6. Tu e Luigi registravate una trasmissione mentre io leggevo.
7. I bambini si facevano il bagno mentre io leggevo.
8. Le mie sorelle preparavano la pasta mentre io tagliavo la carne.

K. Rivolga queste domande ad un altro studente/un'altra studentessa che risponderà, usando i pronomi nelle risposte.

Guardi la televisione?   *Sì, la sto guardando.*
                          Sì, sto guardandola.

1. Cerchi quel libro?   5. Ti prepari per uscire?
2. Leggi il giornale?   6. Ti alzi adesso?
3. Ti diverti?   7. Telefoni al tuo amico?
4. Aspetti il treno?   8. Prendi lo zaino?

L. Chieda ad un altro studente/un'altra studentessa cosa stava facendo sabato scorso alle otto, alle dieci, ecc. Usi il passato progressivo.

— *Cosa stavi facendo sabato scorso alle dieci?*
— *Stavo giocando a tennis.*

M. Dica cosa stanno facendo le persone nella fotografia a pagina 377.

Avverbi di tempo, luogo, modo e quantità

Chiaramente abbiamo sbagliato strada!

1. Adverbs are words that modify a verb, an adjective, or another adverb. They can be classified as adverbs of *time*, *place*, *manner*, and *quantity*.

Parta **adesso**.	Leave now.	(**adesso** = adverb of time)
Venite **qui**, per favore.	Come here, please.	(**qui** = adverb of place)

Ascoltate **attentamente**.	Listen carefully.	(**attentamente** = adverb of manner)
È partito **abbastanza** rapidamente.	He left rather quickly.	(**abbastanza** = adverb of quantity)

2. Adverbs of manner ending in **-mente** correspond to English adverbs ending in **-ly**. They are formed by adding **-mente** to the singular feminine form of the adjective.

Adjective	Adverb
chiaro/a	**chiaramente**
lento/a	**lentamente**
attento/a	**attentamente**
triste	**tristemente**

Adjectives that end in **-le** or **-re**, preceded by a vowel, drop the final **-e** before adding **-mente**.

Adjective	Adverb
difficile	**difficilmente**
facile	**facilmente**
regolare	**regolarmente**

3. Most adverbs (including all adverbs in **-mente**) occur directly after the verb.

Parla **piano**.	Speak softly.
Non mangi **troppo**.	Don't eat too much.
Ci vediamo **raramente**.	We see each other rarely.

4. In sentences with compound verbs, most adverbs follow the past participle. A few common adverbs of time (**già, mai, ancora, sempre**) occur between the auxiliary verb and the past participle.

Emilio si è alzato **presto**.	Emilio woke up early.
Non ha **mai** studiato!	He never studied!

N. Mario imita suo padre e dà ordini a tutti. Completi le seguenti frasi con un avverbio appropriato che termini in *-mente*.

▣ Ragazzi, leggete . . .   *Ragazzi, leggete attentamente!*

1. Mamma, guida . . .
2. Gino, parla inglese . . .
3. Bambini, ascoltate . . .
4. Maria, cucina . . .
5. Signora, canti . . .
6. Signori, mangino . . .

O. Completi i seguenti dialoghi con gli avverbi suggeriti. Ci sono quattro avverbi in più nella lista.

già	qui	sempre
subito	lì	ancora
mai	abbastanza	particolarmente

1. — Sono già le cinque meno dieci.
   — Davvero? Devo tornare _____ a casa.

2. — Dove vanno stasera?
   — A teatro. Carlo ha _____ comprato i biglietti.

3. — Io dico che quella donna ha torto.
   — Io invece dico che quella donna ha _____ ragione.

4. — Vittorio, come stai?
   — _____ bene, grazie.

5. — Hai _____ preparato gli spaghetti alla carbonara?
   — Sì, li ho preparati per il pranzo di compleanno di Raffaella.

6. — Quando sei stato in Germania?
   — Non sono _____ stato in Germania.

I clienti di un ristorante a Roma ascoltano attentamente un chitarrista che canta canzoni romane.

A. **Dove le piacerebbe vivere?** Immagini di descrivere ad un agente immobiliare (*real-estate agent*) il tipo di casa che lei cerca. Sia realista o usi la fantasia. Collabori con un altro studente/un'altra studentessa. Soggetti da discutere:

1. Località. In quale città o paese le piacerebbe vivere? Al centro della città o in periferia? Le piacerebbe vivere in campagna o in montagna?
2. Tipo di abitazione (*house*). Le piacerebbe abitare in un appartamento o in una villa?
3. Caratteristiche della casa. Le piacerebbe avere il garage, un giardino, la piscina, il campo da tennis (*tennis court*), l'orto (*vegetable garden*), una terrazza, una vista panoramica? Quante stanze e quanti bagni le piacerebbe avere?
4. Il prezzo della casa. Quanto vorrebbe pagare? Il prezzo è una cosa molto importante per lei?

B. **In cerca di mobili.** Insieme a due amici/amiche, lei ha preso in affitto un appartamento. I mobili per le camere da letto ci sono già, ma il salotto deve essere ancora ammobiliato (*furnished*). Voi avete solo $750 da spendere e dovete decidere quali mobili comprare fra quelli indicati nel disegno. Collabori con due studenti/studentesse.

C. **Quanto vale?** Immagini di aver ereditato da un parente italiano un orologio antico, un quadro ed alcuni libri. Vada in un negozio di antiquariato per fare valutare (*have appraised*) questi oggetti. Collabori con un altro studente/un'altra studentessa che assume il ruolo dell'antiquario.

Quello che dice lei:

1. Greet him. Tell him how you acquired the objects. Ask if he can tell you their value.

2. Ask what the clock is worth.

3. Ask what it would cost to make it work.

4. Say that you will think about it. Then ask if the pictures are original.

5. Express your disappointment; then ask about the books.

6. Ask about the other books.

7. Ask the price of the appraisal.
8. Pay him and thank him.

Quello che dice l'antiquario:

1. Reply to the greeting. Say that you can appraise them, and that you will look at the clock first.

2. Say that it has a certain value, but right now it doesn't work.

3. Answer that it would cost a lot. Offer to buy it yourself.

4. Say that they are excellent copies. You are sorry—if they were original they would be worth millions of lire.

5. Say that three of the books are first editions. They have a certain value, but you will have to consult the price list to be more precise.

6. Say that the others can be sold as second-hand books if buyers can be found.

7. Say that your services cost _____.

8. Say that tomorrow you will have a written appraisal ready.

D. **Annuncio.** Legga l'annuncio che segue e poi dia le informazioni richieste.

1. a chi è diretto l'annuncio
2. che cosa cercano le persone che rispondono all'annuncio
3. cosa offre l'annuncio a queste persone

SE LA CITTÀ È DIVENTATA TROPPO CAOTICA NOI TI OFFRIAMO: TANTI SPAZI VERDI, ARIA PULITA, UNA BELLA CASA E UNA PISCINA.

E. **Una rivista.** Legga il seguente annuncio e poi dia le informazioni richieste.

1. nome della rivista
2. di che cosa tratta
3. a chi può interessare la rivista
4. l'argomento (*topic*) degli articoli nel numero di marzo
5. dove si può acquistare la rivista
6. chi la pubblica

Invito al bello
ANTIQUARIATO
Arte antica, arti decorative, cultura, collezionismo

La rivista per chi ama le belle cose del passato, per chi raccoglie, studia, si diverte leggendo storie affascinanti di mobili, oggetti, ville e castelli, personaggi, opere d'arte, stravaganze e capolavori.

Nel numero di marzo in edicola:

Orologi
In tasca e al polso le grandi firme d'epoca

Acquerelli all'asta
Una preziosa raccolta di disegni d'architettura

Collezione von Thyssen
Tornano alla Favorita gli argenti del barone

Antiquariato in casa
• L'arte d'arredare con stili diversi
• Di gran moda i mobili con segreto

EDITORIALE GIORGIO MONDADORI

STUDIO TABLOID

F. **A lei la parola.** Esprima le seguenti situazioni con espressioni italiane equivalenti.

1. Deny that you are wasting time.
2. Say that your bathroom is as big as your bedroom.
3. Say that your washing machine is quieter than your dryer.
4. Tell your friends that, when they called last night, you were reading the newspaper ads in search of a small apartment in the outskirts.
5. Ask your mother if your grandparents stayed in a *pensione* when they were visiting their relatives in Sicily.

Il famoso Palio di Siena. Prima della corsa dei cavalli, i rappresentanti delle contrade sfilano nei loro costumi pittoreschi. Ci sono sfilate o gare particolari nella sua città? In quale occasione si svolgono? Quali sono le loro caratteristiche?

G. **Lettura.** Legga il seguente brano e faccia l'esercizio che segue.

Siena, costruita su tre colline, ha l'aspetto tipico della città medioevale. Circondata da mura medioevali ampie ed antiche, Siena mantiene il suo centro storico intorno alla splendida Piazza del Campo, una delle più belle del mondo. La piazza però ha un'importanza speciale perché a luglio e ad agosto di ogni anno vi si svolge il Palio.

Il Palio è una corsa[1] di cavalli a cui partecipano i rappresentanti delle diciassette contrade[2] della città con i loro bellissimi costumi folcloristici. La corsa è una delle manifestazioni ippico[3]-folcloristiche più celebri d'Italia ed attira[4] sempre un gran numero di turisti italiani e stranieri. Di notevole importanza storica ed artistica sono anche il Palazzo Pubblico, di stile gotico, il Duomo e la Pinacoteca Nazionale, ricca di collezioni di pittura senese del Medioevo.

1. race   2. districts   3. pertaining to horses   4. attracts

H. **Informazioni.** Dia le seguenti informazioni basate sul contenuto del brano.

1. circondano la città:
2. una corsa di cavalli che si svolge a Siena:
3. il numero delle contrade di Siena:
4. lo stile architettonico del Palazzo Pubblico:

LEZIONE
18
PERCHÉ SUONANO IL CLACSON?

La Basilica di San Pietro a Roma è lo sfondo di questo ingorgo automobilistico.

Marisa Graziani e sua madre hanno finito di fare le spese nei negozi del centro di Roma. Prendono l'autobus per tornare a casa, ma dopo un po' rimangono bloccate° in un grande ingorgo automobilistico.

they are stuck

La signora Graziani	Conducente, scusi, perché siamo fermi da tanto tempo? Perché l'autobus non va avanti?
Conducente	Ma signora, non vede che ci sono automobili dappertutto?

5   **La signora Graziani**   Non c'è modo° di uscire da quest'ingorgo?   There is no way

Conducente   No, deve avere pazienza ed aspettare. Ci deve essere stato un incidente. Se vuole, può scendere qui.

La signora Graziani   No, grazie. Siamo ancora lontano da casa.

Marisa   Ma adesso che fanno? Si mettono tutti a suonare il clacson?

10

Un passeggero   È che dopo un po' d'attesa tutti perdono la pazienza. Suonare all'impazzata° è l'ultima cosa che fanno prima di decidere di lasciare la macchina per strada e continuare a piedi.   like crazy

15   **La signora Graziani**   E dire che° non siamo neanche all'ora di punta°. Il traffico di Roma va di male in peggio° e le vie del centro sono le più intasate della città.   to think that/rush hour   from bad to worse

Una passeggera   Non si preoccupi, signora. Vedrà che fra poco il traffico si sbloccherà.

20   **Marisa**   Mamma, perché non scendiamo ed andiamo a piedi? Oppure°, la soluzione migliore sarebbe quella di prendere la metropolitana.   Or else

La signora Graziani   La metropolitana? Peggio che mai°! È sempre piena di gente e poi laggiù io non respiro bene. Inoltre sono stanchissima e mi fanno anche male i piedi. È meglio aspettare qui pazientemente.   Worse than ever

25

Marisa   Come vuoi; tanto° non abbiamo più niente da fare e non abbiamo fretta.   anyway

DOMANDE GENERALI

1. Dove sono andate oggi Marisa e sua madre? Perché?
2. Cosa succede mentre sono sull'autobus?
3. Secondo il conducente, cosa può essere successo?
4. Cosa dice la madre del traffico di Roma?
5. È ottimista o pessimista la passeggera? Che dice?

6. Cosa suggerisce di fare Marisa?
7. Secondo Marisa, quale sarebbe la soluzione migliore?
8. Alla madre di Marisa piace prendere la metropolitana? Perché?

DOMANDE PERSONALI

1. Quali sono le ore di punta nella sua città o nel suo paese?
2. Dove si formano ingorghi nella sua città?
3. Lei cosa fa quando si trova in un ingorgo? A causa del traffico, ha mai lasciato la macchina per strada?
4. Quando va in centro, va in macchina o in autobus? Cosa fa in centro? In quali negozi preferisce fare gli acquisti?
5. Le piace prendere la metropolitana? Perché?
6. Quali mezzi di trasporto preferisce? Perché?
7. Mentre guida, suona spesso il clacson? Quando lo suona?
8. Ha mai avuto un guasto improvviso? Dove? Si è mai fermato qualcuno ad aiutarla?

ESERCIZIO DI COMPRENSIONE

Completi le seguenti frasi basate sul dialogo a pagina 383 con una parola o una frase adatta.

1. In un ingorgo automobilistico tutti suonano _____.
2. Marisa Graziani e _____ sono andate _____ a fare le spese.
3. L'autobus è bloccato perché _____.
4. Ci deve essere stato un _____.
5. Tutti suonano il clacson perché hanno perso _____.
6. Qualcuno lascia la macchina _____ e continua _____.
7. Le vie del centro di Roma sono _____ della città.
8. Per Marisa la migliore soluzione sarebbe _____.
9. La signora Graziani non vuole prendere la metropolitana perché laggiù _____ e le _____.

le autostrade italiane
vi augurano
un buon viaggio

VOCABOLARIO

Parole analoghe

automobilistico/a	**il passeggero**	**la soluzione**
causare	**pazientemente**	**il traffico**
la passeggera		

Nomi

l'attesa waiting
il clacson horn
il conducente driver
l'incidente accident
l'ingorgo traffic jam
la metropolitana subway

Aggettivi

bloccato/a blocked
fermo/a at a standstill
intasato/a clogged
ottimista optimistic
pessimista pessimistic
pieno/a full
pochi/e few
stanchissimo/a very tired

Verbi

intasare to block
lasciare to leave (behind)

respirare to breathe
sbloccare to unblock
succedere (successo) to happen
suonare to blow (horn)

Altre parole ed espressioni

avanti forward, ahead
dappertutto everywhere
inoltre besides
laggiù down there
meglio better

a causa di because of
i mezzi di trasporto means of
  transportation
non si preoccupi don't worry
peggio che mai worse than ever
per strada on the street

PRATICA

A. Marisa ha appena ottenuto (*obtained*) la patente di guida. Adesso chiede ai suoi genitori se le permettono di usare la macchina di famiglia per andare a fare le spese nel centro di Roma con la sua amica Elena. Prepari un dialogo appropriato fra Marisa ed i genitori.

B. Racconti cosa è successo a Marisa ed a sua madre il giorno in cui sono rimaste bloccate sull'autobus a causa di un ingorgo automobilistico. Cominci il riassunto così:

Ieri pomeriggio Marisa e sua madre sono andate al centro per fare le spese. Per tornare a casa, . . .

I mezzi di trasporto nelle città italiane

Il mezzo di trasporto più diffuso oggi in Italia è l'automobile. Se nei decenni scorsi la bicicletta e la motocicletta sono state usate moltissimo per lavoro e divertimento, l'attuale sviluppo dell'industria automobilistica ha notevolmente cambiato le cose. Sebbene i giovani usino ancora moto e motorini, l'automobile rimane sempre il mezzo principale di trasporto.

Con lo sviluppo della motorizzazione è arrivato però anche l'ingorgo automobilistico. Salvo rare eccezioni[1], al centro della città le strade sono strette[2] ed irregolari, gli antichi palazzi sono addossati[3] l'uno sull'altro e c'è un eccessivo numero di mezzi pubblici e privati. Tutto ciò contribuisce a creare ingorghi che durano[4] anche alcune ore. Per risolvere questa situazione, le amministrazioni comunali[5] hanno cercato varie soluzioni come le isole pedonali[6], il centro storico chiuso al traffico e le corsie preferenziali[7] per gli autobus e taxi. Infine a Roma, a Milano ed a Torino la costruzione della metropolitana ha dato un notevole respiro[8] al traffico cittadino.

La metropolitana è oggi un mezzo di trasporto utilissimo per il rapido spostamento della gente da una parte all'altra della città.

1. With rare exceptions 2. narrow 3. huddled 4. last 5. municipal
6. pedestrian islands 7. preferential lanes 8. respite

AMPLIAMENTO DEL VOCABOLARIO

I mezzi di trasporto

l'aereo

l'autobus

il treno

la motocicletta (la moto)

l'automobile (l'auto)
la macchina

la barca

la metropolitana
(la metro)

la bicicletta

il tassì

il tram

la nave

l'autocarro (il camion)

andare in macchina (in aereo, in autobus, in tram, in treno, in moto[cicletta], in barca, in elicottero, in tassì)   to go by car (by plane, by bus, by tram, by train, by motorcycle, by boat, by helicopter, by taxi)

andare con la nave   to go by ship
andare a piedi   to go on foot
prendere la metro(politana)   to take the subway

A. Risponda alle domande che le fa un altro studente/un'altra studentessa.

1. Se (tu) dovessi andare in Italia, quale mezzo di trasporto useresti? Perché?
2. Se (tu) abitassi a New York, prenderesti la metropolitana per andare a scuola o al lavoro? Perché?
3. Se devi andare dalla tua città a San Francisco, quale mezzo di trasporto preferisci prendere?
4. Secondo te, qual è il mezzo di trasporto più sicuro (*safe*)? Perché?
5. Prendi spesso i mezzi pubblici o preferisci usare la macchina? Perché?
6. Pensi che la gente dovrebbe usare di più i mezzi pubblici? Perché?

B. Dopo avere letto ciascuna frase, suggerisca il mezzo di trasporto più adatto alla situazione.

▣ Lei è a casa e deve andare al centro, ma la sua macchina è dal meccanico.

Prendo la metropolitana o vado in autobus.

1. Un bambino desidera andare a vedere il suo amico che abita non molto lontano da casa sua.
2. Un vecchio non sta bene e deve andare all'ospedale. Abita da solo in un piccolo appartamento, ma ha il telefono.
3. La signora Baldini è a Boston e deve tornare a Milano domani.
4. Lei deve andare da Roma a Venezia. Ha molto tempo libero, però non vuole guidare.
5. Il signor Marchesi è all'aeroporto. È tornato dall'Inghilterra e sua moglie non è lì ad aspettarlo con la macchina.
6. Maria Lorenzini vuole andare in Italia, ma ha paura di prendere l'aereo.

Mestieri, professioni ed altre occupazioni

1. Many nouns referring to occupations have both a masculine and a feminine form.

   l'impiegato (male) clerk   **l'impiegata** (female) clerk
   l'operaio (male) blue-collar   **l'operaia** (female) blue-collar
      worker   worker

2. Some masculine nouns that end in **-tore** have a feminine form that ends in **-trice**.

   l'attore actor   **l'attrice** actress
   lo scrittore (male) writer   **la scrittrice** (female) writer

3. Some masculine nouns form the feminine by dropping the final vowel and adding **-essa**.

   il dottore (male) doctor   **la dottoressa** (female) doctor
   il professore (male) professor   **la professoressa** (female) professor
   lo studente (male) student   **la studentessa** (female) student

4. Some masculine nouns that end in **-ista**, **-ente**, or **-ante** can be feminine or masculine depending on the context.

   il/la dentista dentist   **il/la regista** film director
   l'elettricista electrician   **l'agente** agent
   il/la farmacista pharmacist   **il/la dirigente** executive
   il/la pianista pianist   **il/la cantante** singer

5. Some nouns have only a masculine or only a feminine form.

Masculine form only	*Feminine form only*
l'architetto architect	**la casalinga** homemaker
l'avvocato lawyer	**la donna d'affari** businesswoman
il meccanico mechanic	
il medico doctor	
l'uomo d'affari businessman	

Espressioni utili

che lavoro fa (fai)?   what work do you do?

che mestiere fa (fai)?   what is your occupation?

esercitare (svolgere) un mestiere o una professione   to practice a skilled craft or a profession

faccio il meccanico (l'avvocato)   I'm a mechanic (lawyer)

scegliere una professione o un'occupazione   to choose a profession or occupation

C. Faccia le seguenti domande ad un altro studente/un'altra studentessa.

1. Vuoi esercitare una professione o fare un mestiere quando finisci il liceo o l'università?
2. Quale professione o quale mestiere ti piacerebbe svolgere?
3. Che tipo di preparazione devi avere per svolgere la professione o il mestiere che hai scelto (*chosen*)?
4. Preferisci svolgere un lavoro che ti dia molti soldi, molta soddisfazione o molto tempo libero? Perché?
5. Quale professione o quale mestiere svolge tuo padre? Tuo fratello? Tuo zio?
6. Tua madre svolge una professione o un mestiere? E tua sorella? E tua zia?
7. Secondo te, è bene che le donne esercitino una professione o facciano un mestiere? Perché?

D. Indichi qual è l'occupazione o professione giusta di queste persone.

▣   Giancarlo lavora in un ufficio.   *È impiegato/dirigente.*

1. Il signor Conti disegna edifici.
2. Raffaele aggiusta i motori delle auto.
3. Franca scrive per un giornale.
4. Giorgio lavora in una fabbrica.
5. Vittorio suona il pianoforte.
6. Luisa lavora in un ospedale.
7. Elena vende medicine.
8. Il signor Bertini interpreta personaggi diversi nei film.

STRUTTURA ED USO

Il superlativo relativo degli aggettivi

Alberto è certamente **il più tranquillo** di tutti noi.

1. The relative superlative **(il superlativo relativo)** is used to compare people or things to other people or things. The superlative is formed by using **il (la, i, le) più . . . di** or **il (la, i, le) meno . . . di**. **Di** contracts with the definite article in the usual prepositional contractions.

Silvio è **il più alto del** gruppo.	Silvio is the tallest of the group.
Teresa è **la meno alta del** gruppo.	Teresa is the shortest of the group.
Milano e Torino sono **le città più industriali** d'Italia.	Milano and Torino are the most industrialized cities of Italy.

2. Sometimes the superlative omits the second element in the comparison.

Maurizio è l'avvocato **più giovane**.	Maurizio is the youngest lawyer.

A. Mentre Corrado e la mamma viaggiano in un autobus, lei gli indica quali sono le cose più belle, più lunghe, ecc. Con le parole date, costruisca frasi complete che contengano il superlativo relativo, usando *più* (+) o *meno* (−).

▣ quella chiesa / + bella / tutte   *Quella chiesa è la più bella di tutte.*

1. quel palazzo / − alto / tutti
2. il fiume / + lungo / regione
3. quella strada / + stretta / tutte
4. quei negozi / − eleganti / città
5. questo viale / − caotico / tutti
6. Via Dante / − larga / centro
7. quel museo / + vecchio / città
8. quelle vetrine / − moderne / zona

B. Reagisca alle seguenti osservazioni di un amico/un'amica, usando il superlativo e le espressioni *d'Italia* o *della città*.

📖 Questa è una bella fontana.   *Sì, è la fontana più bella della città!*

1. Questi due palazzi sono alti.
2. Questo museo è affascinante.
3. Questa è una grande piazza.
4. Queste chiese sono antiche.
5. Questi negozi sono eleganti.
6. Questo è un mezzo di trasporto veloce.

C. Aldo è in treno con Paolo e fa dei commenti su alcune cose ed alcune persone. Trasformi le frasi secondo l'esempio.

📖 Questa bambina è più alta delle altre.   *È la bambina più alta di tutte.*

1. Quel conducente è più nervoso degli altri.
2. Quei biscotti sono più duri degli altri.
3. Questo treno è meno veloce degli altri.
4. Queste riviste sono più vecchie delle altre.
5. Quella passeggera è meno simpatica delle altre.
6. Questi posti sono più comodi degli altri.

Il superlativo assoluto

1. The absolute superlative **(il superlativo assoluto)** does not compare people or things, as the relative superlative does; it expresses the highest degree possible. The absolute superlative is formed by adding the suffix **-issimo (-issima, -issimi, -issime)** to adjectives and **-issimo** to some adverbs, after dropping the final vowel. In English, the absolute superlative is usually expressed with *very*.

bell*ø*	+	-issimo	=	bellissimo
grand*é*	+	-issimo	=	grandissimo
difficil*é*	+	-issimo	=	difficilissimo
ben*é*	+	-issimo	=	benissimo
mal*é*	+	-issimo	=	malissimo

| Questo dipinto è **bellissimo**. | This painting is very beautiful. |
| Lavoro **moltissimo**. | I work very hard. |

2. Adjectives and adverbs ending in **-co** and **-go** add an **h** before the suffix **-issimo**.

— Lo zio di Enrico è ricco?   — Is Enrico's uncle rich?
— **Sì, è ricchissimo.**   — Yes, he's very rich.

— Il Rio delle Amazzoni è un   — The Amazon is a long river,
  fiume lungo, non è vero?   isn't it?
— Sì, è un fiume **lunghissimo**.   — Yes, it's a very long river.

Note that with adjectives like **simpatico**, where the stress does not fall on the next-to-last syllable, there is no **h** before **-issimo**.

3. Adjectives ending in **-io** drop this ending before the suffix **-issimo**.

— È vecchio quel palazzo?   — Is that palace old?
— Sì, è un palazzo **vecchissimo**.   — Yes, it's a very old palace.

4. The absolute superlative can also be expressed using the adverb **molto** (*very*) before an adjective and most adverbs.

Quello spettacolo è **molto**   That show is very boring.
   noioso.

D. Risponda affermativamente alle domande che un amico/un'amica le fa su alcuni compagni, usando il superlativo assoluto.

☞ — Massimo è nervoso?   — *Sì, Massimo è nervosissimo!*
                                Sì, Massimo è molto nervoso!

1. I capelli di Mauro sono lunghi?
2. La macchina di Annalisa è vecchia?
3. Suo padre sta male?
4. La casa di Adriana è comoda?
5. Luca studia poco?
6. Le sorelle di Luca sono belle?
7. La poesia di Roberto è interessante?
8. La mamma di Clara è giovane?

E. Teresa non è mai d'accordo con gli altri e risponde sempre al contrario. Assuma il ruolo di Teresa e risponda ad ogni domanda, usando il superlativo assoluto dell'aggettivo.

☞ — Quella ragazza è bella. (brutto)   — *No, è bruttissima!*
                                            No, è molto brutta!

1. Questa carne è tenera. (dura)
2. Quello studente è attivo. (pigro)
3. Questi dischi sono nuovi. (vecchio)
4. Quel professore è buono. (severo)
5. Quel ragazzo è gentile. (sgarbato)
6. Quella città è divertente. (noioso)
7. Quella donna dev'essere ricca. (povero)
8. Quelle bambine sono simpatiche. (antipatico)

F. Indichi che le seguenti persone fanno sempre queste cose in maniera
contraria a quella indicata, usando il superlativo assoluto.

▣ Questa bambina parla bene.   *No, parla malissimo (molto male).*

1. Quest'operaio guida male.   3. Quella sarta (*seamstress*) cuce bene.
2. Questa dentista lavora molto.   4. Questo elettricista lavora poco.

G. Prepari tre leggende (*captions*) per i seguenti disegni, usando il superlativo
assoluto.

Comparativi e superlativi irregolari di
buono, *cattivo*, *grande* e *piccolo*

Quest'ingorgo è **peggiore** di quello di ieri!

1. The adjectives **buono**, **cattivo**, **grande**, and **piccolo** have both regular and irregular comparative and relative superlative constructions. The regular and irregular forms are often interchangeable, although context sometimes determines when each should be used. The following chart shows the irregular forms.

Adjective	Comparative	Irregular Superlative	
buono	migliore	il ⎧ migliore	i ⎧ migliori
cattivo	peggiore	⎨ peggiore	⎨ peggiori
grande	maggiore	la ⎨ maggiore	le ⎨ maggiori
piccolo	minore	⎩ minore	⎩ minori

Luigi è **il** bambino **peggiore** (**più cattivo**) della classe.	Luigi is the worst child in the class.
Quest'ingorgo è **peggiore** (**più cattivo**) di quello di ieri!	This traffic jam is worse than yesterday's!
Dove sono **i migliori** (**più buoni**) negozi della città?	Where are the best stores in the city?

2. **Maggiore** and **minore** can be used in the sense of *older* (*oldest*) and *younger* (*youngest*).

Caterina è **maggiore** di sua cugina.	Caterina is older than her cousin.
Giuseppe è **il minore** dei fratelli.	Giuseppe is the youngest of the brothers.

3. **Buono**, **cattivo**, **grande**, and **piccolo** also have regular and irregular absolute superlative forms. The irregular forms are not always interchangeable with regular absolute superlative forms (see, for example, the last two examples below the chart).

buono	⎧ **buonissimo** ⎨ **ottimo**	grande	⎧ **grandissimo** ⎨ **massimo**
cattivo	⎧ **cattivissimo** ⎨ **pessimo**	piccolo	⎧ **piccolissimo** ⎨ **minimo**

Questa torta è **ottima/ buonissima**!	This cake is excellent!
Quel vino è **pessimo/ cattivissimo**!	That wine is terrible!
Oggi la temperatura **massima** è 20° C.	Today the highest temperature is 20 degrees Celsius.
Qual è stata la temperatura **minima** di ieri?	What was the lowest temperature yesterday?

H. Isabella paragona parecchie persone. Formuli frasi complete, usando la forma irregolare del comparativo degli aggettivi indicati.

◰ Laura / grande / me   *Laura è maggiore di me.*

1. mio cugino / cattivo / tuo cugino
2. tu / piccolo / Luigi
3. i miei amici / buono / i suoi amici
4. mia sorella / grande / la sorella di Carlo
5. i miei fratelli / piccolo / i suoi fratelli
6. voi / cattivo / loro
7. la signorina Speroni / grande / il signor Dini
8. lui / buono / lei

I. Alba fa delle osservazioni su alcune persone mentre viaggia con un'amica. Completi le seguenti frasi con il superlativo irregolare degli aggettivi indicati.

◰ (grande) Gianni è _____ dei suoi   *Gianni è il maggiore dei suoi*
fratelli.   *fratelli.*

1. (buono) Matteo è _____ della classe di biologia.
2. (cattivo) Luigi era _____ di tutti i miei amici.
3. (piccolo) Adriana è _____ delle mie cugine.
4. (buono) Questi passeggeri sono _____ di tutti.
5. (grande) Mia sorella Carla è _____ di tutti noi.
6. (cattivo) Quei posti sono _____ del treno.
7. (piccolo) Tu ed Emma siete _____ della nostra classe.

J. Due amici di dieci anni parlano di alcuni parenti e compagni. Assuma il ruolo dei ragazzi, e completi le frasi usando la forma corretta dell'aggettivo nel superlativo e nel superlativo assoluto, secondo l'esempio.

◰ (grande) Carlo è _____ di tutti noi.   *Carlo è il maggiore di tutti noi!*
(grande) Carlo è _____!   *Carlo è grandissimo!*

1. (piccolo) Mirella è _____ delle mie cugine.
   (piccolo) Mirella è _____!
2. (cattivo) Luciano è _____ della famiglia!
   (cattivo) Luciano è _____!
3. (buono) Mio padre è _____ dei suoi fratelli.
   (buono) Mio padre è _____!
4. (grande) La zia Eugenia è _____ delle sorelle.
   (grande) La zia Eugenia è _____!
5. (piccolo) Sono _____ di mio fratello Claudio.
   (piccolo) Sono _____!

K. Risponda alle seguenti domande personali.

1. Chi è il/la maggiore dei suoi fratelli o sorelle? Chi è il/la minore?
2. Chi è il/la più grande della sua famiglia? Chi è il/la più piccolo/a?
3. Qual è la migliore trasmissione che ha visto alla televisione la settimana scorsa? Qual è la peggiore?
4. Secondo lei, chi è il migliore attore americano? Chi è il migliore attore italiano? E la migliore attrice americana? Italiana?
5. Secondo lei, chi è il migliore giocatore di baseball? Di pallacanestro?

Comparativi di *bene*, *male*, *poco* e *molto*

The adverbs **bene**, **male**, **poco**, and **molto** have irregular forms when used in comparative constructions.

	Adverb	Comparative	
	bene	meglio	
	male	peggio	
	molto	più	
	poco	meno	

— Come sta tua madre oggi?	— How is your mother today?
— Sta **meglio**, grazie.	— She's better, thank you.
— Sandra studia **meno di** Gianna.	— Sandra studies less than Gianna.
— Mio fratello studia **più di** tutti.	— My brother studies more than everyone.

L. Paragoni le cose che fanno le persone indicate con quelle che fa Luigi, sostituendo ad ogni avverbio il suo comparativo.

▣ Lisa canta male. *Lisa canta peggio di Luigi.*

1. Giulio e Caterina nuotano male.
2. Anna e Tina parlano molto.
3. Lisa legge bene.
4. Pietro mangia poco.
5. Elena scrive male.
6. Giorgio gioca bene.

M. Affermi l'esatto contrario, seguendo l'esempio.

▣ Enrico lavora meglio di tutti. *No, Enrico lavora peggio di tutti.*

1. Le giovani hanno risposto peggio di noi.
2. Tu hai parlato meno di lui.
3. Ieri Mario giocava peggio degli altri giocatori.
4. Io e Luigi guidiamo bene.

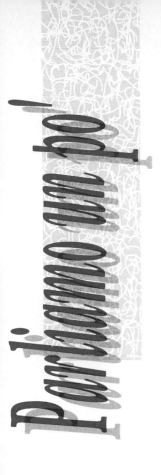

A. **La tessera.** Immagini di studiare all'Università di Roma e di andare in una tabaccheria a comprare una tessera (*pass*) per usare i mezzi pubblici. Collabori con un altro studente/un'altra studentessa che assume il ruolo del tabaccaio/della tabaccaia. Usate le informazioni sulla tessera riportata in basso per le vostre domande e risposte.

1. richiedere una tessera
2. specificare il mese
3. su quali linee può essere usata
4. quando può essere usata
5. per quanti viaggi è valida
6. prezzo

B. **Un biglietto, per favore!** Immagini di essere a Roma e di volere acquistare un biglietto per usare i mezzi pubblici. Lei va da un/una tabaccaio/a o giornalaio/a che le dà varie informazioni basandosi sui biglietti riportati in basso. Collabori con un altro studente/un'altra studentessa.

Lei

1. Richiede un biglietto.

3. Vuole sapere (a) quanti
   biglietti in un blocchetto,
   (b) il prezzo.

5. Vuole sapere (a) per che cosa
   serve, (b) quanto costa, (c) se
   c'è un limite orario.

Tabaccaio/a o giornalaio/a

2. Le offre un blocchetto.

4. Glielo dice. Le consiglia
   anche un biglietto orario.

6. Le spiega che lo può usare
   molte volte in qualsiasi
   autobus. Le dice il prezzo ed
   il limite orario.

C. **Che bello!** Immagini di andare al Centro Turistico Studentesco per diventare socio/a (*member*). La segretaria le annuncia che se desidera andare in Grecia, il centro le regala una seconda settimana in quel paese. A lei interessa la proposta e quindi fa varie domande. Collabori con un altro studente/un'altra studentessa che assume il ruolo della segretaria. Usate le informazioni sull'annuncio che segue.

E' PROPRIO VERO!

**A TUTTI I SOCI CHE PRENOTERANNO UNA
SETTIMANA AD EVIA (GRECIA) NEL PERIODO
1 - 22 LUGLIO,
VERRA' REGALATA la SECONDA SETTIMANA**

GRATIS

UNA SETTIMANA IN GRECIA

Presso lo splendido villaggio
« AFRODITI CLUB »

● **VIAGGIO AEREO CON VOLO DI LINEA**
● **TRASFERIMENTO AL VILLAGGIO**
● **SISTEMAZIONE IN CAMERA DOPPIA
   CON SERVIZI PRIVATI**
● **PENSIONE COMPLETA - INCLUSO VINO**

ED INOLTRE

PISCINA, TAVERNA SUL MARE, DISCOTECA, TEATRO
ALL'APERTO, WIND SURF, CANOTTAGGIO,
BARCHE A VELA, TENNIS, PING PONG ED ANIMAZIONE

 **VIA DEGLI AUSONI, 5
Tel. 4450141 - 4455262
(Zona Università)**

ESCLUSIVO PER I SOCI

Lei vuole sapere:
1. quando può fare il viaggio
2. dove si va (*one goes*) in Grecia
3. come si va
4. come sono le sistemazioni in albergo
5. se i pasti sono inclusi
6. quali attività sportive e ricreative si possono fare

D. **A lei la parola.** Esprima le seguenti situazioni con l'equivalente in italiano.

1. Advise your friends that it is better to go downtown by subway than by car because of the traffic.
2. Deny that the train is faster than the bus.
3. Ask which trade or profession is the best to practice today.
4. Say that a mechanic earns more than a musician.
5. Insist that architecture is the best profession.
6. Say that this is the worst traffic jam you've ever seen.

E. **Prendere il treno.** Legga i seguenti dialoghi e poi faccia l'esercizio che segue.

Coping with transportation is often difficult in a foreign country. This section will help you ask for and interpret information about how to get around Italy by train.

1. Giancarlo Minelli è a Firenze e desidera andare a Venezia. Una mattina esce dall'albergo e va alla biglietteria della stazione.

Giancarlo	Scusi, vorrei un biglietto di andata e ritorno[1] per Venezia.
Impiegato	Desidera viaggiare in prima o in seconda classe?
Giancarlo	In seconda classe. Quanto costa il biglietto?
Impiegato	Sessantamila lire.
Giancarlo	A che ora arriva il treno a Venezia?
Impiegato	Alle venti. Ecco il biglietto e buon viaggio.

2. Kathy Carlson, una studentessa americana in vacanza a Roma, deve andare a Perugia. Ora è all'ufficio informazioni della stazione, e fa delle domande all'impiegato.

Kathy	Scusi, a che ora parte il treno per Perugia?
Impiegato	Alle sedici, dal secondo binario[2].
Kathy	Quale treno devo prendere?
Impiegato	Il direttissimo Roma-Ancona. Alla prima fermata, la stazione di Orte, lei scende e aspetta la coincidenza[3] con un treno locale che la porterà a Perugia.
Kathy	Com'è complicato!

Impiegato	Non si preoccupi, signorina. Il viaggio non è lungo e non avrà nessun problema.
Kathy	La ringrazio molto[4].
Impiegato	Non c'è di che. Buon viaggio!

1. round-trip ticket   2. track   3. connection   4. Thank you very much.

F. **Informazioni.** Dia ad un altro studente/un'altra studentessa le seguenti informazioni basate sui dialoghi appena letti.

1. dove desidera andare Giancarlo
2. come viaggia
3. prezzo del biglietto
4. l'orario di arrivo a Venezia
5. cosa fa a Roma Kathy
6. perché va alla stazione
7. l'orario di partenza per Perugia
8. perché è complicato il viaggio in treno per Perugia

G. **Vocabolario utile.** Utilizzi il seguente vocabolario negli esercizi che seguono.

l'arrivo arrival
il bagaglio luggage
la biglietteria ticket office
il biglietto di andata one-way ticket; **il biglietto di andata e ritorno** round-trip ticket
il binario track
la (prima, seconda) classe (first, second) class
la coincidenza connection
la cuccetta berth
il deposito bagagli baggage room
l'entrata entrance
la ferrovia railroad
il finestrino train window
la galleria tunnel
l'orario ferroviario train schedule

la partenza departure
il posto (riservato) (reserved) seat
la sala d'aspetto waiting room
lo scompartimento (per fumatori) (smoking) compartment
la stazione ferroviaria train station
il treno diretto (direttissimo) direct (express) train; **il treno locale** local train; **il rapido** rapid train
l'ufficio informazioni information office
l'uscita exit
il vagone letto (ristorante) sleeping (dining) car

H. **Da Roma a Parigi.** Immagini di essere a Roma e di volere andare a Parigi. Entri in un'agenzia di viaggi per prenotare una cuccetta nel vagone letto del treno Roma-Parigi. Dica che vuole stare in uno scompartimento per fumatori. Collabori con un altro studente/un'altra studentessa.

LEZIONE

19

COSA STAI LEGGENDO?

Sotto i portici del cortile
dell'Università di Bologna
gli studenti passeggiano e
parlano tra di loro.

Cristina Belli, studentessa di legge, è seduta su una panchina nel cortile dell'università di Firenze e legge un libro. È così assorta nella lettura che non si accorge° dell'arrivo di Luigi Rosati, un suo compagno d'università.

	Luigi	Ciao, Cristina, cosa stai leggendo?	
	Cristina	Se te lo dicessi, non ci crederesti.	
	Luigi	Ah, no? Mettimi alla prova°.	Just try me.
	Cristina	È un'antologia di poesia moderna.	
5	**Luigi**	Poesia? Hai per caso cambiato facoltà?	
	Cristina	Ma che dici°! Innanzi tutto a me la poesia è sempre piaciuta, e poi mi aiuta a distrarmi e a non farmi pensare al solito codice° civile, alle leggi, al diritto° internazionale, ecc.	What are you talking about code law
	Luigi	E quale poeta stai leggendo adesso?	
10	**Cristina**	Aldo Palazzeschi. È un poeta che nacque qui a Firenze nel 1885, morì a Roma nel 1974 e . . .	
	Luigi	. . . e scrisse "Rio Bo". Sorpresa? Come vedi, anch'io ne so qualcosa.	
	Cristina	Luigi, non m'incanti°. Come studente di legge so che sei molto pratico e se tutti fossero come te, non ci sarebbe poesia in questo mondo. La poesia è espressione di idee, emozioni, esperienze nelle quali° il poeta interpreta sé stesso e la realtà che lo circonda.	you don't fool me in which
15			
	Luigi	Sì, capisco perfettamente. Ma qual è il vero motivo per cui ti stai dedicando così seriamente a questa lettura?	
20	**Cristina**	Qualche mese fa la facoltà di lettere decise di organizzare delle conferenze sulla poesia italiana di questo secolo e stasera c'è quella° sulla poesia del Palazzeschi.	the one
	Luigi	Capisco. Anzi, capisco benissimo perché, se non mi sbaglio°, il conferenziere di stasera è il professor Alessi, che mi dicono è molto giovane, simpatico, carino . . .	if I am not mistaken
25			
	Cristina	Spiritoso°! A che cosa vuoi alludere?	Wise guy
	Luigi	A niente. Dicevo così solo per dire. Anzi, se vuoi, posso accompagnarti alla conferenza.	
30	**Cristina**	No, grazie, preferisco andarci da sola. Ora però, se non ti dispiace, vorrei continuare a leggere.	
	Luigi	Sì, fai pure°, ma posso invitarti al cinema per domani sera?	go ahead
	Cristina	Non lo so. Ne parleremo domani, prima della lezione di diritto internazionale, va bene?	
35	**Luigi**	Sì, d'accordo. Ciao.	

<table>
<tr><td>

DOMANDE
GENERALI

</td><td>

1. Dov'è Cristina Belli? Che sta facendo?
2. Perché non si accorge dell'arrivo di Luigi?
3. Che cosa sta leggendo Cristina?
4. Perché a Cristina piace la poesia?
5. Chi è Aldo Palazzeschi?
6. Secondo Cristina, che cos'è la poesia?
7. Che cosa ha organizzato la facoltà di lettere?
8. Com'è il professor Alessi?
9. Perché Luigi non accompagna Cristina alla conferenza?
10. Di che cosa parleranno domani Cristina e Luigi?

</td></tr>
<tr><td>

DOMANDE
PERSONALI

</td><td>

1. Le piace la poesia? Chi è il suo poeta preferito?
2. Sa qualche poesia a memoria? Quale?
3. Chi è il suo scrittore preferito o la sua scrittrice preferita?
4. Secondo lei, qual è il poema o l'opera letteraria più importante del suo paese?
5. Le piacerebbe essere scrittore o scrittrice? Che cosa scriverebbe—romanzi, racconti, poesia, saggi (*essays*)?
6. Ha mai letto in inglese qualche opera italiana come *La Divina Commedia*?

</td></tr>
</table>

VOCABOLARIO

Parole analoghe

alludere	**l'esperienza**	**letterario/a**
l'antologia	**internazionale**	**la poesia**
civile	**interpretare**	**il poeta**
l'emozione	**invitare**	**pratico/a**

Nomi

il compagno companion	**il motivo** reason
la conferenza lecture	**l'opera** (literary or artistic) work
il conferenziere lecturer	**il racconto** short story
la lettura reading	**il romanzo** novel
il mondo the world	**il secolo** century

Aggettivi

assorto/a absorbed, engrossed
spiritoso/a witty, clever

Verbi

circondare to surround
dedicarsi to dedicate oneself
distrarsi to relax, amuse oneself

Altre parole ed espressioni

anzi indeed
ne about it

perfettamente perfectly
seriamente seriously

farmi pensare let me think
innanzi tutto first of all
per caso by chance
per cui for which
sapere a memoria to know by heart
se stesso/a oneself

PRATICA

A. Immagini di fare un'inchiesta *(survey)* per sapere cosa e quanto leggono i suoi compagni di scuola. Prepari un questionario da discutere in classe.

B. Immagini di essere uno scrittore/una scrittrice e scriva un breve componimento su un giorno importante della sua vita.

C. Faccia un elenco di tutti gli autori italiani e delle loro opere che lei conosce. Poi paragoni il suo elenco con quello di altri studenti per imparare i nomi e le opere di altre figure letterarie.

Accenni[1] letterari

Il neorealismo nasce nel decennio
1930–1940 con il proposito di docu-
mentare la realtà italiana e si presenta
subito come letteratura di opposizione
al fascismo. Il rappresentante di questo
periodo iniziale è Alberto Moravia. Dopo
la guerra, il neorealismo abbandona la
sua base culturale e punta[2] sulla cronaca e
sul documento, usando spesso un linguaggio[3]
popolare. I disastri della guerra, il fascismo,
la resistenza e la libertà sono alcuni temi
trattati da Elio Vittorini, Giuseppe Berto,
Vasco Pratolini, Ignazio Silone, Giorgio Bassani
ed Elsa Morante.

Ma anche nel campo della poesia gli scrittori
italiani si distinguono per la loro creatività e
originalità. Giuseppe Ungaretti, Eugenio Montale e Salvatore Quasimodo
rappresentano la poesia italiana del ventesimo secolo. Le loro poesie hanno
un richiamo[4] universale per l'intensità, purezza e l'uso creativo della lingua.
Due di loro, Quasimodo e Montale, ricevono inoltre il premio Nobel per
la letteratura: il primo nel 1959, ed il secondo nel 1975.

Alberto Moravia, uno degli
scrittori italiani più versatili e
prolifici di questo secolo.

1. References   2. focuses   3. language   4. appeal

⫼⫼⫼⫼ AMPLIAMENTO DEL VOCABOLARIO ⫼⫼⫼⫼

L'anno, il decennio ed il secolo

1. Calendar years are written as single long words. The definite article
   usually precedes the calendar year.

Carlo è nato nel **millenovecentoset-tantanove** (1979).	Carl was born in 1979.
Sono andato a Roma nel **millenovecentottantanove** (1989).	I went to Rome in 1989.

2. Calendar years in the present century are sometimes shortened to **il (l')** +
   the last two digits.

L'ottantacinque è stato un bell'anno.	'85 was a nice year.
Sono stato in Italia **nell'ottantuno.**	I was in Italy in '81.

3. A decade **(decennio)** is normally expressed with **gli anni** + *numeral.*

Ho lavorato in Italia durante **gli anni ottanta.**

I worked in Italy during the Eighties.

Mi piacciono le canzoni **degli anni sessanta.**

I like the songs of the Sixties.

4. Centuries **(i secoli)** from 1200 on can be referred to in two ways, which correspond to the interchangeable use in English of, for instance, *the nineteenth century* and *the 1800s.*

1200–1299 = **il tredicesimo secolo** or **il Duecento**
1800–1899 = **il diciannovesimo secolo** or **l'Ottocento**

A. Legga ad alta voce in italiano gli anni ed i decenni che seguono.

1. 1789	4. in '82	7. in the 70s
2. 1890	5. in '78	8. in the 80s
3. 1988	6. in '68	9. in the 90s

B. Risponda ad un amico/un'amica che vuole sapere la data di ciascuno dei seguenti eventi storici. Scelga la data corretta dall'elenco a destra.

1. la fine della seconda guerra *(war)* mondiale	1776
2. l'indipendenza degli Stati Uniti	1492
3. la Rivoluzione francese	1963
4. la fine della guerra civile negli Stati Uniti	1945
5. l'inizio *(beginning)* della prima guerra mondiale	1865
6. la morte del presidente Kennedy	1789
	1914

C. Domandi ad un amico/un'amica in che anno è nato ed è morto ciascuno dei seguenti famosi personaggi italiani.

Leonardo da Vinci (1452–1519)
— Quando è nato Leonardo da Vinci? Quando è morto?

— *Leonardo da Vinci è nato nel millequattrocentocinquantadue ed è morto nel millecinquecentodiciannove.*

1. Dante Alighieri (1265–1321)
2. Maria Montessori (1870–1952)
3. Giuseppe Garibaldi (1807–1882)
4. Eleonora Duse (1859–1924)
5. Michelangelo Buonarroti (1475–1564)
6. Grazia Deledda (1871–1936)
7. Giuseppe Verdi (1813–1901)
8. Roberto Rossellini (1907–1977)
9. Enrico Fermi (1901–1954)
10. Elsa Morante (1915–1985)

D. Risponda ad un amico/un'amica che le domanda in quale secolo sono nati i personaggi indicati nell'esercizio C.

— *In quale secolo è nato (Leonardo da Vinci)?*
— *(Leonardo da Vinci) è nato nel (Quattrocento).*

STRUTTURA ED USO

Il passato remoto

— Mamma, quando **comprasti** quel vestito?
— Lo **comprai** nel 1965.

1. The **passato remoto** is a one-word past tense used frequently in writing, especially narratives, to relate past events unconnected to the present. It is sometimes called *the historical past*.

Il terremoto di due anni fa **distrusse** quella casa.	The earthquake that took place two years ago destroyed that house.
Cristoforo Colombo **scoprì** il Nuovo Mondo nel 1492.	Christopher Columbus discovered the New World in 1492.

2. The **passato remoto** is formed by adding the characteristic endings to the infinitive stem. The following chart shows the **passato remoto** forms of regular **-are**, **-ere**, and **-ire** verbs.

	comprare	**temere**	**finire**
io	compr**ai**	tem**ei(-etti)**	fin**ii**
tu	compr**asti**	tem**esti**	fin**isti**
lui/lei	compr**ò**	tem**è(-ette)**	fin**ì**
noi	compr**ammo**	tem**emmo**	fin**immo**
voi	compr**aste**	tem**este**	fin**iste**
loro	compr**arono**	tem**erono(-ettero)**	fin**irono**

Note that second-conjugation verbs have two different forms for the first- and third-person singular and for the third-person plural. Usage sometimes determines which is more appropriate for a particular verb.

3. The **passato remoto** is used in speaking when the speaker perceives the action described as distant from or unconnected to the present. Southern Italians use the **passato remoto** more frequently than do northern Italians in both speaking and writing.

Mio zio **partì** per l'America nel 1972.	My uncle left for America in 1972.
Il poeta Salvatore Quasimodo **ricevette** il premio Nobel nel 1959.	The poet Salvatore Quasimodo received the Nobel Prize in 1959.

4. Most common verbs are irregular in the **passato remoto**. Here are some of them. A more complete list appears in Appendix F.

Infinitive	Passato Remoto
avere	ebbi, avesti, ebbe, avemmo, aveste, ebbero
conoscere	conobbi, conoscesti, conobbe, conoscemmo, conosceste, conobbero
dare	diedi, desti, dette (diede), demmo, deste, dettero (diedero)
essere	fui, fosti, fu, fummo, foste, furono
fare	feci, facesti, fece, facemmo, faceste, fecero
leggere	lessi, leggesti, lesse, leggemmo, leggeste, lessero
nascere	nacqui, nascesti, nacque, nascemmo, nasceste, nacquero
prendere	presi, prendesti, prese, prendemmo, prendeste, presero
sapere	seppi, sapesti, seppe, sapemmo, sapeste, seppero
scrivere	scrissi, scrivesti, scrisse, scrivemmo, scriveste, scrissero
vedere	vidi, vedesti, vide, vedemmo, vedeste, videro
venire	venni, venisti, venne, venimmo, veniste, vennero
volere	volli, volesti, volle, volemmo, voleste, vollero

A. Descriva con frasi complete il viaggio che fecero Laura e Luisa due anni fa.

▣ due anni fa / Laura e Luisa /   *Due anni fa Laura e Luisa decisero*
   decidere / andare in Italia   *di andare in Italia.*

1. loro / comprare / i biglietti / e partire / in Aprile
2. Le amiche / arrivare / a Roma / otto di mattina
3. Laura / perdere / le valige / poi / le trovare
4. le amiche / passare / tre giorni / Roma
5. poi / andare / Firenze e Venezia
6. Luisa / comprare / alcune borse / Venezia
7. loro / spendere / molti soldi
8. loro / ritornare / dopo due settimane / stanche ma contente

B. Dica cosa fece Marco a Firenze tre anni fa, usando il passato remoto.

▣ fare molte passeggiate   *Fece molte passeggiate.*

1. visitare la Galleria degli Uffizi
2. incontrare alcuni amici
3. scrivere molte cartoline ai genitori
4. vedere una commedia divertente al Teatro La Pergola
5. conoscere un artista famoso
6. prendere lezioni di musica
7. visitare il giardino di Boboli
8. volere andare a vedere *il David* di Michelangelo

C. Completi le seguenti frasi con espressioni di senso compiuto.

1. L'anno scorso, io e i miei amici . . .
2. Nel 1987, la nostra città . . .
3. Qualche anno fa, mio padre (mia madre, mio fratello) . . .
4. Tre anni fa, io . . .
5. Nel 1988, un mio amico (una mia amica) . . .
6. Alcuni mesi fa, i miei genitori . . .

D. Trascriva questo brano cambiando il soggetto da *io* a *noi*, e poi a *loro*, usando il passato remoto dei verbi.

Tre mesi fa preparai un questionario sui film italiani presentati a New York. Scrissi a molti registi e attori italiani per avere le loro opinioni. Parlai anche con il professore che insegna un corso sul cinema italiano. Finii il lavoro dopo un mese e discussi il risultato del questionario con i miei amici. Imparai molto da questa ricerca interessante.

Partitivo *di*

— Ho comprato **del pesce**.

1. The concept *some* (known as the partitive) is usually expressed in Italian by **di** + *article*.

Ecco **del** tè freddo. Here is some iced tea.
Ho trovato **delle** vecchie I found some old photographs
  fotografie in cantina.   in the cellar.

2. The following chart shows the forms of the partitive.

	Singular		Plural	
Masculine	**Feminine**	**Masculine**	**Feminine**
del pane	della carne	dei dolci	delle olive
dello zucchero	dell'insalata	degli spinaci	
dell'olio			

3. The partitive is never used in negative sentences. It is often omitted in interrogative sentences.

Non voglio pane.   I don't want (any) bread.
Non bevo vino.   I don't drink (any) wine.
Vuoi (dell')acqua?   Do you want (some) water?
Volete carne o pesce?   Do you want (some) meat or (some) fish?

E. Giancarlo dice cosa mangia per cena e domanda ad Enrico cosa mangia lui. Collabori con un altro studente/un'altra studentessa.

riso / formaggio   — *Mangio del riso. Anche tu?*
                        — *No, non mangio riso. Mangio del formaggio.*

1. il pane / l'insalata   4. gli asparagi / i funghi
2. il minestrone / gli spaghetti   5. la frutta / il dolce
3. la carne / il pesce

F. Serafina è al telefono con un'amica e le spiega quello che ha fatto recentemente. Completi le seguenti frasi, usando il partitivo *di*.

Ieri mia sorella ed io abbiamo visto   *Ieri mia sorella ed io abbiamo visto*
_____ amici al centro.   *degli amici al centro.*

1. Abbiamo comprato _____ dischi italiani.
2. Poi ho comprato _____ cassette di musica americana.
3. Abbiamo parlato con _____ amiche di Teresa mentre eravamo in un negozio.
4. Più tardi siamo andate a vedere _____ appartamenti costosi.
5. Al ristorante, poi, abbiamo ordinato _____ insalata e _____ pesce.
6. Abbiamo anche preso un caffè e _____ paste assortite.

G. Mentre mangiano, la mamma fa delle domande a Sandra. Formuli domande con le seguenti parole, usando il partitivo *di*. Collabori con un altro studente/un'altra studentessa.

volere / burro / margarina   — *Vuoi (del) burro o (della) margarina?*
                              — *Voglio del burro.*

1. scrivere / lettere / cartoline agli zii
2. avere bisogno / buste / francobolli
3. volere assaggiare / ravioli / spinaci
4. bere / acqua minerale / caffè
5. prendere / dolce / formaggio
6. più tardi / riunirsi / con amici / amiche
7. comprare / penne / matite per le lezioni

Pronome *ne*

1. The pronoun **ne** (*of it, of them*) is used when referring back to a phrase introduced by the partitive or preposition **di**.

— Offrono del **formaggio** a   — Do they offer some cheese to
  Stefano?   Stefano?
— No, **ne** offrono a Carlo.   — No, they offer some (of it) to
                                       Carlo.

— Parlate **di Giovanni**?	— Are you talking about Giovanni?
— Sì, **ne** stiamo parlando. — Sì, stiamo parlando**ne**. }	— Yes, we're talking about him.
— Vuole assaggiare **delle olive**?	— Do you want to taste some olives?
— Sì, voglio assaggiar**ne**. — Sì, **ne** voglio assaggiare. }	— Yes, I want to taste some (of them).

In Italian the pronoun **ne** is always expressed, in contrast to English, which often omits *of it*, *of them*, *about it*, *about them*, etc. Note that the position of **ne** is the same as that of direct-object pronouns (see pages 181–182).

2. **Ne** is also used to refer to a direct object introduced by a number or expression of quantity.

— Hai due cugini?	— Do you have two cousins?
— Sì, **ne** ho due.	— Yes, I have two (of them).
— Quanti fratelli hai?	— How many brothers do you have?
— **Ne** ho quattro.	— I have four (of them).

3. The indirect-object pronouns **gli** or **le** become **glie** and combine with **ne**. **Loro**, however, is never attached to **ne**.

Gli darò dei panini.	I'll give him some sandwiches.
Le darò delle mele.	I'll give her some apples.
Gliene darò.	I'll give him/her some (of them).
Darò **loro** del vino.	I'll give them some wine.
Ne darò loro.	I'll give them some (of it).

4. When **ne** precedes a verb in the **passato prossimo**, it functions as a direct-object pronoun, requiring agreement of the past participle.

— Quante **mele** hai preso?	— How many apples did you take?
— **Ne** ho **prese** tre.	— I took three (of them).
— Quanti **libri** hai comprato ieri?	— How many books did you buy yesterday?
— **Ne** ho **comprati** due.	— I bought two (of them).

5. Note the use of **ne** in responses to questions that contain expressions such as **avere bisogno di**, **avere paura di**, **avere voglia di**, and **discutere di**, replacing either nouns or verbs.

— Hai bisogno del dizionario?	— Do you need a dictionary?
— No, non **ne** ho bisogno.	— No, I don't need one.

— Avete paura degli esami? — Are you afraid of exams?
— Sì, **ne** abbiamo paura. — Yes, we're afraid of them.

— Hai voglia di uscire? — Do you feel like going out?
— No, non **ne** ho proprio — No, I really don't feel like it.
voglia.

— Discuti sempre di sport? — Do you always discuss sports?
— Sì, **ne** discuto sempre? — Yes, I always discuss it.

H. Chieda ad un altro studente/un'altra studentessa se ha alcuni degli oggetti indicati.

回   dei dischi italiani   *— Hai dei dischi italiani?*
— Sì, ne ho molti (pochi, due).
No, non ne ho.

1. dei biglietti per l'opera
2. degli strumenti musicali
3. dei dischi americani
4. delle riviste inglesi
5. dei soldi
6. delle cassette di musica rock
7. delle camicie blu
8. delle scarpe italiane

I. Domandi ad un altro studente/un'altra studentessa quanti parenti ha.

回   fratelli   *— Quanti fratelli hai?*
— Ne ho (due).

1. zie   3. cognati   5. sorelle
2. cugine   4. nonni   6. zii

J. Il professore d'italiano le fa le seguenti domande. Risponda negativamente, sostituendo il pronome *ne* alle parole in corsivo.

1. Ha paura *del traffico della sua città?*
2. Ha voglia *di un bel caffè adesso?*
3. Ha avuto mai bisogno *di aiuto da un poliziotto?*
4. Lei discute spesso *di politica con gli amici?*
5. I suoi amici hanno voglia *di andare a vedere* l'*"Aida"?*
6. Ha bisogno *di usare il computer?*
7. Ha paura *di andare a cavallo?*
8. Sta discutendo *di musica classica?*
9. Ha voglia *di fare colazione adesso?*
10. Quante *videocassette ha a casa?*

K. Supponga di fare una festa e di chiedere ad alcuni invitati se hanno preso un po' dei cibi indicati. Collabori con altri studenti.

dell'antipasto (sì)   — *Hai preso dell'antipasto?*
                            — *Sì, ne ho preso.*

della pasta (no)   — *Hai preso della pasta?*
                            — *No, non ne ho presa.*

1. dei fagiolini (no)   4. delle arance (sì)   7. dell'insalata (sì)
2. dei pomodori (no)   5. dell'uva (sì)   8. del tè (no)
3. del dolce (sì)   6. delle olive (no)   9. del caffè (sì)

L'avverbio di luogo *ci*

. . . in Italia? **Ci** vengo volentieri!

1. **Ci** (meaning either *here* or *there*) is used to refer to a previously mentioned place, particularly a noun preceded by **a** or **in**.

— Vai a Palermo a febbraio?   — Are you going to Palermo in February?

— No, **ci** vado a marzo.   — No, I'm going (there) in March.

— Con chi sei stato in biblioteca? — Who were you with in the library?

— **Ci** sono stato con Angelo.   — I was there with Angelo.

— Sei andato dal dottore?   — Did you go to the doctor?

— Sì, **ci** sono andato ieri sera. — Yes, I went there last night.

2. **Ci** is also used to replace **a** + a noun phrase after the verbs **pensare** and **credere**.

> — Pensi alla tua ragazza?   — Are you thinking about your girlfriend?
>
> — Sì, **ci** penso spesso.   — Yes, I think of her often.

3. **Ci** precedes or follows the verb according to the rules for object pronouns.

> — Andrai in Inghilterra quest'estate?   — Will you go to England this summer?
>
> — No, non **ci** andrò.   — No, I won't go (there).
>
> — Vuoi andare in campagna?   — Do you want to go to the country?
>
> — Sì, **ci** voglio andare. ⎫   — Yes, I want to go (there).
> — Sì, voglio andar**ci**. ⎭

L. Chieda ad un altro studente/un'altra studentessa se va spesso, mai, qualche volta, sempre, ecc., nei seguenti luoghi, usando *ci* nelle risposte.

▣ al negozio di tuo padre   — *Vai spesso al negozio di tuo padre?*
                                 — *Sì, ci vado spesso (sempre, qualche volta).*
                                    No, non ci vado spesso (mai).

1. all'ufficio postale   5. in montagna con gli amici
2. dal dentista   6. alla partita di calcio
3. al mercato rionale   7. a quel ristorante italiano
4. in Italia   8. dai tuoi amici

M. Domandi ad un altro studente/un'altra studentessa se pensa spesso, raramente, mai, ecc. a queste persone o cose.

▣ gli esami   — *Pensi spesso (raramente, qualche volta) agli esami?*
                    — *Sì, ci penso spesso.*
                       No, non ci penso affatto (mai).

1. al lavoro   4. alle vacanze estive
2. al viaggio in Europa   5. ai compiti da fare
3. alla tua amica   6. a tua madre

N. Chieda ad un altro studente/un'altra studentessa se è mai stato/a in una di queste città o in uno di questi paesi.

▣ in Italia   — *Sei mai stato/a in Italia?*
                   — *Sì, ci sono stato/a l'anno scorso (un mese fa, ecc.)*
                      No, non ci sono mai stato/a, ma vorrei andarci.

1. a Berna   4. in Grecia   7. in Svizzera
2. a Lisbona   5. in Africa   8. a Dublino
3. ad Atene   6. nel Portogallo   9. a Parigi

Pronomi relativi *che* e *cui*

— Quello è il bel ragazzo **di cui** ti ho parlato.

1. Relative pronouns like **che** and **cui** connect a dependent clause to a main clause. The relative pronoun refers back to a specific noun in the main clause.

Main Clause	Dependent Clause
Lisa è una giovane	**che** studia pittura a Firenze.
Robert è il giovane	**a cui** Lisa scrive una lettera.

2. The most common relative pronoun in Italian is **che** (*who, whom, that, which*). In the first two sentences below, **che** is the subject of the dependent clause. In the last two sentences, **che** is the direct object of the dependent clause.

Ecco il ragazzo **che** ha fatto la festa.	There is the boy who gave the party.
Ecco i biglietti **che** erano sul tavolo.	Here are the tickets that were on the table.
Ecco il ragazzo **che** ho conosciuto ieri.	There is the boy (whom) I met yesterday.
Ecco i biglietti **che** ho comprato stamattina.	Here are the tickets (that, which) I bought this morning.

L'ARTE

(Above) Questa scena è una delle opere più importanti di Andrea Mantegna, noto artista rinascimentale. Il quadro è intitolato "L'orazione nell'orto" *("The prayer in the garden")*. (Museo di Louvre)

(Right) Nel Medioevo l'arte era applicata molto ai temi religiosi. In noti monasteri i frati si dedicavano intensamente alla miniatura *(illumination)* di testi religiosi come vediamo in questo manoscritto situato a Siena.

(Left) Il genio *(genius)* creativo di Leonardo da Vinci è evidente anche in questa pittura che rappresenta la Vergine con il bambino insieme con Sant'Anna e Giovanni Battista. (Museo di Louvre)

(Below) Fin dall'antica Roma le arti decorative hanno avuto un'importanza rilevante nell'abbellimento *(adornment)* di case private e palazzi pubblici. Gli affreschi di una struttura romana sono riportati alla luce durante gli scavi *(excavations)* di Pompei.

(Right) Il tempio romano di Era a Paestum, vicino Napoli, risale *(dates back)* al 460 avanti Cristo. (Below) L'interno di Santa Costanza a Roma è stato costruito agli inizi del quarto secolo dopo Cristo per Costanza ed Elena, figlie dell'imperatore Costantino.

L'ARCHITETTURA II

(Above) La Piazza dei Miracoli a Pisa comprende la basilica e il famoso campanile conosciuto sotto il nome di Torre Pendente di Pisa. (Right) Questa giovane donna ammira le linee ed i colori della loggia (balcony) di un cortile all'interno di Villa Rufolo, un palazzo rinascimentale a Ravello.

Note that the relative pronoun **che** is never omitted in Italian. In English, *whom*, *which* and *that* are often omitted when they function as the direct object of a dependent clause.

3. The relative pronoun **cui** is used when the dependent clause is introduced by a preposition. **Cui** replaces nouns or pronouns that designate persons, things, and places. In conversation, **dove** is often used instead of **in cui** to refer to places.

Ecco l'amico **di cui** parlo spesso.	Here's the friend about whom I often talk.
Ecco la signora **con cui** è uscita mia madre.	Here's the lady with whom my mother went out.
Ecco i signori **a cui** abbiamo telefonato.	Here are the gentlemen whom we telephoned.
Ecco il negozio $\begin{cases} \textbf{in cui} \\ \textbf{dove} \end{cases}$ lavoro.	Here is the store $\begin{cases} \text{in which} \\ \text{where} \end{cases}$ I work.
Ecco la chiesa **presso cui** abita Michele.	Here is the church near which Michele lives.

O. Immagini di essere seduto/a ad un bar all'aperto con un amico e di chiedergli chi sono le persone che vedete. Collabori con un altro studente/un'altra studentessa.

▣ ragazzo / parlare con Maria — *Chi è quel ragazzo che parla con Maria?*
— *È mio fratello.*

1. uomo / fare il pieno di benzina
2. signore / bere il caffè
3. signora / parlare al telefono
4. ragazza / leggere il giornale
5. bambine / mangiare il gelato
6. ragazzi / andare a giocare a tennis
7. ragazzo / vendere le riviste
8. studenti / chiamare il cameriere

P. Risponda ad un altro studente/un'altra studentessa che le chiede cosa preferisce.

▣ la poesia — *Quale poesia preferisci?*
— *Questa è la poesia che preferisco.*

1. la lettura	4. i giornali	7. i dischi
2. le opere	5. la rivista	8. i libri
3. il romanzo	6. i poeti	9. la scrittrice

Q. Immagini di mostrare agli amici alcune foto del suo viaggio in Italia. Usi *in cui* per i luoghi (*places*) e *con cui* per le persone.

l'albergo   *Ecco l'albergo in cui ho dormito.*
gli amici   *Ecco gli amici con cui sono andato a Venezia.*

1. la città	6. il ristorante
2. lo zio	7. il bar
3. le ragazze	8. i parenti
4. la villa	9. la strada
5. il paese	

R. Dia delle informazioni sulle seguenti persone o cose, completando le frasi con *in cui*, *con cui*, ecc.

Ecco l'ufficio in . . .   *Ecco l'ufficio in cui lavoravo.*

1. Ecco la signorina di . . .	6. Sono le studentesse a . . .
2. Telefono agli amici con . . .	7. Ecco la biblioteca in . . .
3. Scrivo una lettera alla signora a . . .	8. È il poeta di . . .
4. Parli con gli studenti con . . .	9. Non trovo la foto di . . .
5. È il film di . . .	10. Quello è l'uomo con . . .

S. Completi le seguenti frasi usando il pronome relativo corretto *che, in cui, di cui* o *con cui.*

Mi piacciono le persone _____ sono allegre.   *che*

1. Mi piacciono le ragazze _____ si vestono elegantemente.
2. Conosco una signora _____ scrive romanzi.
3. Ho letto un libro _____ c'erano poesie moderne.
4. Abbiamo visto il film _____ ci hai consigliato.
5. Ho un amico _____ gioco a pallacanestro.
6. Ecco Paolo, il ragazzo _____ ti ho parlato.
7. Ecco la piazza _____ ho conosciuto mio marito.
8. Ho ricevuto una cartolina _____ mi hai spedito dall'Egitto.

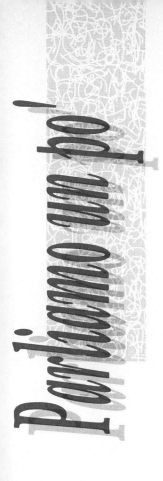
Parliamo un po'

A. **In libreria.** Lei lavora in una libreria e un/una cliente le chiede un consiglio. Quali dei seguenti libri raccomanderebbe per sua nipote di dieci anni, per suo nipote di dodici anni e per suo fratello a cui piace la fantascienza? Descriva brevemente i libri che raccomanda. Collabori con un altro studente/un'altra studentessa.

Piccole donne
Louisa May Alcott

Comma 22
Joseph Heller

Cronache marziane
Ray Bradbury

Avere e non avere
Ernest Hemingway

Un'arancia a orologeria
Anthony Burgess

Per chi suona la campana
Ernest Hemingway

Le avventure di Pinocchio
Collodi

Lo Shining
Stephen King

Passaggio in India
E. M. Forster

Lo Hobbit
J. R. R. Tolkien

Il diario di Anne Frank

Lei
1. Lo/La saluta.

Il/La cliente
2. Risponde al saluto. Poi domanda quale libro raccomanderebbe per sua nipote.

3. Domanda quanti anni ha la nipote.

4. Risponde.

5. Raccomanda il libro.

6. Domanda chi lo ha scritto e di che tratta.

7. Identifica l'autore e descrive il libro (Il libro tratta di . . . / È un libro in cui . . .)

8. Accetta il consiglio e le domanda cosa suggerirebbe per suo nipote, ecc.

B. **Cosa ti piace leggere?** Domandi ad alcuni suoi compagni di scuola quali scrittori o poeti, romanzi o poesie preferiscono, e perché. Collabori con un gruppo di quattro o cinque studenti. Prenda appunti e riferisca le informazioni alla classe.

C. **Ci andiamo?** Lei ha ricevuto un invito per partecipare ad un congresso (*conference*) sulla donna. Adesso invita un amico/un'amica ad andare con lei. Collabori con un altro studente/un'altra studentessa, utilizzando le informazioni riportate sull'invito a pagina 420.

EURO D

EURO D   La città delle donne d' Europa

Palazzo dei Congressi e dei Ricevimenti
Roma - Eur

6 gennaio 1989 ore 11.00

Cerimonia inaugurale di
EURO D - La città delle donne d' Europa
1° Salone Europeo della Condizione
Femminile

Programma :
Saluto della banda
Arrivo della staffetta europea
Accensione del tripode
Indirizzo di saluto delle Autorità
Taglio del nastro
Visita ad Euro D
Lunch

La S.V. è cordialmente invitata
ad intervenire

D. **Lettura.** Legga il seguente brano e poi faccia gli esercizi che seguono.

Fin[1] dagli inizi degli anni settanta, il movimento femminista italiano ha inciso[2] notevolmente sulla struttura sociale italiana. Oggi molte giovani donne italiane, dalla casalinga alla professionista, dalla studentessa all'operaia, hanno preso coscienza[3] del proprio ruolo non solo nella famiglia, ma anche nella società. Il movimento di liberazione della donna le ha incoraggiate[4] a cercare lavoro e ad intraprendere carriere fuori di casa.

Ma in Italia non c'è abbondanza di posti di lavoro, e nel passato essi erano offerti quasi esclusivamente agli uomini. Comunque negli ultimi decenni il progresso economico ha creato più posti di lavoro, e lentamente l'atteggiamento[5] della gente verso il ruolo sociale della donna è cambiato.

In quasi tutte le città italiane ci sono gruppi femministi, con il compito di aiutare la donna a risolvere problemi personali e di famiglia. Questi gruppi sono molto attivi nella politica del paese ed hanno spinto[6] il governo a creare un maggior numero di servizi sociali, come i centri per la salute ed asili nido[7].

1. Since   2. affected   3. have become aware   4. has encouraged   5. attitude   6. pushed
7. day-care centers

E. **Un titolo appropriato.** Scelga un titolo appropriato per il brano appena letto.

1. Il femminismo italiano
2. La storia delle donne in Italia
3. Il ruolo della donna in Italia

F. **Informazioni.** Dia le seguenti informazioni basate sul brano riportato in alto.

1. Anni in cui il movimento femminista ha cominciato ad avere un certo impatto (*impact*) sulla società italiana:
2. Due grandi traguardi (*goals*) raggiunti dal movimento femminista in Italia:
3. La realtà economica in Italia:
4. Quello che sta aiutando le donne in Italia e come le sta aiutando:

G. **A lei la parola.** Esprima le seguenti situazioni con l'equivalente italiano appropriato. Scriva quello che dicono tutte e due le persone dove necessario.

1. Say that Boccaccio was a fourteenth-century Italian writer, using the *passato remoto.*
2. Ask your roommate if he/she visited Assisi when he/she went to Italy three years ago. Say that you've always wanted to go there.
3. Your roommate asks you how many eggs you bought. Say that you bought twelve, but broke two of them.
4. Offer to lend Laura some forks, some spoons, and some glasses for her party.
5. Introduce Massimo to your roommates, and say that he is the poet you told them about last week.
6. Ask your sister if she ever uses the dictionary you gave her for her birthday four years ago.
7. Your brother asks to borrow your bike this weekend. Say you will think about it.
8. Your sister asks if you are talking about your parents. Say no, you are not talking about them.
9. Say that your parents were born in the Forties and got married in the Sixties.

H. **Lettura.** Legga il seguente brano e faccia gli esercizi che seguono.

Firenze è una delle più famose città del mondo. Fin dal Medioevo[1] fu centro di cultura e di civiltà. Durante il Rinascimento, sotto la guida della famiglia dei Medici, ed in particolare di Lorenzo il Magnifico, Firenze raggiunse l'apice[2] della sua gloria nell'arte, nella letteratura, nella scultura e nell'architettura. I grandi maestri rinascimentali come Michelangelo, Leonardo da Vinci, Dante, Donatello, Machiavelli e Boccaccio hanno lasciato a Firenze ed al mondo intero un enorme patrimonio artistico e culturale. Il Duomo[3] di Santa Maria del Fiore, la Chiesa di Santa Croce, il Palazzo della Signoria, la Galleria degli Uffizi e Palazzo Pitti sono solo alcuni dei capolavori[4] fiorentini che richiamano continuamente a Firenze studiosi, artisti e turisti da ogni parte del mondo.

1. Since the Middle Ages   2. reached the peak   3. cathedral   4. masterpieces

---

I. **Un titolo appropriato.** Scelga un titolo appropriato per il brano appena letto.

1. Un capoluogo italiano
2. Il Rinascimento a Firenze
3. Firenze, città d'arte e cultura
4. I grandi maestri di Firenze

J. **Parole analoghe.** Cerchi almeno dieci parole analoghe nel brano appena letto e le usi in cinque o sei frasi originali.

In primo piano vediamo la cupola del Brunelleschi della splendida chiesa di Santa Maria del Fiore. A questo complesso artistico fa da sfondo il panorama di Firenze. A lei piace l'arte? e l'architettura? Che stile architettonico preferisce?

Lezione
20
Una campagna elettorale

Un bar all'aperto in Piazza del Popolo a Roma dove delle persone leggono e discutono i risultati di una recente votazione politica.

Domenica prossima è giorno di elezioni. Dopo un mese di campagna elettorale, tutti andranno a votare per eleggere i nuovi rappresentanti al parlamento italiano. Le elezioni, anticipate di un anno°, sono l'ultimo tentativo per risolvere l'attuale crisi politica dovuta alle dimissioni° del Primo Ministro. Per tutti i partiti politici, queste elezioni sono molto importanti e pubblicamente manifestano un certo ottimismo. Molta gente è sulle spine° ed aspetta con ansia° il risultato finale delle elezioni.

In questi ultimi giorni di campagna elettorale, i partiti politici fanno a gara per conquistare il maggior numero di voti. Manifesti con foto di candidati e cartelloni di propaganda elettorale sono affissi° dappertutto. Annunci politici sono mandati in onda° con regolare frequenza da stazioni radiofoniche e televisive, sia statali che private°. Perfino° alcune automobili fornite di° altoparlanti girano in continuazione per la città, facendo propaganda elettorale. Per le strade, ragazzi e ragazze distribuiscono senza sosta° volantini politici ai passanti. Questi sono due dei tanti volantini politici:

called one year in advance	
due to the resignation	
on pins and needles/anxiously	
posted	
are broadcast	
state-run or private/ Even/furnished with	
incessantly	

ELETTORI

Il 17 giugno ricordatevi di votare per il nostro partito

VOTATE

Per la sicurezza del posto di lavoro°.
Per la stabilità economica del paese.
Per una lotta più decisa alla droga.
Per una vita migliore in un ambiente sano e pulito.

DATECI IL VOSTRO VOTO!

Datecelo per il vostro benessere° e per il vostro futuro.

job security

well-being

ELETTORE

Mi chiamo Luisa Paladini e voglio essere eletta al Parlamento con il suo aiuto e con il suo voto.

Desidera un'azione più decisa da parte dei° politici italiani?	MI DIA IL SUO VOTO!
Crede in un futuro di pace e prosperità?	VOTI PER ME!
Vuole una città con più scuole ed ospedali?	MI AIUTI AD ESSERE ELETTA!
Crede in un'Europa unita come simbolo di sicurezza mondiale°!	MI DIA LA SUA PREFERENZA!
Quale nome deve indicare sulla scheda?	LUISA PALADINI

Non se lo dimentichi, voti per me!

on the part of

world security

DOMANDE
GENERALI

1. Dove andranno tutti domenica prossima?
2. Che cosa potrebbero risolvere le elezioni?
3. Che cosa fanno i partiti politici in questi ultimi giorni della campagna elettorale? Perché?
4. Come trasmettono le loro idee alla gente italiana?
5. Che cosa c'è sui manifesti affissi dappertutto?
6. Che cosa distribuiscono i giovani ai passanti?

DOMANDE
PERSONALI

1. Lei ha mai votato? Se ha votato, a che età ha votato per la prima volta?
2. Se non ha mai votato, quando potrà votare?
3. Quali sono i maggiori partiti politici americani?
4. In che mese dell'anno si vota di solito negli Stati Uniti? Quando ci saranno le prossime elezioni presidenziali negli Stati Uniti?
5. Ha mai distribuito volantini politici ai passanti? Se no, le piacerebbe farlo?

VOCABOLARIO

Parole analoghe

l'attività
l'azione (f.)
la campagna
il candidato
la crisi
distribuire
la droga
elettorale
l'elezione (f.)
finale

la frequenza
indicare
il parlamento
politico/a
presidenziale
la propaganda
la prosperità
pubblicamente
radiofonico/a
il rappresentante

regolare
risolvere
il risultato
il simbolo
la stabilità
televisivo/a
unito/a
votare
il voto

Nomi

l'ambiente (m.)   environment
l'altoparlante (m.)   loudspeaker
l'elettore (m. or f.)   voter
la lotta   fight
il manifesto   poster
la pace   peace
il partito   political party
il passante   passer-by

la scheda   ballot
il tentativo   attempt
il volantino   leaflet, flyer

Aggettivi

deciso/a   decisive
pulito/a   clean
sano/a   safe, sound, healthy

Verbi

affiggere (affisso)   to post, affix
conquistare   to conquer
dimenticarsi   to forget
eleggere (eletto)   to elect
girare   to go around

ricordarsi   to remember
trasmettere   to communicate

Altre parole ed espressioni

in continuazione   continuously
fare a gara   to compete, vie for

PRATICA

A.   Supponga di essere un/una giornalista e di intervistare una persona per strada. Chieda il nome e l'indirizzo della persona, dove lavora, per quale partito pensa di votare e perché. Scriva le domande e le risposte dell'intervista.

B.   Massimo Boncompagni è un avvocato di trentacinque anni e vuole essere eletto al parlamento. Prepari un volantino appropriato.

Il sistema politico italiano

Lo stato italiano è nato nel 1861 con il nome di Regno[1] d'Italia. Nel 1925 con l'affermazione[2] del fascismo, la costituzione italiana subì[3] profonde modificazioni e cambiamenti. Caduto il regime fascista nel 1943, con il referendum del 1946 il popolo italiano ha scelto la repubblica al posto della[4] monarchia. Dal 1948, con l'entrata in vigore della nuova costituzione, l'Italia è una repubblica democratica.

Al vertice[5] dello stato, vari organi esercitano il potere esecutivo, legislativo e giudiziario, ognuno nei limiti stabiliti dalla costituzione. Il presidente della repubblica rappresenta l'unità dello stato, e promuove ed armonizza l'attività degli altri organi. Comunque la linea politica del governo[6] è determinata dal consiglio dei ministri, composto dal presidente del consiglio, che esercita la funzione più importante nel governo italiano, e dai singoli[7] ministri. Il parlamento è formato dalla Camera dei Deputati (630 membri) e dal Senato (315 membri). Nel settore giudiziario molto importante è la Corte Costituzionale, che ha il compito[8] di assicurare la corretta applicazione della costituzione.

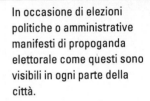

In occasione di elezioni politiche o amministrative manifesti di propoganda elettorale come questi sono visibili in ogni parte della città.

1. Kingdom   2. ascension to power   3. underwent   4. in place of the   5. At the head
6. government policy   7. individual   8. task

AMPLIAMENTO DEL VOCABOLARIO

La politica ed il governo

l'ambasciatore ambassador
la camera dei deputati chamber of representatives
il candidato candidate
la coalizione coalition
il comune city hall
il consiglio dei ministri council of ministers
la costituzione constitution

il deputato representative
dimettersi to resign
il governo government; administration
il ministro minister; **il primo ministro** prime minister
la monarchia monarchy; **la monarchia costituzionale** constitutional monarchy

il parlamento parliament
il presidente president
il re king
la regina queen
la repubblica republic

il sindaco mayor
il senato senate
il senatore/la senatrice senator
lo stato state

A. Scelga dall'elenco riportato sopra la parola giusta per ciascuna delle seguenti definizioni.

1. la persona che rappresenta il proprio governo in una nazione straniera
2. è la moglie del re
3. tipo di governo dove c'è una famiglia reale *(royal)*
4. documento che contiene le leggi di un paese
5. è formato da deputati e senatori
6. persona che chiede ai cittadini di votare per lui/lei
7. governo formato da vari partiti
8. è un membro del senato
9. quello che fa un politico quando decide di lasciare il suo incarico *(seat)*
10. il capo della repubblica
11. governa una città o un paese
12. posto da dove governa un sindaco

B. Faccia le seguenti domande ad un altro studente/un'altra studentessa.

1. Conosci i nomi dei senatori del tuo stato? Quali sono?
2. Ti piacerebbe dedicarti alla politica? Perché?
3. Sai dirmi quali sono alcuni paesi in cui c'è la monarchia?
4. Conosci il nome di un re o di una regina? Quale?
5. Si è mai dimesso *(resigned)* un presidente degli Stati Uniti? Quale?
6. Hai mai lavorato nella campagna elettorale di qualche candidato politico? Se sì, che lavoro facevi?

C. Immagini che un suo compagno/una sua compagna voglia presentarsi come candidato/a alla presidenza del comitato studentesco. Lo/La aiuti a preparare un cartellone pubblicitario.

Famiglie di parole

In many of the *Vocabolario* sections of the text you have seen Italian nouns, verbs, adjectives, and adverbs that are related in sets. These groups of words are referred to as *word families*. If you know one of the items in a word family, you are often able to recognize or form the others. For example, from the noun **fama** we can form the adjective **famoso** and the adverb **famosamente**. From the noun **dramma** we can form the verb **drammatizzare**, the adjective **drammatico/a**, and the adverb **drammaticamente**. The examples given below are easier and more predictable.

Noun	Verb	Adjective	Adverb
studio	studiare	studioso/a	studiosamente
interesse	interessare	interessante	interessantemente

D. Completi lo schema con le parole appropriate, tenendo presente che la X indica che quella particolare forma non esiste.

Nomi	Verbi	Aggettivi	Avverbi
spedizione	_____	spedito	_____
sviluppo	_____	sviluppato	X
curiosità	curiosare	_____	_____
_____	economizzare	economico	_____
_____	centrare	_____	centralmente
correzione	correggere	_____	_____
_____	finire	finale	_____
_____	pazientare	_____	pazientemente

STRUTTURA ED USO

Imperativo con pronomi

— Ho cinquecento lire . . . compriamo**la**!

1. With the imperative, an object pronoun (direct, indirect, or reflexive) follows and is attached to the affirmative **tu**, **noi**, and **voi** commands.

Compra**li**!	Buy them!
Fate**lo**!	Do it!
Telefoniamo**gli**!	Let's telephone him!

2. An object pronoun usually precedes the negative **tu**, **noi**, and **voi** commands, although many Italians attach the pronoun to the verb.

Non **lo** comprare!
Non comprar**lo**!   Don't buy it!

Non **lo** mandate!
Non mandate**lo**!   Don't send it!

3. The indirect-object pronoun **loro** follows **tu**, **noi**, and **voi** commands, but is not attached to them.

Telefoniamo **loro**!   Let's phone them!
Manda **loro** una lettera!   Send them a letter!
Non rispondete **loro**!   Don't answer them!

4. The following chart summarizes the use of object pronouns with **tu**, **noi**, and **voi** commands.

	Affirmative commands	**Negative commands**
tu commands	Invita**lo** alla festa!	{ Non **lo** invitare alla festa! { Non invitar**lo** alla festa!
	Manda**gli** il libro!	{ Non **gli** mandare il libro! { Non mandar**gli** il libro!
	Alza**ti** ora!	{ Non **ti** alzare ora! { Non alzar**ti** ora!
noi commands	Aspettiamo**lo** a casa!	{ Non **lo** aspettiamo a casa! { Non aspettiamo**lo** a casa!
	Diamo**le** un passaggio!	{ Non **le** diamo un passaggio! { Non diamo**le** un passaggio!
	Mettiamo**ci** a studiare!	{ Non **ci** mettiamo a studiare! { Non mettiamo**ci** a studiare!
voi commands	Ascoltate**li**!	{ Non **li** ascoltate! { Non ascoltate**li**!
	Telefonate**gli**!	{ Non **gli** telefonate! { Non telefonate**gli**!
	Sedete**vi** qui!	{ Non **vi** sedete qui! { Non sedete**vi** qui!

5. With certain monosyllabic **tu** commands, such as **da', di', fa', sta',** and **va',** the initial consonant of the pronoun is doubled, except in the case of the pronoun **gli**.

Dammi il libro!	Give me the book!
Fammi vedere le tue scarpe!	Let me see your shoes!
Dicci cosa è successo!	Tell us what happened!
Stalle vicino!	Stay near her!
But: **Sta**gli vicino!	Stay near him!

A. Maria chiede a Gabriele se può invitare queste persone alla festa del suo compleanno. Assuma il ruolo di Gabriele e collabori con un altro studente/un'altra studentessa. Usi i pronomi diretti appropriati nelle sue risposte.

Gregorio   Maria: — *Invito Gregorio?*
              Gabriele: — *Sì, invitalo!*
                           (No, non invitarlo!)
                           (No, non lo invitare!)

1. Carlo   3. Marco e Giorgio   5. Sandro e Mirella
2. Lucia   4. i nostri cugini   6. le amiche di Pino

B. Roberto chiede a Carlo se deve telefonare alle persone indicate per invitarle al cinema. Collabori con un altro studente/un'altra studentessa usando i pronomi indiretti appropriati nelle risposte.

Maria   Roberto: — *Telefoniamo a Maria?*
              Carlo: — *Sì, telefoniamole!*
                        (No, non telefoniamole!)
                        (No, non le telefoniamo!)

1. tua cugina   3. Cristina e Paolo   5. Pino e Giovanni
2. tuo zio   4. Michele   6. i nonni

C. Trasformi in comandi queste domande che la signora Lamborghini fa ai suoi figli ed ai nipoti.

Giovanni, ti lavi le mani?   *Giovanni, lavati le mani!*
Ragazze, vi vestite adesso?   *Ragazze, vestitevi adesso!*

1. Enrico, ti prepari per partire?
2. Ragazzi, vi alzate presto?
3. Anna, ti metti il cappotto?
4. Bambini, vi svegliate?
5. Carla e Gino, vi ricordate di telefonarmi?
6. Massimo, ti diverti a teatro?

D. Dia questi ordini ai suoi amici, sostituendo alle parole in corsivo i pronomi appropriati.

Prendi *il pane.*   *Prendilo.*

1. Comprate *il giornale.*
2. Leggi *quel libro.*
3. Pietro, non leggere *la rivista* in classe.
4. Non ascoltate *la radio* qui.
5. Giulio, rispondi *al professore.*
6. Telefoniamo *a Silvio ed a Stefano* dopo la lezione.

E. Oggi lei dà ordini a tutti. Usando l'imperativo, sostituisca le parole in corsivo con pronomi indiretti.

Mario, di' qualcosa *a me!*   *Mario, dimmi qualcosa!*

1. Di' *a Paola* di venire a casa!
2. Sta' vicino *a noi!*
3. Da' la borsa *a Carla!*
4. Di' *ai signori* di aspettare!
5. Da' una sedia *a me!*
6. Fa' la spesa *alla zia!*
7. Sta' a sentire *la tua amica!*
8. Fa' una telefonata *a Filippo!*

F. Ripeta l'esercizio precedente, ma questa volta, usi l'imperativo negativo.

Mario, non dire niente *a me!*   *Mario, non mi dire niente!*
        Mario, non dirmi niente!

Imperativo con due pronomi

— Porta**melo** qui!

1. In affirmative **tu, noi,** and **voi** commands with two object pronouns, both pronouns follow the verb and are attached to it.

Porta**melo**!	Bring it to me!
Mandiamo**glieli**!	Let's send them to him (her)!
Spedite**cela**!	Mail it to us!
Mettiamo**cele**!	Let's put them on!

2. In negative **tu, noi,** and **voi** commands, the pronouns usually precede the verb, though many Italians attach them to the verb.

Non **me lo** portare! Non portar**melo**!	Don't bring it to me!
Non **glieli** mandiamo! Non mandiamo**glieli**!	Let's not send them to him (her)!
Non **ce la** spedite! Non spedite**cela**!	Don't mail it to us!
Non **ce la** mettiamo! Non mettiamo**cela**!	Let's not put it on!

3. In **lei** and **loro** commands, both affirmative and negative, the object pronouns precede the verb.

Glielo dia!	Give it to him!
Non **glielo** dia!	Don't give it to him!
Ce li mandino!	Send them to us!
Non **ce li** mandino!	Don't send them to us!
Se la metta!	Put it on!
Non **se la** metta!	Don't put it on!

4. Indirect-object and reflexive pronouns always precede the direct-object pronoun, except for **loro**.

Date**lo loro**!	Give it to them!
Non date**lo loro**! Non **lo** date **loro**!	Don't give it to them!

G. Risponda al suo amico Stefano che le chiede se queste cose sono sue. Dica di sì e che le rivuole *(want them back)*.

   la penna   —*È tua la penna?*
                        —*Sì, è mia. Dammela!*

1. la matita	3. i fogli di carta	5. lo zaino
2. le riviste	4. il registratore	6. gli stivali

H. Dica a sua madre di non comprarle questi articoli di abbigliamento.

⊡   giacca verde   —*Ti compro la giacca verde?*
                          —*Non me la comprare!*
                          (Non comprarmela!)

1. gonna lunga   5. camicetta rosa
2. guanti neri   6. pantaloni di lana
3. scarpe marrone   7. golf arancione
4. cappotto   8. impermeabile

I. Immagini di essere ad un ristorante con gli amici e di rispondere per tutti alle domande del cameriere. Usi l'imperativo nelle risposte.

⊡   caffè   —*Vogliono il caffè adesso?*
                   —*Sì, ce lo porti, per favore.*

1. formaggio   5. pesce
2. minestra   6. mele
3. bistecca   7. pane
4. spaghetti   8. vino

J. Dia degli ordini a Valeria ed a Lidia, sostituendo i pronomi diretti alle parole in corsivo.

⊡   Valeria, portami *i libri.*   Valeria, *portameli!*

1. Compratemi *il caffè!*
2. Prestatele *la calcolatrice!*
3. Lidia, pulisciti *le mani!*
4. Valeria, dalle *la notizia!*
5. Lidia, non gli restituire *i soldi!*
6. Valeria, non offrirle *il gelato!*
7. Lidia, mettiti *una giacca!*
8. Valeria, non dirle *la verità!*

K. Lei è una guida turistica e dà degli ordini ad alcuni turisti che viaggiano in gruppo. Sostituisca alle parole in corsivo i pronomi appropriati.

⊡   Signorina, mi dica il suo *nome!*   Signorina, *me lo dica!*

1. Signore, mi dia *il giornale*, per favore!
2. Signori, si mettano *i guanti!*
3. Signora, gli indichi *la strada*, per cortesia!
4. Signorina, si metta *l'impermeabile* prima di uscire!
5. Signore, mi presti *la penna*, per favore!
6. Signora, mi restituisca *l'ombrello*, per favore!
7. Signore, mi spedisca *i soldi* quando ritorna a casa!
8. Signori, mi portino *la ricevuta!*

Gli aggettivi indefiniti

— Mamma, posso invitare **qualche** amico per venerdì
sera?

— Certo, cara.

— Che confusione! Deve aver invitato **tutta** l'università!

1. Indefinite adjectives **(gli aggettivi indefiniti)** are used frequently in
   Italian, to express indefinite quantity.

alcuno (alcuna, alcuni, alcune)	some
altro (altra, altri, altre)	other
ogni	each, every
molto (molta, molti, molte)	a lot, much, many
poco (poca, pochi, poche)	little, few
qualche	some
troppo (troppa, troppi, troppe)	too much, too many
tutto (tutta, tutti, tutte)	all, whole

2. **Alcuni/e** and **qualche** both mean *some*, and they are interchangeable.
   However, **alcuni/e** used in this sense is always plural; **qualche** is always
   singular, followed by a singular noun.

Ecco **alcuni** volantini.	Here are some flyers.
C'era **qualche** candidato al comizio.	There were some candidates at the rally.

   Un po' di is also used to express *some* in the sense of **a little, a bit of**.

Prendi **un po' di** dolce.	Take some (a little bit of) dessert.

3. The singular forms **molto/a, poco/a,** and **troppo/a** are used with singular nouns and mean *a lot of, a little,* and *too much.*

Hai mangiato **molto (poco, troppo)** gelato.	You ate a lot of (a little, too much) ice cream.

The plural forms **molti/e, pochi/e,** and **troppi/e** are used with plural nouns and mean *many, few,* and *too many.*

Roma ha **molte (poche, troppe)** chiese.	Rome has many (few, too many) churches.

4. **Altro (altra, altri, altre)** is usually preceded by a definite or indefinite article.

Votate per **l'altro** candidato!	Vote for the other candidate!
Detta i proverbi ad un **altro** studente!	Dictate the proverbs to another student!

5. The singular **tutto/a** means the whole. The plural **tutti/e** means *all (the).* They are usually followed by the definite article.

Ci hanno passato **tutto** il giorno.	They spent the whole day there.
Abbiamo mangiato **tutta** la torta.	We ate the whole cake.
Tutti i candidati parleranno.	All the candidates will speak.

6. **Ogni** is invariable and is always used with a singular noun.

Telefona **ogni** mattina.	He phones every morning.
Il giornalista intervista **ogni** studente.	The reporter interviews each student.

L. Aldo e Gabriella commentano quello e chi hanno visto al centro durante una tempesta di neve *(snowstorm).* Completi le loro frasi con la forma appropriata di *qualche* o *alcuni/e.*

_____ strade erano bloccate. C'era _____ spazzaneve *(snow plow)* fermo.	*Alcune strade erano bloccate.* *C'era qualche spazzaneve fermo.*

1. Abbiamo visto _____ straniero senza cappotto.
2. Abbiamo aiutato _____ persone che sono cadute sul ghiaccio.
3. _____ negozio era chiuso.
4. Abbiamo bevuto _____ bevanda calda in un bar.
5. _____ bambini lanciavano palle di neve *(were throwing snowballs).*
6. _____ macchina era ricoperta dalla neve.

M. Risponda ad un altro studente/un'altra studentessa che le chiede quante di queste cose sono nella sua città. Costruisca brevi frasi usando gli aggettivi *molto, poco* e *troppo.*

▣ ristorante   —*Quanti ristoranti ci sono nella tua città?*
                    —*Ci sono molti (pochi, troppi) ristoranti.*

1. campo da tennis   6. ospedale
2. teatro   7. biblioteca
3. autobus   8. banca
4. negozio elegante   9. stazione radio
5. chiesa   10. giardino pubblico

N. Oggi è giorno di festa e Mario domanda se questi luoghi pubblici sono aperti o chiusi. Risponda, usando l'aggettivo indefinito appropriato.

▣ negozio   —*Sono chiusi o aperti i negozi?*
                  —*Tutti i negozi sono chiusi. (Ogni negozio è chiuso.)*

1. ufficio postale   5. museo
2. farmacia   6. bar
3. banca   7. scuola
4. teatro   8. supermercato

SERIE **E**   N° 527038
REPUBBLICA ITALIANA
MINISTERO PER I BENI CULTURALI E AMBIENTALI
UFFICIO CENTRALE PER I BENI AMBIENTALI
ARCHITETTONICI ARCHEOLOGICI ARTISTICI E STORICI
BIGLIETTO D'INGRESSO
LIRE 3000
IL VISITATORE È TENUTO A CONSERVARE IL BIGLIETTO FINO ALL'USCITA   MUSEO DI SAN MARCO

O. Tommaso commenta su tutti e tutto. Scelga un aggettivo appropriato dall'elenco che segue ed usi la forma corretta per completare queste frasi.

molto   troppo   tutto   poco   qualche

▣ Mia zia ha _____ vestiti.   *Mia zia ha molti vestiti.*

1. Mia nonna ha _____ fotografie sul comò.
2. Sergio non ha _____ pazienza.
3. Come al solito, il mio fratellino ha finito _____ il gelato.
4. Hanno invitato _____ amiche alla festa.
5. Lisa sta ingrassando perché mangia _____ biscotto ogni giorno.
6. I miei genitori si sono divertiti solo _____ giorni durante le due settimane in Francia.
7. Il bambino ha mangiato _____ le ciliege.
8. Giorgio non ha _____ soldi.

I pronomi indefiniti

1. Indefinite pronouns (**i pronomi indefiniti**) are used to refer to people or things without specifying them precisely. The most common indefinite pronouns are **qualcuno** (*someone*), **qualcun altro** (*someone else*), **qualcosa/qualche cosa** (*something*), **tutto** (*all, everything*), **tutti/tutte** (*everyone*), and **ognuno** (*each one, everyone*). Note that except for **tutti/tutte**, the indefinite pronouns are used with third-person singular forms of the verb when they are the subject of a sentence.

Qualcuno è entrato prima di me.	Someone entered before me.
Hai **qualcosa** da darmi?	Do you have something to give me?
Ho comprato **qualche cosa** per lui.	I bought something for him.
Abbiamo finito **tutto**.	We finished everything.
Tutti sono in macchina.	Everyone is in the car.
Ognuno deve fare il proprio lavoro.	Each one must do his/her own work.

P. Sostituisca le parole indicate con il pronome indefinito suggerito, trasformando i verbi se necessario.

▣ *Anita* guarda il telegiornale. (qualcuno)   *Qualcuno guarda il telegiornale.*

1. *Mio padre* parla con Michele. (tutti)
2. *Lidia* si mette la giacca. (tutti)
3. *Io* ho messo i libri sul tavolo. (ognuno)
4. *Mia sorella* è seduta in poltrona. (tutti)
5. *Tutti* hanno mangiato un po' di pizza. (ognuno)
6. Piero ha *dei libri* da darmi. (qualcosa)
7. *Mia madre* beve una limonata. (qualcuno)
8. *Teresa* lascia *un romanzo* sulla scrivania. (qualcuno, qualcosa)

Q. Risponda alle seguenti domande con frasi complete usando un pronome indefinito appropriato.

1. Chi deve lavorare?
2. Chi è nell'aula adesso?
3. Lei cosa darà al suo amico a Natale?
4. Chi vorrebbe andare a sciare?
5. Chi vota ogni anno?
6. Chi ha lasciato quel quaderno nell'aula?
7. Lei cosa fa quando ha fame?
8. Dove sono gli studenti d'italiano?

A. **Indagine**. Immagini di lavorare per la campagna elettorale di un candidato al parlamento. Faccia un'indagine (*survey*) fra gli elettori per sapere quali sono per loro le questioni (*issues*) politiche più importanti di queste elezioni. Collabori con quattro o cinque studenti e prenda appunti, per poi riferire i risultati alla classe.

B. **Lettura**. Legga il seguente dialogo e poi faccia l'esercizio che segue.

■ In albergo

I signori Longanesi sono arrivati all'albergo Principe e si presentano all'impiegato dell'albergo.

Impiegato	Buona sera, signori.
Signor Longanesi	Sono il signor Longanesi. Mia moglie ed io abbiamo prenotato[1] una camera matrimoniale[2] per tre notti.
Impiegato	Un momento, controllo[3] subito . . . Scusi, ha detto per tre notti?
Signor Longanesi	Sì, perché?
Impiegato	Veramente la prenotazione[4] è stata fatta per due notti.
Signor Longanesi	È impossibile. Avevo detto alla mia segretaria di fare la prenotazione per tre notti.
Impiegato	Mi dispiace. Ma vediamo che cosa si può fare . . . Ecco, guardi. Per la terza notte sono libere due camere singole. Le posso dare queste a meno che si liberi una camera matrimoniale tra oggi e domani.
Signor Longanesi	Va bene, se non c'è di meglio, dobbiamo accontentarci[5].

1. we reserved   2. double   3. I'll check   4. reservation   5. we'll have to make do

C. **Un malinteso.** Dia le seguenti informazioni basate sul dialogo.

1. Hanno prenotato una camera matrimoniale:
2. La persona che aveva fatto la prenotazione:
3. Per quante notti era stata prenotata la camera, secondo il signor Longanesi:
4. Il malinteso (*misunderstanding*) che devono risolvere i Longanesi e l'impiegato dell'albergo:
5. Come l'impiegato dell'albergo risolve la situazione:

D. **Fare la prenotazione**. Immagini di telefonare all'Albergo Michelangelo di Firenze e di prenotare una camera singola per una settimana durante il mese di giugno. Non dimentichi di chiedere il prezzo della camera; se è compresa la colazione; a che ora può entrare in camera il giorno dell'arrivo; e a che ora deve lasciare la camera il giorno della partenza. Collabori con un altro studente/un'altra studentessa che assume il ruolo dell'impiegato/a dell'ufficio prenotazioni dell'albergo.

Il partito dei Verdi, che s'interessa dei problemi ambientali, raccoglie le firme degli elettori a Milano per rendere possibile un referendum.

E. **A lei la parola.** Esprima le seguenti situazioni con l'equivalente italiano appropriato.

1. You are running for president of the student body. Ask your friends to give you their votes.
2. Your sister borrowed your hairdryer. Tell her to give it back to you.
3. Say that several of your friends aren't going to vote this election because they think that all the candidates are corrupt (*corrotti*).
4. Tell your roommate that you have some suggestions for the flyer she's writing.
5. Say that somebody ate everything you left in the refrigerator.
6. Say that everybody needs somebody to love.
7. Ask your parents if they are worried about something.
8. Tell the desk clerk that you'd prefer another room because the loudspeakers in the street make too much noise (*fare rumore*).

LEZIONE
21
SCIOPERO GENERALE

Un gruppo di lavoratrici in una manifestazione di protesta a Roma.

ROMA (3 maggio)—Continua oggi lo sciopero generale indetto° ieri dai sindacati in segno di° protesta contro il governo. Anche due mesi fa i sindacati dichiararono una giornata di sciopero, ma non ottennero successo perché solo pochi lavoratori parteciparono alla manifestazione. Oggi invece c'è più unità. 5 Mentre i lavoratori vogliono una decisa lotta contro il carovita°, i sindacati chiedono miglioramenti salariali.

called
as a sign of

cost of living

Nella città ieri c'è stato un caos indescrivibile. Ancora una volta non tutti hanno aderito allo° sciopero e molta gente è andata a lavorare lo stesso. Sono rimasti aperti gli uffici statali, le banche e le ditte private. Essendo fermi i mezzi 10 pubblici di trasporto, ognuno si è dovuto arrangiare alla meglio°. In circolazione c'erano pochi tassì e dappertutto tante automobili. In ogni strada c'era un ingorgo. Essendo chiusi i bar e le edicole dei giornali, la gente ha dovuto fare a meno° del solito caffè e del giornale.

have supported

had to manage as well as they could

to do without

Oggi le autorità cittadine stanno cercando di attenuare° i disagi dello sciopero 15 impiegando l'aiuto dei militari nei pubblici trasporti e negli ospedali. Nonostante ciò, si prevede° che in tutta la città regnerà una grande confusione fino a tarda sera°, rendendo ancora più complicata la solita vita quotidiana.

to lessen

it is foreseen
late evening

Ieri sera durante una conferenza stampa tenuta da° un noto esponente politico, abbiamo appreso che i rappresentanti dei sindacati e del governo hanno 20 deciso di incontrarsi al più presto. A quanto sembra°, già da questa mattina a Palazzo Madama alcuni di loro stanno discutendo e tutti sperano che una soluzione accettabile sia raggiunta quanto prima.

a press conference held by

It seems

DOMANDE GENERALI

1. Chi ha indetto lo sciopero? Perché?
2. Cosa chiedono i lavoratori?
3. Hanno scioperato tutti? Quali uffici erano aperti? Quali chiusi?
4. Cosa hanno fatto le autorità cittadine?
5. Chi ha tenuto una conferenza stampa ieri sera?
6. Cosa sta succedendo questa mattina a Palazzo Madama?

DOMANDE PERSONALI

1. C'è stato uno sciopero recentemente nella sua città o nel suo paese?
2. Ha causato molti disagi?
3. Quali attività erano ferme?
4. Chi scioperava? Perché?
5. Lei partecipava allo sciopero? Perché?
6. Lei pensa che debba essere permesso lo sciopero dei medici e degli infermieri? Perché?

VOCABOLARIO

Parole analoghe

accettabile	complicato/a	il militare	recentemente
l'autorità	indescrivibile	ottenere	l'unità

Nomi

il disagio discomfort
la ditta firm
la manifestazione demonstration
il miglioramento improvement
lo scioperante striker
lo sciopero strike
il sindacato labor union

Aggettivi

cittadino/a (of the) city
noto/a known
quotidiano/a daily
salariale wage
statale of the state, governmental

Verbi

apprendere (appreso) to learn
cercare di to try to

dichiarare to declare
impiegare to employ
indire (indetto) to call
raggiungere to reach
regnare to reign
rendere to render, make
scioperare to strike

Altre parole ed espressioni

ciò that, this
contro against
essendo being

ancora una volta once again
l'edicola dei giornali newsstand
l'esponente politico political figure
in circolazione in circulation
nonostante ciò nevertheless
Palazzo Madama seat of the
   Italian Senate
quanto prima as soon as possible

PRATICA

A. Immagini di telefonare ad un amico/un'amica e di discutere con lui/lei dello sciopero dei mezzi di trasporto nella sua città o nel suo paese. Includa nella telefonata:

1. quando è cominciato lo sciopero
2. chi è in sciopero
3. che sarà difficile uscire
4. come andrete a scuola o a lavorare
5. a che ora vi incontrerete e dove
6. chi deve telefonare agli altri amici

B. Immagini di essere un operaio/un'operaia (*blue-collar worker*) e di essere intervistato/a da un/una giornalista. Scriva un dialogo in cui lei difende lo sciopero, includendo queste notizie:

1. quante volte gli operai hanno scioperato durante l'anno
2. perché sono in sciopero adesso
3. a quale partito politico appartengono (*belong*)
4. dove lavorano e quale tipo di lavoro fanno
5. che sperano che lo sciopero finisca quanto prima

Il sindacato dei lavoratori

In Italia i sindacati dei lavoratori sono una grande forza[1] politica ed economica. Il loro potere[2] è aumentato molto dopo il 1969, anno di dura lotta[3] fra i dirigenti ed i lavoratori delle varie industrie. Oggi ogni categoria lavorativa è rappresentata dal suo proprio sindacato. Molti sindacati appartengono ad una di queste confederazioni: la CGIL (Confederazione Generale Italiana del Lavoro), la CISL (Confederazione Italiana Sindacati Lavoratori) e la UIL (Unione Italiana del Lavoro).

Con l'aiuto dei sindacati, i lavoratori italiani hanno raggiunto molte conquiste, come la settimana lavorativa di quaranta ore, il preciso controllo dello straordinario[4] e la scala mobile[5] che permette aumenti salariali quando aumentano i prezzi dei generi di maggiore consumo[6].

1. force 2. power 3. hard struggle 4. overtime 5. cost of living increase
6. general consumption

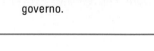

Lo sciopero è spesso usato dai lavoratori italiani per difendere i loro interessi verso gli imprenditori ed il governo.

AMPLIAMENTO DEL VOCABOLARIO

Nomi alterati

1. The meanings of many Italian nouns and some adjectives can be altered by adding special suffixes **(suffissi speciali)** to them. These suffixes, which signify smallness, bigness, affection, and disparagement, are added to nouns and sometimes adjectives after dropping the final vowel. The more common suffixes are: **-ino**, **-etto**, **-ello**, **-one**, and **-accio**.

2. Suffixes that denote smallness or affection are **-ino**, **-etto**, and **-ello**.

Che bel disegn**ino**!	What a nice little design!
Ho un gatt**ino** bianco.	I have a (nice) little white cat.
Abbiamo una cas**etta** in montagna.	We have a (nice) little house in the mountains.
Quella donna è pover**ella**.	That woman is quite poor.
Quel bambino è cattiv**ello**.	That child is rather naughty.

3. The suffix **-one** denotes bigness.

Chi ha scritto quel libr**one**?	Who wrote that big book?
Cosa c'è in quello scatol**one**?	What's in that big box?
Lo stanz**one** a destra è l'aula magna.	The huge room to the right is the public hall.
Gina è una ragazz**ona**.	Gina is a big girl.

Note: Feminine nouns can become masculine when the suffix **-one** is added. This form is generally preferred to the feminine **-ona**.

una donna	un donn**one**
la finestra	il finestr**one**
la macchina	il macchin**one**

4. The suffix **-accio** means *bad*, *nasty*, *unpleasant* and is used to give a pejorative meaning to nouns.

Non comprate quel giornal**accio**.	Don't buy that trashy newspaper.
Quei ragazzi dicono parol**acce** anche a casa.	Those boys say bad words even at home.

Note: Students new to Italian should be cautious in using *nomi alterati*, as their exact meaning can depend on the situation and the people involved. For instance, the three suffixes denoting smallness aren't usually interchangeable: cas**ina** and cas**etta** both denote small houses, but cas**ella** means a pigeon-hole.

STRUTTURA ED USO

Verbi che richiedono una preposizione

— Non **riesco a** farlo funzionare.

1. The following verbs require the preposition **a** before an infinitive.

		Verb + **a** + *infinitive*
aiutare	*to help*	Lo aiuto a fare i compiti.
andare	*to go*	Andate a studiare?
cominciare	*to begin*	Cominciate a mangiare alle venti?
continuare	*to continue*	Luisa continua a nuotare in piscina.
divertirsi	*to have a good time*	Si divertono a giocare a pallacanestro.
imparare	*to learn*	Maria Pia impara a guidare la macchina.
insegnare	*to teach*	Il professore c'insegna a parlare italiano.
invitare	*to invite*	T'invito a prendere un caffè.
mettersi	*to begin*	Ti metti a ballare adesso?
riuscire	*to succeed*	Siamo riusciti a trovare una soluzione.
venire	*to come*	Vengo a portarti il libro.

2. The following verbs and expressions require the preposition **di** before an
   infinitive.

		Verb + **di** + *infinitive*
avere bisogno	*to need*	Ho bisogno di studiare.
avere paura	*to be afraid*	Ho paura di andare in motocicletta.
cercare	*to strive, try*	Cerchiamo di non spendere tutti i soldi.
chiedere	*to ask*	Chiede di essere scusato.
consigliare	*to advise, recommend*	Lui ci consiglia di prendere l'aereo.
credere	*to believe*	Crede di sapere tutto.
decidere	*to decide*	Mariella decide di partire da sola.
dimenticarsi	*to forget*	Si sono dimenticati di portare gli sci.
dire	*to say, tell*	Gli ho detto di preparare la tavola.
finire	*to finish*	Avete finito di giocare?
pensare	*to think*	Penso di fare un viaggio a Parigi.
permettere	*to permit*	Mia madre mi permette di tornare a casa tardi.
preoccuparsi	*to worry about*	Si preoccupano di arrivare in ritardo.
promettere	*to promise*	Prometto di fare tutto.
ricordarsi	*to remember*	Ti sei ricordato di comprare il giornale?
scrivere	*to write*	Gli abbiamo scritto di venire da noi.
sperare	*to hope*	Spera di finire prima di Lucio.
suggerire	*to suggest*	Suggerisco di andare a teatro.
temere	*to fear*	Luigi teme di perdere il treno.

3. **Volere**, **potere**, and **dovere** do not require a preposition before an infinitive.

Non vogliono dichiarare uno sciopero.	They don't want to call a strike.
Dobbiamo risolvere questo problema.	We have to resolve this problem.
Potete arrangiarvi bene?	Can you manage OK?

A. Descriva quello che fa Giuseppe, usando le parole indicate e la preposizione appropriata.

▣ cominciare / studiare il francese   *Comincia a studiare il francese.*

1. andare / vedere un film giapponese
2. consigliare / Michele / partire dopodomani
3. mettersi / leggere il giornale
4. decidere / guardare la televisione
5. cercare / imparare / ballare
6. aiutare sua madre / cucinare
7. divertirsi / scrivere poesie
8. cominciare / sciare bene
9. preoccuparsi / ingrassare
10. non riuscire / fare i compiti di matematica

B. Scriva quello che lei ed i suoi parenti fanno in queste circostanze. Abbini, in qualsiasi ordine, le espressioni delle tre colonne, usando la preposizione appropriata.

▣ Mio fratello promette di rimanere a casa.

mio fratello	sperare	guardare la TV
la mamma	cominciare	mettere i bicchieri a tavola
Claudia	promettere	telefonare ad un cliente
io	dire	bere un caffè
mia zia	aver paura	rimanere a casa
mio padre	riuscire	trovare le mie cassette
mia nonna	continuare	chiudere la porta dopo mezzanotte
io e mio fratello	chiedere	tornare a casa alle undici
mia sorella		prestarmi la macchina
mio zio e mia zia		cenare presto
mio cugino		cucinare il mio piatto preferito
		andare a letto tardi
		pulire la stanza da bagno

C. Lei fa un'intervista ad un famoso poeta italiano. Adesso scriva un articolo con frasi complete, usando gli appunti dell'intervista. Usi le preposizioni appropriate.

▣ non mai riuscire / guadagnare / molto   *Non è mai riuscito a guadagnare molto.*

1. il poeta / cominciare / scrivere / poesie all'età di dodici anni
2. la maestra / consigliarli / leggere / buoni libri
3. lui / cercare / scrivere / poesie in stile classico
4. lui / decidere / seguire / lo stile moderno
5. lui / non dimenticarsi / aiutare / giovani poeti
6. dopo essere andato in America / lui / mettersi / leggere / poesie in inglese
7. a Parigi / lui / mettersi / insegnare / corsi di poesia
8. lui / consigliare agli studenti / imitare / poeti famosi
9. lui / finire / parlare / dopo un'ora e mezza

D. Faccia queste domande ad un altro studente/un'altra studentessa.

▣ Di che cosa hai paura?   *Ho paura di perdere* (miss) *l'aereo.*

1. Di che cosa ti preoccupi?
2. Cosa mi consigli di fare stasera?
3. Riesci a leggere un libro alla settimana?
4. Che lingua impari a parlare in questa classe?
5. Cosa speri di fare quando ti laurei?
6. Cosa ti permette di fare tuo padre?
7. Che cosa dimentichi di fare spesso?
8. Devi andare a studiare o a mangiare dopo la lezione?

E. Arturo racconta degli avvenimenti ad un amico. Completi le frasi, aggiungendo *a* o *di* dove sono necessarie.

1. Pietro e Pino hanno deciso _____ comprare un computer. Io, invece, speravo _____ comprare una macchina da scrivere. Ma non sono riuscito _____ trovare la marca che volevo. Allora ho pensato _____ comprarla l'anno prossimo.
2. Durante la festa, Mario ed io abbiamo cominciato _____ cantare mentre gli altri continuavano _____ mangiare. Poi volevamo _____ suonare delle canzoni nuove ma ci siamo dimenticati _____ portare la chitarra. Allora ci siamo messi _____ ballare.
3. Nella classe di russo, ho imparato _____ parlare poco. Quindi ho deciso _____ studiare con un maestro privato. Il maestro voleva _____ darmi tre lezioni alla settimana ma gli ho detto che dovevo _____ lavorare dopo la scuola. Allora abbiamo pensato _____ fare una lezione di tre ore ogni sabato mattina.

La tecnologia

Questa enorme raffineria di petrolio vicino Taranto è uno degli aspetti necessari della tecnologia moderna.

(Right) L'aspetto più evidente della tecnologia è l'automobile, che permette alla gente di muoversi facilmente lungo tutta la penisola italiana.

(Left) Negli ultimi decenni la tecnologia italiana ha fatto molti progressi che sono di aiuto nella vita di ogni giorno. Qui vediamo un semplice sollevamento *(raising)* di una canoa dall'acqua a Venezia.

(Right) In una fabbrica situata vicino Napoli uomini e macchine lavorano insieme per confezionare e conservare il pomodoro.

(**Top**) Agrigento è pieno di contrasti. I palazzi moderni sono addossati a quelli più antichi, e la città stressa fa da sfondo ad una campagna coltivata e ricca di verde e di fiori. (**Bottom**) A Roma le rovine del Foro romano testimoniano i secoli di gloria dell'antica Roma e ci offrono un netto *(sharp)* contrasto con la Roma moderna e le sue automobili ed ingorghi di traffico *(traffic jams)*.

CONTRASTI

(**Left**) Un operaio a Murano usa ancora il metodo di lavoro tradizionale del vetro. (**Below**) In contrasto, un tecnico specializzato controlla le varie fasi della raffinazione del petrolio in una raffineria di Taranto.

La correlazione dei tempi con il congiuntivo

— **Speravo** che **vincesse** il cavallo numero sette.

1. This chart shows the sequence of tenses when the verb in a dependent **che** clause is in the subjunctive.

Main Clause	Dependent *che* Clause	
	Simultaneous or Future Action	Prior Action
Present, future, or imperative presente futuro imperativo	congiuntivo presente	congiuntivo passato
Past or conditional imperfetto passato prossimo trapassato passato remoto condizionale	imperfetto del congiuntivo	trapassato del congiuntivo

2. When the main verb is in the present, future, or imperative, and the action of the **che** clause occurs in the present or future, the **congiuntivo presente** is used.

Spero **che arrivi** subito.	I hope he arrives soon.
Vorrà **che tu venga** con noi.	He will want you to come with us.
Sta' attento **che** Marta non **cada**.	Be careful that Marta doesn't fall.

When the action of the **che** clause occurred before that of the main verb, the **congiuntivo passato** is used.

Spera che voi **abbiate ricevuto** la lettera.	He hopes that you received the letter.

3. When the main verb is in any past tense or the conditional, and the action of the **che** clause occurred at the same time or later, the **imperfetto del congiuntivo** is used. If the action of the **che** clause occurred earlier, the **trapassato del congiuntivo** is used.

Speravo **che** tu **venissi** alla festa.	I hoped you would come to the party.
Sarebbe meglio **che** loro **cambiassero** idea.	It would be best that they changed their minds.
Speravano **che** noi **fossimo** già venuti.	They hoped we had already come.
Vorremmo **che** lui **avesse avuto** tempo di telefonarle.	We would like that he had had time to phone her.

4. **Come se** (*as if*) is always followed by the **imperfetto del congiuntivo** (for simultaneous action) or the **trapassato del congiuntivo** (for prior action), regardless of the tense of the main verb.

Le parlo **come se fosse** mia sorella.	I speak to her as if she were my sister.
Agiva **come se** non **avesse capito** nulla.	He acted as if he hadn't understood anything.

F. Scriva delle frasi, cambiando la forma dei verbi secondo la correlazione dei tempi.

Voglio / voi / venire alle sette   *Voglio che veniate alle sette.*

1. È meglio / Franca / arrivare prima degli altri
2. Sarei felice se / Michele / incontrare gli amici a casa
3. Credevo che tu / preparare da mangiare per tutti
4. Sarà necessario che io / prestargli i soldi per i biglietti
5. È possibile che tuo padre / partecipare allo sciopero di domani
6. Linda aveva avuto paura che lui / non telefonare
7. Bisognava che il sindacato / mandare informazioni a tutti
8. Era bene che papà ed io / pagare il rivenditore prima della fine del mese
9. Luigi volle che noi / non pensare al problema
10. Dubitavo che Marta / finire il lavoro subito

Aggettivi interrogativi

— **Quale** forchetta uso?

1. **Quale?** (*Which? What?*) is a two-form adjective. It changes to **quali** in the plural.

Quale coltello usi?	Which (What) knife are you using?
Quale università frequenti?	Which (What) university do you go to?
Quali formaggi preferiresti?	Which (What) cheeses would you prefer?
Quali strade sono intasate?	Which (What) streets are blocked?

2. **Quanto?** is a four-form adjective. The two singular forms **quanto?** and **quanta?** mean *how much?* The plural forms **quanti?** and **quante?** mean *how many?*

Quanto costa questo cappotto?	How much does this coat cost?
Quanta minestra devo preparare?	How much soup should I make?
Quanti polli hai cucinato?	How many chickens did you cook?
Quante telefonate hai fatto?	How many telephone calls did you make?

3. **Che?** (*What? Which?*) is invariable.

Che tipo di carne è?	What (Which) kind of meat is it?
Che ora è?	What time is it?
Che giorno è oggi?	What day is today?

G. Eugenio e Marcello sono all'angolo di una strada. Eugenio indica qualcosa o qualcuno a Marcello, che è distratto (*distracted*). Assuma il ruolo di Eugenio (o Marcello) e collabori con un altro studente/un'altra studentessa, usando *quale* o *quali* nelle domande.

▣ studentessa   Eugenio: *Guarda quella studentessa!*
                        Marcello: *Quale studentessa?*

1. macchina   4. orologio   7. moto
2. ragazze   5. bambini   8. bicicletta
3. studenti   6. signore alto

H. Chieda ad alcuni studenti quanto hanno bevuto o mangiato.

▣ tè   — *Quanto tè hai bevuto?*
             — *Ne ho bevuto molto (poco).*
               Non ne ho bevuto.

1. pesce   4. carciofi   7. tramezzini
2. frutta   5. antipasto   8. caffè
3. bicchieri d'acqua   6. limonata

I. Formuli domande basate sulle seguenti risposte con *che* o la forma appropriata di *quale* o *quanto*.

▣ Gianna preferisce il piatto di spaghetti   *Quale (Che) piatto preferisce?*
   alla carbonara.

1. Ho perso due cravatte.   6. Ci sono sei piatti sul tavolo.
2. Hanno cinque sedie nuove.   7. Gli piacciono le camicie francesi.
3. Comprano un po' di formaggio.   8. Oggi è martedì.
4. Leggono giornali italiani.   9. Preferirei la musica classica.
5. Sono le tre di mattina.

Pronomi interrogativi

A **chi** pensa?

1. In contrast to interrogative adjectives, which are always followed by nouns, interrogative pronouns stand alone.

Interrogative adjective: *Interrogative pronoun:*
Quale cucchiaio usi?   **Quale** usi?

2. **Quale?** (*Which?*) becomes **qual** before **è**. It becomes **quali?** in the plural.

Quale (cucchiaio) usi?	Which (spoon) do you use?
Quale (forchetta) vuole?	Which (fork) do you want?
Qual è la tua giacca?	Which (one) is your jacket?
Quali sono i tuoi guanti?	Which (ones) are your gloves?
Quali sono le tue camicette?	Which (ones) are your blouses?

3. **Che cosa?**, **cosa?**, and **che?** all mean *what?* They are interchangeable.

Che cosa (Cosa, Che) mangi?	What are you eating?
Che cosa (Cosa, Che) vuole?	What do you want?

4. **Chi?** means *who?* **A chi?** means *(to) whom?* **Di chi?** means *whose?*

Chi è entrato?	Who entered?
A chi scrivi?	To whom are you writing?
Di chi è la giacca?	Whose jacket is it?

J. Maurizio dice a Paolo che ha visto alcune persone e cose. Paolo non ha capito bene e chiede a Maurizio di ripetere ciò che ha detto. Assuma il ruolo di Maurizio (o Paolo) e collabori con un altro studente/un'altra studentessa, usando nelle domande *chi* per persone e *cosa? che cosa?* o *che?* per oggetti.

◰ un bel film americano   Maurizio: *Ho visto un bel film americano.*
                             Paolo: *Cosa (Che cosa, Che) hai visto?*

1. tre macchine sportive   5. uno spettacolo divertente
2. una partita di calcio   6. alcune studentesse italiane
3. il cognato di Stefano   7. un programma interessante
4. la signora Santilli   8. il suocero di Susanna

K. Lei fa dei commenti su alcune persone che conosce. Formuli delle domande basate sulle seguenti risposte, con un pronome interrogativo appropriato.

◰ Annamaria preferisce questo piatto.   *Quale preferisce?*

1. Marisa abita con sua madre.
2. Gianni legge solo riviste italiane.
3. Lucio telefona spesso a Ravenna.
4. Il signor Tamburri impiega solo gli operai capaci.
5. Gino fa un favore a Paolo.
6. Luigi parla con il professore di chimica ogni giorno.
7. Dopo la partita, Michele e Fernando partono con la macchina.

A. **All'aeroporto.** Guardi le illustrazioni in basso e si familiarizzi con il vocabolario indicato. Poi faccia l'esercizio che segue.

1. la passeggera
2. il passeggero
3. il poliziotto
4. la macchina fotografica
5. la cinepresa
6. l'uscita
7. il tabellone
8. l'aereo

9. il passaporto
10. la dogana
11. il doganiere
12. la valigia
13. i bagagli
14. il carrello

B. **Informazioni.** Dia le informazioni richieste basate sull'illustrazione riportata in alto.

1. La esamina il doganiere:
2. Lo usa il passeggero per portare i bagagli:
3. È sulla parete e indica i voli:
4. Il numero del volo per Londra:
5. Parte alle tredici:
6. La fa la persona con la macchina fotografica:
7. Quello che sta volando:
8. Tipo di ufficio dove ha luogo la prima scena dell'illustrazione:
9. Lo tiene in mano il doganiere:

Alcuni passeggeri fanno le prenotazioni all'aeroporto internazionale Leonardo da Vinci di Fiumicino a Roma. Viaggiare in aereo è abbastanza comune in Italia. Aeroporti efficienti e voli giornalieri collegano tra di loro moltissime città italiane.

C. **Fare un viaggio.** Lei vuole fare un viaggio in Italia e domanda ad un amico/un'amica che è appena tornato/a da Roma quello che lei deve fare prima di partire. Collabori con un altro studente/un'altra studentessa, facendo domande e dando risposte appropriate sui seguenti punti.

richiedere il passaporto
andare all'agenzia di viaggi
informarsi sul costo del volo e degli alberghi
scegliere una linea aerea
stabilire le date di partenza e di ritorno
sapere l'orario dei voli

D. **A lei la parola.** Esprima le seguenti situazioni con l'equivalente italiano appropriato.

1. Ask your older brother how many people were at the demonstration.
2. Ask your parents which candidate they decided to vote for.
3. Say that your parents were hoping your sister would graduate last year.
4. Explain that your sister was enjoying herself as if she had already graduated.
5. Tell your parents not to worry; you're beginning to enjoy studying.
6. Ask your roommates which airline they recommend taking to Italy.
7. Ask your grandmother what she wants you to send her from Rome.
8. Say you hope your mother remembered to buy stamps.

LEZIONE
22
COME SI PUÒ FERMARE L'INQUINAMENTO?

L'inquinamento dell'aria a
Milano. Questo è ormai un
problema grave nelle città
industriali italiane.

La seconda tavola rotonda sull'ecologia è stata organizzata oggi dall'Ente Provinciale per il Turismo. Nella sala del municipio di Ancona, capoluogo delle Marche, sono presenti molti cittadini ed i rappresentanti dell'industria e del turismo.

Moderatore	Signore e signori, buon giorno. Lo scopo di questo dibattito è quello di far sì° che il problema dell'inquinamento sia conosciuto da tutti, che le cause di questo siano discusse e che soluzioni siano approntate° al più presto. Dopo questa breve introduzione, cedo la parola° al primo interlocutore.	to make sure prepared I yield the floor

5

Un cittadino È ormai evidente che l'equilibrio ecologico è necessario sia alla sopravvivenza dell'uomo che a quella dell'ambiente che lo circonda. Nell'ultimo decennio però alcuni fiumi e laghi sono stati inquinati dalle industrie che sono state create dal progresso tecnologico. Nonostante che qualche provvedimento sia stato preso dalle autorità, penso che controlli più severi siano necessari per risolvere questo problema.

10

15 **Intendente alle Belle Arti** Il mio compito è di fare presente a voi° che molti monumenti della nostra città sono stati danneggiati dall'inquinamento dell'aria. Ne è esempio lampante° la statua di Garibaldi a piazza Risorgimento. Da bianca che era, oggi è diventata di un bel grigio fumo e ben presto sarà nera come la pece°. Finora ben poco è stato fatto per salvare il nostro patrimonio artistico, ma mi auguro° che dopo questa discussione la gravità della situazione sia capita da tutti.   — to bring to your attention — clear — pitch black — I hope

20

* * *

Una 25 **studentessa** Finora sono state dette molte cose importanti, ma a me sembra che qui, come altrove, si parli e si discuta in continuazione senza prendere poi alcun provvedimento. Nel frattempo°, sia gli uomini che gli animali e la natura stessa continuano a soffrire. Le spiagge sono sporche, il mare sembra avere cambiato colore, e gli animali selvatici sono scomparsi dai boschi. È tutto molto triste . . .   — In the meantime

30

Un ingegnere Ciò che° abbiamo sentito è senza dubbio vero, ma non si deve disperare. Anche se è poco° per fermare l'inquinamento, alcune leggi sono già state approvate dal governo. Ora bisogna fare in modo° che esse siano osservate sia dagli industriali che dai cittadini.   — What — Although it isn't enough — make sure

35

Moderatore Signore e signori, abbiamo ascoltato oggi numerose cri-
tiche e suggerimenti sul problema dell'inquinamento, e
sono sicuro che ognuno ne trarrà le dovute° conclusioni.   right
Questa tavola rotonda è ormai finita e ringrazio tutti i
40 partecipanti. Buon giorno ed un cordiale arrivederci alla
prossima volta.

DOMANDE GENERALI

1. Che cosa ha organizzato l'Ente Provinciale per il Turismo?
2. Dov'è la regione Marche?
3. Chi è presente nella sala?
4. Secondo il moderatore, qual è lo scopo del dibattito?
5. Che cosa è successo nell'ultimo decennio?
6. Secondo il cittadino, che cosa è necessario per risolvere il problema?
7. Di che cosa si occupa l'intendente alle Belle Arti?
8. Perché è cambiato il colore della statua di Garibaldi?
9. Che cosa dice la studentessa delle spiagge, del mare e degli animali selvatici?
10. Secondo l'ingegnere, da chi devono essere osservate le leggi?

DOMANDE PERSONALI

1. Nella sua città o nel suo paese ci sono problemi di inquinamento?
2. Lei si preoccupa dell'ambiente in cui vive? Perché?
3. Quale problema di inquinamento le pare più serio?
4. Le piacerebbe partecipare a una tavola rotonda? Su quale soggetto?

VOCABOLARIO

Parole analoghe

l'animale	cordiale	l'esempio
l'aria	la critica	l'introduzione
la conclusione	l'ecologia	il moderatore
il controllo	ecologico/a	il monumento

la natura
osservare
il partecipante
il progresso

la statua
tecnologico/a
il turismo

Nomi

il bosco woods
il cittadino citizen
il compito task
il dibattito debate
l'equilibrio balance
il fumo smoke
la gravità seriousness
l'industriale industrialist
l'inquinamento pollution
l'interlocutore speaker
il municipio city hall
il provvedimento measure, action
la sala hall
lo scopo purpose
il soggetto topic
la sopravvivenza survival

Aggettivi

accettato/a accepted
primo/a first
secondo/a second
selvatico/a wild
severo/a strict
sporco/a dirty
stesso/a itself

Verbi

circondare to surround
danneggiare to damage

disperare to despair
emanare to issue
fermare to stop
inquinare to pollute
salvare to save
scomparire (scomparso) to disappear
trarre to draw (out)

Altre parole ed espressioni

altrove everywhere else
finora until now

ben poco very little
ben presto quite soon
l'Ente Provinciale per il Turismo Provincial Tourist Agency
l'intendente alle Belle Arti Fine Arts expert
il patrimonio artistico artistic heritage
senza dubbio without a doubt
sia . . . che both . . . and
la tavola rotonda round table

PRATICA

A. Immagini di fare una relazione (*report*) sull'ecologia. Intervisti alcuni cittadini e chieda loro quali sono le cause dell'inquinamento e come esse possano essere ridotte o eliminate.

B. Valeria telefona alla sua amica Cristina per dirle che stasera alla televisione ci sarà un programma sull'ecologia. Le due amiche parlano dell'ora in cui ci sarà il programma e degli argomenti che tratterà. Scriva un dialogo appropriato di dieci o dodici righe.

Industria ed inquinamento

Dal dopoguerra ad oggi l'Italia, da paese essenzialmente agricolo, è diventato uno dei sette paesi più industrializzati del mondo. Questo successo è dovuto più che altro alle innovazioni tecnologiche che contraddistinguono[1] la produttività industriale italiana.

Lo sviluppo industriale del paese ha però creato anche un problema ecologico, l'inquinamento. I rifiuti delle industrie hanno contaminato fiumi, laghi e perfino tratti[2] di mare. Questo inquinamento delle acque naturali ha causato finora danni notevoli al turismo ed alla pesca[3]. Un'altra forma di inquinamento è quello atmosferico, dovuto al riscaldamento[4] invernale delle città, allo sviluppo della motorizzazione ed ai fumi delle fabbriche. Ciò ha causato danni non solo alla salute[5] della gente, ma anche ad antichi monumenti ed edifici pubblici.

All'inizio dello sviluppo industriale poco o niente è stato fatto per diminuire o fermare ogni tipo d'inquinamento, ma oggi molta gente si è resa conto[6] dell'importanza di questo problema. Sotto la pressione di gruppi cittadini e di associazioni civiche, il governo ha già emanato[7] leggi e regolamenti a tutela[8] della salute pubblica e dell'ambiente naturale.

1. characterize 2. stretches 3. fishing 4. heating 5. health 6. realized 7. issued
8. protection

Una campana adibita alla (*used for*) raccolta del vetro a Roma. Una delle iniziative per combattere l'inquinamento è il riciclaggio di alcuni materiali usati.

AMPLIAMENTO DEL VOCABOLARIO

Nomi composti

Italian, like English, is rich in compound nouns, created by combining other words. The largest group of compound nouns combines a verb + a noun.

il rompighiaccio (*rompere* + *ghiaccio*) = icebreaker

Other compound nouns combine two nouns, two verbs, or a noun + an adjective.

l'arcobaleno (*arco* + *baleno*) = rainbow
il saliscendi (*salire* + *scendere*) = doorlatch
l'acquaforte (*acqua* + *forte*) = etching

Here are some common compound nouns, some of which you already know.

l'apriscatole (*m.*) can opener
l'asciugacapelli (*m.*) hair dryer
l'asciugamano (*m.*) towel
l'aspirapolvere (*m.*) vacuum
  cleaner
il camposanto cemetery
il capoluogo capital of a region
il caporeparto department head
il capostazione station master
il cavatappi corkscrew
la lavastoviglie dishwasher

il marciapiede sidewalk
il paracadute parachute
il paraurti fender
il portafoglio wallet
il rompicapo puzzle
il salvadanaio piggy bank
il salvagente life preserver
lo spazzaneve snowplow
il tagliacarte paper knife
il telegiornale TV news

A. Immagini di abitare con una famiglia italiana e di avere bisogno di alcuni oggetti di cui lei non conosce il nome. Un membro della famiglia l'aiuta. Collabori con un altro studente/un'altra studentessa.

▣ — Non riesco ad aprire questa busta.   — *Hai bisogno di un tagliacarte?*
                                                   (Ecco un tagliacarte!)

1. Mi devo lavare i capelli.
2. Non so dove mettere i soldi.
3. Vorrei farmi un tramezzino al tonno. Ma come apro questa scatola (*can*)?
4. A pranzo potremmo bere questo vino. Ma la bottiglia è sigillata (*sealed*).
5. Quanti piatti sporchi (*dirty*)! Chi li lava?
6. Vorrei pulire la mia stanza. C'è polvere (*dust*) dappertutto.
7. Vorrei farmi la doccia. Ma con che cosa mi asciugo (*dry myself*)?

B. Domandi ad un altro studente/un'altra studentessa di darle la parola appropriata per ognuna delle seguenti definizioni.

▣ È usato quando le strade sono bloccate dalla neve.   *lo spazzaneve*

1. Lo è Milano per la Lombardia.
2. Fa parte di un'automobile.
3. I bambini ci mettono le monete.
4. Luogo in cui ci sono molte tombe.
5. Lo usano i piloti quando si buttano (*jump out*) dall'aereo.
6. Parte della strada dove camminano i pedoni (*pedestrians*).
7. Persona che dirige il traffico dei treni.
8. Persona che gestisce il lavoro di un gruppo d'impiegati.
9. Si dice di qualcosa che non si capisce facilmente.
10. Dovrebbe trovarsi in ogni barca o nave.

STRUTTURA ED USO

La voce passiva

Questa spiaggia **è stata danneggiata** dall'erosione.

1. In passive sentences, the recipient of the action, rather than the doer, is the subject.

   Passive: L'*Aida* è stata composta da Verdi.

   Aida was composed by Verdi.

   Active: Verdi ha composto l'*Aida*.

   Verdi composed *Aida*.

2. The passive voice **(la voce passiva)** consists of **essere** in the appropriate tense + *the past participle of the verb*. The past participle agrees in number and gender with the subject.

   Paola **è invitata** dappertutto.

   Paola is invited everywhere.

   La statua di Garibaldi **è stata danneggiata** dall'inquinamento.

   The Garibaldi statue has been damaged by pollution.

3. The doer of the action, if mentioned, is introduced by **da**.

   La festa è stata organizzata **da** Nino.

   The party was organized by Nino.

   Il dibattito è stato aperto **dal** moderatore.

   The debate was opened by the moderator.

A. Tullio racconta al padre ciò che ha sentito al telegiornale sul problema dell'inquinamento. Trasformi le seguenti frasi alla voce passiva, secondo il modello.

Il ministro discute il problema del mare.

Il problema del mare è discusso dal ministro.

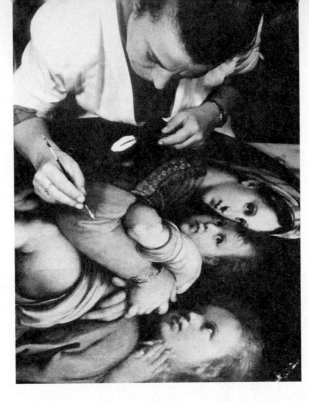

Una restauratrice a Firenze lavora su un dipinto di Raffaello dannegiato dall'inquinamento.

1. Tutti conoscono il problema dell'inquinamento.
2. Le autorità locali hanno preso alcuni provvedimenti.
3. Il governo stabilirà controlli più severi.
4. Ognuno capisce la gravità della situazione.
5. Gli industriali ed i cittadini osserveranno le nuove leggi.
6. L'inquinamento sporca le spiagge.
7. L'intendente alle Belle Arti farà pulire la statua di Garibaldi.
8. Il moderatore ringrazia tutti i partecipanti.

B. Risponda a queste domande usando frasi con il verbo al passivo e scelga la risposta corretta fra quelle fra parentesi.

▣ Chi ha composto l'*Aida*? (Puccini / Verdi / Rossini)   *L'Aida è stata composta da Verdi.*

1. Cosa presentano alle Terme di Caracalla? (un'opera / un film / una partita di calcio)
2. Chi ha organizzato la tavola rotonda sull'ecologia? (un avvocato / una casalinga / l'Ente Provinciale del Turismo)
3. Cosa causa l'inquinamento? (gli animali / l'industria / il bosco)
4. Chi ha indetto lo sciopero generale? (l'industriale / il sindacato / il municipio)
5. Chi ha disegnato questo palazzo? (l'ingegnere / il regista / l'architetto)
6. Dove hanno comprato i biglietti? (alla stazione di rifornimento / al botteghino / all'ufficio postale)

C.   Risponda alle seguenti domande usando la voce passiva.

1. In che anno è stato pubblicato questo libro?
2. Dov'è stata organizzata la tavola rotonda sull'ecologia?
3. Da chi è stato aperto il dibattito?
4. Da chi è stata liberata l'Italia nel secolo scorso?
5. Da chi sarà tenuta la lezione d'italiano oggi?
6. Da chi è stato diretto l'ultimo film che lei ha visto?

Costruzione impersonale con *si*

Si trova un po' di tutto ad un mercato all'aperto.

1. **Si** + *a third-person singular verb* is used in sentences with indefinite subjects. English uses *one*, *people*, *they*, *you*, or *we*, or a passive construction, in the same circumstances.

A Bologna **si mangia** bene.	One eats (People eat/You eat) well in Bologna.
Non **si parla** inglese qui.	We (People/They) don't speak English here.
Si vende *Il Messaggero* qui?	Is *Il Messaggero* sold here?

2. When **si** + *verb* is followed by a plural noun, the verb is in the third-person plural.

Si rappresentano molte opere alle Terme di Caracalla.	Many operas are presented at the Baths of Caracalla.
A Torino **si fanno** molti scioperi.	They strike a lot in Turin.

3. **Si** constructions are always conjugated with **essere** in compound tenses. The past participle must agree with the noun in number and gender.

Si è visto molto a Napoli.	We saw a lot in Naples.
A Firenze **si sono organizzate** tre mostre di libri.	Three book exhibits were organized in Florence.

4. Adjectives that follow a **si** construction using **essere** are always in the plural, even when the verb is singular.

Si è sempre **allegri** a casa di Mariella.	People are always happy at Mariella's house.
Si è sempre **attenti** in questa classe?	Are people always alert in this class?

5. When a reflexive verb is used in a **si** construction, there is both a reflexive and an impersonal pronoun. Instead of **si si**, which would sound awkward, **ci si** is used.

Ci si diverte qui.	One has fun here.
Ci si alza presto in campagna?	Do people get up early in the country?

D. Camminando, Stefano vede diversi annunci. Formuli questi annunci, usando il *si* impersonale con le parole indicate.

▣ non / vendere / francobolli / questo negozio

Non si vendono francobolli in questo negozio.

1. ogni domenica in Italia / andare / stadio
2. sentire / molte canzoni classiche / "Programma Sentimentale"
3. nelle case italiane / bere / solo acqua minerale
4. bere / aranciata San Pellegrino / quando fa caldo
5. mangiare / bene / al Ristorante "Il Corvo"
6. non entrare / dopo l'inizio dello spettacolo
7. il conto / pagare / alla cassa
8. i biglietti / per il concerto / comprare / botteghino

E. Risponda alle domande usando la costruzione con il *si* impersonale.

▣ Quale lingua si parla in Spagna?   *Si parla lo spagnolo.*

1. Quale lingua si parla in questa classe?
2. Dove si assiste all'opera?
3. Quali sono le lingue che si parlano in Europa?
4. Dove si mangia bene?
5. Dove si ascolta musica leggera?
6. Dove si comprano le medicine?
7. Dove si può vedere una partita di calcio la domenica?
8. Dove si comprano libri?
9. Cosa si fa in biblioteca?
10. Dove si può bere un buon caffè?

F. Una guida turistica spiega ai turisti le cose che faranno durante la gita. Scriva i commenti della guida, usando la costruzione impersonale con *si*.

Arrivano a Roma a mezzogiorno.   *Si arriva a Roma a mezzogiorno.*

1. Fanno un giro della città dalle dieci alle quindici.
2. Ritornano all'albergo alle diciassette.
3. Vanno al ristorante "Villa dei Cesari" alle venti.
4. Dopo cena vanno a Villa d'Este.
5. Domani alle nove visitano i Musei Vaticani.
6. Dopo pranzo prendono un autobus per andare ai negozi del centro.
7. Alle diciotto fanno una passeggiata a Villa Borghese.
8. Dopo cena vanno a vedere un'opera di Verdi a Caracalla.
9. A mezzanotte ritornano all'albergo.
10. Dopodomani alle nove partono per Firenze.

Numeri ordinali

— Mamma mia, Lidia abita **al decimo** piano!

1. Ordinal numbers **(i numeri ordinali)** are used to rank things. The ordinal numbers from *first* to *tenth* are listed below.

primo	first	**sesto**	sixth
secondo	second	**settimo**	seventh
terzo	third	**ottavo**	eighth
quarto	fourth	**nono**	ninth
quinto	fifth	**decimo**	tenth

2. After **decimo**, ordinal numbers are formed by dropping the final vowel of the cardinal number and adding **-esimo**, **-esima**, etc. Numbers ending in accented **-é** (**ventitré**, **trentatré**, etc.) retain the final **-e** without the accent.

undicesimo	eleventh	**ventitreesimo**	twenty-third
dodicesimo	twelfth	**cinquantesimo**	fiftieth
tredicesimo	thirteenth	**centesimo**	hundredth
ventesimo	twentieth	**millesimo**	thousandth
ventunesimo	twenty-first	**milionesimo**	millionth

3. Ordinal numbers agree in gender and number with the nouns they modify. They generally precede the noun.

È il **secondo** sciopero del mese.   It's the second strike of the month.
È la **terza** casa a sinistra.   It's the third house on the left.

4. When an ordinal number is represented by a figure, a superscript letter **º** (for masculine) or **ª** (for feminine) is used to signify agreement with the noun.

il **9º** capitolo   the ninth chapter
Lezione **22ª**   Lesson 22 (the twenty-second lesson)

5. Roman numerals are generally used in place of ordinals when referring to popes, royalty, and centuries. The roman numeral follows the noun when referring to popes and royalty; it may precede or follow the noun when referring to centuries.

Il Papa Giovanni **XXIII**   Pope John the Twenty-third
Umberto **I**   Umberto the first

il **XX** secolo ⎫
il secolo **XX** ⎭   the twentieth century

G. Marco ed alcuni suoi amici sono in fila (*are in line*) per entrare in teatro. Dica qual è la loro posizione nella fila, usando la forma ordinale dei numerali.

▣ Marco (3)   *È il terzo.*
▣ Gianni e Lidia (21)   *Sono i ventunesimi.*

1. Giacomo (18)   6. Silvia e Maria (20)
2. Mirella (23)   7. Giorgio (25)
3. Gina (11)   8. Carla (33)
4. Paolo (70)   9. Luisa (90)
5. Franco (1)   10. Piero e Pina (12)

H. Dica ai suoi amici ciò che ha fatto, usando la forma appropriata dei numeri ordinali.

🔲 quinto / rivista / leggere   *È la quinta rivista che ho letto.*

1. terzo / museo / visitare
2. quarto / macchina / vedere
3. secondo / cassetta / ascoltare
4. primo / bicchiere d'acqua / bere
5. decimo / canzone / cantare

I. Legga le seguenti espressioni e aggiunga un numero in più.

🔲 il 6° mese   *il sesto mese / il settimo mese*

1. la 9ª lezione   5. la 31ª mostra
2. la 4ª fila   6. Vittorio Emanuele II
3. il XIX secolo   7. il secolo XXI
4. la 12ª linea   8. Umberto I

J. Risponda alle seguenti domande.

1. Qual è il secondo giorno della settimana?
2. Qual è il decimo mese dell'anno?
3. Quale lezione segue la nona?
4. Chi è stato il primo presidente degli Stati Uniti?
5. Quale lezione stiamo studiando adesso?

Riciclo della plastica

Plastic.   Replastic.

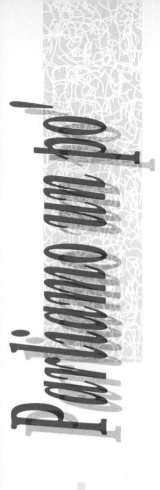

A. **Un'inchiesta.** Immagini di essere un/una giornalista e di volere sapere dalla gente quali sono i tipi di inquinamento più gravi per la società moderna e perché. Collabori con quattro o cinque studenti/studentesse. Prenda appunti per poi riferire le informazioni alla classe.

B. **Lettura.** Legga la seguente lettera e poi faccia l'esercizio che segue.

Lettera scritta da uno studente universitario americano al direttore del CLI (Centro Linguistico Italiano) Dante Alighieri a Roma:

Al Direttore del CLI "Dante Alighieri"
00162 Roma
Italia

Boston, 15 gennaio, 1991

Egregio Signor Direttore:
vorrei venire in Italia la prossima estate per perfezionare la mia conoscenza della lingua italiana. Sono iscritto al terzo anno di corso presso l'università di questa città e studio l'italiano da due anni.

Vorrei sapere in che periodo presso di voi si organizzano corsi di lingua e letteratura italiana per stranieri. Gradirei inoltre ricevere un elenco di pensioni presso cui risiedere[1] durante il mio soggiorno a Roma.

In attesa di ricevere una Sua comunicazione, La ringrazio.

Distinti saluti.
Paul Sheridan

1. where I can reside

C. **Una lettera.** Dia le seguenti informazioni basate sulla lettera riportata in alto.

1. A chi scrive lo studente:
2. Il motivo per cui scrive:
3. Che cosa fa:
4. Anni di studio dell'italiano:
5. Corsi che lo interessano:
6. Altre informazioni che lo interessano:

D. **Una telefonata.** A lei interessa frequentare il CLI "Dante Alighieri". Adesso telefona alla segreteria del centro per avere informazioni. Collabori con un altro studente/un'altra studentessa che assume il ruolo del/della segretario/a del centro.

E. **A lei la parola.** Esprima le seguenti situazioni con l'equivalente italiano appropriato.

1. Say that the round table on ecology in which you participated was organized by your science class.
2. Tell your younger brother that three languages are spoken in Switzerland: French, German, and Italian.
3. Say that this is the fourth time your wallet has been stolen (*rubare*).

4. Say that you hope the sidewalk will be repaired soon.
5. Point out that this is the fifth time your little brother has been given a piggy bank for Christmas.
6. Say that people always have a good time on the Fourth of July.

F. **Un adesivo.** Osservi il seguente adesivo (*sticker*) e poi dia questi informazioni.

1. Caratteristiche di Firenze:
2. Come dovrebbe essere Firenze:
3. Lo raccomanda l'adesivo:
4. Il simbolo di questa campagna ecologica:

G. **Lettura.** Legga il seguente brano e poi faccia l'esercizio che segue.

■ Palermo

Palermo è il capoluogo della Sicilia ed è situata su un golfo in un'ottima posizione geografica. Per la mitezza[1] del clima e per i suoi monumenti prestigiosi, Palermo è un centro turistico molto rinomato. La Palermo monumentale risale al tempo dei Normanni[2] [1072–fine del XII (dodicesimo) secolo] ed è ricca di opere architettoniche arabe e bizantine. La città vanta[3] una discreta attività economica che si basa principalmente su prodotti agricoli e vini pregiati[4].

1. mildness 2. Normans 3. boasts of 4. valuable

Piazza Pretoria con la sua fontana decorata da numerose statue. Palermo è ricca di monumenti e palazzi che mettono in evidenza i vari stili architettonici presenti nella città. Ci sono piazze o fontane monumentali nella sua città? Come sono? Qual è la città americana più monumentale? Quali sono le sue caratteristiche?

H. **Informazioni.** Dia le seguenti informazioni basate sul brano appena letto.

1. Regione dove è situata Palermo:
2. Il clima di questa città:
3. Tipi di architettura trovati a Palermo:
4. Economia della città:

REFERENCE SECTION

APPENDICES

A. Spelling/sound correspondences

Ortografia		Suono	Esempi
a		/a/	casa
b		/b/	bicicletta
c	before **a, o,** and **u**	/k/	amica, amico, culturale
	before **e** and **i**	/č/	cento, ciao
	ch before **e** and **i**	/k/	che, chi
d		/d/	dieci
e		/e/	bene
f		/f/	favore
g	before **a, o,** and **u**	/g/	larga, governo, guidare
	before **e** and **i**	/g/	gelato, gita
	gh before **e** and **i**	/ğ/	lunghe, dialoghi
	gli before **e** and **i**	/ʎ/	luglio
	gn	/ŋ/	signora
h		*silent*	ho
i		/i/	idea
l		/l/	lettera
m		/m/	mano
n		/n/	nome
o		/o/	poco
p		/p/	pratica
q	always in combination with **u**	/kw/	qui
r		/r/	radio
s	at the beginning of a word	/s/	signore
	ss between vowels	/s/	classe
	s between vowels	/z/	rosa, così
	s before **b, d, g, l, m, n, r, v**	/z/	sbagliato, sdoppiare, sveglia

sc before **a, o,** and **u**	/sk/	**sc**arpa, e**sc**o, **sc**usa
sc before **e** and **i**	/ʃ/	**sc**ientifico, cono**sc**ere
sch before **e** and **i**	/sk/	fre**sch**e, fre**sch**i
t	/t/	**t**elefono
u	/u/	**u**no
v	/v/	**v**enire
z	/ts/	**z**io, pia**zz**a
	/ds/	**z**ero, a**zz**urro

Notes: 1. When a consonant is doubled, the sound is lengthened (held) slightly in speech.
      2. The letters **j, k, w, x,** and **y** occur only in foreign words.

B. *Avere* and *essere*

Present	Imperfect	Future	Conditional	Preterit	Present Subj.	Imperfect Subj.	Commands
Avere							
ho	avevo	avrò	avrei	ebbi	abbia	avessi	abbi
hai	avevi	avrai	avresti	avesti	abbia	avessi	abbiate
ha	aveva	avrà	avrebbe	ebbe	abbia	avesse	abbia
abbiamo	avevamo	avremo	avremmo	avemmo	abbiamo	avessimo	abbiano
avete	avevate	avrete	avreste	aveste	abbiate	aveste	abbiamo
hanno	avevano	avranno	avrebbero	ebbero	abbiano	avessero	

Past participle: avuto
Present perfect: ho avuto, hai avuto, ha avuto, abbiamo avuto, avete avuto, hanno avuto

Present	Imperfect	Future	Conditional	Preterit	Present Subj.	Imperfect Subj.	Commands
Essere							
sono	ero	sarò	sarei	fui	sia	fossi	sii
sei	eri	sarai	saresti	fosti	sia	fossi	siate
è	era	sarà	sarebbe	fu	sia	fosse	sia
siamo	eravamo	saremo	saremmo	fummo	siamo	fossimo	siano
siete	eravate	sarete	sareste	foste	siate	foste	siamo
sono	erano	saranno	sarebbero	furono	siano	fossero	

Past participle: stato
Present perfect: sono stato/a, sei stato/a, è stato/a, siamo stati/e, siete stati/e, sono stati/e

C. Regular verbs: simple tenses and compound tenses with *avere* and *essere*

	Verbi in *-are* comprare	entrare	Verbi in *-ere* vendere	Verbi in *-ire* dormire	Verbi in *-ire (isc)* finire
Indicative Present	compro	entro	vendo	dormo	finisco
	i	i	i	i	isci
	a	a	e	e	isce
	iamo	iamo	iamo	iamo	iamo
	ate	ate	ete	ite	ite
	ano	ano	ono	ono	iscono
Imperfect	compravo	entravo	vendevo	dormivo	finivo
	avi	avi	evi	ivi	ivi
	ava	ava	eva	iva	iva
	avamo	avamo	evamo	ivamo	ivamo
	avate	avate	evate	ivate	ivate
	avano	avano	evano	ivano	ivano
Future	comprerò	entrerò	venderò	dormirò	finirò
	erai	erai	erai	irai	irai
	erà	erà	erà	irà	irà
	eremo	eremo	eremo	iremo	iremo
	erete	erete	erete	irete	irete
	eranno	eranno	eranno	iranno	iranno
Preterit	comprai	entrai	vendei	dormii	finii
	asti	asti	esti	isti	isti
	ò	ò	è	ì	ì
	ammo	ammo	emmo	immo	immo
	aste	aste	este	iste	iste
	arono	arono	erono	irono	irono
Present perfect	ho comprato	sono entrato/a	ho venduto	ho dormito	ho finito
	hai	sei	hai	hai	hai
	ha	è	ha	ha	ha
	abbiamo	siamo entrati/e	abbiamo	abbiamo	abbiamo
	avete	siete	avete	avete	avete
	hanno	sono	hanno	hanno	hanno

Pluperfect	avevo comprato	ero entrato/a	avevo venduto	avevo dormito	avevo finito
	avevi	eri	avevi	avevi	avevi
	aveva	era	aveva	aveva	aveva
	avevamo	eravamo entrati/e	avevamo	avevamo	avevamo
	avevate	eravate	avevate	avevate	avevate
	avevano	erano	avevano	avevano	avevano
Commands	compra	entra	vendi	dormi	finisci
	ate	ate	ete	ite	ite
	i	i	a	a	isca
	ino	ino	ano	ano	iscano
	iamo	iamo	iamo	iamo	iamo
Conditional Present	comprerei	entrerei	venderei	dormirei	finirei
	eresti	eresti	eresti	iresti	iresti
	erebbe	erebbe	erebbe	irebbe	irebbe
	eremmo	eremmo	eremmo	iremmo	iremmo
	ereste	ereste	ereste	ireste	ireste
	erebbero	erebbero	erebbero	irebbero	irebbero
Subjunctive Present	compri	entri	venda	dorma	finisca
	i	i	a	a	isca
	i	i	a	a	isca
	iamo	iamo	iamo	iamo	iamo
	iate	iate	iate	iate	iate
	ino	ino	ano	ano	iscano
Imperfect	comprassi	entrassi	vendessi	dormissi	finissi
	assi	assi	essi	issi	issi
	asse	asse	esse	isse	isse
	assimo	assimo	essimo	issimo	issimo
	aste	aste	este	iste	iste
	assero	assero	essero	issero	issero
Past Participle	comprato	entrato	venduto	dormito	finito

D. Verbs conjugated with *essere*

andare to go
arrivare to arrive
cadere to fall
costare to cost
diminuire to diminish, decrease

dispiacere to mind, to be sorry
diventare to become
entrare to enter
essere (stato) to be
mancare to lack

morire (morto)   to die
nascere (nato)   to be born
partire   to depart
piacere   to like
restare   to remain
rimanere (rimasto)   to remain
ritornare   to return
riuscire   to succeed
salire*   to climb up

sembrare   to seem
scendere (sceso)   to go down, get off
stare   to be
succedere (successo)   to happen
tornare   to return
uscire   to go out
venire (venuto)   to come

*Conjugated with **avere** when used with a direct object

In addition to the verbs listed above, all reflexive verbs are conjugated with **essere**. For example:

lavarsi   to wash oneself
   mi sono lavato/a, ti sei lavato/a, si è lavato/a, ci siamo lavati/e, vi siete lavati/e, si sono lavati/e

E. Verbs with irregular past participles

accendere (acceso)   to turn on
affiggere (affisso)   to post
aggiungere (aggiunto)   to add
apparire (apparso)   to appear
appendere (appeso)   to hang
apprendere (appreso)   to learn
aprire (aperto)   to open
assumere (assunto)   to hire
bere (bevuto)   to drink
chiedere (chiesto)   to ask
chiudere (chiuso)   to close
cogliere (colto)   to gather
comprendere (compreso)   to understand
concludere (concluso)   to conclude
conoscere (conosciuto)   to know
convincere (convinto)   to convince
coprire (coperto)   to cover
correre (corso)   to run
correggere (corretto)   to correct
cuocere (cotto)   to cook
decidere (deciso)   to decide
dire (detto)   to say
discutere (discusso)   to discuss
eleggere (eletto)   to elect
esprimere (espresso)   to express
essere (stato)   to be
fare (fatto)   to do, to make

indire (indetto)   to call, announce
interrompere (interrotto)   to interrupt
leggere (letto)   to read
mettere (messo)   to put
morire (morto)   to die
muovere (mosso)   to move
nascere (nato)   to be born
nascondere (nascosto)   to hide
offrire (offerto)   to offer
perdere (perso *or* perduto)   to lose
permettere (permesso)   to permit
porre (posto)   to place
prendere (preso)   to take
prevedere (previsto)   to expect, foresee
promettere (promesso)   to promise
promuovere (promosso)   to promote
proporre (proposto)   to propose
proteggere (protetto)   to protect
raggiungere (raggiunto)   to arrive, reach
rendere (reso)   to render
richiedere (richiesto)   to require, seek
ridere (riso)   to laugh
ridurre (ridotto)   to reduce
rimanere (rimasto)   to remain
riprendere (ripreso)   to start again
risolvere (risolto)   to resolve
rispondere (risposto)   to answer

rompere (rotto) to break
scegliere (scelto) to select
scendere (sceso) to go down, get off
scomparire (scomparso) to disappear
scrivere (scritto) to write
soffrire (sofferto) to suffer
sorridere (sorriso) to smile
spegnere (spento) to turn off

spendere (speso) to spend
succedere (successo) to happen
togliere (tolto) to remove
trarre (tratto) to draw
trasmettere (trasmesso) to transmit
vedere (visto or **veduto)** to see
venire (venuto) to come
vincere (vinto) to win

F. Irregular verbs

The verbs in this section are irregular in the following tenses only.

accendere to turn on
Preterit: accesi, accendesti, accese, accendemmo, accendeste, accesero

affiggere to post
Preterit: affissi, affiggesti, affisse, affiggemmo, affiggeste, affissero

andare to go
Pres. Ind.:   vado, vai, va, andiamo, andate, vanno
Future: andrò, andrai, andrà, andremo, andrete, andranno
Commands: va', andate, vada, vadano, andiamo
Conditional: andrei, andresti, andrebbe, andremmo, andreste, andrebbero
Pres. Subj.:   vada, vada, vada, andiamo, andiate, vadano

apprendere to learn (*compound of* **prendere**)

assumere to hire
Preterit: assunsi, assumesti, assunse, assumemmo, assumeste, assunsero

bere to drink
Pres. Ind.:   bevo, bevi, beve, beviamo, bevete, bevono
Imperfect: bevevo, bevevi, beveva, bevevamo, bevevate, bevevano
Future: berrò, berrai, berrà, berremo, berrete, berrano
Preterit: bevvi, bevesti, bevve, bevemmo, beveste, bevvero
Commands: bevi, bevete, beva, bevano, beviamo
Conditional: berrei, berresti, berrebbe, berremmo, berreste, berrebbero
Pres. Subj.:   beva, beva, beva, beviamo, beviate, bevano
Imp. Subj.:   bevessi, bevessi, bevesse, bevessimo, beveste, bevessero

cadere to fall
Future: cadrò, cadrai, cadrà, etc.
Preterit: caddi, cadesti, cadde, cademmo, cadeste, caddero
Conditional: cadrei, cadresti, cadrebbe, etc.

chiedere to ask for
Preterit: chiesi, chiedesti, chiese, chiedemmo, chiedeste, chiesero

chiudere to close
Preterit: chiusi, chiudesti, chiuse, chiudemmo, chiudeste, chiusero

comprendere to understand (*compound of* **prendere**)

concludere to conclude
Preterit: conclusi, concludesti, concluse, concludemmo, concludeste, conclusero

conoscere to know
Preterit: conobbi, conoscesti, conobbe, conoscemmo, conosceste, conobbero

convincere to convince (*compound of* **vincere**)

dare to give
Pres. Ind.:   do, dai, dà, diamo, date, danno
Preterit: detti (diedi), desti, dette (diede), demmo, deste, dettero (diedero)
Commands: da', date, dia, diano, diamo
Pres. Subj.:   dia, dia, dia, diamo, diate, diano
Imp. Subj.:   dessi, dessi, desse, dessimo, deste, dessero

decidere to decide
Preterit: decisi, decidesti, decise, decidemmo, decideste, decisero

dire to say, tell
Pres. Ind.: dico, dici, dice, diciamo, dite, dicono
Imperfect: dicevo, dicevi, diceva, etc.
Preterit: dissi, dicesti, disse, dicemmo, diceste, dissero
Commands: di', dite, dica, dicano, diciamo
Pres. Subj.: dica, dica, dica, diciamo, diciate, dicano
Imp. Subj.: dicessi, dicessi, dicesse, etc.

discutere to discuss
Preterit: discussi, discutesti, discusse, discutemmo, discuteste, discussero

dovere to have to, must
Pres. Ind.: devo, devi, deve, dobbiamo, dovete, devono
Future: dovrò, dovrai, dovrà, etc.
Conditional: dovrei, dovresti, dovrebbe, etc.
Pres. Subj.: debba, debba, debba, dobbiamo, dobbiate, debbano

eleggere to elect
Preterit: elessi, eleggesti, elesse, eleggemmo, eleggeste, elessero

esprimere to express
Preterit: espressi, esprimesti, espresse, esprimemmo, esprimeste, espressero

fare to do, make
Pres. Ind.: faccio, fai, fa, facciamo, fate, fanno
Imperfect: facevo, facevi, faceva, etc.
Preterit: feci, facesti, fece, facemmo, faceste, fecero
Commands: fa', fate, faccia, facciano, facciamo
Pres. Subj.: faccia, faccia, faccia, facciamo, facciate, facciano
Imp. Subj.: facessi, facessi, facesse, etc.

indire to call (*compound of* **dire**)

interrompere to interrupt
Preterit: interruppi, interrompesti, interruppe, interrompemmo, interrompeste, interruppero

leggere to read
Preterit: lessi, leggesti, lesse, leggemmo, leggeste, lessero

mettere to place
Preterit: misi, mettesti, mise, mettemmo, metteste, misero

morire to die
Pres. Ind.: muoio, muori, muore, moriamo, morite, muoiono
Future: morrò, morrai, morrà, etc.
Pres. Subj.: muoia, muoia, muoia, moriamo, moriate, muoiano

nascere to be born
Preterit: nacqui, nascesti, nacque, nascemmo, nasceste, nacquero

nascondere to hide
Preterit: nascosi, nascondesti, nascose, nascondemmo, nascondeste, nascosero

ottenere to obtain (*compound of* **tenere**)

permettere to permit (*compound of* **mettere**)

piacere to like, to please
Pres. Ind.: piaccio, piaci, piace, piacciamo, piacete, piacciono
Preterit: piacqui, piacesti, piacque, piacemmo, piaceste, piacquero
Pres. Subj.: piaccia, piaccia, piaccia, piacciamo, piacciate, piacciano

potere to be able
Pres. Ind.: posso, puoi, può, possiamo, potete, possono
Future: potrò, potrai, potrà, etc.
Conditional: potrei, potresti, potrebbe, etc.
Pres. Subj.: possa, possa, possa, possiamo, possiate, possano

prendere to take
Preterit: presi, prendesti, prese, prendemmo, prendeste, presero

prevedere to foresee (*compound of* **vedere**)

promettere to promise (*compound of* **mettere**)

promuovere to promote
Preterit: promossi, promovesti, promosse, promovemmo, promoveste, promossero

raggiungere to reach
Preterit: raggiunsi, raggiungesti, raggiunse, raggiungemmo, raggiungeste, raggiunsero

richiedere to require, seek (*compound of* **chiedere**)

ridere to laugh
Preterit: risi, ridesti, rise, ridemmo, rideste, risero

ridurre   to reduce

Pres. Ind.:	riduco, riduci, riduce, riduciamo, riducete, riducono
Future:	ridurrò, ridurrai, ridurrà, etc.
Preterit:	ridussi, riducesti, ridusse, riducemmo, riduceste, ridussero
Conditional:	ridurrei, ridurresti, ridurrebbe, etc.
Pres. Subj.:	riduca, riduca, riduca, riduciamo, riduciate, riducano

rimanere   to remain

Pres. Ind.:	rimango, rimani, rimane, rimaniamo, rimanete, rimangono
Future:	rimarrò, rimarrai, rimarrà, etc.
Preterit:	rimasi, rimanesti, rimase, rimanemmo, rimaneste, rimasero
Commands:	rimani, rimanete, rimanga, rimangano, rimaniamo
Conditional:	rimarrei, rimarresti, rimarrebbe, etc.
Pres. Subj.:	rimanga, rimanga, rimanga, rimaniamo, rimaniate, rimangano

riprendere   to start again (*compound of* **prendere**)

rispondere   to answer

Preterit:	risposi, rispondesti, rispose, rispondemmo, rispondeste, risposero

salire   to go up

Pres. Ind.:	salgo, sali, sale, saliamo, salite, salgono
Pres. Subj.:	salga, salga, salga, saliamo, saliate, salgano

sapere   to know

Pres. Ind.:	so, sai, sa, sappiamo, sapete, sanno
Future:	saprò, saprai, saprà, etc.
Preterit:	seppi, sapesti, seppe, sapemmo, sapeste, seppero
Commands:	sappi, sappiate, sappia, sappiano, sappiamo
Conditional:	saprei, sapresti, saprebbe, etc.
Pres. Subj.:	sappia, sappia, sappia, sappiamo, sappiate, sappiano

scegliere   to choose

Pres. Ind.:	scelgo, scegli, sceglie, scegliamo, scegliete, scelgono
Preterit:	scelsi, scegliesti, scelse, scegliemmo, sceglieste, scelsero
Commands:	scegli, scegliete, scelga, scelgano, scegliamo
Pres. Subj.:	scelga, scelga, scelga, scegliamo, scegliate, scelgano

scendere   to go down, get off

Preterit:	scesi, scendesti, scese, scendemmo, scendeste, scesero

scrivere   to write

Preterit:	scrissi, scrivesti, scrisse, scrivemmo, scriveste, scrissero

sedere   to sit

Pres. Ind.:	siedo, siedi, siede, sediamo, sedete, siedono
Commands:	siedi, sedete, sieda, siedano, sediamo
Pres. Subj.:	sieda, sieda, sieda, sediamo, sediate, siedano

sorridere   to smile

Preterit:	sorrisi, sorridesti, sorrise, sorridemmo, sorrideste, sorrisero

spegnere   to turn off

Preterit:	spensi, spegnesti, spense, spegnemmo, spegneste, spensero

stare   to be

Preterit:	stetti, stesti, stette, stemmo, steste, stettero
Commands:	sta', state, stia, stiano, stiamo
Pres. Subj.:	stia, stia, stia, stiamo, stiate, stiano
Imp. Subj.:	stessi, stessi, stesse, stessimo, steste, stessero

tenere   to keep

Pres. Ind.:	tengo, tieni, tiene, teniamo, tenete, tengono
Future:	terrò, terrai, terrà, etc.
Preterit:	tenni, tenesti, tenne, tenemmo, teneste, tennero
Commands:	tieni, tenete, tenga, tengano, teniamo
Conditional:	terrei, terresti, terrebbe, etc.
Pres. Subj.:	tenga, tenga, tenga, teniamo, teniate, tengano

trasmettere   to transmit (*compound of* **mettere**)

uscire   to go out

Pres. Ind.:	esco, esci, esce, usciamo, uscite, escono
Commands:	esci, uscite, esca, escano, usciamo
Pres. Subj.:	esca, esca, esca, usciamo, usciate, escano

vedere   to see

Future:	vedrò, vedrai, vedrà, etc.
Preterit:	vidi, vedesti, vide, vedemmo, vedeste, videro
Conditional:	vedrei, vedresti, vedrebbe, etc.

venire to come

Pres. Ind.:	vengo, vieni, viene, veniamo, venite, vengono
Future:	verrò, verrai, verrà, etc.
Preterit:	venni, venisti, venne, venimmo, veniste, vennero
Commands:	vieni, venite, venga, vengano, veniamo
Conditional:	verrei, verresti, verrebbe, etc.
Pres. Subj.:	venga, venga, venga, veniamo, veniate, vengano

vincere to win

Preterit:	vinsi, vincesti, vinse, vincemmo, vinceste, vinsero

vivere to live

Future:	vivrò, vivrai, vivrà, etc.
Preterit:	vissi, vivesti, visse, vivemmo, viveste, vissero
Conditional:	vivrei, vivresti, vivrebbe, etc.

volere to want

Pres. Ind.:	voglio, vuoi, vuole, vogliamo, volete, vogliono
Future:	vorrò, vorrai, vorrà, etc.
Preterit:	volli, volesti, volle, volemmo, voleste, vollero
Conditional:	vorrei, vorresti, vorrebbe, etc.
Pres. Subj.:	voglia, voglia, voglia, vogliamo, vogliate, vogliano

ITALIAN-ENGLISH VOCABULARY

The Italian-English vocabulary contains most of the basic words and expressions included in the lessons, and many non-guessable words and expressions that appear in the photo and line art captions, proverbs, headings, and supplementary readings. A number after an active vocabulary entry refers to the lesson where the word first appears; the letters "LP" refer to the Lezione Preliminare. Meanings are limited to how they are used in the context of the book.

Stress is indicated with a dot under the stressed letter of the main entry when it does not fall on the next-to-last syllable. A tilde (~) is used to indicate repetition of a main entry; for example **d'**~ under **accordo** means **d'accordo**. A degree mark (°) indicates that a verb is irregular and can be found in the irregular verb listing in Appendix F. A preposition in parentheses indicates that the verb takes this preposition before an infinitive; for example **aderire (a)** means that **aderire** needs **a** before an infinitive.

The following abbreviations are used:

m. = masculine   *pl.* = plural
f. = feminine   *p.p.* = past participle
adj. = adjective

a (*frequently* **ad** *before a vowel*) at, to 1
abbassare to lower 14
abbastanza enough; ~ **bene** quite well LP
abbigliamento clothing 10
abbinare to match
abbondanza abundance
abbracciare to hug 9
abitante inhabitant
abitare to live 2
abito suit, monk's habit
abituale habitual
acceleratore *m.* accelerator
accendere°, *p.p.* **acceso** to turn on 14
accettabile acceptable 21
accettato/a accepted 22
accomodarsi to sit down, make oneself comfortable

accompagnare to accompany 8
accontentarsi to be content 17
accordo: d'~ agreed, O.K. 3; **andare° d'**~ **(con)** to get along with; **essere° d'**~ to agree
accorgersi to realize, notice
aceto vinegar
acqua (minerale) (mineral) water 4; ~ **gassata** carbonated water
acquaforte *m.* etching 22
acquistare to purchase, buy 12
acquisto purchase 6
adattarsi to adjust, adapt
adatto/a right, suitable 17
addormentarsi to fall asleep 7
adesso now 3
aereo plane 18; **andare° in** ~ to go by plane 18

affacciarsi alla finestra to lean out of the window
affascinante enchanting, fascinating
affatto: non ... ~ not at all 9
affettuosamente affectionately 9
affiggere°, *p.p.* **affisso** to post, affix 20
affinché so that, in order that 15
affittare to rent 17
affrettarsi to hurry 12
afoso/a sultry, muggy 9
agente *m. or f.* agent 18
agenzia: ~ **di autonoleggio** car-rental agency 8; ~ **di viaggi** travel agency 8
aggiungere, *p.p.* **aggiunto** to add
aggiustare to fix 6

agire to act, behave
agnello lamb 13
agosto August 6
agricolo/a agricultural
aiutare (a) to help 13; **aiutarsi** to help each other 13
aiuto help, aid
albergo hotel 3
albicocca apricot 7
alcuno/a some 20
alimentari *pl.* food products 7
allegramente gaily, happily 13
allegria joy 5
allegro/a happy 5
alloggiare to lodge, stay 17
allora well, then 3
almeno at least 14
alpinismo mountain climbing 12
alto/a high, tall 5; **ad alta voce** aloud
altoparlante *m.* loudspeaker 20
altrimenti otherwise
altro ieri day before yesterday 6
altro/a other, another 7
altrove everywhere else 22
alzare to raise; to turn up 14; **alzarsi** to get up 7
amante lover
amarsi to love each other 13
ambasciatore *m.* ambassador 20
ambiente *m.* environment 20
americano/a American 1
amico/a friend 2
ammirare to admire
ammobiliato/a furnished
amore *m.* love
ampio/a abundant
ampliamento enrichment
analizzare to analyze 14
ananas *m.* pineapple 7
anche also, too 1; **anch'io** I too, me too 1
ancora still 7; ~ **una volta** once again 21; **non ...** ~ not yet 9
andare° (a) to go 3; ~ **in giro** to go around 9; **andata e**

ritorno round trip; ~ **via** to leave, go away 10; **va bene?** O.K.?, is that all right? 3
anfiteatro amphitheatre
anglosassone Anglo-Saxon
angolo corner
animale *m.* animal 22
anno year 1; **avere° ... anni** to be . . . years old 1; **Buon ~!** Happy New Year!; **gli anni ottanta** the 1980s
annoiarsi to be bored 7
annualmente annually
annunciatore, annunciatrice newscaster 14
annuncio ad(vertisement) 17
ansia: con ~ anxiously
anticipo: essere° in ~ to be early LP
antico/a (*pl.* **antichi/e**) old, ancient 9
antipasto hors d'oeuvre 13
antipatico unpleasant 5
antiquariato antiques dealer
antologia anthology 19
antropologia anthropology 2
anzi indeed 19
anziano/a old; elderly person
apparire, p.p. apparso to appear
appartamento apartment 2; **appartamentino** small apartment 17
appartenere to belong
appena as soon as 11
appetito: Buon ~! Enjoy your meal!
apprendere°, p.p. appreso to learn 21
appunto note; right, exactly 12
aprile April 6
aprire, p.p. aperto to open 5; **all'aperto** outdoors 4
apriscatole *m.* can opener 22
aragosta lobster 13
arancia orange (fruit) 7
aranciata orange soda 3
arancione (*invariable*) orange (color) 10
architetto architect 2

architettura architecture 2
arcobaleno rainbow 19
argomento topic, subject
aria air 22
armadio armoire, wardrobe 17
armonica harmonica 15
arpa harp 15
arrangiarsi to manage
arricchire to enrich
arrivare to arrive 3
arrivederci good-by (*informal*) LP
arrivederla good-by (*formal*) LP
arrivo arrival 18
arrosto roast
arte *f.* art 2
articoli (*pl.*) **di abbigliamento** clothing 10
artigianale handcrafted
asciugacapelli *m.* hair dryer 11
asciugamano towel 11
asciugare to dry
asciugarsi le mani (la faccia) to dry one's hands (face) 11
asciugatrice *f.* clothes dryer 17
ascoltare to listen (to) 3
ascoltatore *m. or f.* listener 14
ascolto listening 16; **essere° in** ~ to be listening 16
asilo infantile kindergarten
asparagi *pl.* asparagus 7
aspettare to wait (for), watch 3; **aspetta un attimo** wait a moment 6
aspetto appearance
aspirapolvere *m.* vacuum cleaner 17
assaggiare to taste 7
assai very
assegno check; **pagare con un** ~ to pay by check
assicurazione malattie health insurance 16
assistere (a) to attend
assolutamente absolutely 8
assordante deafening
assorto/a absorbed 19
assumere°, p.p. assunto to hire 16; ~ **il ruolo** to play the part

atmosfera atmosphere 5
attaccamento attachment
atteggiamento attitude
attenuare to lessen
attenzione! attention! 14;
  prestare ~ to pay attention
attesa waiting 18
attimo moment; **un** ~ just a
  moment
attirare to attract
attività activity 8
atto act 15
attore *m.* actor 18
attrarre to attract
attraversare to cross
attraverso across, through; by
  means of
attrice *f.* actress 18
attuale present 16
attualità update, current events
audace bold, daring 5
augurarsi to hope
auguri! *pl.* best wishes! 13
aula classroom 16
aumentare to increase 14
aumento increase 14
autista *m.* driver
autobus *m.* bus 8; **andare°**
  in ~ to go by bus 18
autocarro truck 18
autonomo/a independent 17
autorevole authoritative
autorità authority 21
autostrada superhighway 14
autunnale *adj.* autumn 6
autunno autumn 6; **in pieno** ~
  in the middle of autumn
avanti forward, ahead 18
avere° to have, to possess
  (something) 1; ~ **a che fare** to
  deal with, contend with; ~ ...
  anni to be . . . years old 1;
  ~ **bisogno di** to need 2;
  ~ **caldo** to be warm 2; ~ **da**
  fare to be busy 8; ~ **fame** to
  be hungry 2; ~ **fortuna** to be
  lucky 2; ~ **freddo** to be
  cold 2; ~ **fretta** to be in a
  hurry 2; ~ **un raffreddore** to

have a cold; ~ **in mente** to
have in mind; ~ **luogo** to take
place 10; ~ **paura di** to be
afraid of 2; ~ **pazienza** to be
patient 2; **ragione** to be
right 2; ~ **sete** to be
thirsty 2; ~ **sonno** to be
sleepy 2; ~ **torto** to be
wrong 2; ~ **voglia di** to feel
like (doing something) 2; **non**
ne ho molta voglia I don't feel
much like it
avvenimento event 10
avvertimento warning
avvicinare to approach
avvocato lawyer 18
azienda agency
azione *f.* action 20
azzurro/a sky-blue 10

badare (a) to take care of; to
  babysit
bagaglio luggage
bagno bathroom 17
ballare to dance 10
ballo in maschera masked
  ball 5
bambino/a baby, child
banana banana 7
banca bank 3
bancarella stall 7
bandiera flag
bar *m.* café, bar 3
barca boat 18; **andare° in** ~
  to go boating 12; to go by
  boat 18
basare (su) to base on
basso/a short; **in basso** below
basta it's enough 7
basta così that's enough 6
battaglia battle
batteria drum set 15
battuta line of dialogue
bellezza beauty
bello/a beautiful, handsome,
  nice 5; **che bello!** how
  nice! 14
ben: ~ **poco** very little 22;
  ~ **presto** quite soon 22

benché although, even
  though 15
bene well, good, fine LP; **beni**
  (pl.) **di consumo** consumer
  goods 14
benessere *m.* well-being,
  comfort
benissimo just great! LP; very
  well 18
benzina gasoline 8
benzinaio gas-station attendant
bere°, *p.p.* **bevuto** to drink 7;
  qualcosa da ~ something to
  drink 4
bevanda drink 13
biancheria underwear, linens
bianco/a white 6
biblioteca library 3
bicchiere *m.* (drinking) glass 4
bicicletta bicycle 1; **andare° in**
  ~ to go biking 12
biglietto ticket 4; ~ **di andata**
  e ritorno round-trip ticket
binario track
biologia biology 2
biondo/a blonde 11
birra beer 6
bisogno need 18; **avere°** ~ **di**
  to need 2
bistecca steak 13
bloccato/a blocked 18
blu *(invariable)* blue 10
bocca mouth 11; **In** ~ **al lupo!**
  Good luck!
borsa handbag 9
bosco woods 22
bottiglia bottle
braccio (braccia, *f. pl.***)** arm 11
braciola chop
brano passage, paragraph
bravo/a capable, good 5; ~!
  Bravo!
breve brief, short
brillante brilliant 5
brindisi ceremonial toast
broccoli *pl.* broccoli 7
brodo broth 13
bronzo bronze
brutto/a ugly 5

buca pit, hole
bucato laundry
buffo funny; **che ~!** how funny! 14
bugia lie
buono/a good 3; **buon giorno** hello, good morning LP; **buona sera** good evening LP
burro butter 7
bussare to knock (on a door)
busta envelope

c'è there is 3; **~ Gina?** is Gina there? 3
cadere° to drop 10; to fall; **fare° ~** to let drop 10
caduta fall
caffè *m.* café 4; coffee 4
calamari *pl.* squid 13
calcio soccer 12
calcolatrice *f.* calculator 1
caldo: avere° ~ to be warm (person) 2; **fare° ~** to be warm (weather) 4
calendario calendar 1
calmo/a calm, tranquil 5
calzature *pl.* footwear 10
calze *pl.* stockings, hose 10
calzini *pl.* socks 10
calzoncini *pl.* shorts 10
cambiamento change 14
cambiare to change 9; **~ idea** to change one's mind 9
cambio stick shift
camera room 17; **~ da letto** bedroom 17; **~ matrimoniale** double room
cameriere *m.* waiter 4
camicetta blouse 10
camicia man's shirt 10
camino fireplace 17
camion *m.* truck 18
campagna campaign 20; countryside 20
campanile bell tower
campanilismo exaggerated local pride
campeggio camp

campo field; **~ da tennis** tennis court
camposanto cemetery 22
canadese Canadian 5
canale *(m.)* **televisivo** TV channel 14
candidato candidate 20
cane *m.* dog 2
cantante *m. or f.* singer 15
cantare to sing 3
cantina cellar 17
canzone *f.* song
capelli *pl.* hair 11
capire to understand 5
capitale *f.* capital 14
capo chief, boss 16
capolavoro masterpiece
capoluogo capital of a region 22
cappello hat 10
cappotto (over)coat 10
cappuccino coffee with steamed milk 3
carattere *m.* character, nature
caratteristica characteristic 5
caratteristico/a characteristic, typical
carciofo artichoke 7
carino/a pretty 5; nice, cute 10
carne *f.* meat 7
Carnevale *m.* Mardi Gras 5
caro/a expensive, dear 5
carota carrot 7
carovita *m.* cost of living
carrello luggage cart
carriera career 16
carta map
cartellone *m.* poster 15
cartolina postcard
casa house 2; **a ~** at home; **a ~ sua** at your house 3
casalinga homemaker 18
caso: in ~ che in case, in the event that 15; **per ~** by chance 19
cassetta cassette 1
cassiere, cassiera cashier
castano/a brown 11

catena di montagne mountain chain
cattivo/a bad 5
cattolico/a Catholic
causa: a ~ di because of, due to
causare to cause 18
cavaliere knight 15
cavallo horse; **andare° a ~** to go horseback riding 12
cavatappi *m.* corkscrew 22
caviglia ankle 11
cedere la parola to yield the floor
celebre famous
celibe: essere° ~ to be single (*man*) 8
cena supper 8
cenare to eat supper
centesimo/a hundredth 22
cento one hundred 1; **~ di questi giorni!** many happy returns 13
centrale central 17
centro downtown 2; center
ceramica (ceramiche, *f. pl.*) ceramics 9
cerca: in ~ di in search of 17
cercare to look for 3; **~ di** to try, strive 21
certo certainly, of course 7
certo/a certain 20
che that, that which 5; what; **~ cosa? (cosa?)** what? 2
chi? who? 2; **a ~?** to whom? 3; **con ~?** with whom? 2; **~ altro?** who else? **di ~?** about whom? 4; **di ~ è?** whose is it?
chiacchierare to chat
chiamare to call 3; **chiamarsi** to be called, to be named 7
chiarire to make clear
chiaro/a clear
chiedere° (di), *p.p.* **chiesto** to ask (for) 4; **~ indicazioni** to ask directions
chiesa church 3
chilo: al chilo per kilo (metric weight) 7

chimica chemistry 2

chitarra guitar 15

chitarrista *m. or f.* guitarist 10

chiudere°, *p.p.* **chiuso** to close 4

ci there 7; us, to us, ourselves; ~ **sono** there are

ciao hi; bye *(informal)* LP

ciascuno/a each

cibo food 13

ciclismo bicycling 12

ciliegia cherry 7

cinema *m.* cinema 3

cinepresa movie camera

cinese *m. or adj.* Chinese

cinquanta fifty 1

cinque five LP

ciò that, this 21; ~ **che** what

cipolla onion 7

circa about, approximately

circolazione: in ~ in circulation 21

circolo circle, club

circondare to surround 19

circondato/a surrounded

circostanza circumstance

città city 1

cittadino citizen 22

cittadino/a (of the) city 21

civile civil 19

civiltà civilization

clacson *m.* horn 18

clarinetto clarinet 15

classe *f.* class; **la (prima, seconda) ~** (first, second) class

classico/a classic 10; classical 15

cliente *m. or f.* customer 4

clima *m.* climate 12

coalizione *f.* coalition 20

coetaneo/a contemporary, person of the same age

cognata sister-in-law 8

cognato brother-in-law 8

cognome last name LP

coincidenza connection

colazione *f.:* **prima ~** breakfast 13

collegare to unite

collaborare to collaborate

collegio boarding school

collina hill

collo neck 11

colloquio job interview 16

colonia colony

colonna column

colore *m.* color 10

coltello knife 13

comandare to command

comando command

combattere to fight

combattimento battle

combinare to combine

come how 4; as, like 9; ~ **al solito** as usual 12; ~ **mai?** how on earth?; ~ **sta (stai)?** how are you? LP; **com'è ...?** what is . . . like? 3

cominciare (a) to begin 8

comizio rally

commentare to comment on

commesso/a salesclerk

comò chest of drawers 17

comodo/a comfortable 17

compagno/a companion 19

compiere to complete 13; to accomplish

compito task 22; homework

compiuto: di senso ~ logical

compleanno birthday 13; **buon ~!** happy birthday! 13

complesso combination; musical group 15; ~ **rock** rock band 10

complicato/a complicated 21

complimenti! congratulations! my compliments! 13

componente *m.* member

componimento essay

comporre, *p.p.* **composto** compose

comprare to buy 3

comprensione comprehension

comprensivo/a understanding 17

comunale municipal 14

comune city government 15

comunque however, in any case 6

con with LP

concerto concert 15

conclusione *f.* conclusion 22

concordanza agreement

concordare to agree

concorrenza competition

concorso competitive exam 16

condividere to share

conducente *m.* driver 18

conferenza lecture 19; ~ **stampa** press conference

conferenziere *m. or f.* lecturer 19

confidenziale informal

confinare con to border

confrontare to compare

confronto comparison

confusione *f.* confusion 4

confuso/a confused 14

congiuntivo subjunctive

congresso conference

coniugare to conjugate

conoscente *m. or f.* acquaintance

conoscenza knowledge; **prendere ~** to become familiar with

conoscere°, *p.p.* **conosciuto** to know, to be acquainted with 9

conosciuto/a known 15

conquistare to conquer 20

conseguenza consequence 8

consigliare (di) to advise 11

consiglio advice

consueto: di~ as usual

contadino farmer

contanti *pl.* cash; **in ~** in cash

contatto contact 16; **lente a ~** contact lens; **mettere° in ~** to connect; **venire° a ~** to come into contact

contento/a happy, glad 15

contenuto contents

contesto context

continuare (a) to continue 10

continuazione: in ~ continuously 20

conto check, bill

contrada district

contrario/a opposite

contro against 21
controllare to check; to control; **fare° ~ l'olio (le gomme)** to have the oil (tires) checked 8
conveniente convenient, suitable
conversare to talk 13
convincere°, *p.p.* **convinto** to convince 15
convinzione persuasion
coperto/a covered, sheltered
coppia couple 8; pair
coraggio! cheer up! 17
cordiale cordial 22
corpo umano human body 11
correggere, *p.p.* **corretto** to correct
corsa race; running 12
corsivo italic
corso main street, avenue; course of study; **il ~ di laurea** major 16
cortese polite, courteous; kind 5
cortesia: per ~ please
cortile *m.* courtyard 17
corto/a short
cosa thing; **che ~ è successo?** what happened? 11; **che ~ fai di bello oggi?** what are you up to today? 3; **~ c'è in programma?** what's playing? 4; **~?** what? 3
coscienza: prendere° ~ to become aware
così that way 12; **così così** so-so LP
cosiddetto/a so-called
costante constant
costare to cost 5; **quanto costa?** how much is it? 7
costituire to constitute, form, establish
costituzione *f.* constitution 20
costoso/a expensive
costruire to build
costume *m.* costume 5; custom; **~ da bagno** swimsuit 10
cotone *m.* cotton 10
cravatta tie 10

creare to create
creazione *f.* creation 14
credenza sideboard 17
credere (di) to believe; to think 4; **credo di sì** I think so 4; **non ci credo proprio!** I don't believe it! 14
crescere to grow
crisi *f.* crisis 20
critica criticism 22
criticare to criticize
cuccetta berth
cucchiaino teaspoon 13
cucchiaio spoon 13
cucina cooking; kitchen 13
cucinare to cook 13
cucire to sew 5
cugino/a cousin 8
cui who, whom 19
cuoco/a cook 15
cuoio leather, hide 10; **di ~** (made of) leather 9
cuore *m.* heart
curare to cure, care for
curiosità curiosity 5
curioso/a curious 10

d'accordo agreed, O.K. 3; **andare° ~ (con)** to get along (with); **essere° ~** to agree 16
da from, by 3; **~ molto tempo** for a long time; **~ quanto tempo?** for how long?; **~ solo/a** alone 2; **vado ~ Laura** I'm going to Laura's house 5; **vengo ~ te** I'm coming to your house 5
danneggiare to damage 22
danno damage
danza dance 4
dappertutto everywhere 18
dare° to give 4; **~ del tu** to use *tu* with someone; **~ le dimissioni** to resign; **~ un passaggio** to give a ride 8; **può darsi** maybe 14
dato/a given 17; **dato che** since 16
davanti a in front of

davvero! really 6
debito debt 12
decennio decade
decidere° (di), *p.p.* **deciso** to decide 4
decimo/a tenth 22
deciso/a decisive 20
dedicarsi to dedicate oneself 19
denaro money 12
dente *m.* tooth 11
dentifricio toothpaste 11
dentista *m. or f.* dentist 18
dentro in, inside
depresso/a depressed 14
deputato representative 20
desiderare to want, wish 3
desiderio wish, desire
destro/a right 11; **a destra** to the right
determinato particular, specific
dettaglio detail
dettare to dictate
detto saying, maxim
di (d' *before vowels***)** of, about, from LP
dialetto dialect
dibattito debate 22
dicembre December 6
dichiarare to declare 21
diciannove nineteen LP
diciassette seventeen LP
diciotto eighteen LP
dieci ten LP
dietro (a) behind
difficile difficult 5
difficoltà difficulty 5
diffusione *f.* spreading
diffuso/a diffused, widespread
digestivo liqueur thought to aid digestion
dilettante *adj.* pleasing; *m. or f.* amateur
dimagrire to lose weight
dimenticare to forget 6; **dimenticarsi (di)** to forget 7
dimettersi° to resign 20
diminuire to diminish, decrease 14
dimissioni: dare° le ~ to resign

dinamico/a dynamic, energetic 5

Dio God; **Oh, mio ~!** Oh, my God! 14

dipendere (da) to depend (on); **dipende** that depends 12

dire° (di), *p.p.* **detto** to say, to tell 7; **mi dica** may I help you? **mi sa dire?** can you tell me? 16; **non mi dire!** don't tell me! 14

diretta: in ~ live (on the air) 14

direttore, direttrice manager 15

dirigente *m. or f.* executive 18

dirigere to direct

disagio discomfort 21

disco record 1

discorso speech

discoteca discotheque 10

discutere°, *p.p.* **discusso** to discuss 4; to argue 8

disegnare to design

disegno drawing

disgrazia: che ~! what a disaster! 14

disfare° to undo 15

disinvolto/a carefree, self-possessed 5

disoccupato/a unoccupied, unemployed 16

disoccupazione *f.* unemployment

disonesto/a dishonest 5

disorganizzato/a disorganized 15

disperare to despair 22

dispiacere° to be sorry, to mind 11; **mi dispiace** I'm sorry 4; **se non ti dispiace** if you don't mind 11; **ti dispiace se ...?** do you mind if . . . ? 12

dispiacere *m.* displeasure, misfortune 15

disposizione *f.*: **a ~ di** at the disposal of

disponibilità availability

distrarsi to relax, amuse oneself 19

distribuire to distribute 20

dito (dita, *f. pl.***): ~ del piede** toe 11; **~ della mano** finger 11

ditta firm 21

divano sofa 17

diventare to become 6

diverso/a various, different

divertente amusing 5

divertimento good time, fun 10; **buon ~!** have a good time!

divertirsi (a) to have a good time, to enjoy oneself 7

dividere to divide

divino/a divine 15

divorziare to divorce 8

divorziato/a divorced 8

dizionario dictionary 1

doccia shower 17

dodici twelve LP

dogana customs

doganiere customs agent

dolce sweet 7

dolce *m.* dessert 13

domanda question; **~ d'impiego** job application 16; **fare una ~** to ask a question

domandare to ask 11

domani tomorrow 4; **a ~** 'till tomorrow LP; **da ~** starting tomorrow 8

domenica Sunday 4

donna woman; **~ d'affari** businesswoman 18

dopo after 4

dopodomani the day after tomorrow 4

dopoguerra *m.* post-war period

doppio double

dormire to sleep 5

dottore, dottoressa doctor 18

dove? where? 2

dovere° to have to, must 3

dovuto a due to; **dovuto/a** right, proper

dozzina dozen

dramma *m.* drama 12

dritto straight ahead

droga drug 20

dubbio doubt

dubitare to doubt

due two LP

dunque then, so 6

durante during 7

duro/a hard, difficult

e *(frequently* **ed** *before a vowel)* and LP

eccezionale exceptional 15

ecco there is, there are, here is, here are 3; **eccolo** here he is 13; **~ a lei** this is for you

ecologia ecology 22

ecologico/a ecological 22

economia economics 2

economico/a economic 14

edicola dei giornali newsstand 21

edificio building

egli he

egoista selfish 5

egregio dear (in a letter salutation)

elegante elegant 5

eleggere°, *p.p.* **eletto** to elect 20

elementare elementary

elencare to list

elenco list

elettorale electoral 20

elettore *m. or f.* elector, voter 20

elettricista *m. or f.* electrician 18

elettrodomestici *pl.* household appliances 17

elezione *f.* election 20

elicottero helicopter 18

ella she

emanare to issue 22

emozionato/a excited, filled with emotion 10

emozione *f.* emotion 19

enorme enormous 14

ente (corporate) body

entrambi/e both

entrare to enter 3; **non** ~ do not enter 3
entrata entrance
equilibrio balance 22
equitazione *f.* horseback riding 12
ereditare to inherit
esagerare to exaggerate 5
esagerato/a exaggerated 5
esame *m.* exam 3
esaminare to examine 14
esatto exact
escluso/a excluding 15
esempio example 22; **ad** ~ for example; **per** ~ for example
esercitare to exercise; ~ **una professione** to practice a profession 18
esistente existing
esistere to exist 16
esitare to hesitate
esorbitante exorbitant 5
esperienza experience 19
esponente *(m.)* **politico** political figure 21
esposto/a displayed
espresso strong coffee without milk 3
esprimere°, *p.p.* **espresso** to express 16
essa she, it
esse they
essendo being 21
essere°, *p.p.* **stato** to be 1; ~ **d'accordo** to agree 16; ~ **in ascolto** to be listening 16; ~ **in forma** to be in shape; ~ **scapolo** to be single 8
essi they
esso he, it
est east
estate *f.* summer 6
estendersi to extend
estero: all'~ abroad
estivo/a *adj.* summer
età age
etnico ethnic
Europa Europe
europeo/a European 14

evidenza: mettere in ~ to make clear

fa ago 6
fabbrica factory 16
faccia face 11
facile easy 5
facilità facility, ease 5
facilitare to facilitate, make easy
facoltà faculty 5
fagiolini *pl.* string beans 7
falso/a insincere 5; false
fama fame
fame: avere° ~ to be hungry 2
famiglia family 2
familiare domestic
familiarizzarsi to familiarize oneself
famoso/a famous 15
fanali *pl.* headlights
fantasia imagination
fantastico/a fantastic 10
fare°, *p.p.* **fatto** to do, to make 3; **faccio il meccanico (l'avvocato)** I'm a mechanic (lawyer) 18; ~ **attenzione** to pay attention; ~ **bel tempo** to be nice (weather) 4; ~ **caldo** to be hot (weather) 4; ~ **colazione** to have breakfast or lunch 4; ~ **conoscere** to introduce, to make known; ~ **fotografie** to take pictures 4; ~ **freddo** to be cold (weather) 4; ~ **ginnastica** to do exercises; ~ **gli auguri** to wish well 13; ~ **il giro** to go around; ~ **il pieno** to fill it up 8; ~ **il tifo** to root for; ~ **in modo** to make sure; ~ **la pubblicità** to advertise 14; ~ **la spesa** to shop for food 7; ~ **male** to hurt, feel pain 11; ~ **programmi** to make plans 12; ~ **una domanda** to ask a question 4; ~ **una festa** to have a party; ~ **una gita** to go on an excursion 4; ~ **un'intervista** to interview;

~ **una passeggiata** to take a walk 4; ~ **polemica** to start an argument, to be controversial 13; ~ **uno sconto** to give a discount 5; ~ **vedere** to show; **fammi pensare** let me think 19; **farsi il bagno** to take a bath 11; **farsi la doccia** to take a shower 11
fari *pl.* headlights
farmacia pharmacy 3
farmacista *m. or f.* pharmacist 18
fascino charm
fascismo Fascism
fastidio trouble; **dare°** ~ to bother 7
fattura invoice, bill
favore: per ~ please 4
febbraio February 6
febbre fever 11
felice happy 15
felicità happiness
femminile female, feminine
ferito/a wounded 14
fermare to stop 22; **fermarsi** to stop 7
fermo/a at a standstill 18
ferro da stiro iron (for clothes) 17
ferrovia railroad
festa party 13; **fare° una** ~ to have a party
festeggiare to celebrate 13
festoso/a festive
fidanzarsi to become engaged 8
figlia daughter 2
figliastro/a stepson, stepdaughter 8
figlio son 2; **figli** children 2
fila row, line; **in** ~ in line, lined up
filosofia philosophy 2
film *m.* film, movie 1
fin: ~ **da** since
finale final 20
finalmente at last, finally 4
finanziario/a financial 14
fine *f.* end

fine-settimana *m.* weekend 11
finestra window 1
finestrino train window
finire to finish 5; to end, end up; ~ **di** + *inf.* to finish doing something
fino a until 3; as far as
finora until now 22
fiore *m.* flower
firma signature
fisarmonica accordion 15
fisica physics 2
fisico/a physical
fissare un appuntamento to make a date 8
fissato/a fixed (time or place)
fiume *m.* river
flanella flannel 10
flauto flute 15
foglio di carta piece of paper 1
folcloristico/a folkloristic 4
fondo: a ~ deeply
fonte *f.* fountain
forbici *f. pl.* scissors 11
forchetta fork 13
forma: essere° in ~ to be fit, in shape
formaggio cheese 7
formulare to formulate
fornito/a furnished
forse perhaps 5
fortuna luck 15; **avere°** ~ to be lucky 2; **Buona** ~! Good luck!; **per** ~ fortunately 17
fortunato/a fortunate 6
forza force, power
fotografia photography; photograph 9
fotografo photographer 9
fra between, among 3; ~ **cinque minuti** in five minutes LP; ~ **di loro** between (among) themselves; ~ **poco** soon, in a little while LP
fragola strawberry 7
francese *m. or adj.* French
francobollo (postage) stamp
frase *f.* sentence
fratellino little brother 3

fratello brother 2
frattempo: nel ~ in the meantime
freccia arrow
freddo: avere° ~ to be cold (person) 2; **fare°** ~ to be cold (weather) 9
freno brake 6
frequentare to attend 1
frequenza frequency 20
fresco/a fresh 7; **fare°** ~ to be cool (weather) 9
fretta: avere° ~ to be in a hurry 2; **in** ~ hurriedly
frigo(rifero) refrigerator 17
frutta fruit 7
fruttivendolo fruit vendor 7
fumare to smoke; **non** ~ no smoking
fumo smoke
funghi *pl.* mushrooms 7
funzionare to function, work
funzionario manager 8
funzione function
fuoco fire; **fuochi artificiali** fireworks
fuori outside 2
furbo/a shrewd 5
futuro future

galleria tunnel
gamba leg
gara match, competition; **fare°** a ~ to compete, vie for 20
garage *m.* garage 17
garanzia guarantee
gatto cat 2
gelateria ice-cream parlor 3
gelato ice cream 3
gemello/a twin
generale general
genere gender; product; kind, type; **una cosa del** ~ something like that; **di ogni** ~ of every kind
genero son-in-law 8
generoso/a generous 5
genitori *pl.* parents 8
gennaio January 6

genio genius, spirit
gente *f.* people 9
gentile kind, courteous 5
geologia geology 2
gesso chalk
gestionale managerial 16
gestione *f.* management 16
gestire to manage 16
gettone *m.* token 3
ghiaccio ice
già already LP
giacca jacket 10
giallo/a yellow 10
giapponese *m. and adj.* Japanese
giardino garden 17; ~ **pubblico** public gardens, park 12
ginocchio (ginocchia, *f. pl.***)** knee 11
giocare (a) to play (a game) 3; ~ **a calcio (pallacanestro)** to play soccer (basketball) 12; ~ **a tennis** to play tennis 8
giocattoli *pl.* toys
gioco game
giornale *m.* newspaper 1; ~ **radio (GR)** *m.* radio news program 14
giornalista *m. or f.* journalist; newsman/newswoman, reporter 14
giornata day 17; **Buona** ~! Have a good day!
giorno day; **giorni** *(pl.)* **di ferie** vacation days 16
giovane young 5
gioventù youth
giovedì *m.* Thursday 4
girare to go around 20; to turn; ~ **a destra (sinistra)** to take a right (left)
gita excursion, tour
giù down
giugno June 6
giusto right 14
goccia drop
godersi to enjoy
gola throat 11
golfo gulf

gomito elbow 11
gomme *pl.* tires
gonfio swollen
gonna skirt 10
gotico Gothic
governo government, administration 20
gradire to like, wish
grado degree 9
graffio scratch
granché a great deal 11
grande big, large, great 2
grasso/a fat 5
grave serious 14; **non è niente di ~** it's nothing serious 11
gravità seriousness 22
grazie thanks LP
grigio/a gray 10
gruppo group 13
guadagnare to earn 16
guadagnarsi la vita to earn one's living 16
guai! woe!
guanti *pl.* gloves 10
guardare to look (at), to watch 3; **guardarsi allo specchio** to look at oneself in the mirror 11
guardaroba *m.* closet 17
guasto/a broken
guerra war
guida guide, guidebook, guidance; **fare° la ~** to act as a guide; **lezione di ~** driving lesson 8
guidare to drive 3
gusto taste

idea idea 3
ieri yesterday 6
immaginare to imagine
immagine *f.* image, picture 14
immediato/a immediate 16
imparare (a) to learn 3
impatto impact
impegnato/a busy, engaged 4
impegno engagement, appointment 8
impermeabile *m.* raincoat 10

impiegare to employ 21
impiegato/a clerk 18
impiego job; employment 16
importante important 8
impossibile impossible 4
imprenditore entrepreneur
impressionare to impress
improbabile improbable 14
improvviso/a sudden; **all'improvviso** suddenly
in in 2
incantevole charming, enchanting
incertezza uncertainty
inchiesta inquiry, survey
incidente *m.* accident 14
incontrare to meet 3; **incontrarsi** to meet (each other) 13
incontro match 12
incoraggiare to encourage
incrocio intersection
indagine survey, investigation
indescrivibile indescribable 21
indicare to indicate 20
indicazioni *pl.* directions; **chiedere ~** to ask for directions
indietro back, behind; backward
indimenticabile unforgettable 15
indire°, *p.p.* **indetto** to call for, announce 21
indirizzo address
indossare to wear; to put on 10
indovinare to guess
industria industry 16
industriale industrial 14; industrialist 22
infatti in fact, as a matter of fact 10
infelice unhappy 15
infermiere/a nurse
influsso influence
influenza flu
informare to inform 14; **informarsi (su)** to inform oneself, find out (about)
informatica computer science 2
informazione *f.* information 15

ingaggiare to engage in
ingegnere engineer
ingegneria engineering 16
ingenuo/a naive 5
inglese *m. or adj.* English
ingorgo traffic jam 18
ingrassare to gain weight
iniezione *f.* injection, shot
iniziale first, early
iniziare to begin
inizio beginning
innamorarsi to fall in love
innanzi tutto first of all 19
inoltre besides, in addition
inopportuno/a inopportune, ill-timed 14
inquinamento pollution 22
inquinare to pollute 22
insegnante *m. or f.* instructor, teacher
insegnare (a) to teach 2
inserimento entry
insieme together 9
intanto in the meantime, meanwhile 8
intasare to block 18
intasato/a clogged 18
intelligente intelligent 5
intendente *m.* expert 22
intendersi (di + *noun*) to be an expert in 15
intenditore expert
intenzione: avere° ~ di to intend to 13
interessante interesting
interessare to interest, concern 14
interiezione *f.* exclamation
interlocutore *m.* interviewer 22
internazionale international 19
intero/a entire
interpretare to interpret 19
interprete *m. or f.* interpreter, performer 15
interrogativo: punto ~ question mark
interrompere°, *p.p.* **interrotto** to interrupt
intervista interview

intervistare to interview 16
intorno (a) around
intraprendere to undertake 16
intrattenere to entertain
introduzione *f.* introduction 22
inutile useless 15
invece instead 11; **~ di**
  instead of 13
invernale *adj.* winter 6
inverno winter 6
inviare to send
invitare (a) to invite 13
invitato guest 13
invitato/a invited 10
invito invitation
ironia irony 5
iscriversi (a) to enroll (at)
isola island
istruzione *f.* education 16
italiano Italian (language) LP
italiano/a Italian 1
italo-americano/a Italian-
  American 9

là there 11
laggiù down there 18
lago lake 11
lamentarsi to complain 16
lampada lamp 17
lampante clear
lana wool 10
lasciare to leave (behind) 18
lattaio milkman 13
latte *m.* milk 4
latteria dairy shop 13
lattuga lettuce 7
laurea university degree 2;
  corso di ~ major 16
laurearsi to graduate 16
laureato/a university
  graduate 16
lavagna blackboard 1
lavarsi to wash oneself 7; **~ i
  denti** to brush one's teeth 11;
  ~ le mani (la faccia) to wash
  one's hands (one's face) 11
lavastoviglie *f.* dishwasher 17
lavatrice *f.* washing machine 17
lavorare to work 2

lavorativo/a work-related
lavoratore, lavoratrice worker
lavoro: buon ~! have a good day
  at work!; **che ~ fa (fai)?** what
  work do you do? 18; **mondo
  del ~** working world 13
legame *m.* connection, link
legge *f.* law 1
leggere°, *p.p.* **letto** to read 4
leggero/a light (weight) 15
lentamente slowly 6
leone *m.* lion
lettera letter 9
letterario/a literary 19
letteratura literature 2
letto bed 7
lettore, lettrice reader
lettura reading 19
levarsi to take off (clothing) 10
lezione *f.* lesson LP; **~ di
  guida** driving lesson 8
lì there 6
libero/a free 4
libreria bookstore 3;
  bookcase 17
libro book 1
liceale *adj.* high-school 1
licenziare to fire 16; **licenziarsi**
  to quit (a job) 16
liceo high school 1
lieto/a di conoscerla I'm pleased
  to meet you
limonata lemon soda;
  lemonade 4
limone *m.* lemon 7
linea: le passo la ~ I'll connect
  you (telephone)
lingua language 2
lino linen 10
lira lira (Italian currency) 5
litigare to quarrel 8
livello level
locale local 9
logico/a logical
lontano/a da far from; far away
lotta fight 20
lotteria lottery 6
luce *f.* light 15
luglio July 6

luminoso/a bright
luna moon; **~ di miele**
  honeymoon
lunedì *m.* Monday 4
lungo along; **lungo/a** long 4
luogo place 11
lupo: In bocca al ~! Good luck!;
  Crepi il ~! *(response)* May the
  wolf die!
lussuoso grand, luxurious

ma but LP
macchina car, automobile 6;
  andare° in ~ to go by car 18;
  ~ da scrivere typewriter 1;
  ~ fotografica camera
macellaio butcher 13
macelleria butcher shop 13
madre *f.* mother 2
maestro/a: ~ d'asilo
  kindergarten teacher
maga sorceress
maggio May 6
maggioranza majority
maggiore larger, older 18; **la
  maggior parte di** most
maglia sweater 9
maglione *m.* heavy sweater 10
magnifico/a magnificent 15
magro/a thin 5
mai ever, never 6; **non ... ~**
  never, not . . . ever 6
maiale *m.* pork 13
maiuscola capital (letter)
male bad LP; **di ~ in peggio**
  from bad to worse; **non c'è ~**
  not too bad LP
malinteso misunderstanding
mancare to lack
mancanza lack
mancia tip, gratuity
mandare to send 3; **~ in onda**
  to broadcast 14
mangiare to eat 3
manica: con le maniche *(pl.)*
  lunghe (corte) with long (short)
  sleeves 10
maniera manner 15
manifestare to show

manifestazione *f.* exhibition 15; demonstration 21

manifesto poster 20

mano *f.* **(mani,** *f. pl.***)** hand 11

mantenere° to maintain; **mantenersi in forma** to keep in shape

maratona marathon

marca brand name 6

marciapiede *m.* sidewalk 22

mare sea; **al ~** at (to) the seashore 9

marito husband 2

marmo marble

marrone *(invariable)* brown 10

martedì *m.* Tuesday 4

marzo March 6

maschera mask

maschile male, masculine

massimo/a greatest, maximum 18

matematica mathematics LP

materia subject of study

materiali *pl.* materials 10

matita pencil 1

matrigna stepmother 8

matrimonio wedding 10

mattina morning; **di ~** in the morning 2

mattinata the whole morning

mattino morning 10

meccanico mechanic 6

media: in ~ on the average

mediante by means of

medicina medicine 1

medico doctor 18

medioevale medieval

Medioevo Middle Ages

meglio *adv.* better 14

mela apple 7

melanzana eggplant 7

meno minus; **a ~ che** unless 15; **~ male!** all the better! 14; **per lo ~** at least 10

mensa cafeteria

mensile monthly

mente: avere° in ~ to have in mind

mentre while 6

meraviglioso/a marvelous 10

mercato market 3; **a buon ~** inexpensive, cheap 5; **~ delle pulci** flea market; **~ rionale** local market

mercoledì *m.* Wednesday 4

merito merit 13

merluzzo cod 13

mese *m.* month 6

messicano/a Mexican 5

mestiere *m.* trade, profession 18; **che ~ fa (fai)?** what is your occupation? 18

metà: la ~ di the middle of

metallo metal

metro(politana) subway 18

mettere°, *p.p.* **messo** to place, to put 4; **~ in contatto** to connect; **~ in contrasto** to compare, contrast; **~ in evidenza** to make clear; **mettersi** to put on (clothing) 7; **mettersi (a)** to begin to, to start to 7

mezzanotte midnight 2

mezzo half 2; means, method; **~ di trasporto** means of transportation 18; **per ~ di** by means of; **sono le ... e ~** it's . . . thirty (it's half past . . .)

mezzogiorno noon 2

mica: non ... ~ not at all, never

miele honey

miglioramento improvement 21

migliorare to improve

migliore *adj.* better 7

milanese from Milan 7

milione *m.* million 7

milionesimo/a millionth 22

militare *m.* military 21

mille (mila, *pl.***)** one thousand; **duemila** two thousand

millesimo/a thousandth 22

minestra soup 13

minestrone *m.* vegetable soup 13

miniappartamento studio apartment 11

minimo/a smallest, minimum 18

ministro minister 14; **Primo ~** Prime Minister 20

minore smaller, younger 18

minuscola lowercase (letter)

misto/a mixed

misura size (clothing, shoes) 10

mite mild

mobili *pl.* furniture 17

moda fashion 14; **alla ~** fashionable 9

modello model 10

moderatore *m.* moderator 22

moderno/a modern 9

modesto/a modest 17

modificare to modify

modo manner, way, means; **di ~ che** so that, in order that 15; **non c'è ~** there is no way

moglie *f.* wife 2

molto very 5; **~ bene** very well LP; **molto/a** much, many 5

momento moment; **al ~** for the time being

monaco monk

monarchia monarchy 20; **~ costituzionale** constitutional monarchy 20

mondiale *adj.* worldwide

mondo world; **~ del lavoro** working world 13

montagna mountain; **catena di montagne** mountain chain; **in ~** in (to) the mountains 9; **scalare una ~** to climb a mountain 12

monumento monument 22

morire°, *p.p.* **morto** to die 7; **~ di sonno** to be very sleepy

morto dead, fatality 14

mosca fly

mostra show

mostrare to show 11

motivo reason, motive

moto(cicletta) motorcycle 6; **andare° in ~** to go by motorcycle 18

motore *m.* engine
motorino moped
motoscafo motorboat
municipio city hall 22
muro (mura *pl.***)** wall
museo museum 3
musica music 2
musicale *adj.* musical 15

napoletano/a Neapolitan, from Naples 6
nascere°, *p.p.* **nato** to be born 7
nascita birth
nascondere°, *p.p.* **nascosto** to hide 10
naso nose 11
Natale Christmas
natura nature 22
nave *f.* ship 18; **andare° con la ~** to go by ship 18
nazionale national LP
nazionalità nationality 5
ne of it, of them, about it, about them 19
né ... né neither . . . nor 9
neanche: non ... ~ not even 9
nebbia: c'è la ~ it's foggy 9
necessario/a necessary 14
negozio store 3
nemmeno: non ... ~ not even 9
neppure: non . . . ~ not even 9
nero/a black 10
nervoso/a nervous 5
nessuno no one; **non ... ~** no one, not any 9
neve snow 11
nevicare to snow 9
nido nest
niente no, none, nothing 6; **~ di speciale** nothing special 3; **non ... ~** nothing 9; **non è ~ di grave** it's nothing serious 11; **per ~** at all
nipote *m.* grandson; nephew 8; *f.* granddaughter; niece 8
noioso/a boring 3

noleggiare to rent 8
nome first name LP; noun
non not; **~ c'è di che** don't mention it; **~ c'è male** not too bad LP
nono/a ninth 22
nonna grandmother 3
nonno grandfather 3
nonostante despite; **~ che** although, even though 15; **~ ciò** nevertheless 21
nord north
nostalgia: provare ~ to be homesick 9
nostro/a our, ours
notevole sizable, important
notevolmente remarkably 14
notizia (piece of) news, news item 9; **le notizie** news
noto/a known 21
notte *f.* night; **di ~** at night 9
novanta ninety 1
nove nine LP
novembre November 6
nozze *pl.* wedding, marriage
nubile: essere° ~ to be single (*woman*) 8
nulla: non ... ~ nothing 9
numero number; size (shoes) 10; **~ di telefono** telephone number
numeroso numerous
nuora daughter-in-law 8
nuotare to swim 12
nuoto swimming 12
nuovo/a new 5
nuvoloso/a cloudy 9

o or 1
obbedire (*also spelled* **ubbidire**) to obey 5
occasione *f.* occasion 13
occhio eye 11
occupato/a busy, occupied 3; employed 15
odiarsi to hate each other 13
offrire, *p.p.* **offerto** to offer 5
oggetto thing, object

oggi today 3
ogni (*invariable*) each, every single 4; **~ tanto** every once in a while 7
ognuno everyone 20
olio d'oliva olive oil 7
oltre (a) besides, in addition to
omaggio: in ~ free, gratis
ombrello umbrella
onesto/a honest 5
opera opera 15; (literary or artistic) work 19
operaio/a blue-collar worker 18
opinione *f.* opinion 16
opportuno/a convenient, well-timed
opposto opposite
oppure or
ora now 9; **a che ~?** at what time? 2; **che ~ è? che ore sono?** what time is it? 2; **~ di punta** at rush hour; **~ della partenza** departure time 11; **sarebbe ~!** it's about time! 14
orario hours, schedule 15; **~ ferroviario** train schedule
orchestra orchestra 15
ordinare to order (food) 4; to give an order
ordine *m.* order
orecchio ear 11
organizzare to organize 13
organizzato/a organized 15
organo organ 15
orientamento orientation
originale original 5
ormai by now 9
orologio watch 1
oroscopo horoscope
orto vegetable garden
ospedale *m.* hospital 3
osservare to observe 22
osservazione observation 16
ottanta eighty 1
ottavo/a eighth 22
ottenere° to obtain 21
ottimista optimistic 18
ottimo/a great, excellent 11
otto eight LP

ottobre October 6
ovest west
ovunque everywhere 16
ozio laziness

pacco package
pace *f.* peace 20
padre *m.* father 2
paese *m.* small town 3; country 14
pagare to pay for 3
paio (paia, *f. pl.***)** pair 11
palazzo palace, large building, apartment house
palestra: andare° in ~ to go to the gym
pallacanestro *f.* basketball 12
pallavolo *f.* volleyball 12
pallone *m.* soccer 12
panchina park bench 12
pane *m.* bread 7
panetteria bakery 13
panettiere *m.* baker 13
panineria sandwich shop
panino sandwich 4
pantaloni *pl.* pants, trousers 10
Papa *m.* pope 14
parabrezza windshield
paragonare to compare
paragone *m.* comparison
parata parade
paraurti *m.* fender 8
parcheggiare to park 8
parcheggio a pagamento pay parking 8
parco park 3
parecchi/ie several 9
parentesi *pl.* parentheses
parenti *pl.* relatives 8
parere to seem
parete *f.* wall 17
parlamento parliament 20
parlare to speak 3; **parlarsi** to speak to each other 13
parola word; ~ **analoga** cognate; **a lei la** ~ it's your turn
parte part; **da** ~ **di** on the part of; **la maggior** ~ **di** most
partecipante *m.* participant 22

partecipare to participate 15
partecipazione di nozze wedding announcement
partenza departure 6
particolare particular
particolarmente particularly 17
partire to leave, depart 5
partita game 12
partito (political) party 20
passaggio: chiedere° un ~ to ask for a ride; **dare° un** ~ to give a ride 8
passante *m.* passer-by 20
passare to spend (time) 3; to proceed; **passo a prenderti** I'll pick you (*informal*) up 3
passatempo pastime
passato past
passeggero/a passenger 18
passeggiare to take a walk 5
passeggiata: fare° una ~ to take a walk
passi: a due ~ **da qui** a short walk (a few steps) from here; **fare° due** ~ to take a walk
pasta pasta 7; pastry 13
pastasciutta pasta served with a sauce 13
pasticceria confectioner shop 13
pasticciere *m.* confectioner 13
pasto meal 13
patata potato 7
patente *(f.)* **di guida** driver's license 8
patrigno stepfather 8
patrimonio artistico artistic heritage 22
pattinaggio skating 12
pattinare to skate 12
patto agreement, pact
paura: avere° ~ to be afraid 2
pavimento floor 17
paziente patient
pazientemente patiently 18
pazienza: avere° ~ to be patient 2
pazzesco/a wild, crazy 5
peccato: che ~! what a shame!

pedale *(m.)* **della frizione** clutch
peggio *adv.* worse 18; **di male in** ~ from bad to worse; ~ **che mai** worse than ever 18
peggiore *adj.* worse 18
pelle *f.* leather, hide 10
pelliccia fur coat 10
penisola peninsula
penna pen 1
pensare (di) to think (of, about) 3; ~ **a** *(+ noun)* to think of 3
pensiero thought
pensione inn 17
pepe *m.* pepper 7
peperone *m.* pepper 7
per for 3
pera pear 7
perché? why? 3; **perché** because 3; so that, in order that 15
perciò therefore 16
perdere, *p.p.* **perso, perduto** to lose 4; ~ **l'aereo** to miss the plane; ~ **tempo** to waste time 17; **perdersi** to get lost
perfetto/a perfect 5
perfezionare to perfect, improve
perfino even 10
periferia outskirts 17
permettere° (di), *p.p.* **permesso** to permit 21
però however 7
persona person 10
personaggio character 15
personale *m.* personnel; *adj.* personal
pesare to weigh 12
pesca peach 7; fishing
pesce *m.* fish 7
pescheria fish market 13
pescivendolo fish vendor 13
peso weight 12
pessimista pessimistic 18
pessimo/a terrible 18
pettinarsi i capelli to comb one's hair 11
pettine *m.* comb 11

piacere *m.* pleasure
piacere° to like, to be pleasing, to please 11; **l'idea mi piace** I like the idea 3; **mi fa molto ~ di conoscerti** I'm very pleased to meet you *(informal)* 13; **mi fa ~** it pleases me 17; **mi piace** I like 4; **mi piacciono i negozi eleganti** I like elegant stores; **non mi piace** I don't like 4; **per ~** please 6
piacevole pleasant
pianista *m. or f.* pianist 18
piano softly 13; floor, floor plan 17; **pian ~** little by little
pianoforte *m.* piano 15
piatto plate, dish 13; **primo (secondo) ~** first (second) course 13
piazza square
piccione *m.* pigeon
piccolo/a small, little 2; **da ~** as a child
piede *m.* foot 11; **andare° a piedi** to go on foot 18; **essere° in piedi** to be standing
pieno/a full 18
pietra stone
pigro/a lazy 5
pillola pill
piovere to rain 9
piscina swimming pool
piselli *pl.* peas 7
pista trail 11
pittoresco picturesque
pittura painting 9
più more 18; **in ~** extra; **non ... ~** no more, no longer 9; **per lo ~** for the most part 10; **~ ... di** more . . . than 17
piuttosto rather 5
pizza pizza 6
pizzeria pizza parlor 6
plurale plural 1
po' *(abbreviation for* **poco***)* little; **un ~ di confusione** a little mix-up 4; **un ~ di pazienza**

(have) a little patience 4; **un bel ~** a great deal 10
poco/a *(pl.* **pochi/e***)* few, little 18; **poco** little; **ben ~** very little 22; **fra ~** soon, in a little while LP; **~ tempo fa** not long ago, a little while ago 6
poema *m.* poem 12
poesia poetry 19
poeta *m.* poet 19
poi then, after that 3; **prima o ~** sooner or later 16
policlinico hospital 17
poliestere *m.* polyester 10
politica politics 20
politico politician; **politico/a** political 14
polizia police 14
poliziotto police officer
pollo chicken 13
polpo octopus
poltrona armchair 17
polvere dust
pomata ointment
pomeriggio afternoon; **del ~** in the afternoon 2
pomodoro tomato 7
pompelmo grapefruit 7
popolo people
porre, *p.p.* **posto** to put; to pose (a question) 11
porta door
portabagagli *m.* trunk
portafoglio wallet 22
portare to bring; to wear 3
portavoce *m. or f.* spokesperson 14
portici colonnade
portiere *m.* doorman 17
porto port
possedere to own, possess
possibile possible 14
possibilità possibility 5
posto seat 12; place; job, position 16; **al ~ di** in place of; **~ riservato** reserved seat
potenza power

potere° to be able, can 8; *m.* power
poverino/a poor thing 6
povero/a poor 5
pranzo dinner, lunch (main meal at noon) 13
pratica practice
praticare to practice
pratico/a practical 19
precedente preceding
preciso/a precise 14
preferenza preference
preferibile preferable 14
preferire to prefer 5
preferito/a favorite 14
prefisso prefix; area code
pregare (di) to beg, implore 9
prego please; you're welcome
prendere°, *p.p.* **preso** to take 6; to have (*in the sense of* to eat, to drink) 3; **~ appunti** to take notes; **~ coscienza** to become aware; **~ un raffreddore** to catch a cold; **~ in affitto** to rent; **~ la metro(politana)** to take the subway 18; **prendersela** to get angry
prenotare to make reservations, to reserve 8
prenotazione *f.* reservation 15
preoccuparsi (di) to worry 7; **non ti preoccupare** don't worry 11; **non si preoccupi** don't worry 18
preparare to prepare 13; **prepararsi (per)** to get ready 7
preparazione *f.* preparation 16
presentare to introduce 13; to present 14; **presentarsi** to introduce oneself
presentazione *f.* introduction; presentation
presidente *m.* president 20
presidenziale presidential 20
pressione pressure
presso at; near; at the home of
prestare to lend, loan 11; **~ attenzione** to pay attention

presto early; soon; **a ~** see you soon LP; **al più ~** as soon as possible 12; **ben ~** quite soon 22

prevedere°, *p.p.* **previsto** to expect, to foresee 12

previsioni *(pl.)* **del tempo** weather forecast 9

prezzo price 5; **a prezzi fissi** at fixed prices 5; **a ~ ridotto** at a reduced price 11; **che prezzi!** what prices! 5

prima: **~ di** before 10; **~ di allora** before then; **~ che** before 15; **~ o poi** sooner or later 16

primavera spring 6

primaverile *adj.* spring 6

Primo Ministro Prime Minister 14

primo/a first 6

principale principal 14

privato/a private 16

probabile probable 14

probabilmente probably 12

problema *m.* problem 11

prodotto product

professione *f.* profession 16

professionista *m. or f.* professional

professore, professoressa professor LP

profondamente deeply

programma *m.* program, plan 12; **in programma** scheduled, planned

programmare to plan 11

progresso progress 22

promettere°, *p.p.* **promesso** to promise 12

promuovere°, *p.p.* **promosso** to promote 14

pronome pronoun

pronto hello (on the phone) 3; ready; **~ soccorso** emergency room

proposito purpose; **a ~** by the way 9

proposto proposal; **proposto/a** suggested 16

proprietario proprietor

proprio just 8; proper; one's own

prosciutto cured ham 7

prosperità prosperity 20

prossimo/a next 4

protesta protest

provare to feel, to experience 9; **~ nostalgia** to be homesick 9; to try on (clothes) 10

provincia province

provvedimento measure, action 22

prudente careful, cautious 5

psicologia psychology 2

pubblicamente publicly 20

pubblicità advertising, commercial, ad 14; **fare° la ~** to advertise 14

pubblicitario/a advertising 15

pulire to clean 5

pulito/a clean 20

puntare (su) to focus on

punto point; period (punctuation); **~ di ritrovo** meeting place; **~ di vista** point of view; **~ esclamativo** exclamation point; **~ interrogativo** question mark

puntuale: essere° ~ to be on time LP

purché provided that 15

pure: fai ~ go ahead

purtroppo unfortunately

qua here

quaderno notebook 1

quadri: a ~ checked 10

quadro painting 17

qual/e? *(pl.* **quali)** which? 6; which one?

qualche *(invariable)* some 20; **~ tempo fa** some time ago 6; **~ volta** sometimes 9

qualcosa something 10; **~ da bere e da mangiare** something to drink and eat 4

qualcuno someone 20

qualifica qualification 16

quando? when? 3; **quando** when(ever) 3; **di ~ in ~** from time to time 9

quanto/a? how much? how many? 13; **quante volte?** how many times? 4; **~ costa?** how much is it? 7; **~ prima** as soon as possible 21

quaranta forty 1

Quaresima Lent

quartiere *m.* neighborhood

quarto quarter; **sono le ... meno un ~** it's a quarter to . . . 2; **quarto/a** fourth 17

quasi almost 10

quattordici fourteen LP

quattro four LP

quello/a that, that one; **quello che** that which, the one that 7

questione *f.* issue, matter

questo/a this, this one 4

questura police station

qui here; **~ vicino** near here

quindi therefore 6

quindici fifteen LP

quinto/a fifth 22

quotidiano/a daily 21

raccomandare to recommend

raccontare to tell 10

racconto short story 19

radersi la barba to shave one's beard 11

radio *f.* radio 1

radiofonico/a radio 20

radiografia x-ray

rado: di ~ seldom 9

raffinato refined

raffreddore *m.* a cold; **prendere un ~** to catch a cold

ragazza girl 5; **la mia ~** my girlfriend 7

ragazzo boy 5; **il mio ~** my boyfriend 7

raggiungere°, *p.p.* **raggiunto** to reach 21

ragione reason; **avere° ~** to be right 2

rappresentante *m.*
representative 20; *adj.*
represented
rappresentare to present,
perform
raramente rarely 9
rasoio (elettrico) (electric)
razor 11
re *m.* king 20
reagire to react
reale royal
realtà reality 5
recente recent, new 14; **di ~**
recently
recita play, performance
regalo gift
regia production, direction
regina queen 20
regione *f.* region
regista *m. or f.* movie
director 18
registrare to record 14
registratore *m.* tape recorder 1
regnare to reign 21
regola rule
regolare to regulate 20
relativo (a) concerning, about
relazione *f.* report
rendere, *p.p.* **reso** to render, to
make 21; **rendersi conto di** to
realize
repubblica republic 20
respirare to breathe 18
responsabilità responsibility 5
restare to stay, remain 6
restauro restoration
restituire to return, give
back 5
resto remainder; change (money)
rete *(f.)* **televisiva** TV
network 14
riaggiustare to fix again 15
riaprire, *p.p.* **riaperto** to
reopen 15
riassumere summarize
riassunto summary
ricco/a rich 5
ricerca search 17; **ricerche** *pl.*
research

ricercato/a sought-after
ricetta recipe
ricevere to receive 4
ricevimento *m.* reception
ricevuta receipt
richiedere°, *p.p.* **richiesto** to
require, seek 16
richiesta request
riconoscere, *p.p.* **riconosciuto** to
recognize
riciclaggio recycling
ricordare to remember 9;
ricordarsi (di) to remember
20
ridere°, *p.p.* **riso** to laugh 10
riempire to fill in
rifare° to do again 15
riferimento: con ~ a referring
to
riferire to report, relate 5;
riferirsi (a) to refer to
rifiuto refusal; refuse, waste
righe *pl.* lines; **a ~** striped 10
riguardo: al ~ in this regard
rileggere°, *p.p.* **riletto** to read
again 15
rimandare to send back 3; to
postpone 3
rimanere°, *p.p.* **rimasto** to stay,
to remain 7
Rinascimento Renaissance
rinascita rebirth
rinfresco reception, party 10
ringraziare to thank 17
rinomato/a renowned
rionale: mercato ~ local market
ripagare to pay back 12
ripassare to review
ripetere to repeat
riportato/a given
riposarsi to rest 14
riprendere°, *p.p.* **ripreso** to start
again, to resume; to regain
risalire to go up again; to date
from
risalto prominence; **mettere°**
in ~ to emphasize
riscaldamento heating
riservato/a reserved 12

riso rice 7
risolvere, *p.p.* **risolto** to
resolve 20
risparmiare to save 11
rispondere°, *p.p.* **risposto** to
answer, to respond 3
risposta response
ristorante *m.* restaurant 3
risultato result 20
ritardo: essere° in ~ to be
late LP
ritirare to pick up 15
ritrovarsi to meet
ritrovo meeting place
riunione meeting 14
riunirsi to meet, to gather 14
riuscire (a) to succeed 16
rivedersi to see each other
again 13
rivenditore *m.* vendor,
retailer 5
rivista magazine 1
rivolgere to turn; **rivolgersi (a)**
to turn around, to apply to
romano/a in/of Rome; Roman
romantico/a romantic 10
romanzo novel 19
rompere, *p.p.* **rotto** to break
rompighiaccio icebreaker 22
rosa *(invariable)* pink 10
rosso/a red 6
rovescio reverse, other side
rovine *pl.* ruins 15
rubare to steal
rumore *m.* noise 7
ruolo role
ruote *pl.* wheels
russo Russian (language) 2;
russo/a Russian 5

sabato Saturday 4
saggio essay
sala hall 22; **~ da pranzo**
dining room 17; **~ d'aspetto**
waiting room
salame *m.* salami 7
salario wage, pay 16
sale *m.* salt 7
salire° to rise, to climb

saliscendi *m.* latch 22
salotto living room 17
salumeria delicatessen 13
salumiere *m.* delicatessen owner 13
salutare to greet 17; **salutarsi** to greet each other 13
Salute! To your health! Cheers! Bless you! (sneeze)
saluto greeting; **Distinti saluti** Yours truly
salvadanaio piggy bank 22
salvagente *m.* life preserver 22
salvare to save 22
salvo except for
sandali *pl.* sandals 10
sano/a healthy 20
santo/a holy 14
sapere° to know, to know how 10; **mi sa dire?** can you tell me?; **non lo so** I don't know 10; ~ **a memoria** to know by heart 19
sapone *m.* soap 11
Sardegna Sardinia 4
sarto/a tailor, dressmaker
sbagliare to make a mistake; ~ **numero** to dial a wrong number
sbagliato/a mistaken, wrong
sbaglio mistake
sbloccare to unblock 18
scaffale *m.* bookshelf 17
scalare: ~ **una montagna** to climb a mountain 12
scale *pl.* stairs 17
scambiare to exchange
scambio exchange 16
scampi *pl.* shrimp 13
scapolo: essere scapolo to be single 8
scarpe *pl.* shoes 10; ~ **da ginnastica** sneakers 10
scarsità scarcity 17
scatola can; box
scegliere°, *p.p.* **scelto** to choose 18
scelta choice 7
scena scene 5

scenario scenery 15
scendere°, *p.p.* **sceso** to get off, to descend 7
scheda ballot 20
schema *m.* pattern
scherzare to joke 13
sci *m.* ski 11; skiing 12
sciare to ski 11
sciarpa scarf 10
scientifico/a scientific 1
scienza: scienze naturali natural science 2; **scienze politiche** political science 2
scioperante *m.* striker 21
scioperare to strike 21
sciopero strike 21
sciroppo syrup
scommettere, *p.p.* **scomesso** to bet 10
scomparire, *p.p.* **scomparso** to disappear 22
sconfitta defeat
sconosciuto/a unknown 15
sconsigliare to advise against 15
sconto discount 5
scontrino receipt
scopa broom
scopo purpose 22
scoprire to discover
scoraggiato/a discouraged 17
scorso/a last, previous 6
scortese unkind, rude 5
scritta caption
scrittore, scrittrice writer 18
scrivania desk 17
scrivere° (di), *p.p.* **scritto** to write 4; **scriversi** to write to each other 13
scuola school
scuro/a dark
scusa excuse 8
scusare to excuse; **scusa** excuse me *(informal)* LP; **mi scusino** excuse me 4
se if 4
sè oneself; **da** ~ by him/herself, itself, themselves
sebbene even though 15

secolo century 19
secondo according to 3
secondo/a second 22
sede seat, headquarters
sedia chair 1
sedici sixteen LP
seduto/a seated
segno: in ~ **di** as a sign of
segretaria secretary 7
seguente following
seguire to follow 5; to take (courses) 5
seguito attendants
sei six LP
selvatico/a wild 22
semaforo traffic lights
sembrare to seem, to appear 8; **mi sembra** it seems to me, I think 7
semplice simple 6
sempre always 6
senato senate 20
senatore, senatrice senator 20
sensibile sensitive
senso: a ~ **unico** one-way (street); **di** ~ **compiuto** logical
sentire to listen; to hear; to feel 5; **senti** listen 3; **sentirsi** to feel 7
senza without; ~ **che** without 15; ~ **dubbio** without a doubt 22; **senz'altro** definitely 16
separato/a: essere° ~ to be separated 8
sera evening; **di** ~ in the evening 2
serata evening 15
serbatoio della benzina gas tank
sereno/a clear 9
seriamente seriously
servire to serve 5; to be of use
sessanta sixty 1
sesto/a sixth 22
seta silk 10
sete: avere° ~ to be thirsty 2
settanta seventy 1
sette seven LP
settembre September 6

settimana week 5
settimo/a seventh 22
severo/a strict 22
sfida contest
sfidare to challenge
sfilare to march past
sfondo background
sfortuna bad luck, misfortune 6
sfortunato/a unlucky,
  unfortunate 6
sforzo effort 5
sgarbato/a rude 5
sguardo look, glance
sì yes LP
sia ... che both . . . and 22
sicuro/a certain, sure; safe
sicurezza safety
significare to mean
signor + *last name* Mr. LP
signora Ma'am; ~ + *last name*
  Mrs. LP
signore sir LP
signorina Miss LP
silenzioso/a quiet 17
sillaba syllable
simbolo symbol 20
simpatico/a nice, attractive,
  pleasant 3
sincero/a sincere 5
sincerità sincerity 5
sindacato labor union 21
sindaco mayor
singolare singular 1
sinistro/a left 11; **a sinistra** to
  the left
sintomo symptom
sistema *m.* system 12
sistemarsi to get a job, get
  settled 16
situazione *f.* situation 14
slogarsi to sprain, to dislocate
socio member
sociologia sociology 2
soddisfatto/a satisfied 16
soffitta attic 17
soffitto ceiling 17
soffrire, *p.p.* **sofferto** to suffer;
  to bear 5
soggetto topic 22

soggiorno stay 11
sogliola sole 13
solamente only
soldi *pl.* money 5
sole: c'è il ~ it's sunny 9
solito/a same old, usual 13;
  come al ~ as usual 12;
  di ~ usually 3
solo/a only 5; **da** ~ alone 2
soluzione *f.* solution 18
somigliare to resemble, look like
somma sum, amount
sondaggio survey
sonno: avere ~ to be sleepy 2;
  morire° di ~ to be very sleepy
sopra on, upon; above
soprattutto especially, above all
sopravvivenza survival 22
sorella sister 2
sorellina little sister 3
sorgere to rise
sorpreso/a surprised 15
sorridere°, *p.p.* **sorriso** to
  smile 10
sosta stopping place; **senza** ~
  incessantly; ~ **vietata** no
  parking
sostenere° un colloquio to have
  a job interview 16
sostituire (con) replace
sottaceti *pl.* pickled vegetables
  13
sotto under
sottoccupato/a underemployed
  16
sovraffollamento overcrowding
sovraffollato/a overcrowded 16
spagnolo Spanish (language) 2;
  spagnolo/a Spanish 5
spalla shoulder 11
spazzaneve *m.* snowplow 22
spazzola per capelli hairbrush
  11
spazzolino da denti toothbrush
  11
specchiarsi to be reflected
specchio mirror 11
specializzarsi (a) to specialize
  16

spedire to mail; to send 5
spegnere°, *p.p.* **spento** to turn
  off (TV, radio) 14
spendere, *p.p.* **speso** to spend
  (time/money) 4
sperare (di) to hope 14;
  speriamo bene let's hope so;
  speriamo di sì let's hope so 11
speranza hope
spesa: fare la ~ to go grocery-
  shopping 7
spesso often 9
spettacolare spectacular 12
spettacolo show 10
spiaggia beach 9
spiegare to explain 11
spigliato/a carefree
spinaci *pl.* spinach 7
spingere to push 3
spiritoso/a witty, clever 19;
  non fare lo/la ~! don't be
  fresh! 3
spogliarsi to undress 10
sporco/a dirty 22
sport *m.* sport 12
sportello window, counter,
  ticket window
sportivo/a pertaining to
  sports 12
sposarsi to get married 8
sposato/a married 2
sposi *pl.* bride and groom 10
spostamento displacement
spostarsi to move
spremuta d'arancia freshly
  squeezed orange juice 4
spugna sponge 11
spumante *m.* sparkling wine 13
squadra team
squisito/a delicious, exquisite
  13
stabilire to establish, set
  (time) 11
stabilità stability 20
stadio stadium 3
stagionale seasonal
stagione *f.* season 6
stamattina this morning 4
stampa press

stanco/a tired
stanotte tonight 4
stanza room 17
stare° to be 4; to stay; **come sta?** *(formal)* how are you? LP; **come stai?** *(informal)* how are you? LP; ~ **a dieta** to be on a diet; ~ **per** to be about to (do something) 16
stasera this evening 3
statale *adj.* state, governmental
Stati *(pl.)* **Uniti** United States 6
stato state 20
statua statue 22
stazione *f.* station 3; ~ **di servizio** gas station 8; ~ **ferroviaria** train station
stesso/a same 5; itself 22; **lo** ~ just the same 14; **sè** ~ oneself 19
stile *m.* style
stimolante challenging 16
stipendio salary 16
stivali *pl.* boots 10
stomaco stomach 11
storia history LP; story 13
storico/a historical 14
strada street 5; **per** ~ on the street 18
straniero/a foreign 9
stravagante eccentric, odd
stretto/a close, tight
stretto strait; **stretto/a** close, tight
stringere to grasp, squeeze
strumento instrument 15
struttura structure
studente, studentessa student LP
studiare to study 1
studio study, den 17
studioso scholar
stupendo/a wonderful, great
stupido/a stupid 5
su on 3; about
subire to undergo, to suffer 8
subito right away, immediately 4

succedere, *p.p.* **successo** to happen 18
successo success 13
sud south
suggerimento suggestion 16
suggerire (di) to suggest 5
suocera mother-in-law 8
suocero father-in-law 8
suonare to play (music) 10; to blow (horn) 18
suono sound
superficie *f.* (geometric) area, surface
supermercato supermarket 3
supporre to suppose; **supponga** *(formal command)* suppose
sveglia alarm clock
svegliarsi to wake up 7
sventura mishap, misfortune
svilupparsi to develop
sviluppo development 14
svolgere to carry out; ~ **una professione** to practice a profession 18; **svolgersi** to happen, occur

tacchino turkey 13
taglia size (clothing) 10
tagliacarte *m.* paper knife 22
tagliare to cut
tagliarsi i capelli (le unghie) to cut one's hair (nails) 11
tale like
talmente so
talvolta sometimes
tamburo drum 15
tanto/a so much, so 13; **di** ~ **in** ~ every now and then 9
tanto ... quanto as ... as 17
tappe *(pl.)* **della vita** stages of life
tappeto rug 17
tardare to be late
tardi late; **a più** ~ 'till later LP
tasca pocket; **in** ~ in his/her pocket 12
tasse *pl.* taxes 14
tassì *m.* taxi 8; **andare° in** ~ to go by taxi 18

tavola table 17; **a** ~ at the (dinner) table 13; ~ **rotonda** round table 22
tavolo table 1
tazza cup
tazzina small cup, demitasse 7
tè *m.* tea; ~ **freddo** iced tea 4
teatro theater 3
tecnologico/a technological 22
tedesco German (language) 2; **tedesco/a** German 5
telefonare to telephone 3
telefonata phone call 3
telefonico/a pertaining to the telephone 15
telefono telephone 1
telegiornale *m.* TV news 14
telegramma *m.* telegram 12
telespettatore *m.* TV viewer 14
televisione *f.* television 14
televisivo/a pertaining to television 20
televisore *m.* television set 1; ~ **a colori** color TV 14; ~ **in bianco e nero** black-and-white TV 14
tema *m.* theme 12
temere (di) to fear 21; **temo che ...** I'm afraid that . . .
temperatura temperature 9
tempo time 4; weather 9; **a** ~ **parziale** part-time 8; **a** ~ **pieno** full-time 7; **allo stesso** ~ at the same time 4; **che** ~ **fa lì?** what's the weather like there? 9; **da molto** ~ for a long time; **fa bel** ~ it's nice weather 4; **fa cattivo** ~ it's bad weather 9; **molto** ~ **fa** a long time ago 6; **perdere** ~ to waste time 17; **poco** ~ **fa** a little while ago 6; **qualche** ~ **fa** some time ago 6
tenda tent; curtain 17
tenere° to hold, to keep 13
tenore *m.* tenor 15
tentativo attempt 20
teoria theory

tergicristallo windshield wiper
terra earth
terzo/a third 22
tesoro treasure
tessera pass, membership card
tessuto cloth 10
testa head 11
testo text
tifo: fare° il ~ to root for
tifoso fan, enthusiast
timido/a shy, timid 5
tinta: a ~ unita one color 10
tipico typical
tipo type 10
tirare to pull; **~ vento** to be windy 9
titolo title
tivvù *f.* TV; **~ via cavo** cable TV 14
toccare to touch
tonno tuna 13
topo mouse
tornare to return 3; **~ indietro** to turn back
torre *f.* tower
torta cake 13
torto: avere° ~ to be wrong 2
totale total 12
totocalcio lottery based on soccer games 6
tovagliolo napkin 13
tra between, among 3; **~ l'altro** besides
tradizione tradition LP
traffico traffic 18
traguardo goal
tram *m.* streetcar, trolley 18; **andare° in tram** to go by tram 18
tramezzino sandwich 4
tranquillo/a tranquil
trarre, *p.p.* **tratto** to draw (out) 22
trascorrere to spend time
trascrivere to write out fully
trasferirsi to move 17
trasformare to transform
trasmettere°, *p.p.* **trasmesso** to communicate 20

trasmissione *(f.)* **televisiva** TV program 14
trattare di to deal with
tratto passage; expanse; **ad un ~** suddenly
tre three LP
tredici thirteen LP
treno train 18; **andare° in ~** to go by train 18; **~ diretto (direttissimo)** direct (express) train; **~ locale** local train; **~ rapido** rapid train
trenta thirty 1
triste sad 5
tromba trumpet 15
troppo too 11; too much
trovare to find 3; **trovarsi** to be situated
tu you 1; **dare° del ~** to use *tu* with someone
turismo tourism 22
tuttavia yet, nevertheless
tutti everybody, everyone 4
tutto everything 10; **tutto/a** all 5; **tutti/e e due** both; **tutti i giorni (mesi)** every day (month) 9; **tutte le sere (settimane)** every evening (week) 9

ubbidire (*also spelled* **obbedire**) to obey 5
ufficiale official
ufficio office 7; **~ informazioni** information office; **~ postale** post office 3; **~ di collocamento** employment agency
uguaglianza equality
ultimo/a latest, last (in a series) 6
umanità humanity 5
umido humid
umore mood, state of mind
undici eleven LP
unghia nail 11
unico/a only
unità unity 5
unito/a united 20

università university 1
universitario/a pertaining to the university 16
uomo (uomini, *pl.***)** man; **~ d'affari** businessman 18
uovo (uova, *f. pl.***)** egg 7
usare to use 3
uscire° to go out 6
uscita exit
uso use; usage, custom
utile useful 15
utilizzare to use, make use of
uva grape(s) 7

vacanza: in ~ on vacation 6; **Buone vacanze!** Have a nice vacation!
vagone letto (ristorante) sleeping (dining) car
valere to be worth
valigia (valige, *pl.***)** suitcase 9
vantaggio advantage
vario/a various
vecchio/a old 5
vedere°, *p.p.* **visto, veduto** to see 4; **ci vediamo domani** see you tomorrow LP; **non ~ l'ora (di)** to be unable to wait for, be eager for; **vedersi** to see each other 13; **si vede** it's obvious
veduta sight, view
vegetazione *f.* vegetation
vela sailing 12
velluto velvet, corduroy 10
veloce swift
velocemente fast 6
vendere to sell 4
vendita sale 12; **in ~** on sale
venerdì *m.* Friday 4
venire° (a), *p.p.* **venuto** to come 4; **~ a contatto** to come into contact; **viene fatta** happens
ventesimo/a twentieth 22
venti twenty LP
vento: tirare ~ to be windy 9
veramente really 7
verde green 10; **al ~** broke
verdura green vegetables 7
verità truth

vero/a true, real 5; **non è vero?** isn't it true?; **sarà vero?** could it be true? 14

verso toward, around (time) 3

vestirsi to get dressed 7

vestito dress, suit 10; ~ **da sposa** wedding dress 10

vetrina store window 5

vetro glass

vi you, to you, yourselves; there

via street 5

viale boulevard

viaggio trip, voyage 14; **Buon ~!** Have a good trip!

vicinanze *pl.* neighborhood, environs 17

vicino(a) near, next to 3; **qui ~** near here

videocassetta videocassette 14

videoregistratore *m.* video recorder 14

vigile *m.* traffic officer; ~ **del fuoco** fireman

vigore: in ~ in force

villa country house 2

vincere°, *p.p.* **vinto** to win 6

vincitore winner

vino wine 6

viola *(invariable)* purple 10

violino violin 15

violoncello cello 15

virgola comma

visita visit 13; ~ **di controllo** check-up

visitare to visit 3

viso face 11

vita life

vitello veal 13

vivace lively

vivere° to live 8

vivo/a alive

vizio vice

voce voice; **ad alta ~** out loud

voglia: avere° ~ di to feel like (doing something) 2

volante *m.* steering wheel

volantino leaflet, flyer 20

volentieri gladly, willingly 4

volere° to wish, want 8

volo flight

volta time 7; **a volte** at times 9; **ancora una ~** once again 21; **per la prima ~** for the first time; **qualche ~** sometimes 9; **quante volte?** how many times? 7; **una ~ al giorno** once a day 9; **una ~ tanto** just for once

vongole *pl.* clams 13

votare to vote 20

voto vote 20

zaino knapsack 1

zero zero LP

zia aunt 2

zio uncle 2

zitto/a: stare° ~ to be quiet

zona zone 14

zucchero sugar 7

zucchini *pl.* zucchini squash 7

zuppa inglese trifle 13

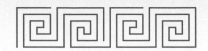

ENGLISH-ITALIAN VOCABULARY

The following vocabulary list contains most of the words and expressions needed for the English-to-Italian translation exercises. It also contains many basic words and expressions that you may wish to use in preparing guided oral and written compositions. A tilde (~) is used to indicate repetition of a main entry; for example, **be** ~ under **afraid** means **be afraid**. The definitions are limited to the context in which the words are used in the book.

The following abbreviations are used: *f.* = feminine; *m.* = masculine; *pl.* = plural.

absolutely assolutamente
acceptable accettabile
accepted accettato/a
accident l'incidente *(m.)*
accompany accompagnare
according to secondo
acquainted: be ~ with conoscere
action il provvedimento, l'azione *(f.)*
activity l'attività
actor l'attore *(m.)*
actress l'attrice *(f.)*
adequate adeguato/a
administration il governo
advancement lo sviluppo
advertise fare la pubblicità
ad(vertisement) la pubblicità, l'annuncio
advertising la propaganda, la pubblicità; pubblicitario/a
advise consigliare (di); ~ **against** sconsigliare
affectionately affettuosamente
afraid: be ~ of avere paura di
after dopo; **after that** poi
afternoon il pomeriggio; **in the ~** il pomeriggio
against contro
age l'età
agent l'agente *(m. or f.)*

ago: a little while ~ poco tempo fa; **not long ~** poco tempo fa; **some time ~** qualche tempo fa; **two days ~** due giorni fa
agreed d'accordo
aid l'aiuto
air l'aria
all tutto/a
almost quasi
alone da solo/a
already già
also anche
although benché, nonostante che
always sempre
American americano/a
among fra, tra; ~ **themselves** fra (tra) di loro
amuse oneself distrarsi
amusing divertente
ancient antico/a
and e (*frequently* ed *before a vowel*)
animal l'animale *(m.)*
ankle la caviglia
another altro/a
answer rispondere
anthropology l'antropologia
anxiously con ansia
anyway tanto
apartment l'appartamento; **small ~** l'appartamentino; **studio ~** il miniappartamento

appear sembrare
apple la mela
appliances: household ~ gli elettrodomestici
application: job ~ la domanda d'impiego
appreciate apprezzare
approve approvare
apricot l'albicocca
April aprile
architect l'architetto
architecture l'architettura
arm il braccio (le braccia, *f. pl.*)
armchair la poltrona
armoire l'armadio
around (time) verso
arrival l'arrivo
arrive arrivare
art l'arte *(f.)*
artichoke il carciofo
as come; ~ **...** ~ tanto ... quanto; ~ **soon** ~ appena; ~ **usual** come al solito
ask domandare; ~ **(for)** chiedere (di); ~ **a question** fare una domanda
asparagus gli asparagi
at a (*frequently* ad *before a vowel*), presso
atmosphere l'atmosfera

attempt   il tentativo
attend   frequentare
attention   l'attenzione
attractive   simpatico/a
audience   pubblico
August   agosto
aunt   la zia
authority   l'autorità
automobile   l'auto(mobile) (f.) la macchina
automotive   automobilistico/a
autumn   l'autunno, autunnale; **in the middle of** ~   in pieno autunno

baby   il bambino/la bambina
bad   cattivo/a, male; **not too** ~ non c'è male; **from** ~ **to worse** di male in peggio
baker   il panettiere
bakery   la panetteria
ball: masked ~   il ballo in maschera
banana   la banana
band   il complesso
bank   la banca
banker   il banchiere
bar   il bar
basketball   la pallacanestro
bath: take a ~   farsi il bagno
bathroom   il bagno, la stanza da bagno
be   essere, stare; ~ **... years old** avere ... anni; ~ **able**   potere
beach   la spiaggia
bear   soffrire
beautiful   bello/a
because   perché; ~ **of**   a causa di
become   diventare
bed   il letto
bedroom   la camera da letto
beer   la birra
before   prima di, prima che
beg   pregare (di)
begin   mettersi a, cominciare (a)
being   essendo
believe   credere (di)
besides   tra l'altro
bet   scommettere

better   meglio; migliore
between   fra, tra; ~ **themselves** fra (tra) di loro
bicycle   la bicicletta; ~ **racing** il ciclismo
big   grande
biking   andare in bicicletta
biology   la biologia
birthday   il compleanno; **happy** ~   buon compleanno
black   nero/a
blackboard   la lavagna
block   intasare
blocked   bloccato/a
blouse   la camicetta
blow (horn)   suonare
blue   blu (invariable); **sky-blue** azzurro/a
boat   la barca
boating   andare in barca
bold   audace
book   il libro
bookshelf   lo scaffale
bookstore   la libreria
boots   gli stivali
boring   noioso/a
born   nato/a (past participle); **be** ~   nascere
boss   il capo
both ... and   sia ... che
box-office   il botteghino
boy   il ragazzo
boyfriend: my ~   il mio ragazzo
brake   il freno
bread   il pane
breakdown   il guasto
breakfast   la prima colazione
breathe   respirare
bride and groom   gli sposi
brief   breve
brilliant   brillante
bring   portare; ~ **to someone's attention**   fare presente
broadcast   mandare in onda
broccoli   i broccoli
brother   il fratello; **brother-in-law**   il cognato; **little** ~   il fratellino

brown   marrone (invariable), castano/a (eyes, hair)
brush one's teeth   lavarsi i denti
bus   l'autobus (m.)
businessman   l'uomo d'affari
businesswoman   la donna d'affari
busy   impegnato/a, occupato/a; **be** ~   avere da fare
but   ma
butcher   il macellaio
butter   il burro
buy   comprare, acquistare
by: ~ **chance**   per caso; ~ **the way**   a proposito
bye (informal)   ciao

café   il bar, il caffé
cake   la torta
calculator   la calcolatrice
calendar   il calendario
call   chiamare; **phone** ~   la telefonata
called: be ~   chiamarsi
calm   calmo/a
campaign   la campagna
can   potere
can opener   l'apriscatole (m.)
Canadian   canadese
candidate   il candidato
capable   bravo/a
capital   la capitale; ~ **of a region** il capoluogo
car   la macchina
card: birthday ~   la cartolina di buon compleanno
care   la preoccupazione
career   la carriera
carefree   disinvolto/a
careful   prudente
carpenter   il falegname
carrot   la carota
case   il caso; **in** ~ **that**   in caso che
cathedral   il duomo, la cattedrale
cause   causare; la causa
cautious   prudente
ceiling   il soffitto
celebrate   festeggiare
cellar   la cantina

central centrale
ceramics la ceramica (ceramiche, *f. pl.*)
certain certo/a
certainly certo
chair la sedia
champion il campione/la campionessa
chance: by ~ per caso
change cambiare; il cambiamento; ~ **(channels)** cambiare; ~ **one's mind** cambiare idea
chaotic caotico/a
character (*in a play, opera, etc.*) il personaggio
cheap a buon mercato
check the oil (tires) controllare l'olio (le gomme)
checkered a quadri
cheer up! coraggio!
cheese il formaggio
chemistry la chimica
cherry la ciliegia
chest of drawers il comò
chief il capo
child il bambino/la bambina; **children** i figli
Chinese il cinese
choice la scelta
choose scegliere
chorus il coro
church la chiesa
cinema il cinema
citizen il cittadino
city la città; cittadino/a; ~ **hall** il municipio
civil civile
classic classico/a
classical classico/a
classroom l'aula
clean pulire; pulito/a
clear chiaro/a, lampante; ~ (*weather*) sereno/a; ~ **the table** sparecchiare la tavola
clearly chiaramente
clerk l'impiegato/l'impiegata
climate il clima

close chiudere
closet il guardaroba
cloth il tessuto
clothes il vestiario; ~ **dryer** l'asciugatrice (*f.*)
clothing gli articoli di abbigliamento, i capi di vestiario, gli indumenti
cloudy nuvoloso/a
coalition la coalizione (*f.*)
coat il cappotto
coffee il caffé
cold: be ~ (*person*) avere freddo; **be (quite)** ~ (*weather*) fare (abbastanza) freddo
color il colore; **one** ~ a tinta unica
comb il pettine; ~ **one's hair** pettinarsi i capelli
come venire
comfortable comodo/a
commercial la pubblicità
competition la gara
complete compiere
complicated complicato/a
composed of composto di
computer il computer; ~ **science** l'informatica
concert il concerto
conclude concludere
conclusion la conclusione
concrete concreto/a
conductor il conducente
confectioner il pasticciere; ~**'s shop** la pasticceria
confused confuso/a
confusion la confusione
congratulations! complimenti!
conquer conquistare
consequence la conseguenza
consider considerare
constitution la costituzione
consultant il/la consulente
contact il contatto
content: be ~ accontentarsi
continue continuare (a), proseguire
continuously in continuazione
control il controllo

convince convincere
cook cucinare; il cuoco/la cuoca
cool: be ~ fare fresco
cordial cordiale
cost costare; **how much does it** ~? quanto costa?
costume il costume
cotton il cotone
country il paese, la campagna
couple la coppia
courteous gentile
cousin il cugino/la cugina
crazy pazzesco/a
create creare
creation la creazione
crisis la crisi
criticism la critica
cup la tazza
curious curioso/a
curtain la tenda
customer il/la cliente
cut one's hair (nails) tagliarsi i capelli (le unghie)
cute carino/a

daily quotidiano/a
dairy la latteria
damage danneggiare
dance ballare; la danza
daring audace
daughter la figlia; **daughter-in-law** la nuora
day la giornata; ~ **after tomorrow** dopodomani; ~ **before yesterday** l'altro ieri
dead il morto; morto/a
deal: a great ~ un bel po', granché; ~ **with** trattare di
dear caro/a
death la morte
debate il dibattito
debt il debito
decade il decennio
December dicembre
decide decidere (di)
decisive deciso/a
declare dichiarare
decrease diminuire; la diminuzione

degree il grado
delicatessen la salumeria; ~
 seller il salumiere
demonstration la manifestazione
den lo studio
dentist il/la dentista
depart partire
departure la partenza
depends: that ~ dipende
depressed depresso/a
descend scendere
desk la scrivania
dessert il dolce
determine stabilire
development lo sviluppo
dictionary il dizionario
die morire
difficult difficile
diminish diminuire
dinner il pranzo
director: movie ~ il/la regista
dirty sporco/a
disappear scomparire
discomfort il disagio
discotheque la discoteca
discount lo sconto
discouraged scoraggiato/a
discuss discutere
discussion la discussione
dish il piatto; **main ~** il primo
 piatto
dishonest disonesto/a
dishwasher la lavastoviglie
dislocate slogarsi
displeasure il dispiacere
distribute distribuire
divine divino/a
divorce divorziare
divorced divorziato/a
do fare; ~ **without** fare a meno
doctor il medico, il dottore/la
 dottoressa
door la porta
doorman il portiere
down there laggiù
downtown il centro
drama il dramma
dress il vestito; **wedding ~** il
 vestito da sposa

dressed: get ~ vestirsi
dressmaker *(female)* la sarta
drink bere; la bevanda
drinking glass il bicchiere
drive guidare
drug la droga
dry one's face (hands) asciugarsi
 la faccia (le mani)
dryer: hair ~ l'asciugacapelli
 (m.); **clothes ~** l'asciugatrice
 (f.)
due to dovuto a
during durante
dynamic dinamico/a

each ogni
ear l'orecchio
early presto; **be ~** essere in
 anticipo
earn guadagnare; ~ **one's living**
 guadagnarsi la vita
easy facile
eat mangiare
ecological ecologico/a
ecology l'ecologia
economic economico/a
economics l'economia
efficacious efficace
effort lo sforzo
egg l'uovo (le uova, *f. pl.*)
eight otto
eighteen diciotto
eighth ottavo/a
eighty ottanta
elbow il gomito
elect eleggere
election l'elezione *(f.)*
elector l'elettore *(m. or f.)*
electoral elettorale
electrician l'elettricista *(m. or f.)*
elegant elegante
eleven undici
eleventh undicesimo/a
emotion l'emozione *(f.)*
employ impiegare
employed occupato/a
employment l'impiego,
 l'occupazione *(f.)*

energetic dinamico/a
engaged impegnato/a; **become ~**
 fidanzarsi
engagement l'impegno
engineering l'ingegneria
English *(language, person)* l'inglese
enjoy oneself divertirsi (a)
enormous enorme
enough: it's ~ basta; **that's ~**
 basta così
enter entrare
environment l'ambiente *(m.)*
establish stabilire
etching l'acquaforte *(m.)*
Europe l'Europa
even addirittura; perfino; ~
 though benché, nonostante che,
 sebbene
evening la sera, la serata; **good**
 ~ buona sera; **in the ~** la
 sera; **this ~** stasera
event avvenimento
ever mai
every (single) ogni; ~ **day**
 (month) tutti i giorni (mesi)
everybody tutti
everyone tutti
everything tutto
everywhere dappertutto; ~ **else**
 altrove
exaggerate esagerare
exam l'esame *(m.)*
examine esaminare
example l'esempio
excellent ottimo/a
exceptional eccezionale
exchange lo scambio
excited emozionato/a
excuse la scusa; ~ **me** scusa,
 (formal) scusi
executive il/la dirigente
exhibition la manifestazione
exorbitant esorbitante
expect prevedere
expensive caro/a
experience provare; l'esperienza
expert l'esperto; **be an ~ in**
 intendersi di
explain spiegare

explosion l'esplosione *(f.)*
express esprimere
exquisite squisito/a
eye l'occhio

face il viso; la faccia
fact: in ~, as a matter of ~
infatti
factory la fabbrica
fall: ~ asleep addormentarsi; **~ in love** innamorarsi
family la famiglia
famous famoso/a
fantastic fantastico/a
far from lontano/a da
fashion la moda; **~ show** la sfilata dei modelli
fashionable alla moda
fast velocemente
fat grasso/a
fatality il morto
father il padre; **father-in-law** il suocero
favorite preferito/a
fear temere (di)
February febbraio
feel provare, sentire, sentirsi; **~ like (doing something)** avere voglia di (+ *inf*)
fever la febbre
few pochi/e
fifteen quindici
fifth quinto/a
fiftieth cinquantesimo/a
fight la lotta
fill it up fare il pieno
final finale
finally finalmente
financial finanziario/a
find trovare
fine bene
finger il dito (le dita, *f. pl.*) della mano
finish finire (di)
fire *(from a job)* licenziare
fireplace il camino
firm la ditta
first primo/a; **~ of all** innanzi tutto

fish il pesce; **~ market** la pescheria; **~ vendor** il pescivendolo
fit *(shoes, gloves)* calzare
five cinque
fix aggiustare
floor il pavimento, il piano
flyer il volantino
foggy: it's ~ c'è la nebbia
follow seguire
food il cibo
foot il piede
for per
foreign straniero/a
foresee prevedere
forget dimenticare, dimenticarsi (di)
fork la forchetta
fortunate fortunato/a; **fortunately** per fortuna
forty quaranta
forward avanti
four quattro
fourteen quattordici
fourth quarto/a
free libero/a
freely liberamente
French *(language, person)* il francese; francese
fresh fresco/a; **don't be fresh!** non fare lo spiritoso/la spiritosa!
Friday venerdì
friend l'amico/l'amica
from da, da parte di, di *(frequently* d' *before a vowel)*; **~ time to time** di quando in quando
front: in ~ of davanti a
fruit la frutta; **~ vendor** il fruttivendolo
full pieno/a
furnished ammobiliato/a
furniture i mobili
future il futuro

gaily allegramente
game la partita
garage il garage
garden il giardino

gasoline la benzina
gather riunirsi
general generale
generally generalmente
geology la geologia
German *(language, person)* il tedesco; tedesco/a
get: get off/down scendere; **~ ready** prepararsi (per); **~ up** alzarsi
girl la ragazza
girlfriend: my ~ la mia ragazza
give dare; **~ a discount** fare uno sconto; **~ a ride** dare un passaggio; **~ back** restituire
given dato/a
glad contento/a
gladly volentieri
glass: drinking ~ il bicchiere
gloves i guanti
go andare; **~ ahead** dica pure; **~ around** girare; **~ away** andare via; **~ by bicycle** andare in bicicletta; **~ by boat** andare in barca; **~ by bus** andare in autobus; **~ by car** andare in macchina; **~ by motorcycle** andare in moto(cicletta); **~ by plane** andare in aereo; **~ by ship** andare con la nave; **~ by taxi** andare in tassì; **~ by train** andare in treno; **~ by tram** andare in tram; **~ horseback riding** andare a cavallo; **~ on an excursion** fare una gita; **~ on foot** andare a piedi; **~ on vacation** andare in vacanza; **~ skating** andare a pattinare; **~ skiing** andare a sciare; **~ to the country** andare in campagna; **~ to the mountains** andare in montagna; **~ to the seashore** andare al mare; **~ out** uscire
good bene, bravo/a, buono/a
good-by arrivederci; *(formal)* arrivederla
government il governo
graduate laurearsi
granddaughter la nipote

grandfather il nonno
grandmother la nonna
grandson il nipote
grapefruit il pompelmo
grapes l'uva
graphic grafico/a
gray grigio
great grande; ottimo!; **just ~ !** benissimo!
green verde
greet salutare; **~ each other** salutarsi
grocer il droghiere
grocery store la drogheria
group il gruppo; **musical ~** il complesso
guest l'invitato
guitar la chitarra
guitarist il/la chitarrista
gymnasium la palestra

hair i capelli; **~ dryer** l'asciugacapelli *(m.)*
hairbrush la spazzola per capelli
hall la sala
ham: cured ~ il prosciutto
hand la mano (mani, *f. pl.*)
handbag la borsa
handsome bello/a
happen succedere; **what happened?** che cosa è successo?
happily allegramente
happiness la felicità
happy allegro/a, contento/a, felice
hat il cappello
hate each other odiarsi
have avere; **~ a good time** divertirsi (a); **~ a job interview** sostenere un colloquio; **~ breakfast or lunch** fare colazione; **~ in mind** avere in mente; **~** *(in the sense of to eat, to drink)* prendere; **~ the time to** avere il tempo di; **~ to** dovere
head la testa
healthy sano/a
hear sentire; **~ from** avere notizie di
heating il riscaldamento

hello buon giorno; *(response on the phone)* pronto?
help aiutare; l'aiuto; **~ each other** aiutarsi
hi ciao
hide nascondere
high alto/a
hire assumere
history la storia
hold tenere
holy santo/a
homemaker la casalinga
homesick: to be ~ provare nostalgia
hope sperare (di), augurarsi; **let's ~ so** speriamo di sì
horn il clacson
hors-d'oeuvre l'antipasto
horseback riding l'equitazione *(f.)*
hospital il policlinico, l'ospedale *(m.)*
hot: be ~ *(weather)* fare caldo
hotel l'albergo
hour: at rush ~ all'ora di punta; **one ~ ago** un'ora fa
house la casa; **country ~** la villa
household appliances gli elettrodomestici
how come; **~ are you?** come stai?; *(formal)* come sta?; **~ much?** quanto/a?; **~ many times?** quante volte?; **~ many?** quanti/e?; **~ much is it?** quanto costa?
however comunque, però
hug abbracciare
human body il corpo umano
hundred cento
hungry: be hungry avere fame
hurry affrettarsi; **be in a ~** avere fretta
hurt fare male
husband il marito

ice cream il gelato; **~ parlor** la gelateria
idea l'idea

if se
immediately subito
important importante, notevole
impossible impossibile
improbable improbabile
improve migliorare
improvement il miglioramento
in in
indescribable indescrivibile
indicate indicare
industrialist l'industriale *(m.)*
industry l'industria
inexpensive a buon mercato
information l'informazione *(f.)*
insincere falso/a
instant l'istante *(m.)*
instead (of) invece di
institution l'istituzione *(f.)*
insurance assicurativo/a
intelligent intelligente
intend to avere intenzione di
interested: be ~ (in) interessarsi
international internazionale
interpret interpretare
interpretation l'interpretazione *(f.)*
interpreter l'interprete *(m. or f.)*
interrupt interrompere
interview intervistare; il colloquio
introduce fare conoscere, presentare
introduction l'introduzione *(f.)*
invite invitare (a)
invited invitato/a
iron il ferro da stiro
irony ironia
issue emanare
Italian italiano/a
Italian *(language, person)* l'italiano; italiano/a
itself stesso/a

jacket la giacca
January gennaio
Japanese *(language, person)* il giapponese
job il posto (di lavoro), l'impiego; **~ application** la domanda

d'impiego; ~ **interview**   il colloquio
joke   scherzare
journalist   il/la giornalista
joy   l'allegria
July   luglio
June   giugno
just   proprio

keep   tenere
kind   gentile
king   il re
kitchen   la cucina
knapsack   lo zaino
knee   il ginocchio (le ginocchia, *f. pl.*)
knife   il coltello
know   conoscere; ~ **(how)** sapere; ~ **by heart**   sapere a memoria
known   conosciuto/a, noto/a

lack   mancare
lake   il lago
lamb   l'agnello
lamp   la lampada
language: foreign languages   le lingue straniere
large   grande
last   scorso/a; *(in a series)* ultimo/a; **at ~**   finalmente
late: I'm ~   sono in ritardo
later: 'till ~   a più tardi
latest   ultimo/a
laugh   ridere
law   la legge
lawyer   l'avvocato
lazy   pigro/a
leaflet   il volantino
learn   apprendere; imparare (a)
least: at ~   almeno
leather   il cuoio, la pelle; **made of ~**   di cuoio
leave   partire, andare via; ~ **(behind)**   lasciare
left   sinistro/a
leg   la gamba
lemon   il limone; ~ **soda**   la limonata
lemonade   la limonata

lend   prestare
lesson: driving ~   la lezione di guida
letter   la lettera
lettuce   la lattuga
library   la biblioteca
license: driver's ~   la patente di guida
life   la vita
light   la luce; leggero/a
like   come; piacere
linen   il lino
lira (Italian currency)   la lira
listen   sentire; ~ **(to)**   ascoltare; *(command)* senti
listener   l'ascoltatore/l'ascoltatrice
listening   l'ascolto
literary   lettarario/a
literature   la letteratura
little   piccolo/a; **very ~**   ben poco
live   abitare; campare; vivere
live   in diretta
living   il vivere; ~ **room**   il salotto
loan   prestare
lobster   l'aragosta
local   locale
long   lungo/a
look (at)   guardare; ~ **(for)** cercare; ~ **at oneself in the mirror**   guardarsi allo specchio
lose   perdere
lottery   la lotteria
love   l'amore *(m.)*; **fall in ~** innamorarsi; ~ **each other** amarsi
lower   abbassare
luck   la fortuna; **bad ~**   la sfortuna
lucky: be ~   avere fortuna
lunch *(main meal at noon)*   il pranzo

Ma'am   signora
magazine   la rivista
magnificent   magnifico/a
mail   spedire
make   fare; rendere; ~ **a date**

fissare un appuntamento; ~ **known**   fare conoscere; ~ **plans** fare programmi; ~ **purchases** fare acquisti; ~ **reservations** prenotare; ~ **sense**   avere senso; ~ **sure**   fare in modo
man   l'uomo (gli uomini, *pl.*)
manage   arrangiarsi; gestire
management   la gestione
manager   il funzionario, il direttore/la direttrice
managerial   gestionale
manner   la maniera
many   molti/e
March   marzo
Mardi Gras   il Carnevale
market   il mercato
married   sposato/a
marry (get married)   sposarsi
marvelous   meraviglioso/a
match   l'incontro; la gara
materials   i materiali
mathematics   la matematica
May   maggio
meal   il pasto
meaning   il significato
means of transportation   i mezzi di trasporto
meantime: in the ~   intanto, nel frattempo
meanwhile   intanto
measure   il provvedimento
meat   la carne *(f.)*
mechanic   il meccanico
medicine   la medicina
meet   incontrare, riunirsi; ~ **(each other)**   incontrarsi
merit   il merito
Mexican   messicano/a
midnight   mezzanotte
Milan: from ~   milanese
military   il militare
milk   il latte
milkman   il lattaio
million   il milione
mind   dispiacere; **do you ~ if …?**   ti dispiace se …?; **have in ~**   avere in mente; **if you don't ~**   se non ti dispiace

minister il ministro; **Prime ~** il Primo Ministro
mirror lo specchio
misfortune il dispiacere, la sfortuna
Miss signorina
mix-up: a little ~ un po' di confusione
model il modello
modern moderno/a
modest modesto/a
moment il momento
monarchy la monarchia
Monday lunedì
money i soldi, il denaro
month il mese
monument il monumento
mood lo stato d'animo
more più; **~ ... than** più ... di
morning la mattina, il mattino; **good ~** buon giorno; **in the ~** la mattina; **this ~** stamattina
most: for the ~ part per lo più
mother la madre; **mother-in-law** la suocera
motorcycle la moto(cicletta)
mountain: in (to) the mountains in montagna; **~ climbing** l'alpinismo
mouth la bocca
move trasferirsi
movie: ~ director il/la regista
Mr. signor + *last name*
Mrs. signora + *last name*
much: too ~ troppo
muggy afoso/a
museum il museo
mushrooms i funghi
music la musica
musical musicale; **~ group** il complesso
musician il/la musicista
must dovere
my mio/a

nail l'unghia
name (*first*) il nome; (*last*) il cognome; **brand ~** la marca; **what's your ~?** come ti

chiami?; (*formal*) come si chiama?
named: be ~ chiamarsi
napkin il tovagliolo
nature la natura
Neapolitan (from Naples) napoletano/a
near vicino a
necessary necessario/a
neck il collo
need avere bisogno di; il bisogno
neighborhood le vicinanze
neither ... nor non ... né ... né
nephew il nipote
nervous nervoso/a
never non ... mai
nevertheless nonostante ciò
new nuovo/a
news le notizie; **~** (*one item*) la notizia; **~ reporter on TV and radio** l'annunciatore (*m.*), l'annunciatrice (*f.*)
newspaper il giornale
next a lato; prossimo/a
nice bello/a, carino/a, simpatico/a; **be ~ (weather)** fare bel tempo
niece la nipote
night la notte; **at ~** di notte; **good ~** buona notte; **in the night-time** la notte, di notte
nine nove
nineteen diciannove
ninety novanta
ninth nono/a
no no; **~ longer** non ... più; **~ more** non ... più; **~ one** nessuno, non ... nessuno
noise il rumore
none niente
noon mezzogiorno
nose il naso
not non; **~ any** non ... nessuno; **~ at all** non ... affatto; **~ even** non ... neanche, non ... nemmeno, non ... neppure; **~ ever** non ... mai; **~ too bad** non c'è male; **~ yet** non ... ancora
notebook il quaderno
nothing niente; non ... niente,

non ... nulla; **~ special** niente di speciale
notice accorgersi
novel il romanzo
November novembre
now adesso, ora; **by ~** ormai

O.K. d'accordo, va bene
obey obbedire (*also* ubbidire)
observe osservare
obtain ottenere
occasion l'occasione (*f.*)
occupation l'occupazione (*f.*)
occupied occupato/a
October ottobre
of di (*frequently* d' *before a vowel*); **~ course** certo
offer offrire
office l'ufficio; **post ~** l'ufficio postale
often spesso
old antico/a, anziano/a, vecchio/a
older maggiore
olive oil l'olio d'oliva
on su
once: every ~ in a while ogni tanto; **just for ~** una volta tanto; **~ a day** una volta al giorno; **~ again** ancora una volta; **~ in a while** una volta ogni tanto
one uno
one hundred cento
oneself se stesso
onion la cipolla
only solo
open aprire
opera l'opera
opinion l'opinione (*f.*)
optimistic ottimista (*invariable in the singular*)
or o
orange (color) arancione (*invariable*); **~** (*fruit*) l'arancia; **~ soda** l'aranciata; **~ juice** (*freshly squeezed*) la spremuta d'arancia
orchestra l'orchestra

order (food) ordinare; **in ~ that** affinché, di modo che, perché
organize organizzare
organized organizzato/a
original originale
other altro/a
outdoors all'aperto
outside fuori
overcoat il cappotto
overcrowded sovraffollato/a
overcrowding il sovraffollamento

painting il quadro; la pittura
pair il paio (le paia, *f. pl.*)
panorama il panorama
pants i pantaloni
paper: piece of ~ il foglio di carta
parents i genitori
park parcheggiare; il parco, il giardino pubblico
parking: pay ~ il parcheggio a pagamento
parliament il parlamento
parlor: ice cream ~ la gelateria
part: on the ~ of da parte di
participant il partecipante
particularly particolarmente
party il rinfresco, la festa; il partito
pass the butter (salt, pepper) passare il burro (sale, pepe)
passenger il passeggero/la passeggera
past il passato
pasta la pasta
patience: a little ~ un po' di pazienza
patient paziente; **be ~** avere pazienza
pay il salario; **~ (for)** pagare; **~ back** ripagare
peace la pace
peach la pesca
pear la pera
pen la penna
pencil la matita
people la gente, il popolo
pepper il pepe, il peperone

per kilo (metric weight) al chilo
perfect perfetto/a
performer l'interprete *(m. or f.)*
perhaps forse
period il periodo
permit permettere (di)
person la persona
personnel il personale
pessimistic pessimista *(invariable in the singular)*
pharmacist il/la farmacista
pharmacy la farmacia
philosophy la filosofia
phone call la telefonata
photograph la foto(grafia)
photographer il fotografo
photography la fotografia
physics la fisica
pianist il/la pianista
piano il pianoforte
pick up ritirare; **I'll ~ you** *(informal)* **up** passo a prenderti
pineapple l'ananas *(m.)*
pink rosa *(invariable)*
pizza la pizza; **~ parlor** la pizzeria
place mettere; il luogo, il posto
plan programmare
plane l'aereo
play (a game) giocare; **~ basketball** giocare a pallacanestro; **~ soccer** giocare a pallone; **~ tennis** giocare a tennis; **~ volleyball** giocare a pallavolo; **~ (music)** suonare
player il giocatore/la giocatrice
playing field il campo da gioco
pleasant simpatico/a
please piacere; per favore, per piacere, prego
pleased: I'm very ~ to meet you *(informal)* mi fa molto piacere di conoscerti
pleasing: be ~ piacere
pleasure il piacere
plumber l'idraulico
pocket la tasca; **in his/her ~** in tasca
poem il poema

poet il poeta
poetry la poesia
police la polizia
political politico/a; **~ science** le scienze politiche
politician il politico
politics la politica
pollute inquinare
pollution l'inquinamento
polyester il poliestere
pool la piscina
poor povero/a; **~ thing** poverino/a
Pope il Papa
pork il maiale
position il posto
possess (something) avere
possibility la possibilità
possible possibile
poster il cartellone, il manifesto
postpone rimandare
potato la patata
practical pratico/a
precise preciso/a
prefer preferire
preferable preferibile
preoccupation la preoccupazione
preparation la preparazione
prepare preparare
present presentare; attuale
president il presidente
presidential presidenziale
press conference la conferenza stampa
pretty carino/a
price il prezzo; **at a reduced ~** a prezzo ridotto; **at fixed prices** a prezzi fissi; **what prices!** che prezzi!
principal principale
private privato/a
probable probabile
probably probabilmente
problem il problema
profession il mestiere, la professione
professor il professore/la professoressa
program il programma

progress il progresso
promise promettere
promote promuovere
proper opportuno/a, dovuto/a
prosperity la prosperità
protest la protesta
provided that purché
psychology la psicologia
publicly pubblicamente
purchase acquistare; l'acquisto
purple viola *(invariable)*
put mettere; ~ **on (clothing)**
metersi, indossare

qualification la qualifica
qualified qualificato/a
quarrel litigare
queen la regina
quiet silenzioso/a
quit (a job) licenziarsi

radio la radio; radiofonico/a
rain piovere
rainbow l'arcobaleno
raincoat l'impermeabile *(m.)*
raise alzare
rarely raramente
rather piuttosto
razor (electric) il rasoio
(elettrico)
reach raggiungere
read leggere; ~ **again** rileggere
reading la lettura
real vero/a
reality la realtà
realize accorgersi
really davvero!, proprio,
veramente
receive ricevere
recently recentemente
reception il ricevimento, il
rinfresco
recipe la ricetta
record registrare; il disco
recorder: tape ~ il registratore;
video ~ il videoregistratore
red rosso/a
referee l'arbitro
reform la riforma
refrigerator il frigo(rifero)

regulate regolare
relatives i parenti, *pl.*
relax distrarsi
remain restare, rimanere
remarkably notevolmente
remember ricordare, ricordarsi
(di)
rent affittare; ~ **a car**
noleggiare un'automobile
reporter: news ~ l'annunciatore
(m.)/l'annunciatrice *(f.)*
representative il deputato, il
rappresentante
republic la repubblica
request la richiesta
require richiedere
reservation la prenotazione
reserve prenotare
reserved riservato/a
resign dare le dimissioni,
dimettersi
resolve risolvere
respond rispondere
rest riposarsi
restaurant il ristorante
result il risultato
resume riprendere
resumé il curriculum vitae
retailer il rivenditore
return restituire; tornare; **many
happy returns!** cento di questi
giorni!
rice il riso
rich ricco/a
right adatto/a; dovuto/a; giusto/a;
destro/a; **be** ~ avere ragione,
avere senso; ~ **away** subito
romantic romantico/a
room la camera, la stanza;
dining ~ la sala da pranzo
rude sgarbato/a
rug il tappeto
Russian *(language, person)* il russo

sad triste
safety la sicurezza
sailing la vela
salami il salame
salary lo stipendio

sale la vendita; **on** ~ in vendita
salt il sale
same stesso/a; **just the** ~ lo
stesso; ~ **old** solito/a
sandals i sandali, *pl.*
sandwich: ham ~ il panino al
prosciutto; **tuna** ~ il tramezzino
al tonno
satisfied soddisfatto/a
Saturday sabato
save risparmiare; salvare
say dire (di)
scarcity la scarsità
scarf la sciarpa
scene la scena
scenery lo scenario
schedule l'orario
scheduled previsto/a
school: (Italian high ~) il liceo
science: natural ~ le scienze
naturali
scientific scientifico/a
scissors le forbici
sea il mare; **at the seashore** al
mare
search la ricerca; **in** ~ **of** in
cerca di
season la stagione
seat il posto
second secondo/a
secretary la segretaria
sector il settore
see vedere; ~ **you tomorrow** ci
vediamo domani; ~ **each other**
vedersi
seek cercare
seem sembrare; **it seems to me**
mi sembra
seldom di rado
self-possessed disinvolto/a
sell vendere
senate il senato
senator il senatore
send mandare, spedire; ~ **back**
rimandare
September settembre
seriousness la gravità
serve servire

set (time) stabilire; ~ **the table** apparecchiare la tavola
seven sette
seven thousand settemila
seventeen diciassette
seventh settimo/a
seventy settanta
sew cucire
shade l'ombra
shame: what a ~ che peccato!
ship la nave
shirt: man's ~ la camicia
shoes le scarpe
shop (for food) fare la spesa
shopkeeper il/la negoziante
short basso/a, breve
shortly fra poco
shoulder la spalla
show manifestare, mostrare; lo spettacolo; **fashion** ~ la sfilata dei modelli
shower la doccia; **take a** ~ farsi la doccia
shrimp gli scampi
shy timido/a
sign: as a ~ **of** in segno di
silk la seta
simple semplice
since siccome
sincere sincero/a
sing cantare
singer il/la cantante
single: be ~ *(man)* essere celibe; **be** ~ *(woman)* essere nubile
sir signore
sister la sorella; **little** ~ la sorellina; **sister-in-law** la cognata
situation la situazione
six sei
sixteen sedici
sixth sesto/a
sixty sessanta
sizable notevole
size *(clothing)* la taglia; *(clothing, shoes)* la misura
skate pattinare
skating il pattinaggio; **go** ~ andare a pattinare

ski sciare; lo sci; **go skiing** andare a sciare
skirt la gonna
sleep dormire
sleepy; be ~ avere sonno; **be very** ~ morire di sonno
sleeve: with long (short) sleeves con le maniche lunghe (corte)
slowly lentamente
small piccolo/a
smile sorridere
snow nevicare; la neve
so dunque; ~ **that** affinché, di modo che, perché
so-so così così
soap il sapone
soccer il calcio, il pallone
sociology la sociologia
socks i calzini *(pl.)*
sofa il divano
softly piano
sole la sogliola
solution la soluzione
some alcuno/a
something qualcosa
sometimes qualche volta
son il figlio; **son-in-law** il genero
song la canzone
soon: as ~ **as** appena; **as** ~ **as possible** al più presto, quanto prima; **quite** ~ ben presto; **see you** ~ a presto
sorry: be ~, **to mind** dispiacere; **I'm** ~ mi dispiace
soup la minestra; **vegetable** ~ il minestrone
spaghetti gli spaghetti; ~ **carbonara style** gli spaghetti alla carbonara
Spanish *(language, person)* lo spagnolo; spagnolo/a
speak parlare; ~ **to each other** parlarsi
specialized specializzato/a
spectacular spettacolare
spend *(time)* passare; ~ *(time/money)* spendere
spinach gli spinaci

spoon il cucchiaio
sport lo sport
sporting sportivo/a
sporty sportivo/a
sprain slogarsi
spring la primavera; primaverile
stability la stabilità
stadium lo stadio
stairs le scale
start mettersi (a), cominciare (a); ~ **again** riprendere; ~ **an argument** fare polemica
state lo stato; statale
station la stazione; **gas** ~ la stazione di servizio; ~ **master** il capostazione
statue la statua
stay alloggiare, restare, rimanere; il soggiorno
steak la bistecca
stereo lo stereo
still ancora, pure
stomach lo stomaco
stop fermare, fermarsi
store il negozio
story la storia; **short** ~ il racconto
strawberry la fragola
street la via, la strada; **on the** ~ per strada
streetcar il tram
strict severo/a
strike scioperare; lo sciopero
striker lo/la scioperante
string beans i fagiolini
striped a righe
strive cercare (di)
student lo studente/la studentessa
study studiare; lo studio
stupid stupido/a
subway la metro(politana)
succeed riuscire (a)
success il successo
successfully con successo
sudden improvviso/a
suffer soffrire, subire
suggest suggerire
suggestion il suggerimento
suit il vestito

suitcase   la valigia (le valige, *pl.*)
sultry (*weather*)   afoso/a
summary   il riassunto
summer   l'estate (*f.*); estivo/a
Sunday   domenica
sunny: it's ~   c'è il sole
supermarket   il supermercato
support   aderire
supper   la cena
surprised   sorpreso/a
surround   circondare
surrounding   circostante
survival   la sopravvivenza
sweater   la maglia, il maglione
sweet   il dolce
swift   veloce
swim   nuotare
swimming   il nuoto
swimming pool   la piscina
symbol   il simbolo
system   il sistema

table   il tavolo; **at the (dinner) ~** a tavola
tailor   (*male*) il sarto
take   prendere; **~ (courses)** seguire; **~ off (clothing)** levarsi; **~ part in**   aderire (a); **~ pictures**   fare fotografie; **~ place** avere luogo; **~ the subway** prendere la metro(politana)
talk   conversare
tall   alto/a
tape recorder   il registratore
taxi   il tassì
tea   il tè; **iced ~**   il tè freddo
teach   insegnare (a)
team   la squadra
teaspoon   il cucchiaino
technological   tecnologico/a
telegram   il telegramma
telephone   telefonare; il telefono; telefonico/a
television   la televisione; televisivo/a; **~ set**   il televisore
tell   dire, raccontare
temperature   la temperatura
ten   dieci
tennis court   il campo da tennis

tenor   il tenore
tenth   decimo/a
terrible   pessimo/a
thank   ringraziare; **~ you**   grazie
that   che; quello; **~ one**   quello; **~ which**   quello che
theater   il teatro
theme   il tema
then   allora, dunque, poi
there   ci, là, lì; **~ are**   ecco, ci sono; **~ is**   c'è, ecco
therefore   quindi
thin   magro/a
thing   la cosa
think   credere (di); **~ (of, about + *verb*)**   pensare (di); **think (of, about + *noun*)**   pensare (a); **I don't ~ so**   credo di no; **I ~ so** credo di sì; **what do you ~ about . . . ?**   che ve ne pare di . . . ?
third   terzo/a
thirsty: be ~   avere sete
thirteen   tredici
thirteenth   tredicesimo/a
thirty   trenta
this   ciò; questo/a; **~ one**   questo
thousand   mille
three   tre
throat   la gola
Thursday   giovedì
ticket   il biglietto; **~ office**   la biglietteria
tie   la cravatta
time   il tempo; la volta; **a long ~ ago**   molto tempo fa; **at the same ~**   allo stesso tempo; **at times**   a volte; **at what ~?**   a che ora?; **be on ~**   essere puntuale; **departure ~**   l'ora della partenza; **for the first ~** per la prima volta; **for the ~ being**   al momento; **full-time**   a tempo pieno; **part-time**   a tempo parziale; **what ~ is it?**   che ore sono?
timid   timido/a
tiring   faticoso/a
to   a (*frequently* ad *before a vowel*)

today   oggi
toe   il dito (le dita, *f. pl.*) del piede
together   insieme
token   il gettone
tomato   il pomodoro
tomorrow   domani; **starting ~** da domani; **till ~**   a domani
tonight   stanotte
too   anche; troppo
tooth   il dente
toothbrush   lo spazzolino da denti
toothpaste   il dentifricio
topic   il soggetto
total   totale
tourism   il turismo
toward   verso
towel   l'asciugamano
town; small ~   il paese
trade   il mestiere; **what ~ do you have?**   che mestiere fa (fai)?
traffic   il traffico; **~ jam** l'ingorgo
trail   la pista
train   il treno
tranquil   calmo/a, tranquillo/a
travel agency   l'agenzia di viaggi
trip   il viaggio
trolley   il tram
trousers   i pantaloni
truck   il camion, l'autocarro
true   vero/a
Tuesday   martedì
tuna   il tonno
turn: ~ off (TV, radio) spegnere; **~ on**   accendere
TV   la tivvù; **black and white ~** il televisore in bianco e nero; **cable ~**   la tivvù via cavo; **color ~**   il televisore a colori; **~ channel**   il canale televisivo; **~ network**   la rete televisiva; **~ news**   il telegiornale; **~ program** la trasmissione televisiva; **~ viewer**   il telespettatore
twelfth   dodicesimo/a
twelve   dodici
twentieth   ventesimo/a

twenty venti
twenty-first ventunesimo/a
twenty-third ventitreesimo/a
two due
type il tipo
typewriter la macchina da
scrivere

ugly brutto/a
unblock sbloccare
uncle lo zio
understand capire, comprendere
understanding comprensivo/a
undertake intraprendere
undress spogliarsi
unemployed disoccupato/a
unemployment la
disoccupazione *(f.)*
unforgettable indimenticabile
unfortunate sfortunato/a
unhappy infelice
union: labor ~ il sindacato
united unito/a
United States gli Stati Uniti
unity l'unità
university l'università;
universitario/a; ~ **degree** la
laurea
unknown sconosciuto/a
unless a meno che
unlucky sfortunato/a
unoccupied disoccupato/a
unpleasant antipatico
until fino a; ~ **now** finora
use usare
useful utile
useless inutile
usual: as ~ come al solito
usually di solito

vacation: on ~ in vacanza; ~
days i giorni *(pl.)* di ferie
vacuum cleaner l'aspirapolvere
(m.)
valid valido/a
various vario/a
veal il vitello
vegetables: green ~ la verdura
vegetation la vegetazione

velvet il velluto
vendor il rivenditore
video recorder il
videoregistratore
videocassette la videocassetta
videodisk il videodisco
video game il videogioco
violin il violino
visit visitare; la visita
volleyball la pallavolo
volume il volume
vote votare; il voto
voter l'elettore *(m. or f.)*
voyage il viaggio

wage il salario; salariale
wait (for) aspettare; **a long** ~
una lunga attesa; ~ **a minute**
aspetta un minuto
waiter il cameriere
waiting l'attesa
wake up (oneself) svegliarsi
walk: take a ~ fare una
passeggiata, passeggiare
wall la parete; ~ **poster** il
cartellone
wallet il portafoglio
want desiderare; volere
wardrobe l'armadio
warm: be ~ *(person)* avere caldo;
be ~ *(weather)* fare caldo
wash oneself lavarsi; ~ **one's
hands (face)** lavarsi le mani
(la faccia)
washing machine la lavatrice
waste time perdere tempo
watch guardare; aspettare;
l'orologio
water (mineral) l'acqua
(minerale)
way: that ~ così; **there is no** ~
non c'è modo
wear indossare
weather il tempo; **what's the** ~
like there? che tempo fa lì?; **it's
nice** ~ fa bel tempo; **it's bad** ~
fa cattivo tempo; **What's the** ~
forecast today? Quali sono le
previsioni del tempo di oggi?

wedding il matrimonio; ~ **dress**
il vestito da sposa
Wednesday mercoledì
week la settimana; **weekly**
settimanale
weekend il fine-settimana
well allora; **(quite)** ~
(abbastanza) bene; **very** ~ molto
bene
what ciò che; ~? che cosa?
(cosa?); ~ **are you up to today?**
che cosa fai di bello oggi?; ~
happened? che cosa è
successo?; ~ **is . . . like?**
com'è . . .?; ~ **is it?** che cos'è?;
what's playing? cosa c'è in
programma?
when(ever) quando
when? quando?
where? dove?; ~ **are you**
(formal) **from?** di dov'è?; ~ **is
he/she from?** di dov'è
which? qual/e?; ~ **one?** quale?
while mentre
white bianco/a
who? chi?; ~ **else?** chi altro?
whom: to whom? a chi?;
with ~ ? con chi?
why? perché?
wife la moglie
wild pazzesco/a; selvatico/a
willingly volentieri
win vincere
window la finestra; **store** ~ la
vetrina
windy: to be (very) ~ tirare
(molto) vento
wine il vino
winter l'inverno, invernale
wish desiderare, volere; ~
(someone) well fare gli auguri
wishes: best ~! auguri! *(m. pl.)*;
lots of good ~! tanti auguri!
with con
without senza che; ~ **a doubt**
senza dubbio
woman la donna
wood il legno
woods il bosco

wool la lana

work lavorare; ~ *(literary or artistic)* l'opera; ~ **overtime** fare lo straordinario; **what ~ do you do?** che lavoro fa (fai)?

worker il lavoratore, la lavoratrice; *(blue-collar)* ~ l'operaio/l'operaia

world mondiale; **working ~** il mondo del lavoro

worry preoccuparsi (di); la preoccupazione; **don't ~** non ti preoccupare, non si preoccupi

worse peggio, peggiore; **from bad to ~** di male in peggio; ~ **than ever** peggio che mai

write scrivere; ~ **to each other** scriversi

writer lo scrittore, la scrittrice

wrong: be ~ avere torto

year anno; **be . . . years old** avere … anni

yellow giallo/a

yes sì

yesterday ieri

yield the floor cedere la parola

young giovane, giovanile

younger minore

zero zero

zone la zona

INDEX

Credits

Illustrations by James Edwards

Maps by Dick Sanderson

Black and White Photographs

© Alinari/ART RESOURCE: page 339; © Andrew Brilliant: pages 4, 5, 7, 18 (left), 20, 21, 37 (left), 39, 69, 77, 97, 118, 123, 127, 139, 144, 145, 148, 149, 166, 172, 191, 195, 209, 218, 232, 272, 328, 360, 365, 401, 418, 441 and 460; © Webb Chappell: page 323; © Stuart Cohen/COMSTOCK: pages 257, 282, 296, 344, 350, 377 and 444; © Beryl Goldberg: pages 1, 17, 18 (right), 36, 37, 61, 64, 81, 99, 103, 168, 185, 211, 237, 278, 285, 301, 311, 321, 340, 382, 427, 440 and 455; © Bruno Barbey/MAGNUM PHOTOS: pages 456 and 463; © Elliott Erwitt/MAGNUM PHOTOS: page 276; © Leonard Freed/MAGNUM PHOTOS: page 423; © J.K./ MAGNUM PHOTOS: pages 121, 156 and 214; © Richard Kalvar/MAGNUM PHOTOS: page 238; © David Mansell: page 263; © M.B. Duda/PHOTO RESEARCHERS, INC.: page 179; © Tomas d.w. Friedman/PHOTO RESEARCHERS, INC.: page 13; © Fritz Henle/PHOTO RESEARCHERS, INC.: pages 14 and 34 (bottom); © Paolo Koch/PHOTO RESEARCHERS, INC.: page 300; © Nancy Durrell McKenna/PHOTO RESEARCHERS, INC.: page 386; © Judy Poe/PHOTO RESEARCHERS, INC.: pages 119 and 163; © Fabio Ponzio/ AGENZIA CONTRASTO-PHOTO RESEARCHERS, INC.: pages 34 (top) and 187; © Catherine Ursillo/PHOTO RESEARCHERS, INC.: page 60; © Bernard Pierre Wolff/PHOTO RESEARCHERS, INC.: page 261; © Ann McQueen/THE PICTURE CUBE: page 381; © Judy Poe: page 55; © Tom Bross/STOCK BOSTON: page 56; © John Coletti/STOCK BOSTON: page 255; © Mike Mazzaschi/STOCK BOSTON: pages 3, 43, 104 and 229; © Peter Menzel/STOCK BOSTON: pages 73, 93, 234, 317, 361, 422 and 471; © UPI/BETTMANN ARCHIVES: page 405.

Color Photographs

La vita di ogni giorno: Page A: top, © Beryl Goldberg; bottom, © Andrew Brilliant; Page B: top, © David Phillips; bottom, © Topham/THE IMAGE WORKS.